西方传统 经典与解释

Classici et commentarii

HERMES

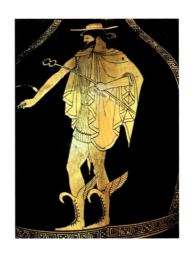

HERMES

在古希腊神话中，赫耳墨斯是宙斯和迈亚的儿子，奥林波斯神们的信使，道路与边界之神，睡眠与梦想之神，亡灵的引导者，演说者、商人、小偷、旅者和牧人的保护神……

西方传统 经典与解释
Classici et commentarii
HERMES
施特劳斯讲学录
中国社会科学院外国文学研究所古典学研究室 ◎ 编
刘小枫 ◎ 主编

苏格拉底面对美诺
——柏拉图《美诺》讲疏（1966）

Plato's Meno
A Course Offered in the Spring Quarter, 1966

[美] 施特劳斯（Leo Strauss）◎ 讲疏

[美] 魏因伯格（Jerry Weinberger）◎ 整理

陈明珠 ◎ 译

华夏出版社

本书由中国社会科学院"绝学"、冷门学科建设项目"古典学研究"资助出版

出版说明

1949年，已到知天命之年的施特劳斯执教芝加哥大学政治学系。自1956年起至去世（1973），施特劳斯授课大多有录音。

施特劳斯去世后，部分录音记录稿一直在施特劳斯的学生们手中私下流传，并经学生之手进一步流传，其实际影响断难估量。本世纪初，部分记录稿的影印件也流传到我国年轻学子当中。这些打印的录音记录稿文字多有舛误，还有不少明显脱漏，有些地方则油墨模糊字迹难辨。

2008年，施特劳斯遗产继承人和管理人——施特劳斯的养女珍妮教授（Professor Jenny Strauss）和芝加哥大学"施特劳斯遗产中心"（The Estate of Leo Strauss）主任塔科夫教授（Professor Nathan Tarcov）决定整理施特劳斯的全部讲课记录稿，并在"施特劳斯遗产中心"的网站上陆续刊布，共享于天下学人。

2013年，本工作坊计划将陆续刊布的整理成果译成中文，珍妮教授和塔科夫教授得知此计划后，全权委托本工作坊主持这些整理稿的中译工作，并负责管理中译版权。

本工作坊按"施特劳斯中心"陆续刊布的整理本组织迻译（页码用方括号标出），翻译进度取决于整理计划的进度。原整理稿均以课程名称为题，为了使用方便，我们为每部中译稿另拟简要书名，并以副标题的形式标明课程名称。

刘小枫
2016年元月
古典文明研究工作坊

目　录

施特劳斯讲学录整理规划

首席编者　塔科夫（Nathan Tarcov）
执行编者　麦基恩（Gayle McKeen）

李向利　译

　　施特劳斯不仅是著名思想家和作家，还是有着巨大影响的老师。在他的这些课程讲学录中，我们能看到施特劳斯对众多文本的疏解（其中很多文本他写作时很少或根本没提到过），以及对学生提问和异议的大段回应。在数量上，这些讲学录是施特劳斯已出版著作的两倍还多。对研究和修习施特劳斯著作的学者和学生们而言，它们将极大地增添可供参阅的材料。

　　1950年代早期，由学生记录的施特劳斯课程笔记的油印打字稿，就已经在施特劳斯的学生们中间传阅。1954年冬，与施特劳斯关于自然权利（Natural Right）的课程相关的首份录音资料，被转录成文字稿分发给学生们。斯多灵（Herbert J. Storing）教授从瑞尔姆基金会（Relm Foundation）找到资助，以支持录音和文字稿转录，从1956年冬施特劳斯开设的历史主义与现代相对主义（Historicism and Modern Relativism）课程开始，该资助成为固定的资金基础。自1958年起至1968年离开芝加哥大学，施特劳斯在这里开设了39个课程，被录音并转录成文字稿的有34个。从芝大退休后，1968年春季、1969年秋季和接下来的春季学期，施特劳斯在克莱蒙特男子学院（Claremont Men's College）授课，课程亦有录音（尽管最后两次课的磁带已佚）。他在圣约翰学院（St. John's College）四年的课程也有录音，直至他于1973年10月去世。

现存原始录音的质量和完整性差别很大。施特劳斯讲课离开麦克风时，声音会弱得听不到；麦克风有时也难以捕捉到学生们提问的声音，却常常录下门窗开关声、翻书声、街道上过往的车辆声。更换磁带时录音中断，记录稿就留下众多空白。若施特劳斯讲课超过两个小时（这种情况经常发生），磁带就用完了。录音磁带转录成文字稿后，磁带有时被再次利用，导致声音记录非常不完整。时间久了，磁带音质还会受损。1990年代后期，首先是格里高利（Stephen Gregory）先生，然后是芝大的奥林中心（John M. Olin Center，由John M. Olin Foundation 设立，负责研究民主制的理论与实践）管理人，发起重新录制工作，即对原始磁带数码化，由Craig Harding of September Media 承制，以确保录音的保存，提高声音清晰度，使之最终能够公布。重新录制工作由奥林中心提供资金支持，并先后由克罗波西（Joseph Cropsey）和施特劳斯遗稿执行人负责监管。格里高利先生是芝大美国建国原则研究中心（Center for the Study of the Principles of the American Founding）管理人，他在米勒中心（Jack Miller Center）的资助下继续推进这项规划，并在美国国家人文基金会保存和访问处（Division of Preservation and Access of the National Endowment for the Humanities）的拨款帮助下，于2011年完成了这项规划，此时他是芝大施特劳斯中心（Leo Strauss Center）管理人。这些音频文件可从施特劳斯中心的网站上获得：http://leostrausscenter.uchicago.edu/courses。

施特劳斯允许进一步整理录音和转录成文字稿，不过，他没有审核这些讲学录，也没有参与这项规划。因此，施特劳斯亲密的朋友和同事克罗波西最初把讲学稿版权置于自己名下。不过，在2008年，他把版权转为施特劳斯的遗产。从1958年起，每份讲学录都加了这样的题头说明（headnote）：

> 这份转录的文字稿是对最初的口头材料的书面记录，大部分内容是在课堂上自发形成的，没有任何部分有意准备出版。

只有感兴趣的少数人得到这份转录的文字稿，这意味着不要利
用它，否则就与这份材料私下的、部分地非正式的来源相抵触。
郑重恳请收到它的人，不要试图传播这份转录的文字稿。这份
转录的文字稿未经讲学人核实、审阅或过目。

2008年，施特劳斯遗产继承人——他的女儿珍妮——请塔科夫
接替克罗波西承担施特劳斯遗稿执行人的工作。此时，塔科夫是芝
大奥林中心以及后来的芝大美国建国原则研究中心的主任，而克罗
波西直到去世，已经作为施特劳斯遗稿执行人忠诚服务了35年。珍
妮和塔科夫一致认为，鉴于旧的、常常不准确且不完整的讲学录已
经大范围流传，以及人们对施特劳斯思想和教诲的兴趣持续不减，
公开这些讲学录，对感兴趣的学者和学生们来说会是一种帮助。他
们也受到这样一个事实的鼓励：施特劳斯本人曾与班塔曼出版社
（Bantam Books）签订过一份合同，准备出版这些讲学录中的四种，
尽管最终一种都没出版。

成立于2008年的芝大施特劳斯中心发起了一项规划：以已经重
新录制的录音材料为基础订正旧的文字记录稿；转录尚未转录成文
字稿的录音材料；基于可读性的考虑，注释并编辑所有的记录稿，
包括那些没有留存录音材料的记录稿。这项规划由施特劳斯中心主
任塔科夫任主席，由格里高利负责管理，得到来自维尼亚尔斯基家
族基金会（Winiarski Family Foundation）、希夫林夫妇（Mr. Richard
S. Shiffrin and Mrs. Barbara Z. Schiffrin）、埃尔哈特基金会（Earhart
Foundation）和赫特格基金会（Hertog Foundation）拨款的支持，以
及大量其他捐赠者的捐助。筹措资金期间，施特劳斯中心得到芝大
社会科学部主任办公室（Office of the Dean of the Division of the Social
Sciences）职员伯廷赫布斯特（Nina Botting-Herbst）和麦卡斯克
（Patrick McCusker）的大力协助。基于重新录制的磁带修订的这些记
录稿，远比原有的记录稿精确和完整——例如，新的霍布斯讲学录，
篇幅是旧记录稿的两倍。熟悉施特劳斯著作及其所教文本的资深学
者们被委任为编者，基础工作则大多由作为编辑助理的学生们完成。

编辑这些讲学录的目标，在于尽可能保存施特劳斯的原话，同时使讲学录更易于阅读。施特劳斯身为老师的影响（及魅力），有时会显露在其话语的非正式特点中。我们保留了在学术性文章（prose）中可能不恰当的句子片段；拆分了一些冗长、含糊的句子；删除了一些重复的从句或词语。破坏语法或思路的从句，会被移到句子或段落的其他部分。极个别情况下，可能会重新排列某个段落中的一些句子。对于没有录音资料流传的记录稿，我们会努力订正可能的错误转录。所有这些类型的改动都会被注明。（不过，根据重新录制的录音资料对旧记录稿做的改动，没有注明。）我们在尾注中注明改动和删除的内容（不同的拼写、斜体字、标点符号、大写和分段），尾注号附在变动或删除内容前的词语或标点符号上。文本中的括号显示的是插入的内容。缺乏录音资料的记录稿中的省略号仍然保留，因为很难确定它们指示的是删除了施特劳斯说的某些话，还是他的声音减弱到听不清，抑或起破折号作用。录音资料中有听不见的话语时，我们在记录稿中加入省略号。相关的课堂管理细节，例如有关论文或研讨班的话题安排或上课的教室、时间安排等，一律删除且不加注，不过我们保留了施特劳斯布置阅读任务的内容。所有段落中的引文都得到补充，读者能够方便地结合这些文本阅读讲学录。至于施特劳斯提及的人物、文本和事件，则通过脚注进行了确认。

读者应该谅解这些讲学录的口语特点。文中有很多随口说出的短语、口误、重复以及可能错误的转录。无论这些讲学录多么具有启发性，我们都不能认为它们可以与施特劳斯本人为出版而写的那些著作等同。

2014 年 8 月

编订者导言

魏因伯格（Jerry Weinberger）

[i] 1966 年，为了解释为什么选择《美诺》（*Meno*）作为政治哲学的"导言"，施特劳斯提到了他此前最近两次关于柏拉图的研讨课：《高尔吉亚》（*Gorgias*）（1963）和《普罗塔戈拉》（*Protagoras*）（1965）。在《高尔吉亚》中，苏格拉底展示了高尔吉亚的修辞术（rhetoric）尽管并非虚假的东西，并且是"技艺宇宙中必不可少的组成部分"，但最终还是从属和臣服于哲学的。但苏格拉底展示了得到正确理解的修辞术的局限性，因为他终究无法说服本意虽好却攻讦正义的卡利克勒斯（Callicles），让他相信正义是好的。① 在《普罗塔戈拉》中，苏格拉底通过驳斥著名智术师（sophist）对美德是什么的理解，驳斥了其关于教授美德的（虚假）宣称（第 1 讲：9）。② 这三个问题——智术（sophistry），美德是什么和美德是否可教，以及真正修辞术的局限——径直指向《美诺》。美诺，这个漂亮受宠的年轻人，高尔吉亚的学生，来自野蛮而无法无天的帖撒利亚（Thessaly），他用美德是否可教的问题向苏格拉底发起突袭，对话最后结束于确信某些东西应该会有益于美诺，有益于苏格拉底的最终

---

① 见第 11 讲：246 – 247，关于苏格拉底对卡利克勒斯的积极看法，见 2：32；3：60, 62；6：117；8：183；15：344 ［译按：冒号前的数字皆表示讲次］。

② 施特劳斯首先说，修辞术和智术都是虚假的技艺，至于更为详细和补充性的讨论，见第 11 讲：246 – 247。

控告者安虞托斯（Anytus）（因此也有益于苏格拉底），并有益于一般的雅典大众。

不过，以上意味深长的联系还不是施特劳斯选择《美诺》的决定性原因。施特劳斯告诉我们，他被这些联系所吸引，是因为自己老朋友克莱因（Jacob Klein）最近面世的一本书，《柏拉图〈美诺〉疏证》（*A Commentary on Plato's Meno*）。① 施特劳斯向研讨班参与者们介绍，克莱因是《希腊数学思想和代数学的起源》（*Greek Mathematical Thought and the Origin of Algebra*）一书的作者，作为一名学者，他受益于海德格尔，后者复原了被史学研究扼杀的亚里士多德，但克莱因反对海德格尔关于亚里士多德的结论，且就柏拉图而言也是如此，即海德格尔认为柏拉图、亚里士多德在那时的出现只是遮蔽了存在的根本问题。② 施特劳斯赞扬了克莱因关于希腊数学的那本书，但在一开始就评论说，关于美诺这本书不是那么好（第 1 讲：9－10）。[ii] 后来的事实证明，他最初随口提及的这一评论还是保守了。在课程后半部分，施特劳斯评论说，关于这篇对话的中心问题，即美诺这个人物到底是谁，他"有点"被克莱因引入歧途了（第 11 讲：252）。这一误导肯定不只是一点点，因为施特劳斯随即继续说，正如生命中会发生的那样，他面临着"非常有益但充满痛苦的任务"，要让自己从克莱因书一开始给予他的好印象中"摆脱出来"。的确，这个研讨课非常值得注意，因为这次课呈现出两位有着最高智识水平和严肃性的柏拉图学者关于如何

---

① *A Commentary on Plato's Meno* (Chapel Hill：The University of North Carolina Press，1965). Henceforth (Klein). [译按] 中译本见克莱因《柏拉图〈美诺〉疏证》，郭振华译，北京：华夏出版社，2011/2025。

② *Greek Mathematical Thought and the Origin of Algebra*，trans. Eva Brann (Cambridge：The MIT Press，1968). 关于施特劳斯和克莱因的密切关系，参 "A Giving of Accounts，with Jacob Klein" in *Jewish Philosophy and the Crisis of Modernity*，ed. Kenneth Hart Green (Albany：SUNY Press，1977)，457－466，以及 "An Unspoken Prologue," in *Interpretation：A Journal of Political Philosophy* (September，1978)，1－3. 他们之间的通信见 *Leo Strauss，Gesammelte Schriften*：Band 3，ed. Heinrich Meier，Zweite Auflage (J. B. Metzler，2008)。

阅读柏拉图对话的分歧。

施特劳斯很早就指出（第 2 讲：30 – 31），《美诺》是唯一一篇关于美德的柏拉图对话（the Platonic dialogue on virtue），美诺的灵魂问题是关键，因为这篇对话主要发生在苏格拉底与一个远非道德典范的年轻人之间。克莱因指出，他是个"恶棍"（arch-villain）（Klein：37）①。我们从色诺芬（Xenophon）以及其他地方获知，美诺背叛了受雇于波斯国王的希腊雇佣军同伴，此行径令其声名狼藉，据说波斯国王在处死他之前为此持续折磨了他一年之久。这篇独一无二的对话涉及一个走向极度邪恶和终极惩罚之人。② 此外，在与美诺的对话过程中，苏格拉底还有一场与美诺客友安虞托斯的对话，这颇能解释很久之后苏格拉底死于安虞托斯之手以及雅典民主对其不虔敬和败坏青年的指控。苏格拉底的活动——搞哲学和与年轻人交谈，与雅典的道德和政治健康状况之间存在明显关联。这一关联是什么，还有待观察。

* * *

在与安纳斯塔普洛（George Anastaplo）的一个访谈中，当被问及施特劳斯与克莱因之间的区别时，曾在安纳波利斯圣约翰学院（St. John's College，Annapolis）与克莱因长久共事的同事布兰恩（Eva Brann）回忆说：

> 施特劳斯认为政治哲学是根本性的，而克莱因认为本体论（ontology）、形而上学是基础性的，并认为对于现代性，科学革命要比政治革命影响更为巨大。③

这一进路上的分歧很早就在研讨课关于对话开场几幕的讨论中

---

① ［译按］这里提到克莱因书中第 37 页所称，中译本用的是"坏蛋"（arch-villain）。

② 或者，关于这个惩罚，我们希望如此。参第 12 讲：284 – 285。

③ https://anastaplo.wordpress.com/2011/03/06/glimpses – of – leo – strauss – jacob – klein – and – st –johnscollege/

显露出来。

在这几幕中（70a1 – 77a2），富有、好身世而且漂亮的帖撒利亚人美诺贸然向苏格拉底提出一个问题：德性是通过教授，还是通过习练，抑或是通过天性或其他什么方式获得的？①苏格拉底回以一个令人震惊的大胆宣称：无论是他还是他的雅典同伴对于德性都一无所知，更别说德性是怎么获得的了。这令美诺极为惊讶，他问苏格拉底此话是否当真，苏格拉底说自己是当真的，并且补充说他从来就没遇到过知道德性是什么的人。美诺问，在高尔吉亚居留雅典时，要是苏格拉底曾经遇到过他的话，是否会认为高尔吉亚知道些关于德性的东西。于是，苏格拉底请求美诺，作为一个仰慕高尔吉亚的学生，回忆一下高尔吉亚关于何为德性说过些什么，尽管美诺可能会随意将其与老师共享的意见安插到自己的意见上（70a – 71d8）。

［iii］美诺接连给出三个回答，每次都迫于苏格拉底而改换答案。在其第一个答案中，美诺的回应是列举男人、女人、老人、孩子以及奴隶在各自生活境遇和时间中，什么是恰当的。对于一个男人而言，德性就是能履行城邦事务，帮助朋友和损害敌人，并且做这些的时候避免伤害。苏格拉底反驳美诺，认为他所列举的是德性的部分，而非所有不同德性之所以共为德性的那个东西，即它们那独一的样式（form）或者说 eidos ［理式］。②尽管美诺抵制苏格拉底把两个答案模型应用到德性上的努力——模型之一是多种蜜蜂的那独一 ousia ［所是］，模型之二关乎男人和女人同样的身体特征（健康、个子、力量）——苏格拉底还是让美诺承认了，人类的种种不同德性都必须伴有正义（justice）和节制（moderation）。然

---

① 我曾经用过巴特利特的翻译，Robert C. Bartlett：*Protagoras and Meno*（Ithaca：Cornell University Press，2004）。

② ［译按］讲稿中出现了有关 eidos 的几个可以互换的词，出现 eidos 时，大多保留了这个希腊语转写形式。为了对应和区分，将 eidos 译为"理式"，form 译为"样式"，后面还会出现 idea，译为"理型"。施特劳斯在文中提示了用到这几个词时的互换关系。

而，这二者仍然只是德性的两个部分，因此，苏格拉底再次请求美诺回忆一下高尔吉亚所讲，并告诉他美德究竟是什么（71e1 - 73c8）。

于是，美诺给出了他的第二个回答，他说，按高尔吉亚的说法，德性是统治人的能力。这里的问题在于，统治的能力并不适用于美诺在其第一个回答中所列举的任何类型的德性，而只适用于在统治技艺上有天赋的少数人。尽管如此，苏格拉底再次让美诺在统治中补充上正义（随即美诺就说正义是德性），并且在苏格拉底提示下，美诺又加上了勇敢（courage）、节制、智慧（wisdom）、宽宏大量（magnificence）和其他许多德性。苏格拉底再次批驳美诺所列举的只是德性的部分而非整体，而当美诺说他无法找到所有德性的共同之处时，苏格拉底说"起码，那有可能"，并且说他将帮着推动美诺和他自己朝前走。

通过不同的具体"形状"（shapes）之"形状 - 性"（shape-ness）的两种定义范例，苏格拉底实现了推动美诺和他自己向前走的目的。首先，美诺无法明白，在寻找是什么让不同形状同为形状的过程中（作为回答德性问题的练习），苏格拉底所捕捉的是什么，美诺让苏格拉底解释这个问题，并保证他愿意之后就谈谈德性的事。第一个定义范例——形状是"存在物中唯一总是伴随颜色的东西"——预示和呼应了后面关于德性乃总是与知识相伴随者那一论证。但是，美诺拒绝了这个模式，认为其幼稚，因为这个模式需要提到美诺认为未知的东西，即"颜色"。苏格拉底说，如果美诺是好辩（eristic）和爱争的（contentious），他就会直接让美诺来反驳他视为正确而提出来的观点。但既然他们现在是朋友，他将更"辩证地"（dialectically）回应，并且提出一个既正确同时又只诉诸被问者（即美诺）承认是自己所知之物的模式。因此，苏格拉底提出了第二个，即几何学的（geometrical）、不使用对美诺来说有其未知事物的典型定义："形状是固体的界限。"美诺在理解这一定义时却不假思索，与此同时他转过来作出攻击性回应，要求苏格拉底告诉他什么是颜色。苏格拉底回应说，美诺表现出被宠坏的美人那种狂肆（hubristic）和僭主式（tyrannical）的方式，不过还是就颜色提出了一个高尔吉亚－恩培多克勒式（唯物论）的说明来满足他，即"与视觉相称的形状的流射（emanation）"，美诺喜欢这个答案，认为这是苏格拉底给出的最好答案。苏格拉底说，美诺之所以最喜欢这个答案，因为这个答案是以美诺"习惯的方式"说出来的，并且因为这个答案是"肃剧性的"（tragic）（高调的）。

［iv］苏格拉底称这一答案不如被美诺视为愚蠢而拒绝了的第一个定义范例，并且说要不是美诺不得已在他本来可以加入的秘仪（the Mysteries）开始之前离开的话，（大概经过进一步调查）美诺会同意这个定义的（73c9－76e9）。

施特劳斯反对克莱因对开场这几幕的解读，特别是克莱因就苏格拉底对美诺第一个德性定义的两个异议所作的解释（Klein：47－53）。克莱因说，第一个异议是"专业的"（technical）或者"学问性的"（learned）或者"有方法的"（methodical）。苏格拉底希望让美诺进入一种学习的心境。他首先向美诺询问用以表示种种不同的蜜蜂之所是（ousia）的那一独一理式（eidos）。美诺说，如果他被问到这个问题，他能就其说点什么。但是当被请求把同样的蜜蜂－理式－存在（bee-eidos-being）这一想法用于德性时，美诺说他理解苏格拉底的意思，但不是以他——美诺——想要的方式去把握问题的。因此，苏格拉底便问及关于男人和女人的健康、个子和力量的理式。美诺同意这些品质在男人和女人中都是一样的，但当苏格拉底问到德性时，他再次反对：男人、女人、老人、孩子和奴隶的德性并不相同。

克莱因说，苏格拉底开启（专业性－学问性－方法性）的努力徒劳无功。但如果美诺没有迅速"穿越苏格拉底为他架设的那座理式论的（eidetic）桥梁，他至少没有冒险加入那些'理型（ideas）之友'的行列，那些热切拥抱理型学说的人有可能错过其最关键的要点"（Klein：52）。克莱因这里指的是《智术师》（Sophist）248a4中异乡人的评论，那里说到"朋友们"希望反击存在作为（可变）能量的唯物论学说，但又被迫基于他们自己的理型论（idealistic）把所有事物看作运动中的，因而也就是可变的。① 美诺是某种文化秃鹫（culture vulture），② 知道并且喜欢例如 eidos［理式］这样的专业术语，但他还没让自己的头高到云端以至于把身体和灵魂的理型（ideas）混为一谈。也许美诺不跨越这座桥是对的，克莱因代表美诺问道："难道人的卓越（excellence）不是属于一个有异于体力、身高和健康的秩序吗？"（结果证明，这是对话中一个基础性的问题，并且答案不像克莱因似乎意指的那么明晰。）

尽管有对美诺的上述首肯，克莱因并不认为这个小伙子有多大能力。也正因为如此，苏格拉底不得不从专业性的方式转换为更"习惯和熟悉的"（habitual and familiar）的方式，来谈论美诺第一个回答中不同人等及其职司的正义和节制。带着对美诺进一步的贬低，克莱因评论说，虽然"美诺不愿意"从专业定义模式"提出一个至少貌似合理的推论"，但他也没能看到苏格拉底关于正义和节制结论中的矛盾，即作为整体或作为一的德性不能是正义和节制这两个不同方面，以至于迅速对此结论表示赞同。于是克莱因感到奇怪，是否尽管美诺和高尔吉亚能够列举出不同的德性，但他们看不出关于德性同时是一也是多这一点上的不相容。或者，克莱因认为，美诺之所以没有看到矛盾，也许仅仅是因为苏格拉底关于正义和节制的论证"有一种熟悉的言语特性，不会让美诺费力去思考"。克莱因总结说：

> 不管怎样，这一［v］难学会的"专业性"论证无法达成的，诉诸习惯性接受的东西却能达成。

出于习惯（habit），美诺最终领会了苏格拉底想要寻求任何

---

① 朋友们区分了两个方面，一方面是身体－感觉－生成－可变（body-perception-generating-changeable），一方面是灵魂－思想－不变－真实－存在（soul-thought-unchanged-real-being）。但因为他们在观念上认为心智分有（participation）"真实存在"，所以他们被迫同意一切都是可变的运动。
② ［译按］文化秃鹫（culture vulture）指那种热衷文化、附庸风雅、喜欢凑热闹、卖弄文化的人。

情形（不同人类职司）中作为一的德性（即便是两分的）的定义（Klein：53）。

　　一方面，根据美诺对于这些朋友们关于理型的专业术语的熟悉和抗拒，克莱因更为形而上地看待第一个回答；而另一方面，在苏格拉底的操控下，美诺近乎无脑的记忆依赖有了一丁点进步（他无法看到作为一的德性和作为多的德性之间的差异）。对于第一点，施特劳斯有一个更为简单、更为政治性的解释：基于美诺的第一个具有政治性的德性定义，即家庭和城邦的每个成员，诸如男人、女人、孩子、奴隶和老人都有切合其功能和年龄的德性，美诺抗拒"专业性"完全有道理。美诺也许不是个哲人，但他也非克莱因认为的笨瓜：当苏格拉底跳到不同蜜蜂的统一性，然后跳到健康、个子和力量的统一性时，美诺没有问题。但当苏格拉底要求他把这一统一性运用于德性，更为具体地运用到无论男女的孩子和老人，并遗漏了"奴隶"时，美诺注意到要发生什么了，并且作出抵制（第3讲：56）。这里的问题在于优越的自由人（特别是漂亮和富有的自由人）与奴隶之间的区别对美诺来说的重要性，而非美诺勉为其难地跨越一个"理式论的桥梁"。

　　至于美诺迅速同意把正义和节制（就女人和男人而言）补充到他的第一个定义中，施特劳斯说，这与美诺记得的东西关系不大，而与他倾向于忘掉的东西更相关。美诺的记忆是选择性的（selective）：他忘掉了正义和节制，而被提醒时立马赞同。施特劳斯说，在这方面，他不同于《高尔吉亚》中正派的卡利克勒斯，卡利克勒斯在与苏格拉底辩论时说正义就是胡扯（第3讲：60－62）。美诺也许是也许不是一个恶棍，但至少是个有邪恶倾向的人，他最不愿意做的事就是拆穿正义信念的假面具，正是这种信念使受害者受其摆布（第13讲：295；15：345－346）。

　　克莱因解释了苏格拉底的开场白——美诺回忆（recollect）高尔吉亚告诉他的关于德性的话——暗示美诺也许仅仅是"别人"所持意见的记忆者（rememberer）。这很重要，因为"我们中绝大多数人的绝大多数意见"都是这样习得的，不惟美诺如此（Klein：43－

45）。再次，施特劳斯对这事的重要性表示同意，但评论说，尽管美诺这人也许确实如此，但对话中美诺对苏格拉底的回答并不意味着他只把自己看成记忆者。施特劳斯说：

> ［美诺］肯定没有把自己描绘成一个从高尔吉亚那里获得意见的高尔吉亚信徒，而是一个站在自己立场，与高尔吉亚意见一致的人。当下这个情况肯定是这样的。（第 3 讲：46）

记忆和习惯的问题在克莱因对美诺第二个回答的讨论中再次出现，美诺的第二个答案即德性就是统治人的能力（Klein：54 - 70）。在美诺同意统治必须公正，以及苏格拉底问他正义是德性还是某种德性，且美诺问他什么意思之后，苏格拉底使用圆形作为某种形状而非形状本身为例。美诺明白了苏格拉底的意思并补充说，就像还有其他形状一样，也还有其他德性。但当再次被问到这些德性有什么共之处时，美诺［vi］作难了，于是苏格拉底通过形状和颜色的例子来帮助他；美诺还是搞不懂，并以其告诉苏格拉底美德整体是什么为承诺，要求苏格拉底解释诸形状和形状本身。于是，苏格拉底解释说，形状就是总伴有颜色的东西。美诺认为这个解释很蠢，然后苏格拉底给出了几何学的解释，这个解释美诺懂了但装作没看到，然后他又要求从苏格拉底那里知道颜色是什么。对于这个要求，苏格拉底给出了他依据流射、视力和感觉的恩培多克勒式答案。

关于几何学解释，克莱因解释说，尽管美诺拒绝在定义形状时提到颜色，但对几何学样板中的"体"（solid）（形状是体的界限）这个抽象概念他却没问题，尽管"这个世界上几乎没有比几何学的'体'更少立体性的（solid）东西"（Klein：65 - 66）。克莱因说，美诺的这一变化反映出他对几何学"专业技艺"（techne）的熟悉，这种熟稔依赖于使用术语的专业习惯，而非于对所指的任何直接感觉或知识。这同样适用于恩培多克勒式的（肃剧性的）对颜色的说明；苏格拉底说，美诺喜欢这一说法，因为这一说法是"以合乎你惯性的方式来说的"。克莱因总结说：

> 看来，美诺的确完全满足于再次听到他以前听过的东西，
> 即从别人那里听到且已经录在自己记忆中的东西。（Klein：69）

对于克莱因来说，美诺所具有的唯一优势就是他塞得满当当的专业性的——但其实只是肤浅的——记忆。

研讨课上，施特劳斯针对这一点评论道，对克莱因而言，美诺被认定的恶棍行径，与其受到专业科学的肤浅吸引，并与他对高尔吉亚的追随以及对习惯（或传统，或仅仅是记忆）的明显依赖之间有某种关联（第4讲：85-86）。施特劳斯说，理解这一关联的线索在《王制》（*Republic*，又译《理想国》）中的厄尔神话（myth of Er）：出于习惯而非依据哲学选择践行德性的那个人，在其第二次转世投胎时，选择了吃掉自己孩子的僭主生活。就美诺而言，在其生前，并且在与苏格拉底谈话之后，他就成了一个恶魔。

克莱因观察到美诺的恶棍形象"在柏拉图同时代人的脑海中根深蒂固"，以及"对我们来说，几乎不可能摆脱色诺芬对这位禀赋异常之人的描述的影响"。他从这个观察开始其评论。因此，

> 为了解这篇对话中的美诺是谁，了解我们先入为主的美诺形象在对话中所扮演的是什么角色，我们得仔细看这部戏。这个美诺是谁，这一问题在我们理解对话的过程中很可能是一个核心问题。（Klein：37-38）

施特劳斯说，说得很对，但我们不必假设这篇对话中的美诺就是色诺芬所描绘的那个残忍的恶魔；事实证明，这正是克莱因把美诺描述为一个完全陷入记忆之人所暗示的（第2讲：29-30）。

后面会看到，对施特劳斯来说，首要的基本问题是美诺命运的缘由（cause）。在研讨会中途，施特劳斯预见到了克莱因对美诺认识的根本问题所在：预设知识是美德的源泉而完全依赖记忆（习惯和对法律的畏惧）是邪恶的源泉，以及发现（如果我们确实发现）这篇对话中的美诺确实是个记忆性的人（memory man）——通过这些东西本身并不能解释美诺［vii］最终的恶棍行径。是个记忆性的

人也许是恶行的必要条件，但并非充分条件，毕竟，施特劳斯说，"我们这些并非恶棍的人，绝大多数也是记忆性的"（第8讲：172－173）。施特劳斯随即透露了秘密，他说，克莱因事实上得出结论，认为"美诺是浅薄之人的样本，是没有深度之人的样本；因而他是一个最极端意义上的记忆性的人"。施特劳斯说，这种解释是否正确，只有基于得到正确理解的对话情节才能作出判断。那部分情节是，当发现美诺不能通过"任何严谨意义"的学习（意思是，他能学到一些东西）变得更好时，苏格拉底面临着拿他怎么办的问题：

> 完全让他自生自灭吗？难道没有什么建议可以给他，让他不要去过这样一种全然无益，甚至也许全然有害的生活，或者说，像美诺这样的家伙，也有做好事的可能性？（第8讲：183－184）

这里似有暗示苏格拉底与美诺后来会怎样有关联，且不仅仅因为美诺是个记忆性的人（如果他确实是这样的）。

在接下来的对话中，在苏格拉底说美诺不能留下来等秘仪之后，美诺表示，如果苏格拉底愿意说"许多（恩培多克勒式）的东西"，他可能会（would）留下来。但是，只因满意于关于颜色的那个高调（high-toned）的解释，美诺遵守了承诺，并在他的第三个答案中说，"有个诗人"（不是指高尔吉亚）说，美德是想要并能够获取高贵之物（the noble things）。苏格拉底任凭根本不理解这个诗人之意的美诺把好东西（健康、财富、金银和城邦荣誉及职位）当成高贵之物，并再次让美诺同意获取好东西时必须有正义、节制和虔敬。苏格拉底为了正义和节制而放弃了虔敬，同时让美诺承认，有时候不获取也会是美德，并回过来抱怨美诺只给出了美德的部分而非整体，认为可怜的美诺作茧自缚：不知道整体的情况下用部分来回答，就是指涉未知者来回答（77a1－79e6）。

此时此刻，彻底张皇无措的美诺把苏格拉底比作一条会麻人的电鳗，并提出了"懒惰说辞"（lazy logos），即我们不可能去探究我们不知道的东西。苏格拉底说他很熟悉这个论调，并提出自己的"神圣讲辞"（holy logos）作为反驳，这"神圣讲辞"来自在神圣事物上有智慧的人，无论男女——"不管男祭司女祭司，所有那些关心能够对他们权限范围内的事情给出解释者"。美诺热切想要与闻这些解释，于是苏格拉底就攀扯上著名的回忆故事。这些智慧的神圣者说人类灵魂是不朽的，死者灵魂会重生，永不消失。因此，他们主张一个人应该尽可能虔敬地生活和赎罪，这样才能从斐尔塞佛涅女神（goddess Persephone）那里赢得第二次生命的伟大以及在人们中的不朽声誉（79e7–81c4）。

紧接着苏格拉底就抛弃了虔敬生活的可能性，他解释说，既然灵魂是不朽的，那就没有什么是灵魂没学过的，所以今生的学习只不过是重新回忆起我们已经知道的东西。基于苏格拉底相信（trust）回忆故事是真的，美诺同意继续前进，但接下来请求苏格拉底告诉他这到底是怎么回事。苏格拉底说他是个无赖（rascal），因为美诺试图诱使他陷入矛盾（因为根据这个故事，把知识放入另一个人灵魂里就没必要，[viii] 或许也不可能），而美诺抗议说：

> 不，以宙斯的名义，苏格拉底，我并不是出于这个这么说的，我只是出于惯性。

苏格拉底同意向他展示（show）这个故事何以是真的，并通过著名的教美诺童奴的这一幕——通过一系列（引导性的）问和答——解决了几何问题（问题的答案原来是一条线，而这条线的长度会是一个无理数）。

苏格拉底让美诺确信（尽管很可疑），他只是帮助奴隶回忆起他此生之前已经学会的意见，并且问美诺：

> 如果存在的真相一直在灵魂中为我们呈现，那么，灵魂就会是不朽的，那么，对那些你现在碰巧不知道的东西，就是你不记得的东西，你应该有信心试着去探究和回忆起它，对吧？

美诺说苏格拉底说得很好，尽管他不太知道该怎么做；然后，事情突然有了变化（86b6），苏格拉底说他不会太执着于这个关于回忆的论证，并坚称他会用言辞和行动去战斗以支持这样的看法，即比起认为学习不可能来说，探究我们不知道的事情会使一个人"变得更好、更有男子气概、更少惰怠"。美诺表示赞同，但是接着，当苏格拉底建议他们同心协力去研究美德是什么时，美诺再次询问起美德是否可教，或者美德是与生俱来的还是以其他方式来的（81c5 – 86d2）。

苏格拉底回答说，如果他不仅统治（ruled）他自己，而且也统治着美诺，那他会坚持在质疑美德是否可教之前先探询美德是什么的问题。但是既然美诺甚至都不尝试统治自己，为要试着并确实统治苏格拉底，苏格拉底说，那看起来就必须按照美诺的要求去做。然而，通过一种巧妙的几何手段，苏格拉底将美诺引回到美德究竟是什么这一问题上：美德必须是什么样的灵魂事物（soul-thing），才能是可教或不可教的？在一系列模棱两可的举动中，苏格拉底很快就让美诺主张，说美德全部或部分是审慎（prudence）（没有提及虔敬）是一种高贵的说法。接下来美诺同意一个人是通过教导而非天性获得美德（审慎或知识）的。然而，在取得了这一非凡进展之后，苏格拉底却突然拆了美诺的台，苏格拉底说，他并不确定美德可教，因为尽管他经常到处打听是否有美德的老师，但他至今还没能找到这样的人（86d3 – 89e9）。

这时，美诺的客友安虞托斯现身并落座，苏格拉底聪明地停下他的论证思路，以便把安虞托斯拉入对话。苏格拉底先是称赞安虞托斯的父亲是一个白手起家但谦逊的富人，之后对安虞托斯说了一番像是谎言的话：长久以来美诺一直跟苏格拉底说，他"渴求智慧和美德，人类以此来高尚地管理家庭和城邦，照顾他们的父母，并且知道如何以配得上一个好人的方式迎来送往邦民和客友"（89e9 – 91a6）。虽然这的确有点美诺第一个答案的意思，但美诺并未反对这一虚假的、不那么宏大的关于他大概要什么的描述，这一描述更像是一种起码的礼貌（common decency）。更为重要的是，美诺从不承认他缺乏美德且需要智慧以获得美德。

[ix] 于是苏格拉底问安虞托斯，他们应该把美诺送到谁那儿去

获得这种智慧和美德，而后，因为苏格拉底说可能应该送到智术师比如普罗塔戈拉（Protagoras）那儿，他传授美德发了大财，安虞托斯大为恼火。正当认为任何雅典贤人都是美德老师的安虞托斯气得要炸时，苏格拉底把事态弄得更糟了：他让安虞托斯承认最著名的雅典政治家（忒米斯托克勒斯［Themistocles］、阿里斯提德斯［Aristides］、伯里克勒斯和修昔底德）无法将其所知教给他们自己的儿子；苏格拉底还由此得出结论说，德性教不了。在恶意威胁苏格拉底之后，安虞托斯退出了对话，但并没离开现场。于是苏格拉底转向美诺，问他，那些帖撒利亚的高贵良善之人是否认为美德可教。美诺回答说，有些人这么认为，有些人不这么认为；说到智术师们，美诺说他仰慕高尔吉亚，后者嘲笑那些自称是美德老师的人——美诺说，他发现自己处在大多数人那个位置（对他来说这是个自供状），因为他有时觉得智术师能够教授美德，有时又认为这些人不行（91b7 –95c8）。

以诗人忒奥格尼斯（Theognis）的诗句为据，苏格拉底让美诺同意，既然没有美德的老师或学生，美德就不能授受，此时此刻，彻底感到气馁的美诺说：

> 苏格拉底，我真的很想知道，是否根本就没有好人，或者［如果有的话］他们是以何种方式变好的。（95c9 –96d4）

在这个异乎寻常的时刻，美诺第一次对自己的德性产生了怀疑，而这时对话已几近尾声。苏格拉底安慰美诺说，不仅知识（knowledge），还有正确的意见（correct opinion）也有助于指引人类事务。一个对通往拉里萨（Larissa，［译按］位于希腊半岛北部帖撒利亚的小城邦）的道路有正确意见的人，会和明确知道这条路的人带路带得一样好：

> 比起一个对此具有审慎知识（prudent knowledge）的人来说，他不会是个更差的向导——即便他只是认为什么对，而并非具有审慎的知识。

对于苏格拉底所称正确意见的有益性并不比知识少，美诺再次发出疑惑（这很值得注意）：

> 既然如此，为什么在世上知识比正确的意见更受尊重，且因此这两者彼此有别呢？

苏格拉底说，以下就是你想知道的原因：也许你们帖撒利亚没有代达罗斯（Daedalus）的雕像，而正确的意见（"这些东西"）就像代达罗斯的雕像和会逃跑的奴隶，除非通过"缘由演算"（a calculation of cause）的方式把他们绑住，让他们成为知识。苏格拉底说，这就是回忆，但又表示，关于这个他"只是猜测"（conjecturing）——而他并非出于猜测且还会坚称他知道的是正确的意见与知识是不同的东西。对此美诺表示赞同（96d5 – 98b6）。

在为美诺恢复了知识的名誉后，苏格拉底再次猛地拆台：他大差不差地（对于美诺来说，肯定让他目不暇接）重复了关于真实意见和知识同样有益的论证过程。由于它们不是人与生俱来就拥有的，所以苏格拉底和美诺仔细检查，看美德，也就是审慎，是否可教之事；但既然并没有美德的学生或老师，那美德就既非可教之事，也非审慎。然而，它是有益的和好的，而唯一能正确引导人的是真实的意见和知识；但既然不是可教之事，则美德就不再来自知识。知识不会是政治行动的指引。对此美诺仍表示赞同（98b7 – 99b4）。

［x］安虞托斯所说的那些伟大政治家"不是通过某种智慧，也不是因为他们有智慧"，而是通过好的意见（good opinion）① 来指引城邦，因此他们不能让其他人跟自己一样。就此而言，他们与占卜者（soothsayers）和神圣先知（divine prophets）在审慎上没有什么不同，后者在受到神灵感发（inspired）时说出真实的东西，但"对他们所说者一无所知"。② 我们会正确地称这些人为神圣者（devine），我们会正确地称这些人为神圣的占卜者、先知和诗人。政治

---

① 或者"好的名声"。
② 苏格拉底几乎逐字重复了这句话：99c3 – 5 和 99d4 – 5。

人物在包括神圣者和神灵感发者的这些人之上，这些人说着某些东西但又"对所说者一无所知"并因此获得战功，此时是神灵将气息吹入他们里面，他们被神灵附身。女人和拉刻岱蒙人（Lacedaemonians）就把好男子称为神圣者。美诺同意，同时觉得苏格拉底可能惹恼了安虞托斯（因为苏格拉底居然赞同可恨的斯巴达人）。苏格拉底并不在意，并说他们会另有时间跟安虞托斯交谈。于是，苏格拉底得出结论：因此，美德既不是天生的，也不是教授的，而是"通过无假于才智的神圣分配（divine allotment）"得到的——除了有某一类政治人物可以把政治技艺教给其他人。正如荷马所说，那种人大概是那些死者中的特瑞西阿斯（Teiresias）——只有他"神志清醒"。然后美诺评说苏格拉底说得很美。苏格拉底重申，基于"这种演算"，美德来自神圣分配，但他又说，他们只有去探究美德"本身"（itself by itself）是什么，才会对这事儿有清楚的认知。苏格拉底得走了，对话最后结束于他请求美诺用自己已经被说服的东西劝说一下他的客友安虞托斯，那样的话，安虞托斯"也许会更温和。如果你确实说服了他，也就是给雅典人带来了一定的好处"（99b5 - 100c2）。

在施特劳斯对这些对话场景的解释中，他明确表示，克莱因对美诺的能力和性情的评判过于苛刻（第 9 讲：192 - 193；第 11 讲：239 - 240）。按照施特劳斯的说法，对话在苏格拉底向美诺讲述回忆故事时达至顶点，而回忆故事的结局具有两种可能性：鉴于灵魂不朽，一个人生时应该过虔敬和悔罪的生活，以便死后得到对自己有利的神圣审判，并因此在伟大和不朽的声名中重生；或者，鉴于灵魂不朽，学习就是回忆，且才有可能。既然已经放弃了美德即虔敬这一定义，美诺似乎固执地要苏格拉底教他后一种可能性如何是真的，而当苏格拉底斥责他是个骗子时，美诺真诚地解释说，请别人教他只是他的习惯。然后，在奴隶那一幕，即"证明"了回忆故事是真的之后，苏格拉底说，尽管他不会坚持回忆故事，但他会在言行中为如下观点而战：即探究我们所不知道的东西会让我们更有男子气概且不那么懒惰。美诺同意他们应该一起探究美德是什么，但他再次说道，他更愿意仔细检查和听一听美德是否可教（86b1 - d2）。

克莱因用美诺最后这次转变来揭露美诺灵魂中是"一个不愿意学习，也没能力学习的人"，他的灵魂只不过是错乱的记忆；他没有任何深度，因而是一个"干瘪的灵魂"（psycharion）和不择手段之人（Klein：184－186）。施特劳斯不赞同克莱因的看法，他认为美诺确实学到了一些东西：奴隶那一幕向他展示了奴隶能在并未先问"是什么"问题（"几何是什么？"）的情况下学会一些东西，并向美诺展示出，苏格拉底可以把他导向（通过教）一个答案（第9讲：188）。就此而言，美诺要求［xi］和苏格拉底一起进行检验，并听听美德是否可教，这完全有道理。美诺能够学到点什么，而且我们还可以补充说，他对自己是个什么样的人并非全然没有意识：他说自己没有想骗苏格拉底，而只不过是习惯行事（第7讲：149－150）。一个人知道了自己是出于习惯行事，就不再完全受制于习惯。起码有那么一瞬间，苏格拉底让美诺同意，美德必须是知识，或者审慎，从而让美诺有那么一刻脱离了他始终对其心存疑虑的老师高尔吉亚。还有更多：当苏格拉底对美诺关于美德是知识的结论拆台时，美诺对也许根本没有好人感到绝望；在接下来关于神圣分配正确意见的那一幕，有那么一刻，美诺捍卫了知识相对于正确意见的优越性。对于所有这些，施特劳斯评论说：

> 对于美诺的进步，我不像克莱因先生那么不满意。我的意思是，这确实不是多令人惊叹的进步，但对于一个像美诺这样的人来说，这相当了不起了。

接下去，施特劳斯又说，美诺"对知识和正确意见之间的区别已经有所理解。也许，他模模糊糊地（Hazy way）知道在'我知道'和'我确信'之间有区别"。施特劳斯说的是"模模糊糊地"，而非"精确地"（precisely）（他学到了某些东西，尽管他不是哲人）（第11讲：260－261）。

施特劳斯评论说，"干瘪的灵魂"这一措辞并没有出现在《美诺》中，把这个说法归到美诺头上会让这个小伙子的性格失真。施特劳斯总结道，我们不能轻易说，美诺在学习方面的无能异常突出

（他的学习能力并不比克里同或卡利克勒斯差）（第 15 讲：343 -
345）。当美诺与苏格拉底搭讪时，他肯定认为自己是有德性的，并
且认为自己"知道"美德是什么，但他真心对这个事感到不安，显
然，在这方面他从未通过教而学会他知道的东西（至少没从高尔吉
亚那里学会，高尔吉亚只会教他怎么说得好）。而在最后一幕中，当
苏格拉底提出像特瑞斯阿斯这样的人或许可以把政治才能（states-
manship）教给其他人这种可能性时，美诺回应说苏格拉底说得很
美。① 对此，施特劳斯说，到对话结束时，美诺已经被苏格拉底驯
服，甚至变得温和（起码暂时地）。这一心态就不符合克莱因所谓完
全没有灵魂深度的美诺形象（第 12 讲：281 -282）。

但这也并不意味对于施特劳斯来说美诺就是个圣徒：他缺乏自
制（self-control）（第 9 讲：189）。非常肯定，他不愿意且几乎无法
专心投入学习；② 他具有邪恶"倾向"——正如在他在前两个答案
中经常性遗忘正义的倾向所揭示的那样，③ 他在第三个回答中也是，
不但遗忘了正义，同时还轻松地把高贵等同于物质性东西（material
goods）。④ 不过，在他与苏格拉底交谈之时，他还不是色诺芬和克莱
因所描绘的恶棍。施特劳斯通过一个敏锐的评论强调了后面这一点，
即苏格拉底不得不第三次就正义一项提醒美诺。苏格拉底询问美诺，
对他来说，以不正义的方式获取金银财宝、荣誉和官职是不是"没
什么区别"，美诺回答"肯定不是啊"，没有正义或节制或虔敬或美
德的其他部分而获取好东西"不可能是美德"。施特劳斯就此评
论道：

> 你们看，多像一个非常好的英国公立学校的男孩。……所

---

① 尽管事实上，美诺生活的"理论前提"是学习不可能（第 6 讲：129 -
132）。

② 第 6 讲：129；第 15 讲：346 -347。

③ 第 3 讲：59、62；第 4 讲：66、69 -70、72；第 5 讲：95、111；第 6
讲：115，117；第 8 讲：182；第 9 讲：188；第 12 讲：282；第 15 讲：345 -
346；第 16 讲：351。

④ 第 5 讲：103；第 6 讲：115；第 9 讲：205。

以看起来这好像是一个容易对付的人。他对邪恶并无执念。(第6讲：116 – 117)

[xii]（这里施特劳斯评论说，美诺没啥幽默感，也不是喜欢娱乐消遣的人。）施特劳斯对美诺灵魂有一个复杂的看法：一方面，他并非简单是个坏蛋——而更像是个男学生，即便他会用确实邪恶的算计欺骗他的朋友；但另一方面，他对伟大的渴望，结合着他对高贵者和好东西的混同，再加上苏格拉底的冷淡对待，使这个孩子成了个大坏蛋。对施特劳斯而言，克莱因解释的问题在于完全忽视和遮蔽了最重要的问题：美诺最终成为大奸大恶的直接原因是其邪恶倾向，还是他的邪恶倾向以及他与苏格拉底和安虞托斯的谈话？（第15讲：345 – 346）

整个研讨课，自始至终，施特劳斯都认为苏格拉底针对美诺的谈话态度好坏参半。一方面，通过挑动美诺对其美德的忧虑，苏格拉底驯服了他，以至于可以板着脸要他去驯服其客友安虞托斯。另一方面，在与安虞托斯那一幕中，苏格拉底戳穿了雅典和帖撒利亚那些贤人和传统的权威：智术师都显得比他们做得更好（第10讲：234）。此外，这里以及后面，和美诺一起，苏格拉底混淆了教授政治技艺的德性与教授普通体面之间的区别。跟安虞托斯争辩政治技艺不能授受就够糟糕的，说普通体面这问题甚至就更糟了。

在回忆那一幕中，当苏格拉底提出虔敬和学习这两种选项时，（正如他在其他每一个出现虔敬的场合所做的那样，）他放弃了虔敬，二话不说。① 因此，施特劳斯说，当着他的最终控告者安虞托斯的面，苏格拉底败坏了美诺，正如审判中说他败坏了整个雅典的年轻人一样。而在最终颠覆了作为正确意见之锚的知识后，诸神最终又作为正确但非 - 理性意见的分配者回来了。在施特劳斯看来，这一情形让美诺和所有人，除了天选之人，都陷于困境：无此幸运的人

---

① 第5讲：111；第6讲：115、131 – 32；第7讲：139 – 140；第8讲：183；第9讲：188 – 192，199；第10讲：220；第12讲：283 – 284。

该怎么办？模仿那些天选之人？不可能。服从他们？那怎么知道这些人是谁?① ——这是施特劳斯暗示苏格拉底只（only）关心自己及其同类的两个评论之一。

无论出于何种原因，总之苏格拉底没有将美诺移交给"可敬的偏见"（respectable prejudice）或法律去看护，而是让美诺自生自灭，与安虞托斯相伴，而他，苏格拉底，则匆匆离去，赶往他该去的地方（第10节：234－235）。留给我们的则是对美诺如何成为一个恶棍的疑惑，对此，施特劳斯在研讨课的最后一讲中说：也许有人"相信通常所谓的恶行实际上是德性"（第16讲：350－351）。在研讨课上施特劳斯不止一次说到，审慎、智慧与知识之间的差异，以及高贵（美德）与物质性好东西之间的差异（美诺很容易把它们混为一谈），还有普通体面与政治家德性之间的差异，在对话中被模糊了。正如色诺芬在其对美诺这个恶棍的描述中告诉我们的：

> 他认为他配受（deserved）尊重并往往受到尊重，是因为他展示出自己有能力和意愿去犯下最大的不义。②

既然如此，即使美诺的大奸大恶，也是以某种方式在意着德性。

［xiii］在比较施特劳斯和克莱因对待《美诺》的方式时，我想到两件事。首先，一个认为形而上学和本体论具有"根本性"的人，尽管意识到必须细致留意戏剧情节，可能还是会倾向于考察一篇对话乃至更广泛的多篇对话，为要得出比如关于记忆和回忆的抽象结论。那似乎就是施特劳斯眼中克莱因的做法。而相反，一个认为政治哲学具有"根本性"的人，也许会更密切关注普通人的动机——诸如美诺对地位的关注，以及他担心没有被教以美德因而没有美德；并且这样的人时刻注意的不是提取什么，而是一篇对话中被"抽掉"或遗漏的那些明显和具体的东西。这似乎正是施特劳斯努力去做的。

---

① 第12讲：284－285；第13讲：292－294；第15讲：346－347。

② 《上行记》2.6.26（exiou）。Bartlett, *Protagoras and Meno*, 154。强调是笔者加的。

施特劳斯告诉我们,《美诺》中抽掉了两个东西:律法(law)①(这个词从未出现在这部对话中),以及在雅典政治伟人例子中的天性(nature)——施特劳斯以此意指人类天性间的差异。②

苏格拉底关于美德不可教的"证据"在于,雅典治邦者和贤人们无法把儿子教成像自己那样的人,而这一证据忽略了这些儿子并非从原始木块上掉下来的小块这种可能性。苏格拉底自己的孩子也是如此。抽掉律法这一点提醒我们,美诺无法自制,而且由于他来自帖撒利亚(见《克里同》53d1 – 54b1),他也无法受他人控制——只有一个例外,也许就是他在苏格拉底那里受到的对待。③当然,这一例外情况的问题在于,美诺不会在此久留(第 12 讲:284 – 285)。

把这两个被抽掉的东西放在一起,会提醒我们苏格拉底对美德本身——所有不同的美德所是的那一个东西——的不懈追求;也许,如施特劳斯似乎暗示的那样,这也阐明了其对立面:人可能就有不同类型,因而以根本上不同的方式成就美德。至少在《美诺》中,我们看到苏格拉底明显的极端性,他声称未经审视的生活不值得过,而这对于实际事务可能是危险的。在这次研讨课中,施特劳斯唯一提到的他已出版的作品是《城邦与人》(*The City and Man*),这并不是偶然的:在《城邦与人》一书中,他描述了亚里士多德对"道德德性"(moral virtue)的发现,根据这种德性,"[贤人们的]一个既定的习惯,即不去追究为什么,被认为值得赞扬"。对于柏拉图来说,

> 亚里士多德称之为道德德性的东西,是介于为身体性福祉
> (属于自我保护或和平)服务的政治美德或庸俗美德与真正美德

① [译按]讲课稿中施特劳斯谈及这种抽取时没有直接用 law 这个词,而是用的希腊词 nomos。

② 第 10 讲:235 – 236;第 13 讲:291 – 295;第 16 讲:365 – 366。

③ 第 2 讲:35;第 3 讲:40;第 8 讲:183;第 15 讲:345 – 347;第 16讲:352 – 353。

间的中途之所，而真正的美德，至少可以说，只会激励真正的哲人。①

尽管柏拉图有此断定，施特劳斯暗示，美诺本可以此为道德归宿（第 13 讲：292 - 294）。

我想到的另一件事是，那些认为形而上学和本体论才是根本的人可能认为，尽管面临非理性信仰的挑战，这些追求还是能以自己的理性立足。就柏拉图在《美诺》以及作为整体的柏拉图对话中对神话的使用，克莱因有个冗长而复杂的反思（Klein：108 - 172），这个问题就来自施特劳斯对克莱因这一反思的评论。克莱因认为，每当柏拉图提到回忆和记忆（一起）时，他意在让这些术语"获得神话维度"或与"神话架构"（mythical frame）绑定，因为回忆和记忆发生在我们通往极天之旅期间和之后（Klein：108、137、152 - 157）。[xiv] 对此，施特劳斯指出，在《斐多》和《美诺》中，回忆问题都与灵魂不朽有关（第 15 讲：334 - 336）。对施特劳斯而言，关键问题在于克莱因的评论，即柏拉图避免"对回忆命题本身进行论证性检验"。克莱因认为，那是因为作为一个神话，回忆命题"排除了任何关于其有效性的说教性说明"（Klein：168 - 172）。对此，施特劳斯回应说，整个柏拉图对话为我们提供了这样一种讨论素材：

> 非神话性的非神话性语言（non-mythical non-mythical language）。……苏格拉底迫切为之而战者（即学习使我们变得更好）。证明（prove），也就是说，学习，以及我们因而变好，不需要求助于不朽的灵魂。

施特劳斯说，克莱因的立场是，

> 每一篇关于最高和整体的讲辞，即最全面的讲辞，都是不

---

① Leo Strauss, *The City and Man* (Chicago：Rand McNally, 1964), 25 - 27.

充分的，因而，一个论证永远不足以解决它。最高和整体超越了任何讲辞，无论是论证性讲辞（argumentative speech）——logos，还是神话性讲辞——mythos。

当然，施特劳斯所说的"最高和整体"，是天界（the heavenly place），是不朽灵魂后来学会回忆起的一切，及身体死后不朽灵魂去往之所。

施特劳斯评论说，对克莱因而言，神话（myths）使用看似真实但"不可能确为真实"的形象，而且，不像论证性言辞，神话影响我们的行动而非逻各斯（logos）。但是，克莱因随后说了如下这段话：

> 这并非纯属偶然或仅属某种特定历史发展阶段：在所有时代中、所有土地上，我们都可以发现，神话转化为或体现在或上演于仪式、庆典、习俗、制度、演出、肃剧之中，若我们同这些没有利害关系、不分享这些，这些便无法存在。（Klein：169–171）

对此施特劳斯问道：这意味着什么？克莱因不用参与对"对圣经传统［表现为真实的奇迹事件］①的论证性检查，然后证明这一断言的合理性吗"？鉴于克莱因说，苏格拉底将任何试图证明神话中的奇异事物不可能或有悖于自然的尝试斥为"粗鄙的智慧"（boorish wisdom），这个问题对施特劳斯来说变得更加尖锐了。作为回应，施特劳斯提到了"其他古典哲人讨论过的一个例子"：一个将军需要用这种粗鄙的智慧来安抚因月食而陷入恐慌的军队。施特劳斯似乎在此暗示，这种被质疑的智慧（自然哲学）虽然自身不足以解决奇异事物的问题，但可以用对最重要的实践和道德事物的考虑来加以补充（第15讲：335–343）。

克莱因说苏格拉底把这个奇异的神话用作他灵魂的镜子：问题不是"马人（Centaurs）是真的吗？"，而是"我是马人吗？"。苏格

---

① 方括号内是编者的话。

拉底操纵这些神话以便发现它们的"真相",不是借着字句,而是借着它们在苏格拉底自己和其他人身上激起的反应。施特劳斯对此的疑问在于,《美诺》中,苏格拉底不是借讲述回忆故事来洞察自己,唯一貌似符合这种描述的例子是,克莱因把《斐多》比作一部"神话拟剧"(mythological mime),剧中苏格拉底作为一个新的忒修斯(Theseus)击败了真正的米诺陶(Minotaur)——对死亡的恐惧(Klein:126)。

但是,施特劳斯反驳说,在《斐多》中,回忆学说后来被苏格拉底用以向他那些悲伤的朋友证明灵魂不朽,仅仅出于这个原因,他就不会并且也没有将这一学说作为神话,而是作为某种可以证明(或反驳)之事。(想象一下对一个垂死而惊恐万状的人说:别担心,你就要去一个神话般的地方了,在那里你会永远飞翔。)《斐多》中的回忆学说并非神话;施特劳斯说,如果苏格拉底并不真的认为其有效,[xv] 那这毋宁说是一种迎合人们确实认为真实,或有可能让他们认为真实的"显白教诲"(exoteric teaching)。施特劳斯说,克莱因从来没有提出过神话与显白教诲的区别问题。① 这样一个教诲的隐微(esoteric)那面将帮助人们看到,我们想要看到的被显白地(exoterically)证实的东西(作为我们应得报应的不朽)并非真是所说的那样(第15讲:337、339)。

根据克莱因书中密度最大的几页,《斐多》中的逻辑性讲辞和神话性讲辞是联合"咒语"(incantations),旨在"祛除"对"死亡怪物"(bugbear Death)的恐惧。这些讲辞的证据并非来自其合理性,

① 在回答学生问题时,施特劳斯说,克莱因认为《斐多》中苏格拉底关于灵魂的论证不仅是一个糟糕的证明,而且根本就没打算成为一个证明(第15讲:342 - 343)。施特劳斯说他明白克莱因的"意思",还说"安慰性的讲辞不必是真实的讲辞"。但在施特劳斯看来,因着《美诺》中"虔敬之为虔敬的问题",灵魂论证又不可能是一个神话。没有人,而不仅仅是美诺,在被告知一个被承认的关于灵魂不朽的神话后,就会变得虔敬:这样一个神话在效果上反而会弄巧成拙。但考虑到其中所涉风险,灵魂不朽的真或假对哲学家来说显白理解上的压力并不比对美诺的压力更少,或者就此而言,包括对安虞托斯也是如此。

而是来自其实际效果——戏剧性地呈现了苏格拉底直面死亡时"成熟的清醒，严肃和玩笑中的平静"。"灵魂启程的勇敢主张成为人类卓越美德的一个展现"，而卓越美德"本身就要求保持理智（dianoia）的努力，要求逻各斯（logos）继续下去"。克莱因说：

> 苏格拉底这一坚不可摧的"部分"，无论作何伪装……无论何时进行搜查，很可能都是"在场的"（present）。这种"在场"甚至可能根本都不需要任何可以看到的表现。这难道不是通过让逻各斯（logos）保持活力的那种努力来确保的吗？（Klein：147 – 149）

所有这些加起来似乎给出这样一种看法：哲学作为一种生活方式乃是利用断言来为自己辩护，结果就是论证和神话作为灵魂修辞（soul-rhetoric）中的合作伙伴携手并进。最终的问题似乎在于，对克莱因而言，哲学是一种选择或者献身（commitment）——就好像这可以让虔敬作为哲学的真正替代品的呼声沉寂下来。施特劳斯似乎认为，克莱因对不可言说的最高和整体的看法，让哲学自由地以其能做之事，而不是以其使心智发生合理改变来为自身辩护。

回到可怜的美诺：苏格拉底说美诺的懒惰说辞说得不高贵，而美诺问为什么不高贵，于是苏格拉底告知美诺他曾"从在神圣之事上有智慧的男男女女那里听到过的东西"。在这一刻，要么是苏格拉底暂停，要么是美诺打断。不管是哪一种，美诺看起来很热切、很感兴趣："说的什么理由？"苏格拉底逗他，"按我的意见，至少，是真的和高贵的"，美诺又催促："什么理由，什么人说的？"结果证明，这些人是"不管男祭司女祭司，即所有那些关心能够对他们权限范围内的事情给出解释者"（81a5 – b2）。

尽管美诺可能只是扮演了一个文化秃鹫的角色，但似乎可以怀疑①他好像渴望听到关于诸神的东西，这使得苏格拉底在回忆故事中从虔敬到学习的快速转移，也使他对一般虔敬的漠不关心变得难

---

① See Bartlett, *Protagoras and Meno*, 144 – 145.

以理解。同样难以理解的是，苏格拉底没有跟进美诺的明显意愿，因为如果苏格拉底愿意告诉他更多恩培多克勒式的东西，他就愿意留下来并加入密仪（76e6 – 77a2）。[xvi]（我们应该记得，恩培多克勒声称智慧者能获得永恒的幸福。）而从同样的角度看，在对话结束时，诸神把"好的意见"或"声名"分配给安虞托斯的政治人物，这些人"通过谈论许多伟大之事而成功，尽管他们对自己所说的一无所知"。施特劳斯指出，成就辉煌的忒米斯托克勒斯和美诺都是希腊人的叛徒（第15讲：346）。看来，神明赐予人言说天赋时显然不考虑任何先前的普通正派（common decency）。诸神可以被当成不朽版的高尔吉亚。美诺对诸神的关注可能与他长得美有关：这种人比普通人更真切地知道美的凋谢意味着什么。尽管如此，为什么苏格拉底不敦促美诺过一种虔敬祈祷和赎罪的生活，朝向传统的对诸神的崇拜，以此通向他肯定想要的不朽荣耀？也许是因为苏格拉底看到美诺会做什么以赢得诸神恩赐——他会追求物质性的好东西，并把物质性的东西当成高贵的东西。这就是对话结束时的分配之神并不在意的东西，他们在给予恩赐时不考虑普通正派。①

　　施特劳斯并不回避对苏格拉底在《美诺》中近乎轻率之举所感到的惊讶，他一度问道，那个让美诺短暂温和下来但也对未来感到无措（resource-less）的苏格拉底，是否对大多数人的命运"完全漠不关心"，其中当然也包括美诺（第12讲：283 – 284）。他甚至更惊讶于苏格拉底对安虞托斯采取的侮辱性、攻击性和激怒人的立场。在对话结束时，苏格拉底说他不在乎安虞托斯因为他对分配之神的描述而恼火。苏格拉底和美诺前一天一直在交谈，而安虞托斯作为美诺的客友很可能知道这事。难道对话并不像看起来那么非自愿，即苏格拉底为美诺的攻击铺平了道路，目的是引诱安虞托斯跟上？当安虞托斯第一次坐下来，苏格拉底似乎是尽了力才没把他赶走。难怪施特劳斯在谈到苏格拉底揭穿雅典贤人的真相时会问："他想死吗？"（第10讲：235）答案似乎是一个简单的"是"，因为苏格拉

---

① 见第6讲：131 – 132。

底不可能认为美诺会被长久驯服，然后还会去驯服安虞托斯。① 在美诺生命的尽头，他对美德感到困惑，就像与苏格拉底交谈时一样：要是不配，你就不可能得到所有金银财宝、高官厚禄——这正是色诺芬所说的恶棍，这种人认为强权即公理（unrestrained might makes right），且以自我为中心。

编者简介

魏因伯格（Jerry Weinberger）：密歇根州立大学政治科学系名誉教授和杰出教授。魏因伯格教授著有《科学、信念和政治：弗朗西斯·培根及现时代之乌托邦根源——培根〈学术的进展〉评注》（*Science*, *Faith*, *and Politics*: *Francis Bacon and the Utopian Roots of the Modern Age*: *A Commentary on Bacon's Advancement of Learning*, Cornell, 1985），《弗朗西斯·培根〈亨利七世统治史〉：新版带导言和解释》（*Francis Bacon*: *The History of the Reign of King Henry the Seventh*: *A New Edition with Introduction and Interpretive Essay*, Cornell, 1996）；《脱下面具的本雅明·富兰克林：关于其道德、宗教和政治思想的统一性》（*Benjamin Franklin Unmasked*: *On the Unity of His Moral*, *Religious*, *and Political Thought*, Kansas, 2005），以及诸多政治哲学主题的文章。

---

① 见施特劳斯1938年对克莱因的评论，*Gesammelte Schriften*, bd. 3, 561 - 563。

编订说明

施特劳斯的课程以研讨课形式进行。施特劳斯课上会先给出一段总体评论，然后一名学生大声朗读一部分文本，接着施特劳斯进行解释，并回应学生的问题和解读。本课程指定的文本是兰姆（W. R. M. Lamb）的英译本《柏拉图的〈美诺〉》（Plato's *Meno*），（剑桥：哈佛大学出版社，洛布古典丛书 1924 年），以及克莱因（Jacob Klein）的《〈美诺〉疏证》（*A Commentary on Plato's* Meno）（Chapel Hill，NC：The University of North Carolina Press，1965）。记录稿保留了原有拼写，并为所有段落补上了引文出处。

这份文字记录基于课程现有的音频文件。该课程有 16 次，所有课程录音带都保存了下来。音频文件中有些无法听清的部分，在文字记录中用省略号表示。有关论文或研讨课主题、教室或时间之类行政事务的细节都已删除，但在尾注有注明［编按：这些原文中的尾注在中译本中已全部转换为脚注］。脚注用以提供施特劳斯提到的人物、文本和事件信息。

这份文字记录由魏因伯格编辑整理，欧文（Alex Orwin）和魏特（Roger Waite）协助编辑。

第一讲　政治哲学导论

（没有日期）

[1] 施特劳斯：这门课程致力于提供一个政治哲学导读。这一导读将以解读这部名为《美诺》的柏拉图对话的形式进行。因此，我首先得做四件事。……我得解释四件事。第一，何为政治哲学；第二，为什么我们需要一个政治哲学导读；第三，为什么这一导读采取解读一部柏拉图对话的形式；第四，为什么我选择《美诺》？

我从头说起。什么是政治哲学？一个非常简单的思考就足以解释政治哲学意味着什么。所有政治行动都要么关注保守，要么关注变革。当其关注变革时，关注的是变得更好。当其关注保守时，关注的是避免［变得更坏］。因此，所有政治行动都预设了对更好和更坏的意见。但你要是没有对好或坏的意见，就不可能有对更好或更坏的意见。可是，当你意识到你遵循一种意见时，这一事实本身就会驱使你努力寻求知识，以知识取代意见。因此，所有政治行动都自动指向关于善①的知识（knowledge of the good）。我们把拥有全面的政治之善称为好社会，因而所有政治行动都指向好社会的问题。政治哲学就可以被定义为对好社会的探求。今天，有不少人怀疑我们是否能谈论好社会，因为那会隐含着存在公共之善（common

---

① ［译按］本讲稿中 good 是高频词，根据语境，有时候译为"好"，有时候译为"善"。通常在具体语境会译为"好"，在抽象的概念语境译为"善"。提请读者注意两个意思均指向 good 这同一个词。

good）；而由于某些原因，他们认为不可能存在共同之善。

不过，这些人中又有不少会谈到伟大社会（the great society），①这是好社会的另一种形式，只是他们不知道为什么"伟大社会"就比好社会更可取——至少从来没对我们解释过这一点。还有其他人谈论开放社会（the open society），②这也是好社会的一种形式，但他们同样也没告诉我们为什么"开放社会"就是一个比"好社会"更好的用词。尽管如此，人们只能是嘴上拒斥对好社会的探寻。而这正是政治哲学的关切所在。

现在我必须赶快纠正自己。虽然我所勾勒的这种推理对于最一般的人来说似乎都是显而易见的，但其价值和说服力在现代已然衰落。这一事实让我们有必要给出一篇政治哲学的导论。现在，使政治哲学获得正当性、合法性的推理已经因如下原因失去其说服力：今天，基于两个不同但相关的理由，政治哲学被许多人，尤其是被学界人士认为不可能，我们用"科学"和"历史"来表示这两个理由。我首先来谈科学。科学断言政治哲学不可能的观点带着一种对科学的看法，我们可称之为实证主义（positivism）。按照这种观点，真正知识的唯一形式是科学知识，而科学知识关于好社会无话可说，因为科学只知道事实，或事实的关联，或关于事实的规律；它无法区分价值真实与否，合理与否。

正如我们今天所知，事实与价值之间的区分是实证主义的一个典型特征。现在让我通过一个例子来说明这一点。托克维尔（Tocqueville）在他那本著名的关于美国民主的书中似乎说到，[2] 至少乍一看，支持民主制本身的论据并不比支持贵族制的论据强。民主有其特定的美德③和邪恶，贵族制也如此。但是，托克维尔接着说，天意（Providence）已经决定支持民主。实际上，那就不再有选择的

---

① ［译按］1964 至 1965 年间，美国总统 Lyndon B. Johnson 提出的主张。

② ［译按］K. Popper, *The Open Society and Its Enemies*, London：Routledge, 1945.

③ ［译按］本讲稿中 virtue 是高频词，大部分时候译为"美德"，某些语境中会译为"德性"。

余地了。我们不得不充分利用好民主；我们不能对贵族制抱着一种不切实际的浪漫向往。托克维尔所理解的天意（Providence）就是现在大多数使用这些术语的人所称的"历史"（History），带有大写字母"H"。历史已经决定支持民主。

在本世纪最初十年，著名的社会研究学者韦伯（Max Weber）这样反驳托克维尔和其他这类人：我们不能把责任推卸给历史。我们不知道未来，我们也无法知道，原因之一在于，未来将在很大程度上取决于我们的决定。历史并非注定会如何如何。① 因此，如果我们重新考虑托克维尔所讨论过的困难，我们必须让其保留在尚未解决且不能解决的冲突处——也就是民主制与贵族制之间的冲突。这两个选择各有其理由，而我们每个人必须做出各自的决定。韦伯有所暗示但从未说得足够清楚的是，我们不可能为所有事情都提出理由，而只能为某些值得尊重的事情提出理由。我们不能为任何突发奇想的东西提出理由。在我们今日所拥有的后－韦伯的社会科学（post-Weberian social science）中，这种韦伯式的观点，即还有所保留的所谓"相对主义"，已经变成了一种不受限制的相对主义。给任何价值提供理由皆已不可能。价值是非理性的偏好。论证只不过是所谓的"合理化"（rationalizations）。

你们现在应该都很熟悉这种立场，因为它是这一专业领域的主流观点，如果我接收到的信息正确的话，甚至在高中也会听到这种观点。那么，我们需要看看民主是否有理由，是否有理性的论证来支持民主，这看起来是个合理的要求；我们必须在其最高层次上来阐述这个理由（当然，如果我们可以的话），排除所有意识形态。但你们也必须学会为民主的替代选项阐述理由，以便我们能够在其最高层次上进行判断和阐述。出于所有实际目的，这意味着我们必须了解柏拉图和亚里士多德并研究他们，听取他们为贵族制提供的理

---

① 参 *The Methodology of the Social Sciences*，trans. and ed. Edward A. Shils and Henry A. Finch（New York：The Free Press），22 – 23（"The Meaning of Ethical Neutrality"）。

由，以便我们可以将其与民主制的理由进行对照。不过这话只是附带一说。

如果有人问什么是价值，那么，实证主义或者也可以说社会科学的相对主义所面临的困难就可以更简单地看出来。别忘了，当你老是谈论事实和价值时，你总得知道什么是价值。这显然是一个事实问题，而不是日常所理解的价值问题。但我们若试着回答什么是价值这个问题，就会看到这同时也是一个价值问题。例如，如果你说价值是欲望的各种目标，这是一种非常流行的答案，那么实际上每一个可能的欲望目标都是一种价值。但如果你考虑稍微复杂些的情况，某人有对于某种东西的欲望，比如说，吸烟，但他并不赞成吸烟，那吸烟是他支持的价值吗？难道不是他仔细思量且深思熟虑加以赞成或反对的才更是一种价值吗？一个人深思熟虑选择的东西，难道不比仅仅是欲望目标、仅仅是一种意见的东西更是一种价值吗？在后一种情形下，如果价值是一种选择的目标，区别于单纯欲望的目标，那么有相当多的东西永远不会成为价值，即不会成为那些[3]作为任何欲望目标成其为价值的价值。所以，你定义了价值的范围，你通过回答这个显然只是事实的问题，作出了一个价值判断——但何谓价值？

我就不去谈这一立场所面临的其他困难了；我只阐述其中一些，表明为什么我们不能把这个立场当成是理所当然的。事实与价值的区分本身是一个更大问题的一部分。对于公民之为公民，对于我们可以称之为关于政治事物的常识理解来说，并不知晓这种区分。对常识理解来说，这种判断，比如说约翰逊总统是一个非常聪明的人（价值判断），和这种判断——他身高六英尺左右，两种判断具有同等地位：你可以通过同样的看待方式得出这种判断。还有他的政策是否明智，这更复杂一些，但这是另一个价值判断，如同任何纯粹事实性的东西一样，可以用同样方式确定。

所以，对常识而言，事实和价值之间的区分并不存在。但根据当下盛行的观点，在我们转向对政治的科学理解的那一刻，我们就必须在事实和价值之间做出这种根本性的区分。但正如每个人都会承认的那样，常识理解先于科学理解。而我们还得补充并非总是被提到的一点：科学理解永远无法摆脱对常识理解的这种依赖，无论社会科学如何进展。我总用下面这个最简单的例子（对于你们已经听过这个例子的人，我表示歉意）：当你被社会学系，要么也许政治学系派去了解人们的看法时，不管什么主题，他们会交待你很多很多事情，但他们不会跟你说只应该询问人类的意见，更别说告诉你怎么区分一个人与一只狗或一棵树。那么你怎么知道如何区分人类和非人类的呢？我不知道，但可以肯定你不是在课堂上学会这个的。你以一种前科学的方式就知道这个，一种不为人知但非常可靠的方式。［笑声］罕有你怀疑自己是不是在和一个人交谈的情况。这种先于科学的常识理解永远无法完全转化。常识理解在决定性的方面永远不会转化为科学知识。顺便说一下，这将是本课程的主题，你们在几个小时内就会看到。

现在让我对实证主义的替代选项（这在今天影响力如此巨大）给出一个非常概括的描述，这一选项也拒斥政治哲学。我称之为历史主义（historicism），这个词显然是从"历史"一词派生出来的。那么，"历史主义"是什么？其论点可以阐述如下：所有人类思想，包括科学思想在内，最终都建立在不能为人类理性验证的，随着历史时代而变迁的前提之上。我所知的英语文献里，科林伍德（Collingwood）在其自传中对这个观点作了最清晰的表述。① 他在那里谈到了他称之为绝对预设（absolute presupposition）的东西：所有人类思想最终都建立在绝对预设之上，绝对预设随时代而异，且无法被验证。

［4］现在，我必须对此加以解释，因其以普遍的方式影响着对政治哲学关乎何事的理解。对我们而言，政治哲学似乎就是对唯一的好社会（the good society）的探寻。所有的政治哲学家都试图就此给出答案，但正如我们在开始研究他们甚或解读他们时所看到的，他们给出过各种各样的答案。因此我们有一个简单明了的问题，却

---

① R. G. Collingwood, *An Autobiography* (1939).

面对着一堆混乱的答案。举一个简单的例子，如果你问亚里士多德这个好社会是什么样的，他会给你一个与洛克截然不同的答案。哪个是正确的答案呢？可以说，大约在一百四十年前，黑格尔第一次以这种形式面对这个问题。黑格尔的答案是这样的。如果你注意看这些各式各样的答案，你会发现根本没有混乱，有的只是秩序（order）和必然（necessity）。亚里士多德和洛克给出了不同的答案，互不相容的答案，是这样，毫无疑问。但为什么他们给出不同的答案呢？答案是：亚里士多德是个希腊人，而洛克是个十七世纪的英国人。一般而言，各种学说是时期、时代造就的结果，通过这种简单的观察，混乱消失了。今天的人这样看已经变得不费吹灰之力，以至于许多教科书都是以这个观点来写的，我想你们从吃奶的婴儿那会儿就获得这种观念了，但这曾经是方向上的巨大改变。

然而，这有一个很大的困难。如果学说是时代造就的结果，那就不可能有唯一的政治哲学（the political philosophy）。尤其是，黑格尔就无权将他的政治哲学呈现为就是这一唯一的政治哲学，而只能视之为眼下的政治哲学——黑格尔可不是这样做的。黑格尔提出了关于这个明显的自相矛盾的辩护理由。黑格尔假定有一个绝对时间，一个绝对时刻，是所有其他时间无法比拟的，而黑格尔的政治哲学就属于那个绝对时刻，因而是唯一的终极政治哲学（the final political philosophy）。由此黑格尔就可以说（这在我所说的话中已经暗示了），历史进程是一个理性的进程，因而必定是一个有限和完成了的进程。因为如果尚未完成，你就不可能知道后面还会发生什么；也许到目前为止它看起来都很理性，然后却终结于一场可怕的灾难，而那就不再是一个简单的理性进程。引用黑格尔的另一个表述，"个人是时代之子"，① 这个表述意味着，即便是最具反思、最无偏见、最富哲思的个人，也不过是其时代之子，因而他所说的话注定迟早要过时。

---

① *Philosophy of Right*，preface. See Sir Francis Bacon, *Novum organum* 1：84.

黑格尔之后——现在我来谈历史主义——盛行以下观点：历史进程尚未完成。看似非常合乎常识。在所有时代，都有如此多的问题需要解决——理论和实践的问题。因此这并不是理性的。然而，个人是时代之子这一点仍然是正确的。因此，在我们的思想中，我们依赖属于我们时期、时代或文化的特定基本前提——不管你将其称作什么，但这些原则不能声称具有普遍或永恒的有效性。人这么想也已经变得不费吹灰之力，你们每个人最晚到高中就会了解。根据这种观点，政治哲学必须处理我们时代或我们社会的理想。而我们时代或我们社会的这些理想是否正确的理想——提出这个问题是不可能的，因而是被禁止的。政治哲学无法超越，即不能质疑那些事实上被公认的理想。

[5] 我甚至都不会做梦要去批评这一立场。我将只是转向历史主义的另一个实际后果。可以说，历史主义认为政治哲学是不可能的——如果我们取严格意义上的"政治哲学"这个词，而不是用人们所说的"某人的哲学"这个意义，比如那个人说：两个鸡蛋作早餐是我的哲学。我听到过这样的表达。如果我们在任何严肃意义上对待这个问题，那么他们说的就是政治哲学不可能。然而，尽管政治哲学不可能，但政治哲学的历史——政治哲学史（the history of political philosophy）是可能的，甚至是必要的。这一点，我相信你们也知道——如果没有其他来源，至少从政治科学系的课程公告中也能知道——这是今天完全可以接受的观点。推论过程大致如下。我们必须对我们自己、国家制度、我们的思想，等等等等，或者对我们的理想有所理解。通过检查，可证明这些制度和理想衍生自旧制度、旧理想，要不就是对旧制度、旧理想等等的修正，因此我们几乎可以说，要阐明现在，要认识我们自己，除非以历史反思的形式，否则就不可能。

这一结论，即政治哲学史是必要的，实证主义者们也承认。有几个人（你们时不时会听到一类激进分子）说政治学系不应该有政治哲学史，应该把后者设在人文学科的课程中。但至少直到目前为止，这种声音还没啥影响。所以，由于某些说不清道不明的原因，学界承认政治哲学史作为专业是必要的。这是一件非常令人欣慰的事情,因为这里我们站在一个所有或者几乎所有当代政治科学家共同的基础之上,而如果这里有某种共同基础,我们必须深感庆幸。

从得到公认的这一点,可以得出一个我认为理论上也得到公认的结论——尽管在实践中不一定得到遵守,那就是政治哲学史必须以必要的谨慎和勤勉来研究。我的意思是,有一点很清楚:如果要研究政治哲学史,就得好好研究,否则就丢人现眼。因此,我们必须为这两件得到普遍承认的事情感到高兴,而不必对自己隐藏某种暧昧。若有人并未被实证主义或历史主义对政治哲学可能性的否定说服,他就会带着政治哲学能够得以重建或重生的期望去研究政治哲学史。他们对政治哲学的可能性保持开放,而实证主义者和历史主义者则对此持封闭态度。换言之,这一动机上的差异非常重要,也可能有实际后果。但我现在只把重点放在得到普遍承认的东西上,而不是放在分歧上。

现在来说第三点。为什么是一篇柏拉图对话?如果我们必须研究政治哲学史,就得格外留意其起源。因为这个起源是其正在确立或即将确立之时。在其得以确立或成为传统之后,很可能就被当成是理所当然的了,而在 [6] 其起源的时刻,它并没有被当成理所当然。那时它的可能性或者必要性还有待确立。那么我们去哪儿找那个起源?根据传统的看法,政治哲学的创始者是苏格拉底。这在今天并未获得普遍承认,完全没有。但我在这里只是坚持这一点,我认为这种老式的传统看法是正确的——只是需要一些脚注,但这一陈述的实质不会受到影响。你们所有人都听到过,在苏格拉底之前,有一些所谓智术师(sophists)的人,有些人说他们才是政治哲学家,而另一些人——我现在不能细说;现在没必要细说。无论如何,我认为,就政治哲学的起源而言,苏格拉底被公认为是一个非常重要的人。

然而,苏格拉底有一个很大的缺点,这也是众所周知的:他不写书。因而,如果我们想要研究政治哲学的起源,我们几乎别无选择,只能研究柏拉图。研究亚里士多德自然很重要,但在这个方面柏拉图和亚里士多德有一个重要的区别：在柏拉图作品中，我们可以观察到从对政治的前哲学或前科学理解朝政治哲学的上升，而在亚里士多德那里，政治哲学已经构成一门科学，确立为一门科学了。你们只用比较一下亚里士多德《政治学》（*Politics*）的开头——我们就说最初十行吧——与柏拉图的《王制》（*Republic*，又译《理想国》）的最初十行，就可以看到这一差别。可以说，《政治学》是一篇论文。《王制》和柏拉图的其他作品都是对话。

关于这可能带来的影响，我得说上几句。这意味着什么？当我们阅读《政治学》时，我们始终听到的是亚里士多德在对我们谈论，除非他引用某人。但是即便［在这些］引文中，亚里士多德也在说话——既然是亚里士多德引用的所有这些引文。但是当我们读一篇柏拉图对话时，我们听到的只是柏拉图笔下的人物，从来不是柏拉图本人，因为即便对话仅仅是讲述、叙述而非表演出来的，柏拉图也从来不是这个叙述者。这会带来某些潜在的影响。我们迫切想知道柏拉图说了什么，而我们从未听到他说什么。但有一个简单的答案：柏拉图有代言人（mouthpiece）。例如，在我们将要讨论的这篇对话中，这篇《美诺》，［美诺］当然不是柏拉图的代言人。我说"当然"，但我应该加上一个问号：为什么"当然"？不过我现在不会细说这一点。

柏拉图的代言人特别是——当然，是苏格拉底。但苏格拉底并不总是代言人；在《法义》（*Laws*）中，柏拉图的《法义》，他篇幅最大的作品中，代言人是雅典异乡人，而不是苏格拉底。为什么柏拉图有各种不同的代言人？他没告诉我们。柏拉图什么都不告诉我们。但如果我们不知道这一点，我们就不知道柏拉图的代言人严格来说指的是什么。但有人可能会说：得了吧，让我们别那么吹毛求疵、过分挑剔或过于精确，理智上没人能否认苏格拉底主要是柏拉图的代言人。的确如此，但还是有个问题，因为苏格拉底的主要特征之一在于，他是个反讽之人（ironical man），于是我们又回到了起点。柏拉图通过一个反讽之人的口来说话，这几乎跟根本没说一样，因为反讽性的陈述当然是一种你不能按字面去理解的陈述，你得自己搞明白。

关于这个问题，我只想再增加几点，后面会以更详细的篇幅展开。有一个说法，当然不是柏拉图的，而是苏格拉底的说法，那是在一篇［7］名为《斐德若》（*Phaedrus*）的对话中，处理的是写作问题。那里所说的就相当于这个意思。写下来的东西本质上是有缺陷的，只有口头交流才可能足够好（《斐德若》274b6 – 277a5）。①写下来的东西本质上有缺陷的原因之一在于，它们对所有人都说同样的东西。现在看来，尽管写下来的东西本质上有缺陷，可柏拉图还是写了——他写了书。我们推测这些书意在成为摆脱写作本质性缺陷的写作，也就是说，它们意在对不同的人、对不同类型的人说不同的东西。这些书不是偶然达成这一点的，因为每本书都做到了。你们知道，几乎每本书都会被不同的人以不同的方式阅读，但柏拉图这些作品设法做到了对不同类型的人说不同的东西。如果这是柏拉图对话的一个特点，如果它们是以一种特殊的方式写就的，那么它们也必须以一种特殊的方式被阅读。我们必须如何阅读它们，才能达到其意在为那些最好读者准备的理解呢？从柏拉图的角度来看，至关重要的是，必定有最好的一种理解而不是多种同样好的理解。那是不可能的。否则就不会有终极的统一，而这与柏拉图的思想并不相容。因此，对于柏拉图来说，必定有一个最终的、最好的理解。

这个问题也同样在《斐德若》中进行了讨论，苏格拉底在那里谈到了文字书写必需的东西，掌控演讲写作必需的东西——我们可以说，掌控写就好书必需的东西。在这样一本书中，所有东西都是必要的：没有任何东西是点缀性的，或者用于消遣的，或者出于一时兴起；没有偶然的东西。如果苏格拉底偶然从一栋建筑中出来碰见某人，这当然是个偶然事件。但在柏拉图对话中，这就不再是个偶然事件：它是必要的。比如《游叙弗伦——论虔敬》（*Euthyphro, On Piety*）：游叙弗伦有点像是神职人员这类人，苏格拉底偶然遇见

---

　　① ［译按］讲稿中这类文本注释原为脚注，译本中均改为随文注，后不再出注。

了他。但在这篇对话中，苏格拉底遇到游叙弗伦是个必要事件。因此，唯——篇关于虔敬的对话（the dialogue on piety）必须是一篇与祭司的对话。那么就出现了这样的问题，我们现在还无法回答：为什么会是这个特定的祭司？如果我们研究这篇对话，这个问题就会出现。

换言之，在每一篇对话中，不管多么深奥（其中有一些很深奥），总有一种可以称之为框架的东西。例如，在《王制》中——你们知道这个故事：他们在哪里遇到，都遇到了谁，什么时间遇到的，等等。框架与内容同样重要，内容就是指他们就正义或者虔敬之类一般主题进行交谈的言辞。让我们以《王制》为例。谈话发生在比雷埃夫斯（Piraeus）这个雅典港口，在一个叫克法洛斯（Cephalus）的人家里。与这些人物，特别是叫格劳孔（Glaucon）和阿德曼托斯（Adeimantus）的两个男子的交谈取代了大家本来打算参加的晚餐和表演。为什么柏拉图选择这样一个场合，以及所有这些因素？苏格拉底在《王制》中的大部分讲话都针对格劳孔和阿德曼托斯而发。有一些部分他是特别针对格劳孔说的，我们可以称之为格劳孔部分；而其他那些特别针对阿德曼托斯说话的部分，我们可以称之为阿德曼托斯部分。苏格拉底让自己适应对话者的能力和性情。他不会对每个人都说同样的东西。而这就是他反讽的秘密：适应对话者的看法。因此，如果我们想要理解一部柏拉图对话，我们必须翻译出这些针对这个或那个人的、诉诸个体（ad hominem）的表述；我们［8］必须将这些表述转化为绝对陈述（absolute statements），就像苏格拉底或柏拉图在思考中或许会对自己所作的陈述。

让我再举一个例子，还是出自《王制》。《王制》中包含一种心理学，一种灵魂学说。在这一学说中，血气（spiritedness）——诸如愤怒之类——与欲望（desire）之间的区别起着非常重要的作用。此学说宣称，血气是和理性（reason）一起对抗欲望的同盟。欲望必须受到理性的克制。但幸运的是，在这一斗争中，在这种克制中，理性受到血气支持，血气是灵魂中比单纯欲望更为高贵的一个部分。这种灵魂学说还宣称，血气绝不会寻求与欲望共谋反对理性。格劳孔用"以宙斯的名义!"（By Zeus!）对此表示支持。血气绝不会与欲望共谋以反对理性（《王制》339d4 - 440b8）。而你们所有人都会从自己的经验中知道（很容易回想起这种经验）这不对。格劳孔的誓言并不就会让这更真实。如果一个孩子想要——或者说欲求——洋娃娃或者糖果，把这个被欲求的东西从孩子那儿拿走，孩子很可能要生气，这种怒气支持欲望。并不仅仅对儿童来说这样［笑声］；成年人也是如此。冷峻的哲学家们会说，当我们为失去某个亲爱之人感到伤心时，我们以成人的方式做着孩子在玩具被拿走时所做的同样的事。

所以我们举这个例子：格劳孔用"以宙斯的名义"为之起誓的，即血气决不会与欲望合谋反对理性这一事实，苏格拉底并不否认；甚至是他向格劳孔暗示了这一点。但这并不证明苏格拉底的严肃意见就是如此。而这具有非常严重的后果，因为如果血气并非简单高于欲望的话，那么《王制》的主要思想，即灵魂与城邦之间的类比对应关系，就站不住脚。因为就城邦而言，可以很容易地表明，《王制》中所描述的战士阶层等级上要高于单纯的获利阶层。战士阶层也背负着更高的要求：他们致力于荣誉，而其他人仅仅致力于舒适的自我保存以及获利。因此，从柏拉图所描述的城邦角度来看，显然，血气，即战士的特性，高于欲望。但如果我们不看城邦，如果我们看个人的灵魂，我们就看不到血气对于欲望的这种优越。灵魂和城邦之间的整个类比对应关系原来并不真是如此。要让这一点变得真实，就得反复重申。

以上说明了我们为什么要研究一部柏拉图对话，以及大体上我们必须以一种什么方式去研究。现在我得回答，或者尝试回答最后一个导论性问题：在所有对话中，为什么选《美诺》？为什么不是《王制》，既然《王制》乍一看就显得是唯一选择？好吧，关于《王制》，我已经开设了不止一次课程，研讨班或讲座课程，我有可以理解的、情有可原的变化的愿望，因为我也想多学一点。换一种说法，《王制》并不是唯一致思于政治哲学的柏拉图作品，因此我们也得看看其他作品。《王制》让我们面对的不少问题，在《王制》中并没有得到解决。只举一个例子，从《王制》中我们看不到柏拉图归之于他所谓爱欲（eros）的那种东西的至关重要性。还有，与此相关，如果想要了解柏拉图或苏格拉底如何看待诗，只了解《王制》中关于诗的教诲是不够的，尤其是在卷十中，那里对诗人的表现，显得就真理而言诗人们还不如所有诚实［9］的手艺人——你们知道这一陈述对现代人的神经来说是相当令人震惊的。因此，为了了解更多柏拉图关于爱欲和诗的看法，我们就得转向柏拉图的《会饮》（*Symposium or Banquet*），这个之前我们做过一些。① 而从《会饮》开始，我们几乎不可避免要被引向《高尔吉亚》（*Gorgias*）这篇对话。《高尔吉亚》致力于修辞术（rhetoric）的主题，而修辞术的问题，从柏拉图的角度来看，至少可以说与诗的问题非常类似。

在《高尔吉亚》中，我们得知修辞术是一种虚假技艺，从属于另一种虚假技艺。它所从属的那种假技艺被称为智术（sophistry）；而这又促使我们去研究另一部柏拉图对话，《普罗塔戈拉》，这部对话处理的是智术师而不是智术。《普罗塔戈拉》和《高尔吉亚》有很多共同之处，这意味着它们有惊人的——它们在诸关键点上相互抵触。可以说《高尔吉亚》的中心论点是，善与快乐不说是对立的话，也是根本不同的。但是《普罗塔戈拉》在一场讨论中达到高潮，这场讨论恰恰基于善就等同于快乐的前提之上。那么哪一个是对的呢？在《普罗塔戈拉》中——至少比在《高尔吉亚》中更为清晰——关于美德的问题被提了出来。美德被说成是知识，但又不可教；这是一个很大的困难，因为如果美德是知识，它就应该可教。

这马上就指向了《美诺》，因为美德恰好是《美诺》的主题，比高尔吉亚的主题更为清楚。奇怪的事情在于，这个美诺，《美诺》中的主人公，是高尔吉亚的学生。我们可以说，在《美诺》中，《普罗塔戈拉》中提出的困难被抛给了高尔吉亚的一个学生。高尔吉亚和普罗塔戈拉都是顶流的名人，这意味着关于他们有些东西并不

---

① 1959 年秋季学期，施特劳斯在芝加哥大学开授过一次关于《会饮》的课程。

可靠。他们在那行当都是相当大的人物，但是有点——也是我们在使用"名人"这个词时某种程度上所表示的意思，有点不可靠，有些吸引眼球的东西之类。他们也是非常不同的人——我不能现在就进入这个问题，等我们阅读对话的时候这个问题就会变得清楚。现在我只总结一点：《高尔吉亚》和《普罗塔戈拉》，这两部我们最近阅读、研究过的对话，以某种方式趋向《美诺》，因而我们应该着手处理《美诺》。

《美诺》传统的副标题是："或论美德"（or On Virtue）。没有其他对话有这个副标题，"美德"显然是一个非常重要的主题，对政治哲学至关重要的一个主题。好社会，即柏拉图或亚里士多德所说的最佳政制（the best regime），是最好的人施行统治的社会。这意味着什么？最好是好的最高级。作为一个好人指的是什么？这个方面的好意味着什么？什么是德性？我相信，即便你们当中最新潮的人也不会介意我使用"美德"这个词，这是一个非常老派的词，现如今已落魄过时。但要是你们愿意，也可以使用"卓越"（excellence）①这个词——灵魂的卓越，卓越，这个词没那么令人反感。但是我也完全愿意接受另一个词。我们将从《美诺》本身看到，在柏拉图那里，或对柏拉图来说，美德意味着什么。

现在我得说，除了我上过的几门关于柏拉图的课程使得我们应该转向《美诺》这一点显得非常合理外，要不是大约半年或一年前克莱因关于《美诺》的疏证②面世，我不知道我是否还会［10］得出这个结论，我认为克莱因疏证的面世才真正促使我致力于这次针对《美诺》的课程。关于这位作者，我必须说上几句，正如你们很快就会看到的，这可不仅仅是八卦，而是与我们所关切的实质性问

---

① ［译按］卓越（excellence）：正如施特劳斯在这里说的，excellence［卓越］和 virtue［德性］可以等同、互换。excellence 也可以译为"德性"。译文中均把 excellence 译为"卓越"，virtue 译为"美德"或"德性"，但二者意涵等同，可以互换。

② Jacob Klein, *A Commentary on Plato's* Meno（Chapel Hill：The University of North Carolina Press，1965）.

题有很大关系。克莱因仅有的另一本书——他现在 67 岁左右——还没有英文本。那本书是用德语写的：《希腊数理逻辑和代数的起源》(*Greek Logistics and the Genesis of Algebra*)①。这本书不止一次被引用，既然我能阅读德语，我将时不时转述这本书的重要部分。在所谓的观念史或科学史或不管你们称之为什么的领域中，我不知道还有任何研究可以媲美克莱因写的这本早期著作。预先说一下，我不认为目前这本书有那么好，尽管我们可以从中学到非常多的东西——是更多，我想，比从任何其他疏证中学到的更多。

现在，为了理解克莱因的这种美德，这种卓越，我必须说一下他的背景。换言之，我说的不是鸡毛蒜皮的东西——他一定是个智力超群的人，否则他不可能［写出这样一本书］——而是更特别的：他书中的处理方式，他运用其聪明才智的方式。不管怎么说，在克莱因的研究，包括对《美诺》的研究背景中，有两个名字，尽管在这本书中他出于礼节考虑从未提及它们。你们看，也许我可以这么说。一方面，引用别人当然是完全必要的，克莱因在这方面是非常非常大方的，但引用也有另外一面，即在某些情形下也可能会近乎那种所谓"攀龙附凤以抬高身价"的俗气。要是这样，那最好就别去引了。这两个名字是胡塞尔和海德格尔，对此我不得不说上几句，因为这可能会让你们中一些人回想起以前听说过的一些事情，而这将有助于作为这门课的一个背景。

当胡塞尔即将崭露头角时，就是说，在 1900 年前后的德国，最重要的学派是所谓马堡的新康德学派（neo-Kantian school of Marburg），马堡是一个小小的大学城。胡塞尔曾经以最简单的方式陈述其意图，他说：马堡学派从屋顶开始，而我们得从地基开始。他的意思如下。马堡学派首先关注对科学的分析，这在当今是以一种非常不同的方式由逻辑实证主义来完成的。马堡学派并不是从对被感知世界的先在分析开始。这是一个新康德学派。如果我们回顾一下

---

① *Greek Mathematical Thought and the Origin of Algebra*, trans. Eva Brann (Cambridge, MA: MIT Press, 1968).

康德，从康德的角度来看，对世界的科学理解，就是说牛顿式的理解，仅仅是对世界的普通的、常识性的、前科学的理解的完善，因此，在康德处，对科学的分析被等同于对常识的分析，科学只是常识的更加完善的形式。但在 19 世纪后半叶，下面这一点变得比之前更加清晰：科学，即现代科学，不仅仅是普通理解的完善，而且是一种转换（transformation），一种前科学理解的特定转换。你们应该听说过埃丁滕的例子，他孩童时就知道的桌子［11］区别于科学的桌子，后者是物理学家理解的桌子。① 而对于埃丁滕来说，科学的桌子比常识的桌子更真实这一点绝非确定的。胡塞尔那时主要就关注被感知的世界，作为科学所理解的世界从中出现的基质（matrix）。但是，从新康德主义到胡塞尔的转变过程中，保留了至关重要的一点：对世界的哲学理解必定是对其如何自我构造、如何在纯粹意识中以及被纯粹意识自我建构的理解。我现在不会去解释那是什么。很快每个人都会有所了解。

然后我得转向海德格尔了。海德格尔对胡塞尔的批判，如下表述可能非常不充分、非常不足够，但就我们眼下的目的而言，这是适当的方式。作为感官知觉到的事物——就说这个桌子——并非最初被给定的事物。作为感官知觉对象的事物已然是一种抽象的产物。首要之物是使用中的事物，这类事物就其本身而言不仅与我们的感觉有关，而且首要地是与我们的需求、我们的关切有关。诸如有用、无用、美、丑、优雅之类的价值判断，与大小、颜色之类一样属于它，我们将这些严格来说归属于感官知觉。严格理解的作为感官知觉对象的事物并非整全事物，而是一种抽象。相应地，整全事物不能依据纯粹意识来理解，而必须依据整全的人来理解，不仅仅只从

---

① 埃丁滕（Arthur Eddington）：剑桥大学三一学院普鲁米安天文学教授（Plumian Professor of Astronomy），1927 年在爱丁堡大学，他以两张桌子的例子开始其关于物理世界性质的吉福德讲座。两张桌子代表了两个并行的世界：一个是具体的、可感实在的世界；而另一个，是物理学所描述的世界。［译按］普拉米安天文学教授是剑桥大学历史最为悠久的特殊教授职称之一，1706 由托马斯·普鲁设立，仅聘用天文学方向的教授，并沿袭至今。

意识来理解。正如海德格尔表述的,纯粹意识是"幻想的理想化主体"（a fantastically idealized subject）。在谈论纯粹意识时,人本质的必死性被忽视了,这一事实就最为简单地表明了这一点。纯粹意识一方面意味着是人的意识,而另一方面则意味着,人类至关重要的特征之一,即人的必死性,被遗忘了。

之所以会从感官知觉对象开始,而不是从处在其完整性中的事物开始,是由于把人理解为首先是感知的、沉思的存在。这种理解合理吗?这无疑是来自希腊哲学传统的一项遗产。依据希腊观点,存在意味着在场、可用,因此,最高意义上的存在将总是在场,是永久或永恒的。海德格尔质疑这种观点,乃至质疑整个哲学传统。他尤其关注亚里士多德,远甚于关注柏拉图,如果我可以顺便提一下的话,这可能与他是第一位具有天主教出身的伟大的德国哲学家有关。德国所有其他伟大的哲学家都是新教徒。为了根除源于希腊人的这种传统,或者更确切来讲,为了最清晰地看到希腊和传统思想的根本局限,他研究了亚里士多德。这种研究所隐含的——并由此而具有其特殊重要性——就在于对传统的质疑需要对传统的传统理解提出质疑,也就是说,他不能简单地接受既有的东西,不仅是教科书里的,甚至包括最坚实的研究里的东西,直接将其作为[12]充分的解释。他不得不回到亚里士多德本人那里,并致力于对其进行一种非常与众不同的研究。

现在我回到克莱因。总之胡塞尔和海德格尔算是他的老师。对克莱因而言,独特之处在于,海德格尔决定性预备好的对亚里士多德的全新理解,并不必然导致对亚里士多德基本立场的拒绝;而他从这个角度研究了亚里士多德,以及柏拉图。这就是背景。

现在我们将转向那本书,但在此之前,我想知道,因为我不得不提到这么多杂七杂八的事情,你们会不会有东西想问。有吗?

学生:我有一个问题,关于您提出的一个看似基本的问题,就是回归政治哲学本源的必要性。

施特劳斯:是的。

同一名学生:我想知道您是否可以详述一下。对我来说事情是这样：如果我们接受一个人事实上可以通过常识看待政治问题并讨论政治哲学，即这个人不会简单受制于其时代还有其年龄，那为什么我们还要强调回到一个没有先见或没有传统的时刻呢？

施特劳斯：没有传统——当然有先入之见。嗯，那么，我们该怎么继续？我的意思是，给这种思考举个简单的例子。

同一名学生：……

施特劳斯：就这种性质的反思，就哲学反思举一个简单的例子——或者你指的是一个特定的问题，比如说，关于越南之类应该怎么做？这本身并不是——

同一名学生：不，我想的是一些更基本的东西。您知道，如果我们考虑民主的问题，例如，我们想要讨论民主的本质、民主的德性，为什么必须回到——

施特劳斯：好吧，让我们以此为例。我相信，要理解民主的替代方案，这样才会更好地理解民主。换言之，假设有个在民主政制中长大的人，他完全不了解其他情况，而且认为没有其他替代选项，［那么］他对民主的理解就更少。他也许在某种程度上是更可靠的民主派；这是个棘手的问题。但不管怎样，不能说他是一个有反思性的人，你明白吗？现在人人都知道这一点，因而人人都说我们今天必须有某种类似"主义"（isms）课程的东西，是吧？但既然法西斯主义（fascism）现在暂且过时了，［替代选项是］共产主义（communism）。好吧。但问题在于共产主义和民主制有某些共同的东西，你知道吗？别忘了，如果你们［13］阅读《共产党宣言》（*Communist Manifesto*），它毕竟是成立宣言，无论要从中建构当今的共产主义政策会有多么困难，但在那儿你们还是会看到一个大多数人代表大多数人的运动：民主。由于他们自己称这些其他的共产主义国家为人民民主，因此它们并不简单地是民主的对立面。因此，我们（在共产主义中）看不到民主的真正替代选项。因此，我们必须往回走，正如我简短解释过的那样，回到更老的观点，简单说，就是贵族制（aristocracy）：柏拉图和亚里士多德。这是一种方式。但是，也有别的：当现在有点理论特征的反思也无助于了解当今之时——

毕竟，我们必须对政治事物或行动发生的整个维度有一些概念。你们会怎么称呼那个东西？我的意思是，你可以说宇宙（universe），也对，但太笼统了。什么？请再说一遍。

学生：你会说"历史"（history）吗？

施特劳斯：好吧，历史。请允许我姑且建议用"社会"（Society），有大写字母的Society。但是当人们像一直以来谈论政治事物和社会那样时，他们脑子里仍然认为社会和国家（state）之间有所区别。这你们肯定听说过。因此，如果想要明晰性，想要有反思性，那么我们必须进入这个问题：国家与社会是什么关系？然后我们还必须提出更为基本的问题：这个区分完全有必要吗？激发我们提出这些问题，是因为观察苏格拉底、柏拉图和亚里士多德所谈到的他们所谓的polis［城邦］，似乎先于国家和社会的区分。你们注意到了吗？好。换言之，如果我们想理解我们自己，历史研究就是必要的，我认为这一点很容易看到；对于谈到历史的人来说，这一点也很容易。

以前"历史"这个词或许从不会在你所使用的这个意义使用，比如说，两百年前。人们说在柏拉图或修昔底德（Thucydides）著作中，或旧约中，等等，都有一种历史哲学。但是很容易证明这根本不是真的，我们只是将自己的概念投射回这些文本中。因而，我们永远看不到我们这些基本概念的前提和含义是什么。当然，我还没有充分地回答你的问题。我知道得相当清楚，因为这个问题是：为什么应该，比如说，为什么在这里柏拉图和亚里士多德要比所有其他思想家都占优？我会给出如下答案。在亚里士多德之后且通过亚里士多德，一个概念框架被确立起来，并被后世所继承。这一继承当然也意味着修改。而那些在17世纪反叛亚里士多德的人，在反叛中也接受了非常多亚里士多德的东西。可以说，后来我们再也不能见证从前哲学思想开始的这些基本概念源初获得的过程。这是其形成时期——比如说，苏格拉底、柏拉图和亚里士多德——所具有的独特优势。下一个问题，请说。有吗？

同一名学生：您是否能为我澄清一下，当说到我们被迫通过流传给我们的概念来看待政治哲学时，这与历史主义立场之间有什么区别呢？历史主义会说，[14] 在诸特定历史时期中形成的那些价值和那些论证路线，事实上受制于当时的人已经接受的概念。

施特劳斯：我不知道。我的意思是，你的问题包含着若干问题。但我会只限于谈我认为理解清楚了的一个部分。这一对本源的回归，我相信为了明晰起见是必要的，但绝不意味着我们就会说发端时所教导的就是最终的思想。[施特劳斯轻敲桌子以示强调] 这思想很可能得进行修改，但修改也得在完全明晰的情况下进行，在完全明晰的情况下，好让偏离（deviations）、修改——比如说，传播（transmissions），胡塞尔所谓的积淀（sedimentation）——必须通过一种有意识的反思过程来抵消。那是——要说什么吗？

雷因肯（Reinken）：当你谈到海德格尔时，你似乎说的是海德格尔区分了两种理解，一种是受感觉决定的纯粹意识的理解，而更好的是具有这样一种理解：这种理解考虑的是通过有限且必死之人的理解。当你说这个的时候——

施特劳斯：但那是个非常粗略的——好吧。[笑声]

雷因肯：好吧。但是我想问的问题是，您有没有把事物本身作为一个主题拉进来？这需要研究吗？

施特劳斯：不，没有。不，课程后面我得谈及这个问题，但这根本就没有涉及。因为无论在胡塞尔或海德格尔那里，事物本身都没有发挥任何作用。那是一个康德式的——

雷因肯：恐怕是我听错了。

施特劳斯：好，巴特沃斯（Butterworth）先生？

巴特沃斯：您能告诉我吗，或者您会课程后面一点告诉我：您说尽管对存在有不同理解，海德格尔并不必然拒绝亚里士多德的基础——

施特劳斯：好吧，"拒绝"是一个粗糙的词，海德格尔肯定会很讨厌的，但为了非常临时性的目的，不管怎样还是可以用一下。不过他只会说亚里士多德或一般而言希腊对存在的理解太狭隘了。只提一点，他说到，希腊对存在的理解意味着可用（available）、在场

（being present），或者用一个源自亚里士多德的非常普通的术语，即现实的（being actual）、真实的（being real）。这些词现在被作为同义词使用，尽管它们有很大的不同。……海德格尔在他第一部，同时某种程度上也是他最伟大的书①中提出的观点是：可能性高于现实性。若要可能性高于现实性，显然需要一个对存在非常不同的理解。而这与一个事实有关，即行动，praxis，② 总是与打算去做的事情，而不是与可用的事物有关。因此，还可以暂且将海德格尔的意思表述［15］如下：理论与实践（praxis）之间的传统区分，这肯定是自亚里士多德以来，当然某种程度上也是自柏拉图以来就奉为圭臬的，最终站不住脚。对真理来说，意志、决断、奉献同样重要，而且根本上比仅仅从理论上知道的东西更重要。行啦，你在法国的时候肯定已经读过一百万次了。

巴特沃斯：困扰我的问题在于这是怎么提出来的，不过你会说可以采取这种立场，重读亚里士多德，而不是——

施特劳斯：嗯，因为有一种可能性，就是海德格尔所发展的这种海德格尔式立场有可能遭到严重反对。换言之，我关于海德格尔说的这点话当然绝不可能充分展示整个问题。我只是试图表明，鉴于这一立场，海德格尔如何对亚里士多德产生强烈的哲学关注，这种关注在现时代是无与伦比的。我的意思是，在中世纪当然有过，但那基本上是在与亚里士多德一致的基础之上，除了在启示和哲学间有争议那些事。但在海德格尔这里是一种不能被简单称为亚里士多德式的观点。

巴特沃斯：也许我误解您了，但我觉得您把克莱因跟这一点关联起来了。

施特劳斯：不，与现代历史编纂学笔下的亚里士多德相比，克莱因从海德格尔那里才学到了一些真正亚里士多德的东西。现

---

① *Being and Time*（1927）.

② ［译按］本讲稿中出现的 praxis，根据语境有时候翻译为"行动"，有时候翻译为"实践"。

在——伯纳姆（Burnam）先生。

伯纳姆：是的。您的意思是说克莱因、胡塞尔和海德格尔之间还有其他关系吗？

施特劳斯：不，之前所说的就足够了。原因如下：当我们进入克莱因的疏证时我们很快就会看到，科学理解与常识理解之间的这一区别在他对《美诺》的解释中起着非常重要的作用。他没有用这样的措辞，他谈及这些用语的通俗（colloquial）意义和专业（technical）意义，但那与我们今天说的意思非常接近。我希望通过学习这本书，我们能对常识和科学这整个问题达到更为深入的理解。

伯纳姆：我就还有一个别的问题。您知道海德格尔作品的英文翻译，其中这个特定的问题是——

施特劳斯：哦，但是因为我能读德语，所以我从来没有看过英文译本。在德国有人来我那儿时，我偶尔看过，我理解英文翻译时有很大困难，但我看德文原版时，困难就比较少。换言之，几乎一位翻译天才才能胜任翻译海德格尔的东西。我不知道。我认为那本出来得较晚的关于尼采的书——第一卷是关于尼采的，我认为，这本书作为海德格尔思想的导论最有帮助。但用英语当然不容易理解它。① 第一卷［16］有六百五十页——所以，如果不读德语，而是依靠翻译的话；或者我应该怎么说呢——依靠关于海德格尔的写作。我对这种文献了解不多。对不起，这方面我没法帮到你。

现在开始研读《美诺》是不行了，我想知道是否还有其他问题。利用好我们还有的五分钟，要比开始我们下一次还得重复的东西更明智些。

雷因肯：尝试重新解释关于海德格尔的事情是否值得？这种区别——

施特劳斯：你要知道，我认为这个想法本身很简单。［笑声］好

---

① Martin Heidegger, *Nietzsche*, vols. 1 and 2, trans. David Farrell Krell（NY：Harper One, 1991）, and *Nietzsche*, vols. 3 and 4, trans. David Farrell Krell（NY：Harper One, 1991）.

吧，让我们从英国的经验论者说起。① 他们最终从什么开始，尤其是休谟？简单的感觉。总之这是哲学的起点。换言之，不是本体论，不是形而上学，或者其他什么，而是对人类理解的分析：考虑到起点是感觉，如果不只是感觉材料（sense data）的话，我们如何抵达概念？康德对休谟的批判意味着，依据感觉理论或经验论不可能理解知识，因为知识所具有的必然性和普遍有效的特征不能被理解为感官知觉的衍生物。你用感官感知到的东西本身从不具有必要和普遍有效的特征。因而康德断言，知识的根据首先是人类的理解力，人类的理性，这绝不可能从感官知觉中衍生、推导而来；对于康德而言，这种对理性的理解以及理性与极端不同的感官知觉的合作方式，同时也是对科学的分析。好的。

那么，在胡塞尔这里，科学分析是否可以等同于分析我们对感官所知觉到的事物的日常理解，已经变得可疑。我提醒你们想想埃丁滕：普通的桌子，从我们孩提时就知道的这个桌子对比科学的桌子。科学的理解不仅仅是日常理解的完善，而是一种修改；因而，我们必须首先具有对世界、对感觉对象的前科学理解的理解——完整的感觉对象，不仅仅是诸如蓝、绿、坚硬这些感觉材料，而是桌子、树或者其他东西。这正是胡塞尔思想的关键点，也是他的起点。海德格尔的起点，你可以说，在与胡塞尔相同的方向上以更加激进的方式开始，比如说感官知觉的对象，我们所看到、听到等等的对象都不真实；我们对事物的整体把握、理论把握才是根本的东西。但是基本的现象，完整事物（the full thing），整体事物（the whole thing），不是与单纯的感官知觉加理性相关，而是与——我们可以粗略称之为——完整的人相关：他的关切、他的需求、他的整个生活。我刻意避开了"生存"（existence）这个词，因为若没有更长讨论的话，这只是关联中的一个词。你们看到这一点了吗？你们从科学的对象走向感官感觉的对象——走向整全事物。

---

① 洛克、贝克莱、休谟，对他们而言，知识只来自感官知觉（sense perception）。

例如，这样一个问题——

[17] 雷因肯：我不认为您还说过别的。我只是想确定一下。

施特劳斯：好的。嗯，我想我们会——有什么问题吗？

学生：我们用哪个《美诺》文本，您有什么特别的推荐吗？

施特劳斯：我想我们通常用的，那个叫什么来着，洛布古典丛书（the Loeb classics）。我不是为了书店才这么说的吧？

同一名学生：是的。但是我想知道您自己用的什么版本，您想让我们买洛布版吗？

施特劳斯：不，不，我的意思是咱们无论如何都得回到原文。

第二讲　施特劳斯对克莱因《美诺》
疏证的初步批评

（1966 年 3 月 31 日）

[18] 施特劳斯：嗯，上次我以一种暂时的方式解释了：第一，何为政治哲学；第二，在我们时代政治哲学为什么需要一个导论；第三，为什么这个导论最好以研究柏拉图对话的形式进行；第四，为什么这次我选择《美诺》。今天我们就转向《美诺》。我力劝各位马上粗略读一下《美诺》，比如说，利用周末的时间，免得我过于占优，对你们不公平。[笑声]既然我们将采用克莱因的疏证一起研究《美诺》，那我们首先得细看一下克莱因疏证的导论，我们就从这开始吧。第一句话如下："在过去很长一段时间里，注疏就是一种阐明真理的方式。"① 他说这话似乎表明，这本疏证不仅仅是一种尝试解释柏拉图教导的历史研究，某种程度上还会将真理阐述出来。他指出的当然是众所周知的事实。神学家写作关于圣经的注疏，就是要

① Jacob Klein, *A Commentary on Plato's* Meno（Chicago：University of ChicagoPress，1989），3.（First published by The University of North Carolina Press，1965）。后面引用简作：Klein。［译按］本书已有中译本：克莱因，《柏拉图〈美诺〉疏证》，郭振华译，北京：华夏出版社，2011。本课程中施特劳斯会让学生朗读克莱因疏证中的段落，进行讨论。凡涉及克莱因疏证的引文，基本采用郭振华的中译，部分略有修改，但不一一注明。中译本中标注有原书页码，因此本书后面涉及克莱因疏证的引文只保留原注信息，并且把脚注改为随文附注，不再另外标注中译本页码。在克莱因疏证中，他常常给出希腊文或者其他文本信息，译文中均随文附上。

阐明真理，而对古代的柏拉图主义者来说，一直到公元529年柏拉图学园（Academy）关闭前，写作关于柏拉图式对话的注疏也都意在阐述真理。甚至整个中世纪关于亚里士多德的注疏也是如此。至少这些注疏的绝大部分意在阐述那位"有识者之师"（the master of those who know）① 所呈示的真理。因此克莱因继续说道："事情很可能依然如此。"换言之，即使今天这仍然可能，但已经很困难。现在接着读一下这个段落后面的部分吧。

雷因肯［读文本］：

> 但是，注疏柏拉图对话是怎么一回事呢？这些注疏难道不是基于各种先见和预判，难道不是基于一大片成问题的假定和预测，也许更甚于我们其他理解上的冒险？因此，难道这样一种做法不会弄巧成拙吗？（Klein, 3）

施特劳斯：我们就讲到这儿吧。为什么柏拉图对话中的困难会特别大呢？就比如说，关于亚里士多德，或关于笛卡尔，或者不管是谁——比如关于霍布斯的评注，不也基于各种先见和预判吗？很难理解。为什么对柏拉图对话的注疏意在传达真理，这就更加可疑呢？克莱因后来才说清楚他这么说的意思。他心里想的是这样一些问题：《美诺》这类作品根本上声称教导真理吗？这些作品不是只提出问题吗？其次，与论文相比，这些作品不更是技艺作品吗？技艺与真理有什么关系吗？如果有关系，技艺与真理、与哲学所关切的真理是什么关系？在下一个段落中，克莱因的意思会更容易理解些。"首先，存在这样一种信念。"

雷因肯［读文本］：

> ［19］柏拉图对话并非一本发表自己意见的著作。过去和现在都有许多人持这种信念。从亚里士多德《诗术》（Poetics）中

---

① ［译按］但丁把亚里士多德称为 the master of those who know ［有识者之师］。

的一段论述可以推论出，"苏格拉底式"对话类似于拟剧（mime），而受到来自第欧根尼·拉尔修（Diogenes Laertius）、雅典那乌斯（Athenaeus）信息的滋养，史家与注疏家们试图将柏拉图对话视为戏剧、哲学性的拟剧、哲学性的谐剧和肃剧，或者至少试图确立柏拉图对话与拟剧、谐剧、肃剧的关系。一个半世纪以前，施莱尔马赫（Schleiermacher）定下了这个基调。（Klein，3）

施特劳斯：是的。施莱尔马赫可以说是现代新教神学的奠基者，他是柏拉图作品的德文翻译者，一位著名的柏拉图学者。那么，柏拉图对话是戏剧。为什么戏剧不声称自我发声，正如这里所说的那样？好吧，我想他的意思如下。在一部戏剧中，作者本人从不发言；柏拉图就从未在其对话中发言。这会导致巨大的困难，我上次提到过这一点。如果说柏拉图有代言人，那他主要的代言人就是苏格拉底，而苏格拉底以其反讽之类的东西著称——我不需要细说这一点。克莱因后续提出的观点是：柏拉图对话是戏剧。但是，很多人都在谈论的柏拉图对话的戏剧性特征，并没有得到足够的重视。这是什么意思？第5页，第三段。

雷因肯［读文本］：

我们要通过一些例子考察夏尔若（Rene Schaerer）著作①中的某些观点。这本书的首要问题在于：为理解柏拉图对话找到正确的途径。夏尔若写道："无论从哪种观点来读柏拉图对话，都会发现它们是反讽性的。"② 我们不能不认同该观点。因为，首先，反讽看起来确实是对话中的苏格拉底说话、行动的主要

----

① 克莱因给出了出处：R. Schaerer, "La question platonicienne, Étude sur les rapports de la pensée et de l'expression dans les Dialogues," Mémoires de l'Université de Neuchâtel, T. X, 1938, esp 157ff., 174, 190. 207. 218 – 234。

② 同前, 233: Quel que soit l'angle sous lequel on les considère, les *Dialogues* sont ironiques。

方式。在这一问题上，我们可以引用**汤姆森**（J. A. K. Thomson）的相关论述。① 不止针对《王制》中忒拉绪马科斯（Thrasyma-chus）的言论，汤姆森曾说过这样的话："苏格拉底的同时代人说他在反讽，这可不是恭维话。"② "苏格拉底的同时代人完全欣赏肃剧或谐剧在描述命运突转时的老式反讽。但苏格拉底的新式反讽里面暗含玄机，如果你把它当玩笑，你自己会觉得不自在；如果你过分严肃对待它，又会使自己惹人嘲笑。人们不喜欢苏格拉底的反讽，不知道怎么对付它。但是人们很肯定，它确实是反讽。他们以反讽命名之，因为他们这样叫，所以反讽有了其新式含义。"（Klein，5）

[20] **施特劳斯**：是的，现在让我们停一下。人们一般认可柏拉图对话是戏剧，并且一般认可这就跟说它们反讽是一个意思——一般而言，不是普遍认可。某种意义上我们可以从这开始。正如我们从柏拉图对话本身看到的那样，苏格拉底被其同时代人描绘为反讽性的。根据克莱因所引用的汤姆森的说法，这是基于一个事实，即雅典人从来自肃剧或谐剧［戏剧］中的肃剧或谐剧式的反讽熟悉了反讽。有一点我们应该解释一下。肃剧或谐剧反讽一词，或者特别是肃剧反讽，据我所知是 17 世纪后期的一个发现。古典时期的古代没有什么肃剧或谐剧反讽。我们得考虑这一点，以免完全误解反讽；我们得从其原初意义出发。其原初意义确实离谄媚非常远。它的意思是装糊涂、装样子。但不管怎样这并不全是不光彩之举，因为这首先意味着掩饰某人的优越，让自己显得更渺小、更不重要、没那么卓越。从这个意义上来理解，这甚至可能不仅是一种优雅的恶习（graceful vice），还是美德的一方面。当亚里士多德在其《伦理学》（*Ethics*）中谈到宽宏大量（magnanimous）之人时，他说这种人对许多人是有反讽性的，即他向许多人掩饰自己的价值。他是仁爱的

① J. A. K. Thomson, *Irony: A Historical Introduction* (1926), esp. 169.
② 同前，168。

（humane）；他不想伤感情。

那这与著名的苏格拉底式反讽有什么关系呢？如果包含所有其他卓越的最伟大的卓越是智慧，那么苏格拉底的反讽就在于苏格拉底对其智慧的掩饰。这可以有各种形式。例如，当他被问到某事时，他说："我不知道。"或者接受公认的意见，更确切地说，接受公认的而他认为远远站不住脚的意见，暂时让自己跟人们打成一片。可以有各种方式来达成这种掩饰。苏格拉底反讽的反讽之处在于，当他假装无知时，他并不仅仅在假装无知，而且在某种意义上就是无知的——不是最初看上去那种粗糙的无知，而是一种更微妙意义上的无知。我们暂且就此打住。现在让我们从中断的地方继续读。"其新含义——"

雷因肯［读文本］：

> 暗示着，无论在什么情况中，某个言辞或行动要是反讽，首先必须有人能领会这是反讽。诚然，一个泰然自若的人，他有可能完全从自己，从自己对别人"反讽地"说话中获得满足，而对方根本就没看穿这种反讽。这种情形下，发言者本身是孤独的情势观察员。但是，关于出现在柏拉图对话中的苏格拉底，我们有把握说：他进行反讽不是为了满足自己。关于苏格拉底反讽的一切，都取决于其他那些能够领会反讽、能够听出弦外之音的人的在场。于是，对话的前提就是，聆听对话的人不是漫不经心、无动于衷的旁观者，而是沉默的参与者。（Klein，5 – 6）

施特劳斯：还有这个段落的结尾，"一部（柏拉图式的）对话就未曾发生"。

雷因肯［读文本］：

> ［21］如果我们这些听众或读者未曾积极地参与其中，那么一部（柏拉图式的）对话就未曾发生；没有这样的参与，我们面前的一切其实只不过是一本书而已。（Klein，6）

施特劳斯：因此，反讽需要在场有人捕捉到这种反讽，这人理解弦外之音——你们知道，反讽是装样子，当然有些东西没说出来。那儿一定有默默参与对话的读者；没有这种参与，对话就没被理解。换言之，你们不能把它看成一部电影，感到激动、好笑、惊讶或其他什么：你得参与（participate）其中。这是克莱因提出的第一个关键点。接着他在后面说，根据普遍看法（他对此有异议），读者只是观看者而非参与者，克莱因拒绝这种看法。现在让我们来读第7页，第二个段落以及施莱尔马赫的注释。

雷因肯［读文本］：

> 看来，"从外在"讨论柏拉图对话的戏剧特征是不够的。

施特劳斯：换言之，［你不能把它当作］就好像舞台上正在上演的一部戏剧，不关你的事，你会从中得到一些乐趣，仅此而已。是吧。

雷因肯［读文本］：

> 我们还必须在对话中扮演自己的角色。我们必须认真对待如下论点：柏拉图对话的确作为一种"对苏格拉底之模仿"，实际上延续着苏格拉底的工作。这同样不是一个新奇的观点。（Klein，7）

施特劳斯：现在让我们读一下注释23中这段施莱尔马赫的引文，我认为这确实是现代关于柏拉图对话的最佳陈述。

雷因肯［读文本］：

> 柏拉图的主要观点必定是"引导并设计每一探究，从一开始，以这样的方式，迫使读者要么靠自己内在地产生有意的思想，要么以一种最为明确的方式产生这样一种感觉：自己没有发现、理解任何东西。为达到这一目的，要求的不是把探究结果简单地加以陈述，付诸文字……而是要迫使读者的灵魂去探求结果，并且处于能够求得自己所求之物的道路上。欲达成第

一步，就要在读者的灵魂中唤醒对自己无知状态的意识，这种意识是如此明明白白，以至于灵魂不可能希望保持这种状态。欲达成第二步，要么从各种矛盾中编出一个谜团——唯一可能破解此谜团的途径就在于有意的思想——通过以一种表面上最为奇特且随意的方式，注入这种或那种暗示，这些暗示只有真正、自发参与探求的人才会注意并理解；要么在最初的探究上面再覆盖一重探究，但这并不是说，第二重探究就像［22］面纱一样，而是说，第二重探究就像天然长出的皮肤一样：这一重探究将在不留心的读者面前，也仅仅是在不留心的读者面前，隐藏起本来要观察、发现的东西，而留心的读者的某种能力得以砥砺、提高——那就是领会两重探究之内在关联的能力。”（Klein，n. 23，7 – 8。省略号是原有的。）

施特劳斯：换言之，柏拉图并没有呈现真理，而是让专心致志的读者，而且只有这个读者，能够找到真理。然而这导致了一定的困难。如果柏拉图从来没有呈现真理，如果严格死板地理解这一点，那么在任何柏拉图对话中都没有柏拉图的教诲。这似乎太过了。例如，难道我们在《王制》中没有找到一种关于最佳政体的教诲吗——你们知道的，凡物公有和哲人的统治，等等？让我们看看第 9页，第二段开始——

雷因肯［读文本］：

　　这并不是说，各篇对话完全没有“学说性的”主张。相反，这一更深的思虑应该引导我们理解这些对话：它们包含某种柏拉图式的“学说”——但这并不意味着近来所谓的“哲学体系”。这些对话不仅包含了苏格拉底的各种“神谕式的”“悖论式的”说法（“德性即知识”“没人明知故犯地作恶”“忍受不义好过行不义”），且在很大程度上正是基于这些说法的劝勉性戏剧（protreptic plays），而且，这些戏剧还或多或少明确讨论了、声明了某些终极性的基本原则，正是基于这些基本原则，才有上述说法及其深远影响。然而，对话在得出这些说法时，都缺乏"完全的清晰"。仍然要靠我们去澄清那些根基和后果，如果必要的话，采取"另一种更长、更迂回的道路"(《王制》435d3)，然后再接受、修正或否弃它们——换言之，这取决于我们从事"哲学"。(Klein，9)

施特劳斯：克莱因这里所用的"劝勉性戏剧"(protreptic plays)这个词——protrepein 意为推动向前，在让人们朝着某种东西前进的过程中推动向前，比如说，朝向美德。因此，在柏拉图对话中有教诲性因素(doctrinal element)，但这并没有以足够的清晰呈现出来，而且是有意以不够清晰的方式呈现出来。如果从《王制》中找一个例子，那我们在这里会遇到一个关于最好政治秩序的说法，这个著名的秩序，而检视其是否真的可欲且真的可能，那就是我们的事了。它据说是可欲的，也是可能的，但这可以说是苏格拉底在《王制》中的一个教诲，但他有此断言的事实并不意味着他的意思就是乍一看那样的。

现在让我们转到下一个段，克莱因在这段里解释了他在导言开头那个非常隐晦的陈述是什么意思。

雷因肯［读文本］：

[23] 故此，开头提到的那一层先入为主的概念和判断，必须且必然如此沉重地压在我们心头。我们作为对话参与者的角色，从根本上讲，并非不同于柏拉图同代人的角色，他们或许听过某人大声朗读这些对话。毫无疑问，我们和他们共有某些观点，这些观点在一切时代都为多数人所持有。但有一点不同：在他们与我们之间，横亘着一条时代久远的哲学的——以及语文学的——传统，该传统主要发轫于苏格拉底和柏拉图的教诲。让我们总不受该传统影响，非我们能力所及。该传统在多大程度上可以帮助我们理解，就同样可以在多大程度上阻碍、歪曲我们的理解。我们至少可以力图避开两个陷阱：其一，变得过分执着于一种观点，即柏拉图对话年表暗示柏拉图本人的思想中存在某种"发展"，而洞察这一发展对理解各篇对话本身具有

重大意义：其二，在表达各篇对话中所言、所示之物时，试图
使用僵化的术语，这些术语源于——经过许多世纪的使用和滥
用之后的——来自亚里士多德的专业词汇。（Klein，9）

施特劳斯：是的，我们可以先按下不表。那么，如果我们试图
理解一部柏拉图式的对话，即在柏拉图或苏格拉底的帮助、指导下
从事哲学思考，我们必须克服的这一特殊困难是什么呢？有一点，
克莱因在这里没有讨论，而我们不得不提到的是：还有另一个障碍，
一个更为明显的障碍。那就是我们自认为知道相当多而柏拉图不知
道的具有重要性的事情：所有这些东西都是在现代，通过现代哲学
或科学、现代历史研究以及历史视野在现代的巨大拓展揭示出来的。
似乎这本身就造成了一种困难。换言之，问题在于：柏拉图教导真
理吗？他难道没受某些希腊偏见所迷惑，以至于他所教导的东西或
多或少有问题？克莱因在这里只关心两点，第一点是，从 19 世纪开
始，一种针对柏拉图的历史进路开始出现，其非常重要的部分就在
于相信对柏拉图思想的理解就是对其思想起源的理解。这种思路与
如下信念相关，即我们知道柏拉图写作其诸对话的顺序。关于这个
主题有大量文献。但是让我们假设我们有一定把握知道，比如说，
《申辩》（*Apology*）和《克里同》（*Crito*）写在《美诺》之前，而
《美诺》又早于《王制》，《王制》早于《法义》；这本身并不意味
着，柏拉图［在写作其早期著作的时候］还不知道我们从其后期著
作中可［明确］看出他知道的那些东西。一个人著述的顺序并不必
然与思考其想法的顺序相对应。他可能有意从想法中比较靠后的对
话开始写起，且这些对话更多处理较低级别的问题。……那我们不
可能知道。翻译洛布古典丛书中的《王制》的肖雷，曾是芝加哥这
里的古典语文学教授，他在 1900 年左右曾对 19 世纪这种非常强大
的偏见提出抗议，善莫大焉。① 而今天我相信还有更多［24］人愿
意承认一点，即柏拉图写作一篇对话的时间问题对于理解这篇对话

① Paul Shorey, *The Unity of Plato's Thought* (1903).

来说无关紧要。

与此相关还可以补充另一点，根据目前 19 和 20 世纪的柏拉图研究，人们想当然认为，某些作为柏拉图对话流传到我们现在的作品并非真作。这些作品不是最著名的对话，不错，但是，这仍然是一种需要修正的断言或所谓发现。[克莱因提出的] 第二点很容易理解，尽管付诸实践非常困难。[很难不] 以源自亚里士多德专业词汇的，以及源自这些久远传统的僵化术语来理解对话。但更明显的是，不仅仅是亚里士多德的专业词汇，还有我们自己时代的词汇。例如，今天人们很难在谈论柏拉图时不用到"价值"这一术语，因为自 19 世纪后期以来，每个人都在谈论价值。但是在柏拉图那里并没有与"价值"对等的东西，不经过一些反思、一些研究，我们自己就不知道是什么诱使人们在 19 世纪引入"价值"这个术语，因为正是这些推理，这些隐含的推理，给"价值"这个术语赋予了意义，无论人们是否知道这些隐含的推理。

好的。到目前为止，克莱因对柏拉图对话难题的阐述，不是基于柏拉图本人的话语，而是基于亚里士多德、施莱尔马赫等人。后面，他转向我们在《斐德若》中找到的柏拉图关于写作的表述，这个我上次讲过。写作本身同样有缺陷，因此苏格拉底没有写书。但是柏拉图确实写了，并且我们必须假定柏拉图的书摆脱了写作的缺陷。我们不用读那部分了。现在让我们翻到第 17 页。

雷因肯［读文本］：

> 一部写得恰到好处的文本，会注意将写作的不可避免的缺陷转化为一种学习和理解的手段。通过摹仿讨论，不完整性这一特征能够得到强调。正如我们都知道的，内在于任何探讨中的运动——如果它最终无法做到彻底的一致或彻底的清晰（彻底的一致或彻底的清晰也许会发生，但相当罕见）——是其持续下去的最好诱因。因此，一部写得恰到好处的文本，将通过串联决定性的问题和片面或含混的答案，发起并保持这种运动。这本身不过是苏格拉底戴着面具的言说方式的副产品。但是，

除此之外，成文文本还可以通过其呈现的行动本身给出答案。这就是柏拉图对话中经常发生的事情，以及构成柏拉图对话戏剧性或模仿性特质的东西。这也赋予对话某种已完成性，与口头论证方面的未完成（疑难）性相对。戏剧的答案并不一定直接关涉所问的问题，但可能关涉那些问题所隐含着的或紧密联系着的东西。此外，这些答案也许会也许不会被领会，这取决于我们的注意力和参与程度。通常戏剧的答案预示了相应的口头论证：有时戏剧性答案伴随论证；有时，可以说凭借 [25] 论证完成后对话中所发生的事，论证在某种程度上得到强调和彰显。这一切反映出苏格拉底本人的性情，他的生与死比言辞更响亮。言辞的力量无论多大，都有限。言辞可以被重复、摹仿，言辞所传达的思想却不能，"摹仿"出来的思想已不是思想。但是，只有人的行动，真实生活中不能重来的行动，适合成为真正的"摹仿"，在生活中、在舞台上——或在言辞中。（Klein，17）

施特劳斯：克莱因这里的提法是，首先，在许多情形下，就如在《美诺》而不是《王制》的情形下，对话从外在形式看是未完成的。问题提出了，却没有回答。但是一部艺术作品——用与柏拉图全然不同的当今的表述方式来说——一部艺术作品必定是完成的，即便它是未完成的、有意未完成的，那么当然，它的未完成就是一种完成的形式。就有这类故意未完成的作品。无论如何有可能这样，虽然问题没有得到回答，但讨论以绝望告终了，可以这么说。克莱因断言，对话的行动（action），对话的无声行动给了我们答案，而我们必须尝试去理解这一点。只有通过行动（deeds），如柏拉图所称的行动，问题才能获得完完全全且毫不含糊的回答。为什么不通过言辞（speeches）呢？言辞允许鹦鹉学舌式的重复；言辞可以被摹仿。思想本身却不能摹仿。你只能摹仿某人说的话，但如果你只是重复他的话而不发表任何评论，某种程度上你就并非真这么想。但是，思想要为他人所知，只有通过言辞。那也不对，可以通过行动为人所知。然而，思想要在行动中被看到，需要比只听取言辞大得多的努力。他说，严格意义上，只有行动能被摹仿，因为行动不能重来。如果你摹仿自己或他人的行动，那么这个新的行动，这一摹仿行动就不是同一个行动。不可能是。在这个意义上，言语可以是同样的：言语可以被摹仿。无论如何，每个对话都包含论辩（argumentative）部分和漫议（discursive）部分。而这两者间的关系是什么呢？让我们读下一个段吧。

雷因肯［读文本］：

> 戏剧和摹仿方式因对话而异。但是，其中至少可以辨别出三种摹仿手段。一种是性情学式的（ethological）拟剧，也就是对行动的摹仿，其中言说者在性情和思想方面都在自我揭示，用亚里士多德的话来说，即 kata te to ethos kai ten dianoian，用柏拉图本人的说法，他们会在其中展现自己"赤裸的"灵魂。另一种是意见学式的（doxological）拟剧，在这种摹仿中，意见的错误与正确不仅在言辞上得到论证，还通过言说者本人的性情、举止、行动得以显明。第三种是神话学式的（mythological）拟剧，因为对话的戏剧性就呈现、解读或者取代了神话（完全脱离了苏格拉底或其他人在对话过程中所讲的神话）。但是，在每种情况中，行动的媒介、手段、触媒都是口说之言，即 logos［言］，是苏格拉底曾以之为生并因之仍然活着的东西。这一切不仅取决于人物说了什么，还取决于如何说，在什么环境下说、在哪里说、在什么语境下说。在对话中，logos［言］因此具有两种功能。一种是摹仿性的，另一种是论争性的。这两方面的 [26] 相互影响，为我们——听者和读者——提供了要用我们的线去编织的织体。如此，对话本身，行动，"作为"（work），任何对话的 ergon［行］①——这些都只在言（logoi）中——也就

---

① ［译按］源自希腊语 ἔργον，在此语境中，主要是用于与 logos［言］相对，即言和行。具体语境下，ἔργον 有工作、劳作、做事、行动、作为、事情、事件一系列相关义项。

得以包含下述两方面：一方面是对话摹仿上的玩笑性，一方面是对话论辩上的严肃性。（Klein，18）

施特劳斯：好，让我们停在这儿吧。我们要读的导论部分，到此为止。现在，为了通过一个例子来说明克莱因的意思，让我们在最粗略的层面上来考虑一下《王制》中的行动（the deed，the action）。他们本来应该吃顿晚餐，看场演出，但这些都没有发生。我们可以说，这一行动包含了禁食和剥夺演出。关于正义的讨论取代了吃饭和表演。

现在让我们来看克莱因更为精确的表述。当他区分言和行时，必须明白的是，行本身当然只能通过言才能为我们所知。有趣的事在于，我们所称或所说的"戏剧"（drama）意指的也许是某种类似于行动的东西（"drama"这个词）；但确实没有行动。你所看到的只有言辞。当然，当你读它的时候，你读的只是言辞；严格来说，没有任何行动发生。

他指出的第一点如下述。就言辞有别于 mimēsis 即有别于摹仿这个意义来说，言辞有别于行动。行动是一个被摹仿的行动，但这个行动的载体是言辞，因此，言，即 logos，有两方面功能：摹仿功能和论辩功能。克莱因暂时把摹仿的视为玩笑的，把论证的视为严肃的。嗯，很清楚，当你着手阅读一部论证式对话时，你会变得严肃起来——例如，阅读《王制》，当提出正义问题的时候。我的意思是，论辩由双方造就。至于玩笑性的部分，想想《王制》中对事情发生情境所作的描述——当我们开始意识到一个事实，例如，格劳孔饿了，因而有了某个举动，但他没有说；于是我们为此笑了。这个行动有点好笑。但当然，考虑到这个论辩的反讽特征，我们至少可以同样正确地说，这个论辩也是玩笑性的，而摹仿是严肃的。这就是克莱因前面说法中隐含的意思。

另一方面，也有行为超出言辞之处。言辞是关于事物的言辞，比如说，关于正义。因此，我们不仅得看剧中人物和人物境遇，还得关注所谈论的事物、所讨论的事情，看看言辞是否切合这些东西。

上次我举了个例子，《王制》中对血气（spiritedness）的讨论。他们提出了一些断言，而我们必须看到：尽管苏格拉底和格劳孔一致同意这些断言，格劳孔甚至还加上了一句确保其真实的誓言，但我们还是不能接受；我们必须看看苏格拉底心中所想的现象。因此，在柏拉图对话中，苏格拉底试图引导人们走向好的生活，走向对他们好的东西，他的方式是适合他们的言辞，他以不同的言辞适应不同类型的人。这些言辞不是真实的言辞，但它们指向真实的言辞。[27] 只有细看苏格拉底如何使其言辞适应对话者的性情和境况，并细看所谈论之事，我们才能发现真正的言辞。这两件事——演员的性情和境遇以及所谈论之事，都可以被描述为与言相对的行，er-ga，① 行动。

接下去，克莱因讨论了两部柏拉图对话，《卡尔米德》（Charmides）和《泰阿泰德》（Theaetetus）中行和言的配合。他对《卡尔米德》的说法可以这么说：除非参与其中，而不仅仅只是做个旁观者，否则我们不可能理解柏拉图对话。参与到对话中意味着参与到其论辩和摹仿功能中。参与论辩功能当然包括检查论辩，尝试去了解真理，比如说，关于正义的真理。参与摹仿功能，按照克莱因的说法，就是自我审视，努力达到自知（self-knowledge）。那么，自知与摹仿，即与 mimēsis 有什么关系？mimēsis 的意思是制作形象（image making）。有自然形象，比如一个人在水中的倒影。水可以说是一面自然的镜子。那么，制作形象意味着朝一个人举起一面镜子，而这意味着帮助这个人走向自知。这就是 mimēsis 和制作形象之间的简单联系。我给你们举一个离柏拉图非常远的例子，《圣经·旧约·撒母耳记下》第 12 章。

> 耶和华差遣拿单去见大卫。拿单到了大卫那里，对他说：在一座城里有两个人。一个是富户，一个是穷人。富户有许多牛群羊群；穷人除了所买来养活的一只小母羊羔之外，别无所

① 参前页注释［译按］。

有。羊羔在他家里和他儿女一同长大，吃他所吃的，喝他所喝的，睡在他怀中，在他看来如同女儿一样。有一客人来到这富户家里；富户舍不得从自己的牛群羊群中，取一只预备给客人吃，却取了那穷人的羊羔，预备给客人吃。大卫就甚恼怒那人，对拿单说：我指着永生的耶和华起誓，行这事的人该死！他必偿还羊羔四倍；因为他行这事，没有怜恤的心。拿单对大卫说：你就是那人。

这是一个故事，故事的意义在于其应用。这是一个特别简单的事例；制作这个事例是为了用它，因为它是着意为大卫所做的这件特定的不公之事而设计的。故事说到听者不认识的某个人——没有提及姓名，一个穷人——这个听者可能不偏不倚，是吧？大卫可能说：人不可能这么做。如果原样一条条重复大卫所行，大卫绝不会承认那［不公正］。他会找出借口。其次，简单化，引出事情的核心，听者不能说服自己不把这个教训用到自己身上。这是一个简单的例子，说明了为什么 mimēsis 是引出自知的最好办法。

这就是克莱因的导言；现在让我们翻到第 35 页，开始看疏证正文。我们来读最开始的两个段落。

［28］雷因肯［读文本］：

> 这篇对话的标题《美诺》，可以在亚里士多德的确凿引用中得到证实。
>
> 为什么选用这一标题？显然，即便有答案，现在也无法给出。在对话及其注疏推进过程中，答案或许才会逐渐浮现。
> （Klein，35）

施特劳斯：现在让我们停在这儿吧。克莱因没有说为什么他从所有柏拉图对话中选择了《美诺》，但其原因与此处给出的另一情况的原因相同。这个原因现在还看不到，等它在疏证中出现的时候就会变得清楚了。注释 2 中有些有意思的东西。

雷因肯［读文本］：

如下概括评论看来很有必要：在所有情况下，我们都不得不问，一部柏拉图对话的标题可能具有什么重要性，因为标题显得并非随意拟定。标题看起来有时直接言明，有时仅仅暗示，有时甚至完全隐藏对话的主题或者某一重要方面。时常有人主张——

施特劳斯：随便地主张。

雷因肯［读文本］：

时常有人随便地主张，柏拉图希望给他高度敬重的一个人树立"纪念碑"，或表达他对一个特殊人物的特殊"感情"，他们对待《斐多》《泰阿泰德》和《帕默尼德》尤其如此这种主张没有充分的根据，而且有点天真。无论如何，该主张并不适用于大多数对话。(Klein, 35, n. 2)

施特劳斯：好吧，为什么有点天真？更简单来说也就是：柏拉图希望通过作为一个整体的诸对话为苏格拉底竖立纪念碑。但是苏格拉底曾经出现在哪部柏拉图之书的题名中吗？哦，是的。你们被这个事实误导了，因为几乎所有人都错误引用了这个标题，都把它称作《苏格拉底的申辩》(*Apology of Socrates*)。这是提到苏格拉底的唯一例子。在色诺芬（Xcnophon）作品中，有一个类似的作品，色诺芬写作了四部苏格拉底对话，而专注于苏格拉底的主要作品叫做《回忆》(*Recollections, Apomnemoneumata*)，而不是——这本书有时候被说成的——《苏格拉底回忆录》(*Recollections of Socrates*)。色诺芬也只在《苏格拉底的申辩》这个标题中使用了苏格拉底的名字。换言之，克莱因的意思是，柏拉图的理由不能以这种简单化的方式追溯到美好的感情。必须作更为广泛的考量。所以为什么题为《美诺》，我们暂无定论。美诺显然是这部作品中苏格拉底最重要的对话者。这一点很肯定。

［29］这里有一点我们得考虑一下。美诺是谁？美诺是谁？毕竟，如果我们能对他有所了解的话，也许能给这篇对话提供一些理

解线索。这段陈述相当长，但我们得读一读。

雷因肯［读文本］：

> 谁是美诺？这一问题的初步答案是，答案只能在对话本身中找，因为美诺是对话中角色之一，他在对话中有言辞和行动，而且，我们感兴趣的正是这个角色。对话写出来不是为了满足我们在历史方面的好奇心，这种好奇心放在别处也许适当。然而，对话中的美诺与"历史的"美诺之间经常发生的混淆——

施特劳斯：意思是真正活过和死去的美诺。是吧？

雷因肯［读文本］：

> 不应仅仅归因于坏学术习惯或者考虑不周。在对话开始之前，"美诺"这个名字——正如柏拉图对话中大多数名字——就已经为对话的听者或者读者的脑海带来一个或多或少活生生的形象。与柏拉图同时代的人们，至少那些可能对柏拉图对话有兴趣的人们，已经从八卦、毁谤、公正的报道、可靠的信息，甚至直接接触中，"了解"到诸篇对话中的大多数角色。就我们而言，我们能够从任何可获得的消息来源出发，在某种程度上重构出那些角色的形象，而且我们也可以合理地认定，书面信息来源的明确性与某些名字在其自己时代所具有的生动内涵有一定关联。正是这一点，而非其他任何东西，证明了求助于有关那些角色的既有"历史"记述的合理性。（Klein，35－36）

施特劳斯：那么，他的意思是，柏拉图时代"人人"（带引号的"人人"）都知道的美诺的情况，我们也应该知道。像这样依赖外在于对话的信息，也没什么说不过去的。我们现在了解美诺，特别是通过一个柏拉图同时代人的作品，那就是色诺芬的《上行》（*Anabasis*）。美诺是希腊军队中的一名指挥官，当时，这支军队受雇于波斯国王的弟弟小居鲁士，去对抗波斯国王。而这项事业终告破灭——公元前401年的库纳克萨战役（the Battle of Cunaxa）；色诺芬也是战斗中的一名指挥官，他拯救了希腊军队，将士兵们带回了希腊。在《上行》第二卷结尾，色诺芬给了我们一个关于美诺的描述。克莱因就是从这里得出的关键看法。从色诺芬的描述来看，美诺看上去好像是个恶棍（arch-villain）①，一个极其邪恶的人。他不仅在所有方面都不忠不义，还引以为荣，自吹自擂，他对诚实之人只有蔑视。他那样不仅仅是邪恶，简直可以说是恶魔一般。

但是当然，你们读柏拉图的《美诺》时，却找不到这些恶棍特征的痕迹，因而人们会说：嗯，这是色诺芬的观点，而那是柏拉图的观点。你们知道吗？克莱因在第 37 页简要触及了这个困难。有一个古代的八卦，也许可以追溯到柏拉图自己的时代，据说，柏拉图和色诺芬之间彼此嫉妒。这些［30］人，通常是德国一些小大学的教授，将柏拉图和色诺芬的关系设想为他们与另一所小大学的同僚之间的关系。［笑声］这里克莱因作了些挖掘。例如，色诺芬写了一本题为《居鲁士的教育》（*Education of Cyrus*）的书；我相信，在《法义》第三卷中，关于《居鲁士的教育》，柏拉图说了一些非常负面的话（694c1 – 695b8）。［笑声］这简直荒谬。但当然，有一点我们必须非常严肃地对待。看得出，美诺是色诺芬在小亚细亚认识的那样一个恶棍，但这次对话显然比那要早。也许苏格拉底与之交谈的这个美诺还没成为一个恶棍。我们不知道；我的意思是，我们必须对这种可能性持开放态度。如果克莱因要证明苏格拉底所与之交谈的美诺与色诺芬所描述的美诺完全一样，那么就是苏格拉底已经通过他令人惊异的预测能力看穿了美诺。这有可能。你们要知道，苏格拉底有时会看穿一个像卡尔米德这样的小男孩，看出他长大后会成为一个非常可怕的暴君。那是有可能发生的。但我们不能假定在对话发生的那个时候，［美诺］就是一个恶棍，一个真正的恶棍，一个完全长成了的恶棍。

---

① ［译按］arch-villain，既可以指大奸大恶之人，大坏蛋、恶棍，也可以指故事中的大反派。当然这两个意思是相互关联的。讲稿中用到这个词时，根据语境和语义强烈程度，会译作"坏蛋""大坏蛋"或者"恶棍"不定。

　　色诺芬对美诺和高尔吉亚之间的关系保持沉默——高尔吉亚，著名的修辞术教师，我们从对话一开始就看到美诺与他相关。相反，色诺芬谈到了另一个希腊指挥官普罗克塞努斯（Proxenus）和高尔吉亚之间的关系。高尔吉亚的这个学生普罗克塞努斯完全不邪恶，只是能力不行。他是个好人，并且他认为某种程度上所有人都是好人。他只能依靠说服而非惩罚来指挥，而由于大部分士兵都不是真正的贤人，所以他是失败者。换言之，普罗克塞努斯有一种和善的恶习（the amiable vice），或者说，他有一种与强迫或强制相对的、信仰言辞万能的智识恶习（the intellectual vice）。顺便说一下，这与亚里士多德在他的《尼各马可伦理学》（*Nicomachean Ethics*）结尾谈及智术师们的政治科学时所表明的意思一致。他认为，智术师们相信言辞万能，换言之，他们对政治生活的严峻缺乏足够的理解。这只是顺便一说，因为非常流行的观点认为可以干脆把智术师等同于马基雅维利（Machiavelli），这种看法需要重新考虑。

　　尽管如此，还是让我们记住如下这件事：我们特别从色诺芬那里了解到关于美诺的事情。这很令人惊讶。《美诺》是专门用来探讨美德的唯一的柏拉图对话。其他任何柏拉图对话都没有跟这篇对话一样的传统副题；这些副题可能并不来自柏拉图本人。只有《美诺》有这个“论美德”的副题。因此，关于美德的唯一一篇对话，竟是发生在与一个特别邪恶者之间的交谈——可以说，是与出现在柏拉图对话中最邪恶的一个人之间的对话。这明显是柏拉图的反讽。我给你们举些例子。在《拉克斯》（*Laches*），另一部致力于勇敢（bravery）的对话中，苏格拉底与将军们交谈。那也就罢了，但他们是些马上要吃败仗的将军［笑声］，因而不是那种最优秀的将军。《卡尔米德》处理节制（moderation）或自制（self-control），但对话者都是未来的僭主（tyrants）。相关的还有一些有趣的事情。《王制》处理正义（justice），而其中一些人物，不是全部，是未来僭政的受害者，即极端不义的受害者。但是在这里，《美诺》的情况更甚于其他所有例子，因为这里有一个人，一个异常邪恶的人，［31］是这部关于美德的对话中的对话者。但正如我之前说过的，我们心里必须记着如下可能性，即在对话发生之时美诺还不是个坏蛋。有一点很清楚。对话中还有另一个人物，那就是安虞托斯（Anytus），苏格拉底的控告者（根据有些记述，他是主要控告者），也是一个政治家。美诺肯定比安虞托斯与苏格拉底的关系更近，所以无论美诺多么邪恶，这里都有一种类似于挽救（redeeming）的特征。我们必须看到这一点。

我们可能想当然地认为柏拉图认识美诺，［并且］美诺那时已经成为色诺芬所展现的那样一个恶棍，正如柏拉图知道拉克斯会被击败，因为当柏拉图写作这部早于拉克斯被击败很久前发生的对话时，拉克斯已被击败。现在让我们转向对话的开头。让我们先读译文的开头。美诺在说话。

雷因肯［读文本］：

> ［美诺:］你能告诉我吗，苏格拉底，美德是否可以教导，或者它是通过习练（practice）获得，而不是通过教导（teaching）获得？或者如果既不是通过习练也不是通过学习（learning），那它是来自天性（nature）还是别的什么方式？(70a1–4)①

施特劳斯：是的，"还是以别的任何方式"。好的。这就是开头。这是个独一无二的情形，即对话开始于苏格拉底没有任何准备的情况下被提问。美诺为什么接近苏格拉底？他为什么提出这个问题？从这段话本身我们无从得知。现在让我们先来看看几段话，克莱因就这个开场问题提出的一些看法。首先让我们来读一下第38页第二段这段相当字面的翻译。

雷因肯［读文本］：

---

① 雷因肯所读译文来自 the Loeb Classical Library edition, translated by W. R. M. Lamb (Harvard University Press, 1924)。

［译按］本文中所涉《美诺》文本，均根据所读英文译出。特别因为施特劳斯会不断针对译文的问题提出他的意见和修订，故完全保留他们课上所用译本的译法。

这篇对话唐突地始于美诺向苏格拉底提问:"能告诉我吗,苏格拉底,人的德性(arete)是某种可教之物吗?或者,如果不可教,是某种可以靠训练获得之物?或者,如果它的获得不可能靠训练或者学习,难道它来到人身上是靠天性(phusei)或其他什么途径?"

关于该问题及其提问方式,有两方面立即给我们留下深刻印象,即听者和读者。

第一,这样一个关于人的德性的问题,居然是由美诺,恶名远扬的美诺,向苏格拉底问出的,而我们往往倾向于将苏格拉底看作值得纪念的德性典范,尽管——无论在公元前399年之前或之后的雅典,还是如今的其他任何地方——我们并不完全理解苏格拉底的方式,甚至对苏格拉底的健全和完善怀有疑虑,这令人吃惊,而且有谐剧性。

该问题的突然性强化了问题本身的谐剧特征。在此之前什么也没有。美诺正在访问雅典,前一天还见过苏格拉底,正如我们将在下文中了解到的那样——(Klein, 38)

[32] 施特劳斯:但是,之前那次会面发生了什么与美诺现在提出的问题之间没有关系。让我们来读下一个段落的开头。

雷因肯〔读文本〕:

就其本身的价值(merits)来看,这个问题并不是可以轻易打发的。该问题也不局限于特定的时期或文明。我们一再面对该问题,尽管措辞有所不同。(Klein, 38)

施特劳斯:因此,克莱因在这里暗指这个著名的历史问题,就此问题而言,如果我们是严肃的人,就像在苏格拉底时代或在任何其他时代一样,它对我们就依然存在。只是措辞,就像他说的,措辞可能会变化。措辞问题并非微不足道,但却是次要问题。让我们读第40页,最上面。

雷因肯〔读文本〕:

> 我们还从美诺那里了解到（79e7 – 80a2），美诺对苏格拉底的声名并不陌生：一个奇怪的擅长问答游戏的人，不断给他人也给自己出难题。美诺想得知，通过什么方式，德性可以来到人身上。但是，其问题的措辞暗示，该问题意在向苏格拉底——这位"吹毛求疵之人"（quibbler）（Aristophanes, *Frogs* 1491 – 1499.）——发起挑战："告诉我吧，如果你能——"
>
> 苏格拉底并未接受这位帖撒利亚人（Thessalian）的挑战——他根本没有回答这一问题。（Klein, 40）

施特劳斯：让我们停在那儿吧。我们先来看一下这个问题。问题在于如何变得有德性，如何成为有德之人。克莱因似乎暗示美诺并不是真的关心成为有德之人，这一点他也许是对的。但美诺之所以不关心成为有德之人，很有可能是因为他认为自己已经是有德性的——当然是在他所理解的"美德"一词的意义上。可见，美德可能具有非常不同的含义，例如对话《高尔吉亚》里所显示的，卡利克勒斯（Callicles）在其讲辞中完全拒绝正义作为美德的一部分，但他仍意在有德。再举一个最近的例子，马基雅维利所理解的美德甚至比卡利克勒斯所指的美德离通常所理解的美德更远。

但这就让美诺提出这个问题这事儿更加奇怪了。为什么美诺会带着个问题来接近苏格拉底？这是一个大大的谜。我们可以说，苏格拉底受到了美诺的攻击。他被迫以这样或那样的方式来回答这个问题。他被迫参与到这个交谈中。因此，《美诺》是一篇强迫性的对话。我们可以区分强迫的（compulsory）对话和自愿的（voluntary）对话。有些对话，是苏格拉底主动寻求的交谈，例如《高尔吉亚》就是这样一部对话。还有一些是强迫性的对话，像这一部，像《游叙弗伦》——还有，像《申辩》，当然了；《申辩》自然是一场强迫性的对话。但《会饮》是自愿的 [33] 对话。苏格拉底受邀参加一个宴会并且高高兴兴地去了。《美诺》中发生的强制在其他地方没有类似情况。在别的地方苏格拉底从来没在毫无准备的情况下被质问一个普遍性的问题。在《欧蒂德谟》（*Euthydemus*）中，他受到他朋友克里同（Crito）的质问：你昨天与之谈话的那人是谁？是的，就只是个很好的八卦。但这里提出的是个具有普遍性质的问题。通常情况是苏格拉底掌握主动，且在充分准备后提出问题。有两个对话，其中苏格拉底对毫无戒心的人突然抛出了一个问题：《米诺斯》（*Minos*）和《希帕库斯》（*Hipparchus*）。但这两部对话被认为是伪作。我认为它们不是伪作，它们之所以被视为伪作的一个原因是，苏格拉底就像山姆大叔一样把手指放在战时海报上，说：今天你搞哲学了吗？①［笑声］苏格拉底通常不会做这样的事。

但在这里，某种程度上，美诺扮演了苏格拉底的角色：他成了这个提问的人。重复一遍，这是一场有德的苏格拉底与邪恶的美诺之间的对话。但这场对话是由美诺而不是由苏格拉底发起的。并非苏格拉底为了让美诺从邪恶转向美德参与到这个对话中。这场对话是美诺找上门的。美诺在其问题中谈到三种可能性。获取美德可以通过教导，通过习练或训练，或通过天性——意即无需任何人为的努力即可达成。并且他将这三种可能性表述为相互排斥的。而根据柏拉图、亚里士多德等人非常普遍的观点——根据常识性的观点——这三者都需要。你必须具备一些特定配备（equipment）：如果你生来是个傻子，你永远不会变得有德性。你必须已经学到一些东西——如果你所学到的东西还只是像个小孩子：不要做这，不要做那。还有你必须训练，你必须习练德性——不然你还能怎么成为有德者呢？

正如我们在这里已经看到的，美诺的问题非常悖谬。他说的非此即彼：只能是三者中的一个。与普通的观点相比，他是"见过世面的"（sophisticated）。这种见过世面的价值是什么，我们必须对事态发展拭目以待。我们还看到他从可学到可教的调换。他假设，如果美德是可学的，那么它必定是可教的。或者有那种无教之学吗？这可能吗？好吧，现在我只给出一个提示：正是"哲学"这个词，

---

① 施特劳斯这里指的是一战时期著名的"Uncle Sam Wants You"海报，由 J. M. Flagg 于 1917 年创作。

philosophia，是智慧之爱（love of wisdom）。如果智慧是不可能的，而只有爱智慧、追求智慧，那么就没有教师。不可能有智慧的教师。但是可以有受到引导朝向智慧的学习者，所谓的教师只是一个比另外那个人年长或更有经验的学习者。那么，关于这个最初问题就到此为止。现在让我们转向苏格拉底的回答。

雷因肯［读文本］：

> ［苏格拉底：］美诺，古时的帖撒利亚人以他们的骑术和财富在希腊人中享有盛誉和钦羡。但现在他们还有一项声名，我相信，就是智慧，尤其你的朋友阿里斯提珀斯（Aristippus），他就是拉里萨人（Larisaeans）。

施特劳斯：拉里萨是帖撒利亚的一个城镇。

［34］ 雷因肯［读文本］：

> 为此，你得感谢高尔吉亚，因为当他来到那个城邦时，他使阿雷乌阿德（Aleuadae）的领导者们——其中包括你的爱人阿里斯提珀斯——以及帖撒利亚人普遍迷恋智慧。不仅如此，他还给了你以无畏、恢弘的方式回答任何随机提问的固定习惯，与那些知道的人相称，因为他树立起这样的榜样：愿意接受任何一个希腊人，在他们喜欢的任何一个点上向他提问，并且他对每个人都有答案。现在在这个地方，我亲爱的美诺，我们有相反的情况：一场智慧的干旱，似乎已经来临；看来智慧好像已经离弃我们这边，偏向你们那边去了。

施特劳斯：它已经从这里迁往帖撒利亚了。是的。

雷因肯［读文本］：

> 你只要问我们这里的人这样一个问题，那他肯定会笑着说：异邦人，你一定认为我是个特别受宠的凡人，才能说出美德是否可教，或者美德以什么方式传给一个人；我远不知道美德是否可以教导，实际上我甚至都不知道这个东西本身，美德，到

底是什么。(70a5 –71a7)

施特劳斯：好。让我们在这里停一下。所以，苏格拉底没有回答美诺的问题，正如我们已经看到的那样，但是他解释了这个问题的实际情况，其原因在于：帖撒利亚人竟会做美诺所做的这些事，①这是缘于修辞术教师高尔吉亚的新鲜事物，这个人声称可以回答任何问题。柏拉图对话《高尔吉亚》中给我们展现了这一点。是的，但到这里为止，美诺是否声称能够回答任何问题？他是提出问题。因此苏格拉底清楚表明，提出问题的美诺有多不同于高尔吉亚。从某种意义上说，美诺，他是一个模棱两可的家伙，他更接近苏格拉底而不是高尔吉亚。苏格拉底在第一个呼语中称他为“我的朋友美诺”（phile Menōn）。尽管如此，美诺是一个高尔吉亚信徒（Gorgian），因为他相信人对所有问题都有准备好的答案，苏格拉底则说自己是个雅典人，雅典人过于世故（sophisticated），以至于很难相信这一点。正如苏格拉底说的，他们觉得这好笑。你活得还是像个北方蛮族，没有彻底世故。雅典人甚至不知道美德是什么，更不用说美德是如何获得的了。通过把美诺当做典型的帖撒利亚人来对待，苏格拉底就能够把自己表现为典型的雅典人。这变得好像是个国族性格的问题，这当然是个反讽的例子，是对一个人价值的掩饰。苏格拉底通过夸大雅典人的价值，当然另一方面也以夸大美诺和帖撒利亚人价值的方式，来自压身价。现在让我们看看克莱因先生说了什么，但我们不能全读。就读第40页最后那段吧。

雷因肯［读文本］：

苏格拉底紧接着给出的描述雅典缺乏智慧的例子加重了这一反讽。苏格拉底说，在雅典，没人会对美诺的问题做出反应，人们仅仅会断言，别说不知道人的德性［35］产生的方式，他们甚至都不知道人的德性到底是什么。而我们大概可以认定，除苏格拉底外，在雅典，实际上无人会做出这般断言。在对话

---

① 那就是发问。

下文中（92e-93a），我们听到安虞托斯——一位和其他任何人一样好的雅典人，尽管其名声可能有污点——声称，任何一位有声望的雅典邦民，都能在人的德性方面给人上课，言外之意似乎是，任何有声望的邦民都知道什么是这些课的主题。在"智慧"这一点上，"帖撒利亚"和"雅典"看来其实是可以互换的词。（Klein，40-41）

施特劳斯：是的。现在我们只读一下"2"下面他说的话，"在描述——"

雷因肯［读文本］：

> 在描述高尔吉亚的教育时，苏格拉底在遣词上（to ethos hymaseithiken）着重强调一点：高尔吉亚反复灌输给学生一种习性（habit），即以一种无畏、恢弘的方式回答任何问题，"与那些知道的人（eidotas）相称"。（Klein，41）

施特劳斯：是的，这个主题会一次又一次地被提出，而我们已经看到，在美诺最初的问题中，训练、习练，这些与 ethos，即与习性最密切相关的东西处于中心位置。某种程度上这就是关键点。

你们当然会看到苏格拉底对美诺相当了解。他之前已经见过他，这个稍后会说到，他也很了解帖撒利亚的情况。事实上，后来在《克里同》中，当苏格拉底面临是否应该逃离雅典的问题时——你们知道，就是越狱——帖撒利亚也是被考虑的一种可能性，但由于那里普遍无法无天，苏格拉底拒绝了这一提议。那里民风极为彪悍。

还有一个小问题。苏格拉底在这里谈到阿里斯提珀斯时，他首先称其为美诺的 hetairos，美诺的同志（comrade），稍后他明确表示阿里斯提珀斯是美诺的爱人。美诺是被爱者，而不是爱者。我们必须记住这一点，后面还会提到。好的，我想我们就到此为止吧。现在让我们来读苏格拉底讲辞的结论。

雷因肯［读文本］：

［苏格拉底：］而我自己，美诺啊，也是同样的情况；在这件事上，我和我的同胞们一样贫困（poverty）：我不得不责怪自己对美德一无所知；如果我不知道一个事物是什么，我怎么知道它的本性？或者你想象中有没有可能，如果一个人对美诺一无所知，那这个人可能知道美诺是英俊、富有还是高贵，或者相反？你认为可能吗？(71b1－8)

施特劳斯：让我们在这里略作停留。你们看，美诺是否明智（wise）的问题甚至没有被提出，因而它已在某种程度上被心照不宣地回答了。苏格拉底说到了自己的贫困和智慧。在《申辩》中，当面临可能要缴纳罚金的问题时，苏格拉底［36］说起过他上万倍（ten thousand-fold）的贫困；换言之，他使用了一个暗示财富的词儿：万。一万美元非同小可，更不用说当时的货币。苏格拉底的贫困与美诺或一般帖撒利亚的上层适成对比。克莱因在这里提出一个观点，一个对于对话其余部分非常重要的观点，在第 42 页，"例证"。是吧？

雷因肯：是的。

［读文本］

苏格拉底所举的"例证"，及其所暗示的"人的德性"与美诺其人之间的并列，既反讽又含混。

施特劳斯：你们看这一点吧。他通过使用美诺这个例子解释这个困难。是吧？

雷因肯［读文本］：

除对我们所预想的美诺形象构成一个谐剧性的挑战之外，该例证还在玩味有"知道"含义的词的多样性，以及"知道"这一含义本身所包含的范围。

如果不"知道"（gignōskein）谁是美诺意味着没有被引荐给他或没听说过他，那么，该"例证"无效。这是因为，即便我们不"知道"什么是人的德性,我们也并非不熟悉对德性的称赞;我们经常听到别人谈及"有德"之人,我们自己也经常加入赞颂的队伍,或者冷眼旁观以表示异议;我们了解人的德性——无论多么含混——即便我们并不"知道"(eidenai)什么是人的德性。

另一方面,如果不"知道"谁是美诺意味着我们尽管在某种程度上认识他,却并未充分洞察他的性情,并不知道他"到底"是谁,那么,我们仍然可能"知道"许多关于他的东西,能说出他的相貌、习惯、品质、缺点。但是,同上所述,该"例证"根本不能表明,如果我们不知道某样东西是"什么",就不可能讲出关于这样东西的任何东西;同样也不能表明,如果我们不知道"什么是"(tiesti),就不可能知道"怎么样"(hopoiontiesti)。(Klein,42)

施特劳斯:如果不知道它是什么,就无法知道它有什么品质。这是一个关键点。似乎只有哲学家才这么极端,说你若不先知道美德是什么,就不可能说出任何关于美德的东西——用传统的表达方式来说,即如果你不以对美德的恰当定义开始。克莱因以柏拉图的精神对此提出质疑。这种极端(radicalism)与节制(moderation)、与理智(being sensible)以及与希腊人所说的 sophrosyne〔适度〕相反。我们不能那样做。《拉克斯》这篇对话对此有非常漂亮的阐释,那里提出了一个问题:是否应该进行某种军事训练?军事专家们意见不一,一个赞成,另一个不赞成。然后苏格拉底被拖进来并且说:好吧,如果我们不先知道勇敢(courage)是什么,我们怎么能回答这个问题,解决争议?于是他们展开了一场关于勇敢的交谈,结果是没有答案,而最初的实际问题完全被忘掉了。如果你们在政治语境中来看,如果在城邦中讨论一种新型武器之类的问题,并且如果所有的基本问题都要先行解决,那这个问题〔37〕可能就永远得不到解决,与此同时,敌人也许已经赢得了战争。你们很容易就能设想同样的类比情形。

　　更深层的问题在于，某种程度上，我们知道。某种程度上，我们知道。而这并非微不足道：所有充分的知识（adequate knowledge），如果它对我们来说是可达到的，都得来自这种母体（matrix）。这是我以一种普遍的方式，通过谈及常识与科学之间的区别来处理的问题。它与这里的这个问题有关。一个人可以在并不知道全景的情况下，在"知道"的严格意义上知道任何东西吗？例如，知道关于狗的问题：你可以对和你一起生活的这只狗有很多了解，而如果你是一个对狗特别感兴趣的生物学家，你更可以对狗有很多了解。但这显然还不够。例如，狗这个物种的起源这样的事情要通过整个进化问题才能解决，这远远超出了任何关于狗之为狗的知识，但这种知识必然包含在其中，因为狗是生物。然后，整个进化问题又和宇宙起源问题联系在一起，又和与宇宙起源相关的无限问题联系在一起。因此，考虑下面可能性就是审慎的：如果我们所知道的任何事物的确是整体的一部分，而我们永远不能充分地知道整体，那么，我们有可能永远无法在"知道"一词的严格意义上知道任何东西。例如，《王制》中讨论了各式各样的德性，德性在《王制》中被呈现为灵魂的，或者说灵魂各个部分的良好状态。这说得通，柏拉图或者苏格拉底得出的结果是可接受的。但正如苏格拉底本人在最后所指出的，它们只是被一个缺陷困扰。为了了解诸德性，我们必须了解灵魂及其部分：我们必须了解灵魂的本性。但是我们拥有这样的知识吗？在《王制》结尾部分，整个美德学说似乎扩展到每个人都满意的程度，但它仍建立在一种非常不足的灵魂知识的基础上。所以，整个根基必须重新加以思考。这一知识不是由《王制》来提供的。

　　今天的课得结束了。让我们记住这个关键点，带着一个作为假设的问题：这是唯一一篇关于美德的对话，并且是苏格拉底与一个特别缺乏美德之人——一个恶棍，就像克莱因说他的——进行的讨论。这出戏剧是什么意思？为什么这样一个人向苏格拉底提出如下问题：美德是如何获得的？这是一个大大的谜，从一个完完全全的谜开始，我们将看看是否能在克莱因的帮助下找到答案，如果后面证明这种帮助不够，我们还得尝试另外的答案。

不管怎样，有一件事我们可以提前说。这不算过早剧透。对话中还有另一个人物，安虞托斯，苏格拉底的控告者，苏格拉底的敌人，苏格拉底显而易见的敌人。他不会用一个问题去接近苏格拉底，而大奸大恶的美诺却会这样做。正如我所说，美诺与苏格拉底有一些共同之处，而安虞托斯则没有。那是什么呢？我会给出一个当今时代的答案，一个非常庸俗的专有名词，但不幸的是，我们这个时代创造的许多专有名词都是庸俗的：他是个文化人（cultured man）①，一个文化人，因而他与苏格拉底有一些共同之处，毕竟苏格拉底也是有文化教养的（cultured）。因此，可以暂且这么说，这部对话的主题是：伪［38］文化教养（spurious culture）与真文化教养（genuine culture）间的区别是什么？尽管如此，这种伪文化仍然足以充当这个恶棍与苏格拉底之间的桥梁。好的。

好吧，我希望你们心里已经有一些问题，并且会提出来。下次的研讨课我们或许可以从讨论这些问题开始。

---

① ［译按］讲稿这里谈到的 culture，正如施特劳斯所言，是我们当今时代盛行的一个词，即"文化"。culture 的本意是对于人的教养、培养、修养、教化——文以化成。因此，作为文化的内涵，culture 有教养、教化之意。这里也包含着这些关联意涵。后面说到"伪文化（spurious culture）与真文化（genuine culture）的区别"也意味着伪教养与真教养的区别。

第三讲　美诺意气风发地攻击苏格拉底

（没有日期）

[40] 施特劳斯：[进行中]① ——这场交谈是由美诺找上来的，是由美诺强加给苏格拉底的，因而这就是我们所说的强迫的而非自愿的对话。此外，美诺毫无准备地突然向苏格拉底提出他的问题。因此，我们不知道为什么美诺会带着他的问题来接近苏格拉底。美诺与高尔吉亚有关联，高尔吉亚是著名的修辞术教师。美诺是有文化的。那么他是一个文化秃鹫（culture vulture），汲汲于与苏格拉底攀谈，以便回到帖撒利亚家乡可以用来自抬身价？但是有一个理由反对这种联想，那就是美诺问题的自相矛盾的性质。他上来就问：美德是通过教导、习练还是通过天性获得的？他排除了美德是通过这三件事共同获得的常识性观点。苏格拉底的回答是：我怎么能回答你的问题呢？我甚至连美德是什么都根本不知道，因此，我怎么能说美德是如何获得的呢？我们上次读到克莱因的观点是，苏格拉底的这种断言不能完全当真。对于美德是什么，每个人都有一定程度的了解，否则我们就没法谈论美德，而这当然也适用于苏格拉底。换言之，苏格拉底也许没有"美德"这个词完整意义上的对美德的知识，但他不免也有一种对美德的意见。让我们假定，对一个人来说，完全知晓包括像美德这样的任何事物都是不可能的，人永远不可能拥有智慧，而只能努力寻求智慧，努力寻求智慧就意味着 phi-

---

① ［译按］原文注明，以后不再出注。

losophia，即哲学。在此情况下，人，即使是最伟大的人，也永远无法完全超越意见的领域。这就是我们上次讨论过的，如果有任何问题你们没时间提出，或者有没来得及提出的反对意见，现在就提吧。

学生：导言中提到马术是出于什么目的？

施特劳斯：你说的是关于帖撒利亚的情况吗？

同一名学生：在帖撒利亚，是的。在我看来苏格拉底是反讽的，但是我不理解这有什么重要。

施特劳斯：嗯，克莱因在他导言中指出了一点，而且他绝对正确，那就是苏格拉底说的所有东西都是反讽的。因此，挑出特定的段落，这样没用。唯一可说的是，有些话是反讽的，并且对最肤浅的读者和最平庸的能力都能显出是反讽的，而其他一些话则需要较大努力才能看出其反讽性。但最好就是始终做个好孩子，别把这些段落当作反讽，而是先当其是字面上的意思，直到迫不得已才［去寻求反讽性的解释］。他谈到一些关于帖撒利亚的事情，那就是，关于智识生活在帖撒利亚的新颖性。还有，那里的人至今以骑术和财富而闻名。现在又增加了一些东西，因为高尔吉亚去了那儿。这是真的；我的意思是，至少我不知道有什么［暗示不是这样］。但反讽性就在于：这种通过高尔吉亚传到帖撒利亚的智慧好吗？是吧？这里提出的观点是，雅典看似智慧的所在地，而帖撒利亚是野蛮、未开化的国家。现在情况似乎逆转了：智慧已经离开雅典，在帖撒利亚安了家。这样解释明白了吗？布鲁尔（Bruell）先生？

［41］布鲁尔：苏格拉底在回复中只提到美德的可教性问题；他没有提到习练或天性。为什么——

施特劳斯：在他的回答中，你指的是——哪个回答？

布鲁尔：具体编码是——

施特劳斯：71？

布鲁尔：是的，从4到6。

施特劳斯：他只是明确提到那一点，但他的所指也涉及其他。是的，你会如何解释？

布鲁尔：嗯，一则，我认为习练可能是教导的一部分，可能可以这样理解而不是作为一种不同的选项。

施特劳斯：最简单的解释就是这样。苏格拉底没有三样都列出来，他只提到一个，而且他提到的是美诺第一个提到的那个。其次（这只能稍后出现），正如后面会证明的，这是最重要的问题。好吧，简单来说：如果美德是知识，正如苏格拉底似乎持有的观点，那么美德的获得似乎就与教导而非实践和天性的关系更为密切。是吧？

布鲁尔：但是，如果无论苏格拉底还是他遇到的任何人都不知道美德是什么，这就直接就排除了美德的可教性，我的意思是就他认识的所有人而言。

施特劳斯：现在——嗯，你所指的是我们还没有读到的后面的部分。

布鲁尔：是的。

施特劳斯：现在，但好吧，为什么？我的意思是，如果有人知道美德是什么，这何以会导致美德不可教的结果呢？让我们假设这么个人，在此案例中即高尔吉亚，说美德是知识，那么由此可以得出，美德是可教的，对吧？

布鲁尔：是的，但只有在有人完全知道美德是什么的情况下，美德才能是可教的。

施特劳斯：是的。嗯，这说来话长。我的意思是，这一点已经通过解释认识美德的复杂性表明了。迄今为止，我们只知道苏格拉底光秃秃的断言，即他不知道美德是什么，仅此而已。我的意思是——只有当深入进去并且说"这能当真吗？"的时候，我们才会得出这个结论，可以说，得出美德知识的无限性这个结论。

[42] 雷因肯：我们会讨论这个次级副标题吗？这个 Peirastikos［试探性的］。

施特劳斯：嗯，这些柏拉图对话的副标题几乎可以肯定不是柏拉图本人所拟。而这一个尤其是——这个副题由两部分组成，比如说，这里的情况是《美诺，或论美德》。第二副标题表明了对话是什么类型的。这里，这部对话被称为 Peirastikos［试探性的］，即测试对话者的对话。别的对话有被称为伦理性的（ethical），例如，还有其他被称为逻辑性的（logical），诸如此类。后面这些副题确实有太多学园气息，后柏拉图学园的气息；它们肯定不是柏拉图所拟。另外的标题，第一副标题，就很有用。它们可能也不是柏拉图本人所拟，尽管如此，它们仍在如下意义上就主题给了我们一些暗示。除《美诺》外，没有其他对话带有"论美德"的副标题，这表明该对话的特殊重要性，因为这是唯一一部由非常熟悉柏拉图著作，并且离柏拉图并不遥远的人们赋予这样一个副标题的对话。"论美德"。这样我们就能知道。你有别的什么看法吗？伯纳姆先生？

伯纳姆：我没懂您的意思，先生，关于开头那个问题的悖论性，以及这对"美诺是否主要是在寻求文化"有什么影响。

施特劳斯：不，我说的是下面这个意思。当然，我们对于美诺为什么接近苏格拉底没有一点头绪。最低的观点是，他对这类事情完全不感兴趣，他对这种事没有任何严肃的兴趣，他只是一个文化秃鹫。那是最低的。但是为什么可以怀疑这个观点，为什么问题不是那么简单，原因在于，美诺提出这个问题的悖论形式，意味着他心里有某些更为明确具体的想法，而不仅仅是听一个苏格拉底的回答，以便返回帖撒利亚后可以吹嘘自己和苏格拉底谈过话。也许［他心里有］某些比只是听听苏格拉底的观点更明确具体的东西。更多的我们就没法说了。

伯纳姆：我明白了。

施特劳斯：嗯。还有吗？

学生：但如果美诺的意图真就是为了试探苏格拉底——如他后来所说：那么，这就是我们回老家后将传播的关于你的名声——这也许能简单解释这个问题的悖论性，［并且］这就不会把他设定为一个试图展示他有多聪明的文化秃鹫了。

施特劳斯：是的，那也是一种可能。我的意思，只是低的答案中最低的被排除了。就是这样，我理解。好，布鲁尔先生？

布鲁尔：美诺的问题是否也一总提出了美德是否可能的问题，因为如果美德不以任何方式来到人身上——

［43］施特劳斯：不。我认为这里绝无此暗示。他只是问美德怎

么来到人身上，而这意味着美德来到人身上。或许我可以预先这么说：我认为美诺非常有把握自己拥有美德。但我只是提前这么说，本来应该先不说的。我们现在来看后面的部分吧？苏格拉底刚说了，他不知道美德是什么，因此他也就不能说美德是不是通过教导，或通过其他方式获得的。现在让我们来读后续部分。

雷因肯［读文本］：苏格拉底已经问过："你认为有人可能［知道］吗?"美诺说：

> ［美诺:］我不知道。但这是真的吗，苏格拉底，你甚至不知道美德是什么？我们要把你这事带回我们老家吗？（71b9 - c2）①

施特劳斯：好。让我们在这里停一下。美诺承认，如果一个人不知道什么是美德，就不可能知道美德是如何获得的。但是，他的意思是，每个人都知道美德是什么。不知道这个很丢人。美诺诉诸苏格拉底的羞耻感，或诉诸他对于现在所谓"某人形象"的担忧。好的。现在让我们看看关于这点上克莱因说了些什么，在第43页——只是最上面那段的结尾部分。

雷因肯［读文本］：

> 难道美诺的诡异不会最终基于这样一个心照不宣的推论吗：既然苏格拉底承认这一知识的缺乏，并以此怪罪自己（emauton kata memphomai, 71 6 2f.），那他便承认了自己不是有德之人？这一自白的确令人震惊。我们并不常听人轻易而严肃地承认自己的坏和恶。（Klein, 43）

施特劳斯：是的，但在目前阶段，我们对［苏格拉底］知之甚少，而对美诺几乎一无所知，我们确实必须考虑这种可能性，即美诺认为苏格拉底可能并非有德，或者邪恶。而既然他像我们设想的

---

① ［译按］原稿标注为70b9 - c2，有误，应为71b9 - c2。

那样邪恶，难道他不会因为受苏格拉底缺乏美德这一点招引而接近苏格拉底吗？这能解释他的唐突的开始吗：这些是你不会谈的事吗？也因此，一个沉默的开始是合适的。这些在目前阶段当然都是合理的问题，随着我们继续，［它们］后面或多或少都会得到解决。现在让我们读一下苏格拉底的回答。

雷因肯［读文本］：

［苏格拉底：］不仅如此，我的朋友（friend），依我所见（in my opinion），我还从来没有遇到任何知道的人。（71c3 –4）

施特劳斯：是的。"在我看来"（I seem to me），即"在我看来，我还从没遇到过一个知道的人"。"朋友"（friend）是人们能想到的最好的翻译。希腊词是 hetaire，不同于通常翻译成"朋友"的词 philos。之前苏格拉底曾称美诺为朋友，［因此］我会用"同志"（comrade）来翻译 hetairos，始终得搞清楚这不是希腊语中的"朋友"一词。这个词有一种政治内涵，当然不是我们这个时代的，而是寡头政治集团和民主政治集团，他们被称为 hetairaiai，同志关系，他们是 hetairai。但是我们已经看到，［44］苏格拉底在开头的长篇演讲中说，美诺的爱人阿里斯提珀斯，是美诺的 hetairos。换言之，该词也有这种情爱意味（erotic implication）。他是不同［于朋友］的某个人。

这就引出一个问题，关于这一情爱意味，是苏格拉底爱美诺，还是美诺爱苏格拉底？是美诺被苏格拉底吸引还是苏格拉底被美诺吸引？苏格拉底并不以自己的无知为耻，这是更重要的一点，因为就他所知，所有人都是无知的。他从未遇见过［并非无知的人］。接下来是什么？

雷因肯［读文本］：

［美诺：］什么？高尔吉亚来这儿的时候你没见过他吗？
［苏格拉底：］我见过啊。
［美诺：］那么你不认为他知道吗？

［苏格拉底:］我记性不太好，美诺，所以我现在说不上来他当时给我的印象了。也许他确实知道，而且也许你知道他说了什么，所以你提醒我一下他是如何表述的吧；或者，要是你愿意，就用你自己的说法，因为我估计你跟他有一样的看法。

［美诺:］行。(71c5 – d3)

施特劳斯：是的。现在苏格拉底回避了关于高尔吉亚这个大人物的问题，说连高尔吉亚也不知道，这也太无礼了。苏格拉底以自己糟糕的记性为由拒绝了这个问题。克莱因提出了一些观点，对某种解释至关重要，并且我认为在某种程度上无疑是正确的。第 43 页最下面。

雷因肯［读文本］:

> 苏格拉底回应如下:
> 我的记忆力并非最好，美诺啊，所以我现在没法告诉你，他当时给我留下什么印象。但是，也许他高尔吉亚确实知道，而你（kai sy）也（te）知道他高尔吉亚讲了什么。那么，提醒我他讲了什么吧；或者，如果你愿意的话，也可以自己讲讲。因为，我觉得，你的意见差不多就是他的。美诺说:"好。"
>
> 这段几乎紧贴字面的译文忽略了第一句中的一语双关，因此无法尽传第二句中独特的并列特点。
>
> ou pany eimi mnēmōn，即"我的记忆力并非最好"，这一短语字面上的主张毫无疑问是苏格拉底的"反讽"法则（ironic "code"）的一部分，如《普罗塔戈拉》中（336d2 – 4（cf. 334c8 – d5）的阿尔喀比亚德所熟悉的那样。(Klein, 43 – 44)

施特劳斯：我的意思是，换言之，这是一种自我贬抑；从反讽的基本意义上说，即对其价值避重就轻。是吧?

雷因肯［读文本］:

但是，在更为完整的短语的织体（及其读音）Ou pany eimi mnēmōn, ō Menōn 中，似乎暗含不止一种双关、不止一种隐含意义。

[45] 首先，我们不得不回想起，按照奈波斯（Cornelius Nepos）（De regibus, 1，3 - 4)①、普鲁塔克（Plutarch）（*Life of Artaxerxes*, I.）还有其他一些人的讲法，Mnēmōn 是波斯王阿尔塔薛西斯二世的外号。因此，这个短语亦可读作：我并不非常像阿尔塔薛西斯，美诺啊。

施特劳斯：那就是后面接着展开的内容。换言之，正如他在这一段末尾所说的那样，"我，苏格拉底，不会折磨或者杀掉你，美诺"，或"你，美诺，你躲不开我"。现在继续。

雷因肯［读文本］：

这些反讽的弦外之音预示着美诺的未来，当然，美诺听不出来，但我们听者或者读者却能领会。而且，我们不应抛弃这样一种预兆着未来的可能：原来苏格拉底才是美诺的敌人，其令人畏惧的程度甚至超过波斯大王本人。

其次，"……mnēmōn, ō Menōn" 奇特地合韵。把玩名字是一种常见的游戏，在所有柏拉图对话中，名字、性情、角色以各种方式有趣地合调。"美诺"这个名字本身可以联系于 menein（"像之前一样停滞"，"留在原地不动"——通常不含贬义）这个词根，这种联系可能在对话的语境中很有意义。（Klein, 44 - 45）

施特劳斯：换言之，美诺是一个原地不动的人。他采取一个立场：他不会跑掉。那或许会有积极意义。消极意义则可能会像某种固定不动的东西。对吧？

雷因肯［读文本］：

———————————

① 罗马历史学家。

但是，此处押韵的要害，看来在于联结 m 和 n 两个字母的组合，与这一属于印欧语系的词干相关的，是有关我们记忆、回忆能力的词，如 mnēmē，memini，mens，mind。我们注意到，在美诺这个名字中，m 和 n 两个字母的顺序多少被打乱了。（Klein，45）

施特劳斯：那是他后面会展开的一个观点，我现在还不会提前说。我认为我们只用读这一页的最后一段，四，第四段。"问题来了——"

雷因肯［读文本］：

问题来了：苏格拉底的讲法，美诺本人也接受，即美诺的意见差不多就是高尔吉亚的意见，这究竟是第一次，还是完全没有给我们提供一次对美诺性情的重要洞见？因为，我们中大多数人的大多数意见——不仅仅是美诺的大多数意见——都源于且［46］等于"别人"的意见。这种意见的积累，就是通常所谓的"教育"。（Klein，45）

施特劳斯：是的。实话。现在美诺（这是克莱因在这里暂且给出的看法）是回忆者（rememberer），这揭示了他的性情。问题是：这是真的吗，这是关于他的性情的第一条线索吗？当然，美诺肯定没有把自己展现为一个从高尔吉亚那里获得意见的高尔吉亚派，而是一个站在自己立场，与高尔吉亚意见一致的人。情况肯定是这样。现在让我们读后续部分，下一段讲辞。

雷因肯［读文本］：

［苏格拉底：］那么我们就不管他了吧，因为事实上他不在这儿，你可以告诉我吗，以上天的名义（in heaven's name）——

施特劳斯：不。以诸神的名义（By the gods）。我请求诸神（I call on the gods.）。是的。

雷因肯［读文本］：

以诸神的名义，你本人对美德的说明是什么？

施特劳斯：你说美德是什么。

雷因肯［读文本］：

坦率说出来吧（Speak out frankly），我可能会发现自己是最幸运的谎话受害者。

施特劳斯：说吧，别舍不得告诉我，别嫉妒我。是的。

雷因肯［读文本］：

别舍不得告诉我，我可能会发现自己是最幸运的谎话受害者，如果你和高尔吉亚原来具备关于美德的知识，而我却说自己从来没有遇到过任何具有这种知识的人。（71d4 – 8）

施特劳斯：所以让我们忘了高尔吉亚吧。此刻，在聆听美诺的观点时——苏格拉底再次强调了这一点——我们也会听到高尔吉亚的观点。出于某种原因，苏格拉底关心高尔吉亚的观点。也许是因为这一点很重要，即美诺只是高尔吉亚的一个代言人，或者追随者。而这可能意味着他完全是其他人所说的话的代言人或追随者。正如我们所看到的，这里出现了第一次起誓，并且这是由苏格拉底作出的。通常，对话者中的这个或那个人起誓的话，苏格拉底会遵循前例，但在这段对话中，却是由苏格拉底开始的起誓。通过听美诺说，我们将听到一个知者（knower），因为他知道什么是美德，而这意味着他是一个神佑者（blessed being），71a3，① 超越平凡人类，甚至可能超越杰出人类，hombres。［希腊人］说众神嫉妒。苏格拉底恳求美诺不要嫉妒，别舍不得告诉他，这样苏格拉底也将成为一个知者，一个神佑者。这个赐福应归于苏格拉底的好运，归于他遇到美诺的tuchē［运气］，或者更确切地说是美诺［47］提出了他的问题，或

---

① 这里指的是苏格拉底之前对美诺的评论：要是美诺问任何一个雅典人关于美德的问题，美诺一定认为那个会回答的人是个"神佑者"（blessed being）。

者更确切地说，是他，苏格拉底，妄言美诺这个见过高尔吉亚的人并未见过任何知道美德是什么的人。苏格拉底的错误是最幸运的：这是因祸得福。苏格拉底原来的看法太"悲观"了。周围有不少人，至少高尔吉亚和美诺知道什么是美德。现在让我们接着读后面。美诺会给出他的答案。

雷因肯［读文本］：

> ［美诺：］为什么呀，苏格拉底，说来，这不难。首先，如果你拿男子的德性来说，很容易说男子的德性是这样——他胜任管理他的城邦事务，他能够管理这些事务以便能扶助他的朋友，伤害他的敌人，并注意避免自己遭受伤害。或者拿女子的德性来说吧，描述这种德性也不困难，就是整理好屋子、看管好屋内的财物以及顺从丈夫这样的职责。孩子具有另一种德性——一种是给女孩的德性，一种是给男孩的德性；还有另外一种是给老人的——如果你愿意的话，有一种是给自由人的，而另一种就是给奴隶的。除此之外，还有很多其他的德性，因此解释什么是美德并不会让人茫然无措。因为我们每个人，无论我们做什么，根据每一种活动和年龄，都有其德性。同样，苏格拉底，要我说，也会有邪恶。(71e1–72a5)

施特劳斯：好。现在我们看到，美诺没有明言这是高尔吉亚的观点，但他说，这就是那个观点。这是对什么是美德这个问题的第一个答案。正如苏格拉底随后立刻表明的那样，这根本就不是一个答案，因为这只是对美德的列举，而非告诉我们什么是美德。此外，我们立刻就能看出这一列举不是有序的。例如，其中没有提出关于年轻奴隶美德的规定，只有针对年老的奴隶，男性或女性。对于所言男子善于自助的事实，也保持沉默。只说他可以防止受到伤害，并没有说他可以［让自己受益］；但这说得通，非常明显这是男子的第一要义，他也可以通过获得他所喜爱的东西来照料自己。

尽管这不是任何精确意义上"美德"一词的定义，但不管怎么说，它暗示了这样一个定义。还有另外一个例子，在对话《游叙弗伦》中有一个非常清楚的类似的情况，游叙弗伦被问到虔敬（piety）是什么，于是他说：嗯，虔敬，就是我现在正在做的事情——游叙弗伦正要告他的父亲，因为他父亲犯了事儿。很明显这不是虔敬的定义。然而，如果你仔细观察，你会发现它包含一个从未在对话中讨论过的虔敬概念，而这并不意味着它不重要，相反这意味着它重要。就像在《游叙弗伦》中这种情况一样，从游叙弗伦的推理中可以看出，他为控告自己父亲这件大逆不道的事情所作的辩护——至少根据当时流行的观点这是大逆不道的——其理由在于，他坚持他对父亲的所作所为正是宙斯对其父亲克罗诺斯（Cronos）的所作所为；也就是说，如果我们一般意义上说"虔敬"这个词，那就［在于］做诸神所做的事，模仿诸神的行为，而不是做诸神吩咐人去做的事。你们得承认这是一个非常严肃的说法，并且这在对话中并没有被讨论，但是，有人如果心里记着那个［48］没有讨论而只是隐含着的虔敬观，就会更好地达到对虔敬问题的理解。

那么这里隐含着什么？美诺在这里提到的所有这些情况的共同点是什么？他说没有唯一的美德，至少暗示如此。有的是男子的美德、奴隶的美德、女子的美德，等等。所有这些有什么共同点？嗯？

学生：做好各人的工作。

施特劳斯：做各人的工作。让我们仔细点。做各人特定的工作。男子的特定工作不同于女子的特定工作，也不同于孩子的特定工作，而自由人的特定工作不同于奴隶的特定工作，［等等］。是的。然而，做各人自己的工作，这是什么意思？那是什么——正如我们从柏拉图对话中其他苏格拉底话语中所知道的那样？做各人的工作又是什么？

学生：正义（justice）。

施特劳斯：正义。因此美诺的话隐含着，但只是隐含着，美德就是正义。

学生：在《王制》里吗？

施特劳斯：在《王制》里。但他只是隐含了这个意思。我们可以用柏拉图式的语言说，他预言（divines）到［但］并没有清楚地看到美德即正义。你们将看到，当你们注意这一陈述时，涉及女子的情况，他说女子的德性在于管理好家务。他并没有说，就男子而言，其美德在于管理好城邦。嗯，在《王制》对正义的定义中，"好"（well）这个副词也被省略了，所以这就立即引入了一个更深的层面，现在我还不能顺着这个路径进入其中。但是［美诺］在男子对其朋友所做之事上说到了"好"（well）。他做得好。那么，他当然对敌人做得坏，那就不用说了。

　　这一关于男子美德的观点——对朋友行好，对敌人行恶，是珀勒马科斯（Polemarchus）在《王制》卷一中陈述的一种正义观——但不是作为美德的定义，而是作为正义的定义。这里出现了这么多关于正义的问题，尽管美诺并没有怎么意识到。在女子的情况中，没有任何关于她对任何人行恶之说。这也是一个有趣的隐含——并不是说美诺认为从来没有女子做坏事或说坏话，说坏话是对别人做坏事的一种方式。不，但是在女子的情况下，这当然是一种恶习，而在男子的情况下，则是一种美德。做坏事是男子美德的一部分。在希腊语中男子的美德意指 andreia，男子气概，我们通常将其翻译为"勇敢"（courage）。女子不应该是男子气的（manly）；那自不用说了。现在你们还看到了排序上一个奇怪的变化。［美诺］首先［谈及］男子的德性，然后是女子的德性，再然后是孩子的德性，女孩或者男孩。［在第二个序列中］，女性排到了第一位。这暗示了两种德性之间事实上存在差异。他后来分别谈及老年人的德性和奴隶的德性，［这］表明美诺是基于一个男子去理解的，当然，是一个处在盛年且作为自由人的男子。人们总是［49］基于一个事物来理解，无论这个事物可能是什么，总是基于这个事物的完整性，基于其最完美的形式。是吧？举个非常简单的例子，当你说：我在中途岛（Midway）上走着，我看到有人站在那儿，如果这些人只是些孩子，你绝不会说：我看到那儿有人。你会说"孩子"。如果那里只有女人，你不会说人，而是说"女人"。但是如果那里只有男人，或者男人和女人，你会说"人"。也可以用别的方式来说明这一点，这个简单的用法可以表明柏拉图［这里的意思］，并且表明柏拉图和亚里士多德哲学的中心，正如我们可能会在别的情形中看到的那样。

美诺的这段讲辞几乎是以"哦，苏格拉底"（O Socrates）开始并结束的。要解释是否在所有情况下都会使用这个呼语（apostrophe）是非常困难的，而且是无法解决的困难。但这里也许并不难理解。这些呼语在非常不同的语境中可以意指非常不同的东西，如果你们想一下自己做这些事的情况，就会很容易发现。在第一种情况中，当他［一开始说］"哦，这并不难讲啊，苏格拉底"时，它接近这种意思，"哦，这很初级啊，我亲爱的华生"。但在最后，就有了完全不同的意思。那就是："邪恶也是如此哦，苏格拉底。"（72a 4–5.）你们明白吗？正如我已经定义了的，有男子的美德，也有男子的恶德——苏格拉底，你应该有你这个年纪的德性。你是个老人，而你还在围着男孩们聊啥呢？也许你拥有的只是一个奴隶的恶德，也许你是一个不能照管好自己的男子——《高尔吉亚》中卡利克勒斯对苏格拉底如此大肆指责。［如果］是这样的话，从美诺的观点来看，苏格拉底很可能缺乏美德。但这当然意味着，苏格拉底缺乏的是美诺所欣羡以及美诺所声称并相信［他自己］拥有的美德。所以，从美诺的观点来看，但不是从我希望我们所有人都有的关于德性的观点来看，苏格拉底的确会是恶的。现在让我看看克莱因的观点里是否有我们应该读一读的东西。第47页，第二段。

雷因肯［读文本］：

> 美诺抛出这番说辞——如果我们记得上文的话——本来不仅要代表美诺自己的观点，还要代表高尔吉亚的观点。这番说辞并未展示出多少高尔吉亚的雄辩，而仅仅表现出学来的表达机巧。该主题看起来并不要求在修辞上下任何特殊的功夫。此处表达的观点，与人们即便没有得到清晰表述但却广泛接受的规范一致；而且，用来表述此观点的词，就其含混性而言，与其日常语言中所用的一致。美诺之言，高尔吉亚之意，"理所当然"。（Klein, 47）

施特劳斯：是的。这很清楚。每个人都能看到这一点。但是苏格拉底在这里发现了一个并非对每个人来说都清楚的困难。现在让我们接着读后面。

雷因肯［读文本］：

> ［苏格拉底：］我似乎最幸运了，美诺。因为在寻求一种美德时，我发现了你掌管着整整一群美德。现在，美诺，为了了解这个蜂群的形象，假设我该问你蜜蜂的真正本性是什么——

［50］施特劳斯：不，那不是——是的，嗯，这个词造成了很大的困难。希腊词是 ousia，它在传统上已经成为某个类似"本质"（essence）的东西，那样用可能更好，尽管不是非常恰当。我们后面还会谈到。

雷因肯［读文本］：

> 蜜蜂的本质是什么，而你却回答说有很多不同种类的蜜蜂；我再问：你是说，你说它们之所以种类繁多、彼此不同，是因为它们是蜜蜂吗？还是说它们的区别不在于此，而在于其他某些东西——例如，它们的美、大小或其他一些品质？告诉我，你会怎么回答这个问题？
>
> ［美诺：］为什么，这——它们没啥区别，作为蜜蜂，这个和那个没啥区别。
>
> ［苏格拉底：］如果我继续说：那么现在，下面是我想要你告诉我的，美诺，你把它们因此没有差别而是都一样的那个品质称为什么？我猜，你可以给我找到答案？
>
> ［美诺：］我可以。（72a6 – c5）

施特劳斯：是的。现在让我们先——克莱因在这里发表了一些对我们的目的非常有帮助的评论，但我们不能［全部都读］。让我们读其中一点，从那个新的段落开始。

雷因肯［读文本］：

　　苏格拉底不满足于美诺的说辞，因为它并未回答苏格拉底提出的问题。苏格拉底问："什么是 aretē［德性］？"无论就这一问题说些什么，都容易以其"简单性"（simplicity）走捷径，而跨过在言辞和事实中通常被接受的不可避免的含混性。这会使问题本身对我们通常的理解而言更为晦暗不明，而且，为明确起见，这要求苏格拉底方面为修辞所下的特别功夫。（Klein，47）

施特劳斯：你们还记得之前说过主要来自亚里士多德的专业术语的影响，［但］这当然是由柏拉图准备的。因此，像"天性""本质""定义"这样的词本身，对每个人来说都是容易理解的，至少表面上容易理解。但这里不能这样预设，因为这个讨论完全早于逻辑的出现和逻辑获得可传授性。但是，我们立刻就能理解这一事实并不意味着我们就理解得更好，只是意味着我们具有某种肤浅的技能，没谁会缺乏的这种肤浅的技能，而像美诺这样一个人，以及许多比美诺要好的人，肯定不会缺乏这种技能。是吧？

　　［51］雷因肯［读文本］：

　　　　苏格拉底说，好像一块巨大的好运撞到他身上，因为——

施特劳斯：苏格拉底之前［71d5 - 10 处］已经说过他一定会有一大块好运［能弄清他的］答案——即［他］认为没有人知道什么是美德——［是错误的］。是的。

　　雷因肯［读文本］：

　　　　"因为，追寻一种 aretē［美德］——"

施特劳斯：aretē 是美德的希腊词。那——我们不用总说。

　　雷因肯［读文本］：

　　　　他找到了一群德性。在哪儿？在美诺的掌握之中。（美诺被德性环绕着！）一"群"这一比喻使苏格拉底继续往下走。他提议，用蜂群复现他的问题，从而使问题更加清晰：我们讲"蜜蜂"时，究竟是什么意思？什么是"蜜蜂"？这一辅助性问题加诸美诺的方式，其特点是两种服务于相同目的的修辞手段。第一，苏格拉底在表述 melittēs peri ousias ho tipot'esti 这一问题时引入一个词，该词具有某种不寻常、非口语化的意义；第二，在苏格拉底的问题中，在三个假设条件句中，包含着一段想象中的对话，对话双方是苏格拉底和美诺，它以之前的对话为样本，而且，即使在美诺亲口说话之后，苏格拉底还继续采取这种假设模式。（Klein，47）

施特劳斯：现在我们来看这个被翻译为"真正天性"（the real nature）的词，我认为我们可以不那么严格地将其翻译为"本质"（essence）。但现在克莱因更深了一些。请接着读。

雷因肯［读文本］："Ousia—"

施特劳斯：Ousia. ①

雷因肯［读文本］：

"Ousia［长音 iota］②" "ousia" "存在性"（beingness）或者干脆就是"存在"（being），带有"专业性"（technical）③ 术语的味道。专业性术语就是那些生造出来表示事物某些方面的词，那些方面无法为日常语言触及，只有在探索性的反思和反复的探究后才会显露。一只蜜蜂的存在性，并不是日常交谈的主题，在日常交谈中，ousia 有一个简单、易于交流的含义（其"专业性"含义最终与此相关）；另一方面，探索性的反思和反复的探究，是任何 technē［技艺］、任何"学科"（discipline）、

---

①　施特劳斯纠正雷因肯的发音。
②　雷因肯澄清他的发音。
③　［译按］专业性（technical）：technical 意为专业性、技术性。technical 明显与这段话后面提到的 technē［技艺］的相关，其词源就来自希腊词 technē［技艺、技术］。不同语境中有时候译为"技术性"，有时候译为"专业性"。

任何"科学"（science）的基础。（Klein，47—48）

施特劳斯：让我们在这里略作停留。克莱因说的"日常意义"是什么意思？他没解释。而专业意义与日常意义之间的这种区别，就是我们今天所熟悉的科学与常识之间的区别，或者［52］在所谓的分析学派（analytical school）中，指口头语言与科学语言之间的区别。现在美诺已经在非专业意义上多次听到 ousia 这个词，那种意义下它只是简单意指属于一个男人的东西，最好就是土地财产，属于男人的东西。那种财产，尤其是土地财产，使他成为一个人，一个hombre。所以，这意味着 ousia 是一个人借以成其所是的东西，然后由此扩展。而这就是更多专业含义的来源处，因此 ousia 是指任何事物借以（by virtue of）成其所是者，无论是桌子、烟灰缸还是狗，无论什么东西。然而，就是这一点是个谜：一个事物之所以成其所是所凭借（by virtue of）者——一只狗、一个烟灰缸，是它们所借以成其为一个种类者。所以我们说：这是一只狗。它属于狗类；正如我们可以说的，赋予一个存在者特征者，具有的是作为种类特征的特征（a character of a class character）。这是如何联系上的，这意味着什么，我们暂且不作定论。现在让我们先继续吧。

雷因肯［读文本］：

> 第二，将一场对话浓缩为一系列假设从句——在苏格拉底那里并不罕见——的这种做法，剥夺了交谈的直接性，将其处理至"方法"（或"论题"）层面，这同样是 technē［技术］的特征；而且，需要注意的是，这样做独立于论证本身的说服力。（Klein，48）

施特劳斯：这里他想到的是柏拉图式对话中简单的、非常频繁出现的那种，我们可以称之为对话中的对话，即苏格拉底说的：如果现在有人问你这个和这个问题，你会说什么？当然，问题来了：他为什么要把［他自己和他的对话者］从谈话中移除，而引入一个并不在场的匿名者？克莱因说，像这样离开苏格拉底和美诺交流的初级层面，与普通用语与技术用语之间的差异有关，其间有某种亲缘关系。现在继续吧。

雷因肯［读文本］：

> 论证接下来讲，众蜜蜂可能在颜色、大小以及其他方面各有不同，但是，就其作为蜜蜂而言（toi mellitas einai），它们没有不同。那么，众蜜蜂之为同———即单数的"蜜蜂"——所凭借的东西是什么（hōi... tautoneisinhapasai）？这样一个直接而带有嘲弄意味的问题摆在美诺面前："你能就此给我一个答案，不是吗？"而美诺答道："我能。"
>
> 美诺也许能吧。但他的观点依然可有某些存疑。讲出所有蜜蜂的共同点，而且，出于同样的原因，讲出什么是使所有蜜蜂区别于其他东西的不同点，等于"定义"什么是"蜜蜂"，这可不是一项容易的任务。除"蜂后"和"雄蜂"给这个问题带来的困难之外，这样的"定义"还以下述情况为前提：须同意接受一个更大的框架，［53］定义就发生在这个框架之中——正如所有已知的生物分类所显示的那样——最终可能与整个宇宙的结构相一致。①

施特劳斯：这就是关于整体和部分的大问题，我们已经谈到这个问题，还将不得不再回到这个问题上。如果是这样，那么严格来说，任何真正的定义都需要对整体的知识。如果并不具备整体的知识，那么我们就永远不可能达到一个真正的定义。是吧？

雷因肯［读文本］：

> 难道苏格拉底想通过选择蜜蜂作例子让我们理解这个问题

---

① 这个句子是正确的。雷因肯一定是根据一个修订本来读的，因为这一修订出现在1998年芝加哥大学出版社的版本中。然而，雷因肯怎么会在1966年就有了这个文本，对我来说是个谜。［英文编者按］从"所有已知的分类"开始，句子的其余部分对原始版本有更正。

的严重性?① 定义"人的卓越"（human excellence）的难度几乎
不会降低。美诺显然被苏格拉底带有嘲弄意味的、关乎如此
"微不足道"的例证的问题误导了，美诺或许犯了轻率之过，居
然允许苏格拉底按照自己的方式行事。我们应该自己保持警惕。
我们至少不应该忽视"蜜蜂"和"德性"之间一个相当大的差
别："卓越"有"欠缺"和"坏"作为对立面，但是，除雄蜂
这样一个可能的特例外，蜜蜂没有其对立面。

施特劳斯：我在这里已经说过，这里有一番对话中的对话，一
番虚构的对话，我们可以说，如果我们把美诺和苏格拉底之间的对
话当作非虚构的，那它就应该是这样的。我的意思是，这就像阅读
小说时我们必须在某种程度上忽略它是一部小说，我们得把它当真。
但这确确实实是个虚构。在《美诺》这里的情形中，虚构对话中的
提问者是苏格拉底本人，而不像通常那样是其他人。在其他情况下，
当苏格拉底引入一个虚构的对话者时，最简单的解释是他希望照顾
对话者的感受。可以说，苏格拉底和这个对话者在同一条船上对抗
这个 X，这个 X 好像一位超级苏格拉底（super-Socrates），他既看不
起苏格拉底，也看不起其他人。这里苏格拉底显然没有这个意思，
因为他本人就是虚构对话中的对话者或提问者。苏格拉底并不急于
照顾美诺的感受。他并没有把自己作为和美诺一起被 X 提问的人。
蜜蜂并不是最简单的例子，因为这个物种内部有巨大的多样性，定
义狗和猫要比定义蜜蜂更容易，因为这里没有类似雄蜂这样的问题。
这与我们这里的问题有关，因为与人类种群的多样性相比，蜜蜂的
多样性非常小，因此这在某种程度上为整个关于德性的讨论做好了
准备。

[54] 克莱因在一个脚注中提到《斐多》82a - c 中的一段，其

---

① 继续讨论克莱因时，雷因肯跳过了："此外，我们好奇，导致苏格拉底
将定义问题——何为'蜜蜂'——摆在美诺面前的，是否仅仅是一'窝'这样
的一个比喻。我们应该无视蜜蜂不能学习这样一个意见吗？"然后他读了原版中
没有而出现于 1998 年版的这个句子。这又是一个谜。[英文编者按]

中苏格拉底谈到人死后会变成什么。他就不同类型的人作了区分。最好的命运当然是留给哲学家的。他们来到了诸神之所。然后其他人都变成了各种兽类。僭主变成了狼，而另一种人变成了蜜蜂、黄蜂或蚂蚁。这些人是比较低意义上的好人，这些人具有的正义和节制，是普通意义上、庸俗意义上的正义和节制，他们没有智慧和勇敢。美诺当然离这类人非常远。但是我们必须提出这个问题：哲人只不过是蜜蜂或者蚂蚁，这简直是荣耀？难道哲人不以自己的方式蔑视这种庸俗的美德，就像僭主以自己的方式蔑视这种美德一样？这是一个很棒的问题，关于更深意义的美德和通常理解的美德的整体问题。

我已经说过美诺对美德是什么这个问题的第一个回答，有一个最重要的含义，即美德就是正义。当然，这是不是对正义的充分理解是另一回事，但美诺直觉到［美德与正义之间存在某种联系］。那么，为什么苏格拉底不帮助美诺展现出他答案的含义呢？这将引向《王制》，驱使我们进入整体论证：什么是美德？每个人都从事适合其年龄和社会条件的工作［这个陈述］是否充分定义了美德？好的。现在让我们转向后续部分，72c6。

雷因肯［读文本］：

> 我想，你能给我找到一个答案？
>
> ［美诺：］我可以。
>
> ［苏格拉底：］美德也是一样，无论它们怎么多，怎么多样化，它们都有一个共同的特征，使得它们都是美德，而当对美德到底是什么给出一个明确答案时，对此保持警惕当然是明智的。你明白我的意思吧？
>
> ［美诺：］我的印象是我确实——

施特劳斯："我好像明白。"我好像明白。可见他更谨慎了一点。

雷因肯［读文本］：

> 我好像明白，但我还是没有像我希望的那样把握这个问题

的意思。(72c6 – d2)

施特劳斯：是的，这里有另一个某种程度上对美诺来说可理解的术语，因为这是一个普通的希腊词，然而这个词还具有一种特殊的柏拉图的含义或苏格拉底的含义，这个美诺当然没意识到。他此前曾经谈及 ousia，谈及存在性（beingness），正如人们可以翻译的那样。现在他谈到了 eidos［理式］这个词，字面上可以翻译为事物的形状、外观——我的意思是，事物的样貌。这就是其意所指。但它然后变成了传统上理解为理型（idea）的术语，而这两者间的关系晦暗不明，我们稍后讨论它［只能到某种程度］。一个事物的形状、面貌、样貌，但在这种奇怪的意义上，它是样貌，一类事物的样貌，而不是这个或那个个体的样貌——这个 eidos［理式］，这就是［55］原因，为什么这是这、那是那的原因。狗的 eidos［理式］是这只狗为什么是狗的原因，这对我们来说听起来非常奇怪、难以理解，其中还有一个额外的、与现代传统相关的原因。

我将非常简要地解释这一点。在莫里哀（Moliere）的一部喜剧《无病呻吟》（*Malade Imaginaire*）中——总而言之包含着一种喜剧式的对传统医学和传统科学的批评在索邦大学（Sorbonne）这所传统大学的考试中，年轻医生或准医生会被问：为什么鸦片会让我们入睡？而答案是——他们给出的经院式答案是：因为它具有一种 virtus dormitiva，即使人入睡的力量。［笑声］太搞笑了，很多代人都笑过。但在喜剧诗人的玩笑之外，还有一些并非不重要的东西。你知道鸦片具有一种让你入睡的能力，因此你不能制造鸦片——那还用说吗？但为什么我们通常还对鸦片感兴趣呢？是什么给予鸦片这种特性？出于实际目的，没有比说它具有［导致］入睡的能力更好的答案了。如果我们一开始不知道这一点，那么它能从什么造成，或通过什么方式产生，这些所谓因果解释的问题就将缺乏任何指引。因此，卓越（par excellence）的原因就是这个 eidos——传统意义上的"本质"（the essence），正如柏拉图和亚里士多德所说的那样。存在（to be）意味着作为某物存在（to be something）。正是这个某物给予这个事物其特性。没有不作为某物存在的存在，［并且］如果要提出这个问题，就需要专门的准备。

现在让我从经典哲学选取一个例子来说清楚这一点：原子论（atomism）。我们可以说，原子论者所说的存在意味着作为一个原子存在，因为一切别的东西，无论是它是这个椅子还是一个动物，都只是作为一种原子化合物存在，而只有原子是不可毁灭、不会消亡的。有各种种类、形状、形式、大小，等等。还有虚空（the void），但虚空是无，既存在又不存在。一定是这样，否则就没有原子可以在其中移动的东西。所有事物都是原子化合物：说一事物是什么，就意味着说其是什么种类的原子化合物。于是你就有了真正的知识，关于这个事物的科学知识。例如，这里有只鸟：我得知道其原子构成，然后我才能完整、确切地知道它。但是在我们知道原子构成之前，我们就知道它是一只鸟，或者是一只狗、一只鹰，或别的什么。如果我们不知道这是那只鹰的公式，那么表述其原子构成的这个公式对我们来说就毫无意义。这是我们的源初理解（primary understanding），其他一切都有赖于此。克莱因在［他］对这个段落的评论中明确指出，你们可能会在第 49 至 51 页读到，这里使用的术语，尽管被常识性地使用，但不仅仅属于常识，而是预设了一个特定的反思。他提出的观点是，这种从对 eidos 的普通理解导向柏拉图式理解的反思，它与科学反思截然不同，后者不仅在现代科学中，而且在古代数学中。我们现在按下不表，回到文本：72d4。

雷因肯［读文本］：

> ［苏格拉底：］美诺，你认为只是在美德的情况中，才能说有一种属于男人的美德，另一种属于女人的美德，以及属于其他人的美德等等，还是说［56］在健康、体型和力量这些情况中也一样？你认为有一种属于男人的健康，也有另一种属于女人的健康吗？还是说，无论何处，我们发现健康都具有普遍相同的特性，在一个男人或在一个其他人身上都相同？
>
> ［美诺：］我认为在男人和女人那里健康都是一样的。

　　［苏格拉底：］那么体型和力量不也是这样吗？如果一个女人很强壮，她会因为同样的体格和同样的力量而是强壮的；对于"同样的"，我的意思是力量之为力量没有什么区别，无论是在一个男人身上还是在一个女人身上。或者你觉得有什么区别吗？

　　［美诺：］我认为没区别。

　　［苏格拉底：］那么美德之为美德，无论是在儿童还是老人身上，在女人还是在男人身上，根本上会不同吗？

　　［美诺：］不知道为什么，苏格拉底，我感觉这里我们不像其他那些情况那样在同一基础上了。（72d3 – 73a5）

施特劳斯：美德的情况不同于健康之类的情况。苏格拉底以健康、身高和力量这些我们可以说是身体德性的东西为例，来说明他所寻求的那个一（the unity）的问题。美诺在这方面接受苏格拉底的说法，但放在德性本身上却不接受。于是当然就出现了这样的问题：美诺接受苏格拉底关于身体德性的说法，这对吗？身高居于中心，但对于身高，苏格拉底态度最不明确。难道我们对高个子女人的理解，与对高个子男人的理解有所不同吗？男人不应该比女人高吗？这对身高的意义有多大影响？但这不是重点。为什么美诺拒绝苏格拉底关于美德本身的主张，也就是说，为何他否定那方面必定有个一（a unity）？你们看苏格拉底的最后一个问题，当他谈到在女人、男人、孩子以及老人中的美德的区别时，他对奴隶的美德保持了沉默。有可能美诺如此不愿意承认只有一个美德，是因为他特别考虑到奴隶和自由人之间的区别，可能有一个对所有人而言的美德会与美诺的确信相冲突，他确信自由人和奴隶之间有着根本性的区别。奴隶的力量和健康有可能与自由人无异——两者都可能会罹患感冒，在这方面没有区别——奴隶还可能比许多自由人更强壮，等等，这我们都知道。但是奴隶的德性怎么能跟自由人的德性一样呢？想想 servility［奴性］这样的措辞就源自 servus［奴隶］。奴性显然是一种恶——意味着奴隶性（slavishness）——但这对于一个奴隶来说就不会是恶：奴隶就得是奴性的，否则他就不是一个奴隶，就不可能是一个好奴隶了。德性之一（The oneness of virtue）似乎要求废除或无视奴隶身份，或否认奴隶的德性。一个有德性的奴隶将不再是奴隶。也许美诺之所以如此顽固，就在于他对各类人等的德性差异印象非常之深。也许是这个原因。现在让我们读后续部分。

雷因肯［读文本］：

［苏格拉底:］为什么？你不正说着男人的德性是治理好国家（a state）——

施特劳斯：城邦（The city），对……好。重新开始吧。

［57］雷因肯［读文本］：

［苏格拉底:］为什么？你不正说着男人的德性是治理好城邦，而女人的德性是管理好家庭吗？

［美诺:］我是说了。

［苏格拉底:］如果你不克己（temperately）和公正（justly）地进行管理，有可能管理好一个城邦、① 一个家庭，或者任何事吗？

［美诺:］肯定不行。

［苏格拉底:］那么，不管谁克己和公正地进行管理，就会管理得克己（temperance）和公正（justice）？

［美诺:］那一定是的。

［苏格拉底:］那么女人和男人都需要同样性质的公正和克己——

施特劳斯：是同样的，尽管男人女人之间有很大的差别，但使其有德的是同一个东西。是吧？

雷因肯［读文本］：

---

① 原文是"国家"（state）。雷因肯遵从施特劳斯建议把 polis 翻译为"城邦"（city）。

——如果他们要成为好的。

[美诺：] 显然是这样。

[苏格拉底：] 那么孩子或老人呢？如果他们不节制、不公正，还能指望他们成为好人吗？

[美诺：] 肯定不行。

[苏格拉底：] 他们只有节制和公正才行？

[美诺：] 是的。

[苏格拉底：] 因此所有人类之为好人都是以同样的方式；因为当他们获得同样的品质时，他们就会成为好人。

[美诺：] 好像是这样。

[苏格拉底：] 并且我想，如果他们没有同样的美德，他们就不会以同样的方式成为好人。

[美诺：] 的确不会。(73a – c5)

施特劳斯：让我们在这儿停吧。但首先，布鲁尔先生，你想说什么吗？

布鲁尔：嗯，是关于前面一个段落。

施特劳斯：好的。

布鲁尔：能否请您再稍微解释一下为什么用到身高那个例子如此模糊，[以及] 为什么苏格拉底用 [它]？我的意思是，当他谈到蜜蜂时，这种模糊性似乎被强调了，身高是区分因素之一——身高和美貌——但现在是——

施特劳斯：是的，但是那里他已经谈到过大小和美貌，而这里他却没有谈及美貌，是吧？因此他用健康加力量替代了美貌。这意味着按照通常的做法，美貌可以与健康加力量互换。

[58] 布鲁尔：有些相似的东西甚至可以追溯到更前面的地方，因为对于美诺来说，区别因素在于美貌、财富和高贵出身。美貌是美诺和蜜蜂之间共有的，但至于力量——

施特劳斯：我明白了。是的，这确实值得考虑。我没有现成的答案。

布鲁尔：但我的问题更多是关于您提出的，就是那个身高问题某种意义上好像很模糊。

　　施特劳斯：是的，身高。高就会——嗯，直译的话就是伟大（greatness），当然，megas 是伟大的（great）。但是伟大（greatness）——"大"（bigness）；但是大也不一定是个好词，[正如] 当你说一个大个子时，你的意思并不必然指他很高，对吧？

　　布鲁尔：嗯，这意味着——

　　施特劳斯：它并不意指体量，正如也许——

　　布鲁尔：意思是两者都包括。

　　施特劳斯：是的。嗯，让我们往后放一放，我会仔细考虑这个问题的。现在你们看 73a 这里，在苏格拉底的问题中，当他归咎美诺，说美诺之前曾说过男子的德性在于管理好城邦时，美诺没有注意到这与他说的有任何差别，他说的是——管理城邦；因而，美诺没作任何抗议。苏格拉底论证的要点如下。就算考虑到不同类型的人有不同的工作、不同的职业，要是不节制地、适度地以及公正地去做的话，也没人能把工作做好。嗯，比如，以木匠为例。如果他大部分时间都醉醺醺的，他就不能干好他的木匠活。而如果他不公正，如果他欺骗他的客户，这也会影响他的工作。这一切导向的结论就是，我们假定所有人，无论职业或年龄，其德性都是克己（temperance）加正义。我通常用"节制"（moderation）来翻译希腊词 sōphrosynē，[即所有人的德性都是] 节制加正义。① 这是一个必然的结果吗？即如果没有人能做好他的工作——如果美德意味着做好一个人的工作，但没有正义和节制就做不好他的工作，那么是否就会得出美德等于节制和正义？不是。节制和正义只是美德的条件而非本质，就像很多时候一个人不健康的话就不能做好工作，但没有人会说做好工作跟保持健康是一回事。（稍等一下，可以吗？）②

---

　　① ［译按］本讲稿中常用到 temperance 和 moderation 这两个词来表示"节制"，意思可以互换。为了对应，将 moderation 译为"节制"，temperance 译为"克己"。个别情况，根据语境，temperance 也译为"节制"。

　　② 施特劳斯的语气和语境表明，这话是针对一个急于提出问题的未知姓名的学生。

一个人要做好工作，不管什么工作，都必须有能力。简单对应这个意思的希腊词是 sophos，明智的（wise）。智慧（wisdom）也是必要的。并且当然，如果这是男人的工作，他得有男子气概——想想战斗。苏格拉底没有提到具有特性的这些美德——智慧和男子气概，而只提到节制和正义，他在某种程度上通过蜜蜂的例子暗示了这些美德，正如我用《斐多》中的相关内容所展示的那样。

[59] 使美诺相信美德为一的这个推理怎么来的呢？显然苏格拉底取得了进展，不是吗？嗯，因为美诺知道一点：所有人都被要求应该节制和公正。奴隶再次被无视，而如果奴隶和自由人之间的差异是如此至关重要，这可能会让美诺更容易同意。我可以向你们指出，在某种程度上，这段对话的中心场景是苏格拉底和一个奴隶之间的对话，其中奴隶男孩被证明优于他的主人美诺。因此，奴隶和自由人的问题在这本书当中是非常凸显的。好的。

但是美诺怎么知道所有的男人都应该节制而公正呢？他怎么知道的？即使在 [73] b2 中，他也说"必须地"。他怎么知道的？嗯，他是从高尔吉亚那里知道的吗？不，不是来自高尔吉亚，而是——

雷因肯：也许是撞上的吧。

施特劳斯：是的，但我们当然也可以说他是从别人那里听来的。他不太可是能从高尔吉亚那里听来的。因而有趣的问题就会是这样：如果他真的邪恶，正如我们不得不假定的那样，那么，他知道这些恶的意见；他也知道有德的意见，但他更记得恶的意见而不是有德的意见。他得在苏格拉底的提醒下才能想起有德的意见，而别的那些意见无需任何提醒他都记得。有人举手；坐在那边的——是伯纳姆先生吗？

伯纳姆：嗯，我只打算问一个问题。在我看来，好像苏格拉底的论证也不对，因为这个论证只是将问题往后推了一步。换句话说，他试图论证，在男人、女人或奴隶那里美德是一样的，并且他说：他们如果要做好自己的工作，就需要克己和正义。而这就提出了一个问题，即这些具体的德性是不是一样的，在——

施特劳斯：你的意思是说，如果这里是女人的节制，那里是男人的节制，他们是不是不受影响？

伯纳姆：是的。

施特劳斯：嗯，［那是］亚里士多德的论点。或者举另一个例子。如果一个女人像男人一样勇敢，那她大概就不是个好女人。我的意思是，会有——我不知道你会怎么说这个——她会是一个异类（somebody irregular）。而同样地，如果一个男人是腼腆的——这是sōphrosynē［适度］这个词的希腊含义的一部分——就像我们认为女性应该有的腼腆那样，那么他作为一个男人大概也不够好。这很清楚。

伯纳姆：他挑的是最有可能被说成相同的特定美德，至少在——

［60］施特劳斯：嗯，苏格拉底会有其他困难。权且假设这是关于这个主题的最终结论，这里苏格拉底将如何继续下去？你有节制，又有正义。这是两种美德，我们想要的是一种美德。因此，他必须一方面探寻节制的核心——另一方面探寻正义的核心，使得它们各自是其所是的核心。这个说法肯定是暂时的。但有趣的点在于，正如我之前所说：［（a）苏格拉底］对奴隶，对奴隶德性的沉默；以及（b）苏格拉底提醒美诺记得节制和正义，而美诺毫不费力地［说］：当然啦，它们是美德。

为了恰当理解这一点，还可参看另一段柏拉图对话，其中也出现了这些美德，并且苏格拉底用非常强调的方式高度赞扬这些美德。那就是《高尔吉亚》。对话者不是美诺，而是卡利克勒斯。那么，对苏格拉底的这种提醒（Socratic reminder），卡利克勒斯会说什么？嗯，他说那是胡说八道（bunk）。那是些给低等人的德性，不是真正的美德，是习俗性的美德（conventional virtues）。它们不是真正的美德。卡利克勒斯并不是一个邪恶的角色，尽管他同样非常有名。他不是美诺的同类——他没有做什么恶事，甚至对苏格拉底极为关注。换言之，一个人立即同意人应该活得正派这一观点，并不能证明其德性。这显然不是证据。那么现在让我们看看。我们来看下一个答案。

雷因肯［读文本］：

那么孩子或老人的德性呢？如果他们不节制、不公正，还能指望他们是好人吗？当然不行。

施特劳斯：不是这里。

雷因肯：第275页："既然是在所有情况下都是同样的美德？"

施特劳斯：是的，是这里。

雷因肯［读文本］：

［苏格拉底：］试试告诉我，如果你还记得的话，高尔吉亚——你和他看法一致——说它是什么。

施特劳斯：稍等。你们看，苏格拉底故意戳人痛处：你是高尔吉亚的追随者。鉴于唯一要紧的问题当然是美诺怎么看待［这种美德］，重要的是苏格拉底插进这句话，［如果可以的话］我会称［之为］戳人痛处。那现在美诺怎么回答的？

雷因肯［读文本］：

［美诺：］简单地说，就是统治人类的力量——如果你想要某种单一描述来涵盖所有情况的话。（73c6 – d1）

施特劳斯：是的。这就是美诺对美德是什么这个问题的第二次回答。总共有三个答案，因而，这是居于中心的答案。而一般来说，在柏拉图式对话中，处在中心位置的东西是最重要的。［61］这并不意味着它绝对最重要，而是意味着它在上下文中最重要。现在，具有美诺个性色彩的（characteristic）、他对［这个问题］的中心答案是：美德在于统治人类的能力。如果我们现在暂且来讨论一下这个问题，那么这个答案的含义是什么？请讲。

学生：嗯，僭主（tyrant），这可能——

施特劳斯：是的，很容易，对的。换言之，这恐怕与我们听说的美诺的僭主式意愿一致。但这还意味着什么？例如，既然奴隶的议题如此重要，那么关于奴隶又如何呢？

学生：根据定义，奴隶绝不可能有德性。

施特劳斯：或者如果一个人具备那种能力，那严格说来他就不会是一个奴隶；我的意思是，他只会在其社会地位上是一个奴隶，但显然，他应该是一个统治者。那女人和儿童呢？

学生：女人的情况，她们应该可以统治。

施特劳斯：是的，但这个问题——至少按照当时盛行的通常理解，甚至——

雷因肯：她们的名字都不应该出现在报纸上。

施特劳斯：不，我认为通常来说会认为女人不能统治。而儿童肯定不能统治。所以这里我们会有另一个困难。从这个观点来看，［这个定义］是有缺陷的：这个定义让人无法谈论人类总体的德性，而只能谈论——德性将会是为非常小的一部分人保留的东西。美诺使用的这个词相当有其个性色彩。他说德性是统治人类的能力——人类（human beings），anthrōpoi。［这个语词］（例如 anthropology ［人类学］一词就来源于这个词）经常与 anêr，人（man），形成对比，这个"人"就像西班牙语中 hombre 的意思——你们知道，它指的是一个值得尊敬的人，或有权有势的人，有钱人，有这个或那个突出特点。而"人类"经常带有非常负面的意味。奴隶可以被称为人类。我不认为英语中有与此对应的词儿。有一个德语词，恐怕这里有说德语的人——嗯，不太够：das Mensch，该词是中性，用来表示一个不会让人心生向往的女人，在这里这种负面含义显而易见。但在希腊语中就清楚得多，德性将是 hombres 的专属。如果这个定义只适用于 hombres 而不适用于其他人类，那它会是一个有缺陷的定义吗？为什么不是呢？但我们谈到有德的女人、有德的奴隶、有德的孩子——我的意思是，不一定是有德性的，而是好奴隶、好孩子、好女人。

雷因肯：可能有一个类别的等级。

施特劳斯：当然。换言之，hombre 将是卓越（par excellence）之人。而其他人或多或少都是有缺陷的人类，因而不能指望［62］

他们的德性［在同一水平上］。这里不会有什么困难。但这不是苏格拉底推进的重点。你想说——

学生：在我看来——一个坏人，一个统治人的僭主，会符合这个定义，而我们对德性的常识概念中却不会包括这种人，那这个定义不是有缺陷的吗？一个统治人的僭主，从常识来看，并不会是一个有德之人。

施特劳斯：是的。这表明美诺给出的［这个答案和］定义展现出他正朝哪个方向移动。但美诺这人的有趣之处在于，当苏格拉底提醒他考虑正义和节制时，他马上就说：当然啦！我从来没有否认这一点——与正派、勇敢的卡利克勒斯相反，后者说正义和节制不是美德。所以那个［答案］是具有［美诺］个性特征的。根据克莱因的解释，这与美诺的记忆有关，与他所记住自己听说过的每一个意见有关；这一点当然得到了我们已经看到的相当多事情的证实，但并没有解释为什么美诺要选择这一特定类型的意见，你们知道，一个纯粹的记忆者（memory man）会无区别地地记住所有意见，而美诺的情况不是这样。是吧？

肖弗（Schaefer）：我想知道，苏格拉底这会儿故意询问美诺是否记得高尔吉亚所说的话，以此来戳他痛处，是不是意味着第一个定义和第二个定义之间存在某种区别，因为在第一次的情形中，美诺试图说出他所相信的东西，而在第二次情形中，苏格拉底却说：好吧，我对你不抱期望了，你不能自己说；现在试着回想高尔吉亚所说的关于这个问题的话。而这带来了第二个定义。

施特劳斯：而你赞同他。你认为这里有区别。

肖弗：好吧，我在这些定义本身的性质中看不到区别。我只是简单基于如下事实［才这么说］，就是在第一个定义前苏格拉底说：忘了高尔吉亚吧，告诉我你的想法。而现在他却说：告诉我高尔吉亚说了什么，而且你应该是同意他的。

施特劳斯：但我的意思是，如果有人可以如此大胆地援引柏拉图之外的一位作者——这种情况下我指的是亚里士多德：当亚里士多德在《政治学》第一卷中谈及德性问题时，他明确提到一个事实，即高尔吉亚给出了这个答案，那实质上就是美诺所给出的答案。因此这是一个高尔吉亚的答案。

肖弗：第二个答案。

施特劳斯：第一个。第一个，高尔吉亚通过列举诸德性给出的回答。亚里士多德说，这比用以一种明显简单化的方式［去说］苏格拉底所谈论的单一德性要更明智（见《政治学》1260a 24 – 28）。我认为苏格拉底会第一个同意这话。但是他的简单化是服务于一种我们必须……试着去理解的深奥。这会花一些时间。好的。下次我们将从今天停下的地方继续。

第四讲　美诺的第二次尝试失败

（没有日期）

[65] 施特劳斯：[进行中]——阅读对话，你们肯定会从日报上获知，今天有非常多谈论是关于对话的，例如西方与东方之间的对话，犹太人与基督徒之间的对话，戴利市长①与马丁·路德·金博士之间的对话，等等。这些对话与柏拉图对话之间有关联，正如都是"对话"（dialogue）这个词所表明的那样，但也有区别，我们也许将反思一下这种区别，以跨越鸿沟，或更清楚地看到这种对话与柏拉图对话之间的鸿沟。

今天人们如此频繁谈及的这些对话意在成为平等关系间的对话，并且这些对话意在通向和平调适、通向相互尊重，最坏的情况也是通向有分歧的协议。这些对话的形成不一定是为了追求真理。而在柏拉图式的对话中，情况略有不同。柏拉图对话显然是为了追求真理而制作的，而最重要的是苏格拉底在其中总是既有一种明显的领导地位，也就是对话伙伴间有不平等性。人们可能想知道苏格拉底是否曾从与他人的交谈中学到什么东西。当然，他会学到关于美诺或其他对话者的某些东西，但是他是否学到了一些关于美德的东西，例如通过与美诺交谈，这非常值得怀疑。我们可以说，在对话过程中，苏格拉底没有经历任何改变。[对]他来说，没什么可惊奇

---

① 戴利（Richard J. Daley）从 1955 年起担任芝加哥市长，直到他 1976 年去世为止。

的——我的意思是，除了那个交谈者的个性特质或性格特征，但无关乎基本论题；然而在当今意义上的对话中，我们会认为那是一个人从另一方那里听到以前未曾想到过的关于一般问题的某些东西，并且第一次面临他以前从未想过的某些东西。从这个角度来看，柏拉图对话可能显得非常逊色，因为主要角色身上没有什么变化。用柏拉图最伟大的现代对手尼采的极端表达来说就是：柏拉图对话很无聊。① 我相信，如果我们基于现代事物来看待柏拉图对话，它们就会显得是这样。

当然，现代对话默认有一些预设，即对谈双方同等正心诚意、同等深思熟虑。这个条件事实上是否真的满足，这问题就说来话长了。苏格拉底对话也许不如现在意义上的对话，但［要是］我们不了解苏格拉底对话的话，我们也无从知道是不是这样，因而我们还会有一个额外的理由去研究柏拉图对话。这肯定会对理解我们现在所理解的对话带来一些积极或消极的帮助。

但现在，正如我们知道的，这部对话专注于美德的主题。这是一次尝试去了解德性是什么的努力，与此同时这还是对美德及其反面即邪恶的展现——一方面通过苏格拉底，另一方面通过美诺的表现来呈现美德和邪恶。那么美诺是什么样的人？这是我们从一开始就提出的问题，并且我们必须再次提出这个问题，[66] 因为我们还没有答案。如果跟随色诺芬和克莱因的话，我们会说他是一个恶棍（arch-villain）。但我们直接从对话中得知，他是高尔吉亚的追随者。高尔吉亚可以被粗略描述为一个智术师（sophist）。他是个修辞术教师。但是修辞术（rhetoric）和智术（sophistry）之间的界限很难划清。智术师作为教导不道德的教师而声名狼藉。这个观点是否站得住脚是一个问题。柏拉图总体上暗示了如下这一点，但部分来说根据不足，即智术师之所以不是君子（gentlemen），是因为他们收取教学报酬。当然啦，如果这是最终结论，那我们这些可怜的教授明显

---

① Friedrich Nietzsche, *Twilight of the Idols*, "What I Owe to the Ancients," sec. 2, in *The Portable Nietzsche*, ed. and trans. Walter Kaufmann, 557.

会身陷尴尬之地。[笑声] 在此情况下，问题的根源显然没有找到，但这是柏拉图摆在最明面上的观点。柏拉图的观点和柏拉图主义曾在19世纪早期受到英国历史学家和国会议员格罗特（George Grote）特别猛烈的攻击——他对这个主题发表的看法仍然值得一读。① 格罗特以惊人的坦率说，如果柏拉图对智术师的判定成立，那么像国会议员这样最受尊敬的人也不会合乎最佳人物的要求。而由于后者是被先验（a priori）排除的，[笑声] 所以柏拉图不对。无论如何，无论智术师可能多么有问题，高尔吉亚，就是我们从柏拉图对话中所知道的那个高尔吉亚本身，他不是美德的典范，但肯定也不是个恶棍，因此美诺是高尔吉亚的学生这一事实不足以解释他的大奸大恶。

但是让我们转向上次提出的另一点。美诺是高尔吉亚的追随者。这意味着他是一个记着高尔吉亚言论的人。然而，正如我之前所说，这一点不会让他成为一个大坏蛋。最重要的是，这解释不了为什么他会急切地向苏格拉底提出他最初的问题。但他对美德是什么这个问题的第一个回答表明，他对美德的看法相当低：一个人的美德在于扶助他的朋友，伤害他的敌人。那不是对美德非常高的看法。这种德性观可能与美诺的性情有关。但是，《王制》卷一中苏格拉底的朋友，通常意义上的好人（nice man）珀勒马科斯，他也有类似的看法。而珀勒马科斯肯定不是个恶棍。美诺甚至毫不犹豫地承认，男人的德性在于管理好城邦事务。他原本只说管理城邦事务，但当苏格拉底如此修正这话时，他并无异议；也许他甚至没有意识到这修正的重要性所在。而且，当苏格拉底说他当然必须节制和正义地进行管理时，他说：当然！但要是没有苏格拉底提醒他关于节制和正义的事，估计他就想不到，这确实对理解他的性情有点帮助。他更记得低而不是高的看法，这可能确实与他的恶习，与他的恶行有关。

---

① 格罗特（George Grote，1794—1871），英国古典学家和历史学家，著有 *Plato and Other Companions of Socrates*, 4 vols. （1865）, History of Greece, 12 vols. , 1846 – 1856。

　　上次的讨论和今天联系起来的内容就这些。现在我想转到布鲁尔先生在上次研讨课上就 72d 和 e 提出的一个具体问题。我们不用重读，就是苏格拉底试图以健康、身高（现在让我翻译成"块头"［magnitude］吧）和力量为例来说明这个问题的那一段。块头处于中心位置，但相比健康和力量，关于块头苏格拉底却说得较少。就是这么个情况。布鲁尔先生［67］提请我们注意一个事实，即在前面不远处，就是在 72b 中，当苏格拉底谈及蜜蜂以及蜜蜂在美和块头方面的差异时，已经提到过块头。现在我们来看，之后（而这就是我上次已经提出的观点）不知道为什么苏格拉底用健康和力量替换了美。美，kalos，具有一种英语中所没有的多义性。这个词当然首先意指我们通常理解的美：俊美（handsomeness）。但这个词也意指高贵（nobility）、性情之美（the beauty of character）、行动之美（the beauty of actions）。在希腊语以外的某些语言中，你们可以说美的行动（beautiful actions），但在英语中不能这么说，因而要说就得明确。因此，苏格拉底似乎撤回了美、高贵，而倾向于用健康和力量。

　　你们要知道，美诺本人很美，正如稍后就会讲到的那样，而他对美德的最终定义，即我们可能会在 77b 中读到的第三个定义是："这位诗人说美德是享受和能做美事。"按美诺的解释，美德即欲求且能够获得高贵［或］美的事物。但正如苏格拉底随即阐明的那样，美的事物（the beautiful things）、高贵的事物（the noble things）、美好的事物（the fine things），都是好的事物（the good things）；而在后续部分，美的、高贵的或美好的完全被遗忘了，他只说到好的事物，因此他不费吹灰之力就让美诺从美或美好的事物转向了好的事物。这意味着什么？哪种事物等级更高，高贵的事物还是好的事物？我们可以基于《王制》中一句众所周知的话给出一个临时答案：最高主题是善的理型（the idea of the good），而非高贵或美的理型。换言之，苏格拉底似乎能把美诺从较低移到较高。但这也可能意味着别的什么东西，也就是说，某种程度上好的事物通常是指有用的事物——例如财富，而高贵的事物指的是因其自身就值得选择的事物，而非以功利（utility）为目的。从这个角度来看，高贵的事物在通常说法中要高于好的事物。

至于"块头"这个词，magathos，我们用"身高"或"大小"来翻译的这个词，而我们也许可以顺便预先提一下，美诺原来是波斯国王的朋友，而波斯国王被称为伟大的国王，megas basileus。因而，苏格拉底也许希望在这个意义上同时强调（emphasize）又不强调（de-emphasize）美诺对伟大的关注，这意味着权力巨大。关于这段话就这么多。布鲁尔先生，你对此满意吗？好的。

现在我们转向上次研讨课结束时美诺在 73c6 到 c9 提出的第二个答案。① 让我们读一下克莱因在第 54 页关于这个问题所说的话。我们只用读一下最前面的两个段落。

雷因肯［读文本］：

> 苏格拉底从方才暂时放下这个问题的地方（71d）重新提起那个问题，同时，在单一、相同的德性存在于一切实例中这一假定之下，苏格拉底挑战［68］美诺说：
>
> 做一次尝试（peirō）吧，讲一讲、回忆回忆高尔吉亚说它是什么，你也是追随他的（kai sy met'ekeinou）。
>
> 该挑战有三个重点：第一，美诺仅仅在重复高尔吉亚的话，这一点再度得以强调；第二，由此产生出回忆高尔吉亚关于该主题的言论的必要性；第三，要求美诺做出某种努力（effort）来满足苏格拉底的好奇心。（Klein, 54）

施特劳斯：因此苏格拉底强调了如下事实，即美诺是个追随者，仅仅是高尔吉亚的追随者。然而美诺对此一点也不介意。那么，他知不知道自己不如高尔吉亚，还有，这不会让他觉得不爽吗？换言之，他谦逊（modest）吗？sōphrosynē 这个词，我通常翻译为"节

---

① 严格来说，美诺的答案能在 73c9 – d1 处找到。所引用的那些话包含了苏格拉底的挑战。

制"，它也可以意指"谦逊"（modesty）。最简单的翻译（trans［la］tion）① 是"节制""克己"，［它被认为是］一种属于女性的特殊美德。根据一种非常普遍的、我相信仍然可以理解的偏见，一般来说，"谦逊"用在女性身上要比用在男性身上更合适。换言之，美诺是明知自己不如高尔吉亚而以开诚布公的心态接受这一点呢，还是并不十分钦佩高尔吉亚所拥有的那种智慧？他是否认为这仅仅是对真正美德的臣属（ministerial），而他，美诺，也许拥有真正美德的程度比高尔吉亚还要更高？我们尚不知晓。

苏格拉底不确定美诺会成功。你们看，他说："试试，讲讲，回忆回忆。"他确信美诺会告诉他些什么，会说些什么，但对美诺是否记得不是那么确定。苏格拉底当然没有提及之前的讨论。他没有说：你说的美德是节制和正义，至少在某种程度上，你已经回答了美德是什么的问题。那个定义暂时被忘掉了。但它很快就会出现。但是另一件事我们还没有考虑过，并且它在我们没有充分意识到的情况下发生了——你们记得这个开头吧，美诺向苏格拉底发问，而从 71d 或这前后开始，美诺就成了被问者，苏格拉底则成了发问者。然而，在最低层次上，这意味着：谁发问，统治者还是被统治者，主人还是奴隶？统治者。因此，美诺的统治地位某种程度上被取代了。他现在有点像一个被统治的人。他尚未充分意识到这一点，但这是一个重要的变化。他不再是一个说"你得服从我；你得回答我的问题"的人了。现在让我们从之前停下的地方继续，［从］美诺的回答那里。

雷因肯［读文本］：

> ［美诺：］简单地说，那就是统治人类的力量——如果你想要某种单一（single）描述来涵盖所有情况的话。（73c9 – d1）

施特劳斯："如果你想要一个东西，一个涵盖一切的东西。"你们看，美诺没有［以任何方式］说这是高尔吉亚的德性观。我们有的只是苏格拉底的说法，即美诺的答案是［高尔吉亚的］答案。我

---

① 根据上下文，施特劳斯这里一定是指"翻译"。

们从《高尔吉亚》中了解到对高尔吉亚答案的说明，［69］452d5 -
8。当他被问到修辞的力量是什么时，他说："这个东西嘛，苏格拉
底噢，才真正是最大的善——"

雷因肯［读文本］：

> 而且这不仅是对个体来说个人（personal）自由的源泉——

施特劳斯："个人"不是一个词。① 删掉"个人"。

雷因肯：我们使用的 LLA 中的第 10 页。

［读文本］：

> 对个体来说自由的源泉，而且也是在其自己国家（country）
> 中掌控其他人的源泉。②

施特劳斯：嗯，当然是"在其城邦（city）中"。因此，这里，
修辞术能使人获得最高的善（the highest good）——最高的善是什
么，没说——然而，它能同时使人自由并使人在自己的城邦中进行
统治。当然，在美诺对德性的概念中没有提及自由。尽管苏格拉底
如此强烈地提醒美诺关于正义和节制，但当然，美诺的确没有说美
德是节制和正义。只有当苏格拉底提醒他时，他才会说。现在让我
们看看苏格拉底提醒他回想起了什么。

雷因肯［读文本］：

> ［苏格拉底：］那正是我所寻求的。但是，美诺，德性在孩
> 子那儿和在奴隶那儿是否相同——一种统治他们各自主人的能
> 力？并且你认为施行统治的人还会是个奴隶吗？
> ［美诺：］我得说肯定不会，苏格拉底。（73d2 - 5）

施特劳斯：是的。你们回想一下，第一个定义暗示，美德即正

---

① 那不是一个古希腊词。

② 雷因肯提到了施特劳斯在《高尔吉亚》课程（1963 年秋）中使用的译
本，该译本由 Library of Liberal Arts 出版。

义。第二个也是中心的定义并没有包含这一点。正如苏格拉底所指出的，这个定义不适用于孩子和奴隶。苏格拉底强调奴隶，你们看到，事实上孩子他只提到一次，奴隶提了两次。我们可以说，苏格拉底忘了一个有能力统治的人和实际统治者之间的区别。因为真正的奴隶是没有能力统治的。一个有能力统治的人可能碰巧是一个奴隶，他只是身处错误的地位，因为他具有统治的能力。美诺的定义在以下方面是合理的：就德性而言，我们首先理解的是卓越（par excellence）的德性，就像我们通过一匹健康的成年马而不是一匹病弱的马驹或者任何其他有缺陷的形态来理解马。所有其他德性都是卓越美德的组成部分，或是或多或少有缺陷的美德形式。某种程度上这个定义是合理的。但是因此美诺就可以正确地说：如果这只适合天生的统治者，那么好了，因为那么你就可以通过必要的反思找到美德的更低形式会是什么。现在让我们看看后续部分。

雷因肯［读文本］：

> 我得说肯定不会，苏格拉底。
>
> ［苏格拉底:］不，确实，这不太可能，我出色的朋友（my excellent friend）。

施特劳斯："你这最棒的人"（You best one）会更合乎原文，对吧？

雷因肯［读文本］：

> 再来，考虑这个进一步的观点：你说其是"有能力去统治"；我们是不是应该补充上——"正义地，而非不正义地"？
>
> ［美诺:］是的，我认为是这样，因为，苏格拉底啊，正义就是德性。
>
> ［苏格拉底:］美诺，是德性，还是一种德性？
>
> ［美诺:］你这么说是什么意思？（73d5 - e2）

施特劳斯：好，我们就停在这儿吧。现在让来我们看看关于这个主题克莱因在第55页说了些什么。不如说他所说指向的是接下来的那个段落。"如果美诺的说辞为真,那么,出色的孩子以及出色的奴隶也将能够统治,统治他们的父母或主人;一个奴隶,然而却很出色,且他施行统治,那他还会是一个奴隶吗?"是的。我们现在可以放下了。让我们继续。我们回到美诺最后那个问题:还是一种德性?你这么说是什么意思?美诺说。[现在]怎么——

雷因肯[读文本]:

[苏格拉底:]其他情况我也会这么做。以圆为例,我应该说它是一种形状,而非单纯和简单地说形状。而且我应该这么说它的名称,因为还有其他形状。

[美诺:]你相当正确——就像我说除了正义之外还有其他德性。

[苏格拉底:]它们是什么?告诉我。用同样的方式,就像我能告诉你其他形状那样,如果你要求我说的话,你也这样告诉我其他德性。

[美诺:]那么好吧,我认为,勇敢(courage),是一种美德,还有克己(temperance),还有智慧(wisdom),还有心灵的崇高(loftiness of mind),还有很多很多其他德性。

[苏格拉底:]再一次,美诺,我们处在同样的困境中:我们再次在寻找一个德性时发现了许多德性,虽然跟我们刚才的方式不同;但是,贯穿它们之中的那个一,这个我们没能找到。

[美诺:]不,苏格拉底,因为我还不能循着你的搜寻路线,找到一个对所有德性来说普遍的单个德性,就像在其他情况下能做到的那样。

[苏格拉底:]这也不奇怪;但我会尽我所能努力,帮助我们前进。(73e3 – 74b3)

施特劳斯:让我们先在这儿停下。你们看到,苏格拉底有两个反对第二个答案的论证。反对该中心定义的第二个论证如下。即使可以把德性等同于卓越德性,美诺对卓越德性的定义也是不完全的。

因为，正如美诺所言，[在"统治"前]必须加上"公正地"，公正是一种德性。苏格拉底又一次就"公正"提醒了美诺。美诺已经把公正给忘了。关于道德事物，这是件奇怪的事。一个人不能像忘记是否有一个可用的烟灰缸那样忘记其职责。一个人忘记其责任已然是一种坏，一个坏行为；而美诺相当健忘，以至于还得苏格拉底提醒他德性，提醒他公正。苏格拉底使美诺更好——某种程度上。或者一个人并不会经过提醒就变得更好？人一定要去践行正义，只有通过这样才会变得更好？你们还记得践行（practice）是美诺最初问题中的中心主题。美诺没有看到他又一次没能回答那个问题，[71]即关于无论何时我们谈到德性时所意指的那个东西。现在让我们看看这儿，克莱因在第55页第三段说了什么。

雷因肯［读文本］：

苏格拉底继续阐明该区别，并选用了一个新例证，这次的例证不但可以作口语性解读，而且可以作各种"技术性"解读。该例证是 schēma，"图形"，这个词在口语中的意思首先是"可见之物的封闭表面"，通常等同于该物体的"形状"（shape）。可见之物以不可胜数的各种不同方式得到赋形。当面对一个或多或少弯得很"圆"的物体时，我们也许会称其形状、其表面、其 schēma 为"圆"（strongylotēs，73e3f.，74b5 – 7）。如果问"圆"是什么，苏格拉底说，此人会回答：某种有形的表面（schēma ti），而非有形的表面本身（ouch houtōs haplōs hoti schēma），因为物体还有其他表面或者形状。

美诺当即认可这一点。你那样说是对的，美诺赶忙评论道，正如我也（kai egō）正确地在讲的那样，不仅有正义，还有其他各种德性。苏格拉底坚持问道："它们是什么，告诉我！正如我也（kai egō）能为你说出其他各种表面的名字——如果你吩咐我那样做的话——你也（kai sy）为我讲出其他德性的名字吧。"

这番对话中颇有些玩笑意味，这个玩笑以 kai egō 和 kai sy 为核心展开。

施特劳斯：这两个表达意为"你也"和"我也"。

雷因肯［读文本］：

这使我们想起，对话开始时（71b1），苏格拉底反讽式地将自己等同于自己的同胞，还有，苏格拉底在对美诺讲话时，已经将"你也"这一说法用过两次，一次是在含混的并列句中（71c10），另一次是在苏格拉底新近的挑战中（73c7f.）。

美诺愿意帮忙："那么好吧，我认为勇敢是德性，［同样还有］心智健全、智慧、崇高以及许许多多其他德性。"

显然，这正是苏格拉底希望听到的。在应对苏格拉底的挑战时，谁不会举出与此相同或相似的一系列公认的德性呢？苏格拉底得以指出，在寻找唯一的德性时，自己和美诺再次发现了许多德性，尽管是以不同于之前的方式。但是，至于贯穿于多中的一，苏格拉底说，他们就是没能找到。

美诺欣然承认，尽管在苏格拉底给出的所有例子上，自己都能满足苏格拉底的要求，但是，自己仍然没能以苏格拉底追寻唯一德性的那种方式，掌握［72］适用于一切德性实例的唯一德性。苏格拉底方面（颇有些阴郁地）这样说道："这也不奇怪（eikotōsge）。苏格拉底发誓要尽己所能使美诺和自己离问题更进一步。然而，与此同时，我们看到，美诺从'一般性'方面掌握德性的初次尝试已经失败。"（Klein，55 – 56）

施特劳斯：是的。现在让我们考虑一下当苏格拉底要求美诺说一下其他美德时，美诺所提到的五种美德。这些是他自发记住而不是因为提醒才想起来的美德，比如正义就是他被提醒后才想起来的。如你们所见，这些德性是勇敢或男子气概、节制、智慧、崇高，等等。正义他不记得了，然而，正义在某种程度上是最明显的德性。我给你们引用西塞罗《论义务》中的一段话，第 20 段，那里他说：

"在正义中，德性的光辉是最伟大的。人正是因其［正义——施特劳斯］而被称之为善（good）。"所以当我们谈到一个好人（a good man）时，它通常被理解为意指一个正义之人（a just man）。请讲。

学生：他所说的崇高，是指自重的举止吗？您能给这个词一个更加准确的定义吗？

施特劳斯：是的，去做成就伟大之事，成为一个伟大之人。成就伟大者（What becomes greatness）。我不知道最简单的英文翻译是什么。

同一名学生：这似乎有一个负面的含义，差不多就是——骄横（overbearing）。

施特劳斯：不，不。柏拉图在《王制》中他自己的德性清单中用到这个词，那里［他给出了］一个哲学家必须具备的品质。我的意思是，［这是］小气（pettiness）的反面。那会是什么？

诸多学生：宽宏大量（magnanimity）？

施特劳斯：不，不是宽宏大量。有趣的是，这不是宽宏大量。［美诺没有说］megalopsycheia，［而是说］megaloprepeia。对不起，你说什么？请再说一遍。

学生：重大（magnitude）？

施特劳斯：我不知道。我的意思是，我这会儿没想出该是什么，但它具有——

雷因肯：伟大（Greatness）就有这意思。

巴特沃斯：亚里士多德在《伦理学》中用来与宽宏大量对比的德性是什么？

施特劳斯：不，不。那是 mikropsycheia 或类似的东西，但不是 megaloprepeia，后者没有作为一种具体德性出现在亚里士多德的《伦理学》中。

［73］学生：我不知道在忘记正义这个特定的点上指责美诺是否真的公平，因为苏格拉底的问题是："那么你能告诉我其他德性吗？"就接着——

施特劳斯：是的，诚然。但在这里，他甚至记得节制，这相当了不起了。这是一个小小的提升。可以这么说。他没有提到虔敬，这是我们看到的。好的。现在让我们从这里继续，直到我们可以停下来思考的地方。你可以从［74b3处］苏格拉底的讲辞开始。

雷因肯［读文本］：

　　［苏格拉底:］这也不奇怪；但我会尽我所能努力，以帮助我们前进。

施特劳斯：好，我们所在的是这个点：苏格拉底现在给了美诺另一个如何回答这些问题的样板。就德性而言，美诺没能说出德性本身是什么，他只能指出这种或那种德性——也许所有德性，但不能指出德性本身是什么。于是［苏格拉底］以形状为例——一个圆形，他说他可以列举出所有种类的形状，但这还不是形状是什么这个问题的答案。好的。

雷因肯［读文本］：

　　当然，你懂得，我这个原则（principle）适用于每种事物——

施特劳斯：那里肯定没有"原则"（principle）这词。

雷因肯［读文本］：

　　如果某人问我刚才问你的问题，"什么是形状，美诺?"，而你回答"圆形"，然后他像我一样说，"圆形是形状还是一种形状?，"我想你会回答"一种形状"。

　　［美诺:］当然啦。

　　［苏格拉底:］是因为这个原因——因为还有其他形状吗?

　　［美诺:］是的。

　　［苏格拉底:］而如果他继续问你其他形状是哪种，你会告诉他吗?

　　［美诺:］我会。（74b3 - c4）

施特劳斯：是的，让我们在这儿停一下。苏格拉底对待美诺，就好像美诺是个脑子不太好使的人，一步一步地来。他让美诺只是重复前面的想法。但是现在这个对话中的提问者不再是苏格拉底，而是某人：如果"某人"要问你。也许苏格拉底［由于某种不明原因］成了美诺进行理解的障碍，于是苏格拉底把自己抹掉，并且用 X 来替代自己。现在，在紧接着的后续部分将有另一个示例。

雷因肯［读文本］：

> ［74］［苏格拉底:］同样地，如果他还问颜色是什么，而在你回答"白色"时，你的提问者又问，"白色"是颜色还是一种颜色，你的回答会是"一种颜色"，因为除此之外还有其他颜色。
>
> ［美诺:］会的。
>
> ［苏格拉底:］如果他令你提到其他颜色，你会告诉他尽量多的和白色一样的其他颜色吗？
>
> ［美诺:］是的。

施特劳斯：让我们在这儿停一下。这是同一件事的另一个例证，唯一的问题可能是：为什么苏格拉底选择这些形状和颜色的特定例子？他只是不得不举个例子。现在对美诺来说这一点已经再清楚不过了：他必须给出一个适合所有德性的关于德性的答案，就像关于形状的适合所有形状的可能答案、关于颜色的适合所有颜色的可能答案一样。是的。现在下一部分。

雷因肯［读文本］：

> ［苏格拉底:］现在假设他像我一样追踪论证并且说：我们总是会触及种种的事物——

施特劳斯：我觉得你漏掉了一些东西——在苏格拉底的第一段讲辞中。哦，对不起，没有，对不起。什么？现在继续。

雷因肯［读文本］：

　　我们总是会触及种种的事物，但让我不要再来这个了；既然你用一个单一的名字来称呼这么许多东西，并说它们是形状——它们中的每一个，即使它们彼此对立，那么告诉我，什么是那个包括圆形和直线的东西，你称之为形状的——在那个术语下面直线以及圆形都同样包括在内。那是你的表述，不是吗？

　　[美诺:] 是的。

　　[苏格拉底:] 在这样做的时候，你的意思是说圆不比直更圆，还是直不比圆更直？

　　[美诺:] 不，当然不是，苏格拉底。

施特劳斯: 换言之，它们是不同的。

雷因肯 [读文本]:

　　[苏格拉底:] 你的意思是，圆形不比直线更是形状，或者直线不比圆形更是形状。

　　[美诺:] 完全正确。(74c5 - e10)

施特劳斯: 我们在这里停一下吧。让我们先看看克莱因在第 58 页最上面说了什么。

雷因肯: 在哪儿?

[75] 施特劳斯: 只读他括号里说的话。

雷因肯 [读文本]:

　　(我们要注意，"弯"和"直"的对立不完全相同于 aretê [德性] 与 kakia [邪恶] 或者强壮与虚弱之间的对立，却可能与"蜜蜂"和"雄蜂"的相对更可比。)

施特劳斯: 是的，当然可以想到另外的东西。正如在那些形状和颜色中存在对立一样，比如说，黑与白，诸种德性当中也可能存在对立。这不能排除。现在，你会在柏拉图的《治邦者》(*Statesman*) 306 处看到，男子气概和节制就被表现为对立面，这并不完全是牵强的，当然，这是在稍低一些的论证层面。但这里更具相关性的也许在于：主人德性和奴隶德性可能是对立的吗？这或许是美诺心中非常在意的一个想法。关于名称，你会注意到，苏格拉底在这里强调了"名称"（name）这个词。在这段话中，我们被引导着想要知道在本质（essence）（使用传统翻译），即那使一事物成为此类事物之一事物者与名称之间是否存在联系。而名称在这里显然是一种事物的名称，像这个或那个颜色，这个或那个形状，即，这种或那种颜色，这种或那种形状，或这种那种的德性。但这一点将在后面更清楚地出现。现在让我们从之前停下的第 74 页末尾开始读。

雷因肯［读文本］：

> ［苏格拉底：］那么被冠以形状之名的这个东西会是什么？试试告诉我。假设被某人问到这个问题时，不管是关于形状还是关于颜色，你已经回答说：为什么，我不太理解你想要什么，先生（sir），更别提知道——

施特劳斯："先生"（sir）是错译，这个词是 ô anthrōpe—
雷因肯：伙计（fellow）。
施特劳斯：伙计。马克，差不多你可以这么说。［笑声］
雷因肯：对于十八世纪来说，"伙计"非常准确。
［读文本］：

> ［苏格拉底：］更别提知道你在说什么——

施特劳斯：别重复那个话了。这些东西可以只说一次［笑声］。
雷因肯［读文本］：

> 他很可能会表现出惊讶，并且说道：难道你不明白我正在寻找所有这些事物中相同的共有因素吗？或者，你是否仍然无法回答？美诺，如果关于别的名目，有人接近你，并且问：什么是——

[76] 施特劳斯:"如果有人要问你。"

雷因肯［读文本］:

——如果有人要问你这些名目。如果有人问:

［苏格拉底:］对于圆形和直线以及你称之为形状的所有其他事物来说的共同点是什么——在所有这些事物中都一样的那个?试着告诉我;这将是你回答德性问题的好练习。

［美诺:］不,是你必须回答,苏格拉底。(74e11-75b1)

施特劳斯:让我们在这里停吧。你们看,这仍然是虚拟对话,但苏格拉底现在把美诺展现为对那个虚拟的对话者,即对那个 X 感到恼火,并且以蔑视来对待之("伙计"),就好像这个对话者是个奴隶一样。在苏格拉底和美诺间的实际对话中,美诺向苏格拉底发出一个命令,正如你们所看到的:不,你回答。主人不必回答问题;主人提出问题。那么这能解释对话突兀的开头了吗?美诺确信他比苏格拉底优越,并且确信他拥有美德。很好。然而,他为什么又要去接近苏格拉底呢?我们在这方面还没有任何头绪。现在让我们读一下克莱因评论的第三段,美诺的反应。

雷因肯［读文本］:

钊对这一切用心良苦、一再坚持的敦促,美诺的反应实在令人吃惊。美诺不客气地、粗暴地拒绝去做所建议的这番练习。"不!苏格拉底,你来作答。"这就是美诺的回答。由于美诺此前确实曾尝试"定义"什么是德性,这一拒绝便更加令人惊奇。现在,美诺想要被告知什么是形状(schēma)。(Klein, 58)

施特劳斯:"［什么］是形状。"是的。那么,我们如何解释这个事情,即美诺曾经尝试回答德性是什么,但却不愿尝试回答形状是什么?最为明显的解释是什么?嗯?

学生:他越来越担心,不想再落入苏格拉底的任何圈套。

施特劳斯:不;关于形状,他没有给出任何答案,而关于德性，他则已经给出了两个答案。嗯，最简单的解释，我相信，应该是他对德性有过一些思考，而没有特别关注过形状。这是可理解的。因此，这将促使我们提出如下问题：也许存在万分之一的可能，美诺真的关心美德呢？我们不能排除这一点。而相对于美诺所有的轻率而言，这种对德性的奇怪关注是诱使他带着最初问题去接近苏格拉底的更深原因吗？让我们继续。顺便说一句，如果你们有任何问题或困难，请打断我。有时候人会忘记自己的问题。好的。

雷因肯［读文本］：

　　［苏格拉底：］你希望我帮你忙吗？

　　［美诺：］务必。

　　［77］［苏格拉底：］然后你会同意轮到你回答我关于德性的问题吗？

　　［美诺：］我会。

　　［苏格拉底：］那么好，我必须努力，因为这是值得的。

　　［美诺：］当然啦。

　　［苏格拉底：］那么来吧——（75b2–7）

施特劳斯：让我们在这里停一下。苏格拉底提出了一个问题，什么是形状，作为对美诺的一种锻炼或训练，以便美诺后面能够说什么是德性。美诺不能或不愿意受这个训练，但他又很好奇，想听听关于形状是什么这个问题的答案。苏格拉底答应会帮美诺的忙，前提是美诺也会帮他一个忙，因此苏格拉底在自己和美诺之间建立起平等，平等互惠。而他因此测试了美诺的正义。正义最简单的含义之一就是你信守自己的承诺。你得到了一些东西，而你承诺会做点什么作为回报；让我们看看你能不能做到。我们会看到——我若说美诺不会信守其承诺，那也不算泄密。请讲。

巴特沃斯：关于您对美诺为什么拒绝回答形状问题的解释，只有一个问题。根据克莱因的说法——而且他的说法似乎很好地遵循了文本——美诺对苏格拉底后来给出的几何证明的反应，显得他很了解这些东西。那么他不应该——

施特劳斯：是的，但那并不意味着他对此已经有过任何考虑了。那甚至并不意味着他记得他曾经听说过的定义，即关于形状的几何定义。我们不妨等等，直到把证据凑拢到一起。让我们再多读几行。

雷因肯［读文本］：

> ［苏格拉底：］让我们①试着告诉你形状是什么。只须考虑你是否接受对形状的这种描述，我们可以说：形状是唯一存在的被发现总是伴随颜色的东西。你满意吗，或者你正在寻找别的什么？我可以肯定，如果同样的对德性的说明来自你，我应该会满意。
>
> ［美诺：］但这是个如此愚蠢的定义——

施特劳斯：是的。让我们——好吧。是的，读这里。

雷因肯［读文本］：

> 但这是个如此愚蠢的定义，苏格拉底。（75b8－c2）

施特劳斯：是的。美诺对苏格拉底的回答并不满意。这是毫无疑问的。"我们会尝试"，苏格拉底说。这个"我们"是谁？我们雅典人？也许吧。无论如何，苏格拉底并没有把他的回答当成是他本人所独有的。他认为这也可能是美诺的答案。现在，形状的定义是它是唯一始终伴随着颜色的东西。无形状是没颜色的，无颜色是没形状的。但重点落在颜色的首要性上。形状跟随颜色。这里我们必须转向克莱因的评论，它跟这段特别相关，在第59页，第五段"且不论美诺"。

［78］雷因肯［读文本］：

> 且不论美诺作何回应，我们须仔细留意苏格拉底的说法。
>
> 第一，该说法的意思很清楚：无论我们于何时何地看见颜

---

① 原文是"让我"。

色，或某块或多块颜色，或者当我们广泛设色时，无论我们均匀地，或以明显多种的花样，还是以细微差别的渐变设色，我们实际上看到的都是**有颜色的表面**（colored surfaces）；反过来讲，我们留意到任何形状的表面，都是单凭对颜色的看。在日常交流中，当我们谈到东西的表面时，"颜色"现象与"表面"现象有共同的**外延**（co-extensive），我们的意思是双方皆然。苏格拉底的讲法，是在用口语描述某种我们都能看见的东西，而且苏格拉底描述得很准确。

第二，苏格拉底关于自己"定义"形状①的方式是否令美诺满意的疑问，留下了这样一种可能性，即，还可能存在其他一种或多种"定义"形状的方式。② 苏格拉底提供的这一"定义"，无论如何，就其准确性来讲，仅仅与"形状"的口语含义相称。就其普遍性而言，它经得起"颠转"（conversion）的考验，因为颜色诚然也一直伴随着形状。但是，苏格拉底的说法并未将形状和颜色③"等同"（identified）。

施特劳斯：带引号的"等同"（identified）。
雷因肯［读文本］：

> 其普遍性在于这样一个事实：形状和颜色（schēma and chrōma）在一切情况下都互为补充，一方离不开另外一方。我们可能已经注意到，我们对这两方面的熟悉程度不对等：难道相较于表面，我们不是更熟悉颜色吗？此外，颜色仅以形状为其必要的"同伴"，而形状看起来则要求"物体"以及其他必要补充。（Klein，59－60）

---

① 克莱因给出的是希腊词 schēma 而不是相应的英文单词 figure。本引文中"图形"一词的后续三次出现也是一样。

② 克莱因插入四个希腊副词，所有这些词都可以在苏格拉底的陈述中找到：hikanōs-allōs-pōs-houtōs。

③ 克莱因使用希腊词 chrōma 代替颜色（color）。本引文的其余部分始终使用希腊词，并被雷因肯一致读为"形状"（figure）和"颜色"（color）。

施特劳斯：我们没法把整个这部分都读完，但我希望你们会去读。克莱因的意思可以表述如下：苏格拉底是着眼于美德问题，而选择了颜色和形状或形状和颜色的例子。著名的苏格拉底断言——美德即知识，制造了如此巨大的困难，而它也许不得不根据这里的这种区别以及形状和颜色之间的必要联系来理解，如此我们将会有这样一个公式。[施特劳斯在黑板上写字]颜色、形状、物体[平行对应于]德性、知识、灵魂。这无疑意味着德性并不仅仅等同于知识，但是你找不到知识就绝不能找到德性，[79]而且你找不到德性也绝不能找到知识。这个看法我们一定要非常认真地对待。

重复一遍，关键点是德性和知识的简单等式并不一定意味着它们是简单等同，简单地可交换。它们在某种程度上是可交换的，因为当你看到这一个时，你也会看到另一个；也因此，你可以从这一个的存在推断出另一个的存在。但正如我们已经看到的，美诺对这个答案非常不满意。我将指出论辩的核心，这出现在紧接着76e的后续部分。"什么是"的问题有两种答案：几何答案，我们现在会称之为科学答案，以及，我们可以说，苏格拉底式的答案。尽管科学的、技术的答案有很大的优势，但在决定性方面[它们]是不充分的，而苏格拉底的答案则意味着充分。现在让我们读后续部分："但这是个如此愚蠢的定义，苏格拉底。"

雷因肯[读文本]：

[苏格拉底:]你是什么意思？

[美诺:]嗯，形状，根据你的描述，我理解那是始终伴随颜色的东西。非常好；但是如果他不知道颜色，并且对于形状有和对颜色同样的困难，你认为从这里会得出什么答案？

[苏格拉底:]事实，从我这儿——（75c3 – 8）

施特劳斯：这个人会讲事实，是的。美诺反对的理由当然不公平。如果你必须定义你所使用的每一个术语，就会有一种无限的倒退。那就[会像]苏格拉底反对美诺的第二个回答，苏格拉底说："你说德性统治着人类。[但是]，[那么]什么是人类？如果你不先给我这个问题的答案，我将无法理解你的意思。"

雷因肯：我认为您对美诺不公平。

施特劳斯：为什么？

雷因肯：因为这个要求定义人类的例子会［将定义的序列延伸到］另一个事项，但人类不一定要在德性方面，在形状－颜色之类的东西中来定义，你有一个同时的——

施特劳斯：确定。

雷因肯：——同时的交叉连接，并且他已经告诉过你——

施特劳斯：是的。但问题仍然是，这背后是什么？背后的问题是这个：不得提及未知者。这里你说形状跟随颜色，但是对颜色是什么没有作答。这不是他反对的要点吗？如果你认真对待美诺的反对意见，它导致的一种观念与希腊思想格格不入，但却在现代发展起来，即一种绝对无预设的科学，［80］不预设任何东西，即不把任何东西当成理所当然。在某种程度上，这已经困扰到一些希腊人，但这在现代要更为明显。你必须从定义开始，并且定义之前不能有任何东西进入这个论证。不是［这样］吗？你从这个定义开始，其他所有东西都被无视。整个推理要在明确定义的基础上进行。并且按照今天流行的观点，基本的定义必须彼此一致，但不必以外部标准来进行衡量，［像这样一个外部标准必定是不充分的。］好。让我们在这儿读读克莱因书里第 61 页的两段，第四个段落，"从哪种意义上"。

雷因肯［读文本］：

> 从哪种意义上讲，有人会不"知道"颜色？我们都熟悉各种颜色和颜色本身，除了我们中那些盲人或色盲。但是，这似乎并非美诺脑海中的特例。就美诺而言，他已经指出自己了解各种颜色，而且他还有另一次机会在接下来的讨论中表明，颜色本身不可能为他所"不知"。难道，美诺所诉诸的假设中的那个人完全不了解各种颜色？看起来情况也不像这样。（Klein，61）

施特劳斯：现在我们转到下一页，第二段，"4"那里。

雷因肯［读文本］：

> 我们可以推测，在提出自己的反对意见时，美诺所凭依的，是自己回忆起一种著名技艺（technē），这种技艺以从不使用"未知"术语而骄傲，这种技艺从公认为真的（alēthes ti homologoumenon）某些东西出发，通过公认的推理，取得不容置疑的结果。换言之，看来，美诺此时回忆起了"综合性"数学（即几何学）的程序，其晚近的例子是欧几里得（Euclid）的《几何原本》（*Elements*），而这种学问不仅服务于亚里士多德，还作为典范服务于任何确证无疑的学科。（难道美诺不曾在高尔吉亚学派接受过这种数学训练？）上述推测基于这样一个事实，即苏格拉底在应对美诺的反对时，几乎立刻提及这种几何技艺（technē），以此对付美诺的理解。由此或许可以断定，美诺的反对在于，他要求对形状的含义进行一种特殊的、"技术性的"（technical）再解读。① （Klein，62）

施特劳斯：现在，这个论辩正在形成［对这个］，对"什么是？"问题的几何的、技术的、科学的答案与哲学答案之间的清晰对立。让我们看看情形会怎么样。我们很快就会面临这个问题了。我们现在到75c8。

雷因肯：好的。

［读文本］：

> 你认为从你这儿会得出什么答案？
>
> ［81］［苏格拉底：］从我这儿会得到事实；如果我的提问者是一个好辩（eristic）和爱争型的教师，我应该对他说：我已经提出了我的说法；如果这是错的，你的工作就是对其进行检查和反驳。但如果像你和我这种情况，我们是朋友，而且选择

---

① 原文是 schema（不是 figure）。

一起讨论，我就应该用更适合辩证法的某种温和的语气来作答。更辩证的方式，我想，不仅在于回答那些是事实的东西，还要利用被提问者承认他知晓的那些观点。（75c8 – d7）

施特劳斯：让我们在这里停一下。这里苏格拉底做了一个相当普通的区分，即辩论术（eristic）和辩证法（dialectic）。辩论术来自意为战斗、争斗、关心胜利的希腊词，而辩证法来自 dialegesthai，交谈。好辩之人说：你要是能，就反驳我。他有一个根本敌对的姿态：双方没有共同基础。他利用了自己作为第一个占据者的权利：我已经说了这个——一种占有的自豪感。他只需要维护自己的立场，而不是让立场被接受。他不愿意质疑自己的前提，或者我们可以说，他不愿对自己诚实。而辩证法者，对话者，则是从共同基础出发，从双方都承认他们知道的事物出发，使得双方接受一开始并未承认的事物。我们得〔考虑〕克莱因书中的另一段话，以之来理解这一点——在第63页，第二和第三段。

雷因肯："弱化——"

施特劳斯：不——

雷因肯〔读文本〕：

苏格拉底再次主张自己在 schēma〔形状〕问题上的立场，并称自己已经讲出该问题的真理；接下来，苏格拉底宣称，自己拒绝将美诺当作那些"有智慧的人"中的一员，那些人只有"好辩"（eristically）和"好斗"（agonistically）倾向，因此，苏格拉底拒绝丢给美诺这样一个挑战：驳倒我吧。苏格拉底继续说，如果人们欲求像朋友一样交谈，就像自己和美诺此刻（nyni）做的①这样，就应该以一种更为温和、更为适合这种友好谈话（discoursing）② 的情绪作答。相互间谈话更为合适的方

---

①　雷因肯插入了这个词，这个词在克莱因书中没有出现。

②　雷因肯又读错了：克莱因的文本写作"交谈"（conversing）〔dialektikōkteron〕。也许他用的是一个略有不同的版本。

式——有人或许会认定（isōs）——不仅在于给出能说出真理的答案，而且在于对方承认（prosomologēi）自己懂得给出答案时所用的词。"因此，我也（kai egō）会做一次尝试（peirasomai）"，跟你以这一友好情绪进行交谈。

[82] 起弱化作用的小词 isōs——（Klein，63）

施特劳斯："也许——"

雷因肯［读文本］：

也许——看来暗示，苏格拉底正在宣告一条规则，这条规则将支配任何友好因而严肃的对话，但是苏格拉底也警告美诺别误解这条规则本身的含义。这条规则要求词与词的"一致"。但是，"一致"（homologia）这个词本身就容易受到不同解读。它有可能是苏格拉底诉诸习惯上为人接受且熟悉之物时所基于的那种一致。在任何"技术性的"谈话中，也要求用词上的某种一致（homologia）：综合性数学以及任何其他可明确论证的学问的方法亦受一致性（homologia）① 支配。美诺起初提出反对意见时，心中所想看来正是这种一致性。但是，这也是苏格拉底明显渴望得到的那种一致性吗？无论关于"一致性"这个词可能有什么误解，在服从自己所宣布的规则时，苏格拉底都应该有能力应对美诺的批评。（Klein，63）

施特劳斯：是的。换言之，任何几何论证所基于的那种一致性，与苏格拉底在他的谈话中预设的那种一致性之间，都存在着一种欺骗性的相似性。而一切都取决于我们理解这两种一致性的区别。你想说什么吗？

学生：您能否给我们解释一下，既然美诺是个大坏蛋，为什么苏格拉底还要采取辩证法这种形式，把他当朋友来对待？

----

① 克莱因只给出了希腊词 homologia，这里以及随后两个地方，雷因肯都读为：agreement。

施特劳斯：嗯，他尝试。他尝试。我的意思是，他应该怎么——那意味着苏格拉底接受了正义在于帮助朋友和伤害敌人的观点。这是一种相当低的正义观。苏格拉底顶多可能承认，正义在于帮助朋友而避免伤害敌人，并且，你看看，你还要基于苏格拉底本人所表达的那种非常实用主义的原则这样做。如果你有一只恶犬，对待它的正确方式是什么呢：对狗很凶，或者不如试着去安抚它？这同样也是对待美诺的恰当方式。当然他们不是朋友，但如果没有假设的友谊，没有像朋友一样的行为方式，则苏格拉底根本不会有丝毫机会在美诺那里取得任何进展。

同一名学生：嗯，那么，第二个是苏格拉底试图让美诺转向德性的尝试吗？

[83] 施特劳斯：呃，这很难说。我的意思是，到目前为止苏格拉底对美诺了解多少，他［是否］已经放弃了在美诺那儿取得任何进展的一切尝试，或者他是否为了一些旁观者，最终就是像我们自己这些人的益处，才与美诺进行这场交谈，我们还没法说。但苏格拉底在任何情况下都绝对不会粗鲁。如果美诺对他说话，他一定会回复，他一定会和美诺交谈。换言之，有些对话是强制性的，我们可以说，这些对话就是个责任，且只是个责任，而另一些对话本身就是令人高兴的，因此不必把这些对话视为责任。如此看待这些对话甚至会产生误导。请讲。

学生：这种把他当朋友对待的说法，是否应该在贯穿对话持续进行着的地位调整的语境中来看？首先美诺以提问者的角色出现，然后是苏格拉底扮演这个角色。美诺力争让自己重回提问者位置，最终他们或多或少达成了地位上的对等关系，并达成了和苏格拉底的交易：如果你回答我的问题，那我也将回答你的问题。

施特劳斯：是的，在某种意义上是这样。这里有交易，有一种对等。但是，现在不是苏格拉底在掌控吗，他不是领导者吗？我的意思是，换言之，这是一个关于提问的非常直接的反讽。你可以说，提出问题、向别人发问的这个人承认自己是无知者，他向知道的人询问。是吧？因此，苏格拉底是无知的，因他真的在问美诺，谁知道、谁声称知道什么是德性；但事实上，这完全是反讽。我们看到苏格拉底比美诺知道得更好；他的提问正是这种反讽。所以，他才处于掌控地位，尽管所有的表述似乎都在表明美诺是统治者。

同一名学生：而正因为如此，他们以辩证法的方式行事，或多或少平等这个说法里就有些反讽意味，不是吗？在这种语境下，这不是有点反讽吗？

施特劳斯：嗯，但在某种意义上又不是。可以这么说：苏格拉底肯定不希望赢过美诺获得胜利并让他感觉到这一点。苏格拉底被迫优越，因为他就是优越的。这里没有牵涉对胜利的渴望。这一点清楚吗？倒确实有一定的含混性。但是，我们更直接关心的含混性，是从两者都承认知晓的那个根本的含混性开始的；这意味着它在技艺、科学、几何学中有所不同，并且意味着在对话、在辩证法中也有所不同。我们已经对苏格拉底所说的东西略知一二：形状是跟随颜色的东西。什么是颜色的问题不会出现在一个哲学讨论中，哲学讨论会从我们必须将许多事情视为理所当然这一事实开始，而且这其中不会有什么困难，因为你怎么可能在没将其视为理所当然的情况下进行反思呢？然而，在科学中就有某些像这个概念的东西，你可以从一些绝对无含混性的定义出发，等等，而且可以忘记——必须忘记——这些定义源初所自的一切。在接下来的几页中，这一点将变得更加清晰。我们要继续这个问题吗？75［d］：

雷因肯［读文本］：

> ［84］［**苏格拉底：**］这就是我现在试图与你论辩的方式。告诉我，有什么你称之为终点的东西吗？我的意思是，就好比界限或端点这样一个东西——我在同样的意义上使用所有这些术语，尽管我敢说普洛狄科（Prodicus）可能会跟我们发生争吵。但是，我敢肯定，你指的是一个作为终止或结束的东西：我的意思就是那种东西——没什么复杂的（nothing complicated）。（75d7 – e5）

施特劳斯：更字面的翻译是，"没那么五彩斑斓"（nothing multicolored）。这里普洛狄科是一个著名的术语区分者，是与苏格拉底关系最近的智术师。好的。但这里苏格拉底的说法很典型：我们不想非常精确。没必要非常精确；我们就在我们使用这些术语时的那种稀松平常的意义来理解这一点。我们不做这些区分。是吧？

雷因肯［读文本］：

> ［美诺：］是的，我是指这个，而且我想我理解你的意思。
>
> ［苏格拉底：］嗯，那么，你谈及了表面，以及体（solid）——这些在几何问题中使用的术语？
>
> ［美诺：］我谈到了。
>
> ［苏格拉底：］因此现在你能从所有这些东西中理解我所说的形状的意思了。在形状的每个实例中，我都把形状称之为体所达之终点；我可以更简洁地说形状即"体的界限"。
>
> ［美诺：］你会怎么说颜色，苏格拉底？（75e6－76a8）

施特劳斯：嗯，让我们停在这儿吧。苏格拉底给出一个答案，满足了美诺的要求，即对形状有个明确的定义。他甚至没有为此感谢苏格拉底，只是问了一个额外的问题。好。我们稍后来说这个。

在克莱因的评论中——这个评论太长了，现在没法读——他给出了这个观点：这是形状的几何定义，与苏格拉底的定义截然相反的技术性定义，苏格拉底的定义是口语化的，其意义基于对前几何的形状的日常理解、日常想法。这种口语化与技术性之间的区别，对应于我们今天所使用的常识性与科学性之间的区别。科学并非简单地优于常识，而是与一个事实有关，即科学是通过对常识理解的一种特定转化，通过一种特定抽象，从常识理解中产生的。科学以常识性理解以及那种特定转化为前提，但对此却无反思。科学不反观它本身的母体（matrix）。可以说，科学表现得像是无预设的、自足的。技术性定义不是辩证的，但又与辩证定义有表面上的相似，因为technē，即技艺、科学，它要通过被认为已知的事物开展——但这些东西并非真的已知。它们被处理为好像是已知的。辩证法关注的是真知道（truly knowing）。

那么，为什么这个问题会在《美诺》中，而不是在其他对话中出现？我们记得，美诺是一个恶棍，出于某种我们未知的原因，他关心如何获得美德。显然，他对几何学——也就是对科学也有一定程度的了解，我们会这么说。恶棍和数学之间有联系吗？上帝保佑不是这样（God forbid）。［笑声］但是美诺还有第三个特征，将［85］他的恶行和数学联系起来：他是一个高尔吉亚的追随者。他复述高尔吉亚说的话。他追随一个传统。好，现在让我们读读克莱因在第66页最上面提出的观点。好吧，让我来读吧，因为只有一小段。

［读文本］：

> 对这一几何术语（以及诸如此类的其他"技术性"术语）的熟悉，并非基于任何一种直接感知，更不用说也并非基于"知识"，而仅仅是基于习惯缺乏真实理解地使用这些术语。①……但是，指代……［这些数学的东西——施特劳斯］……并构成其定义的那些术语，既不能指出这些实体是什么，也不能显现其独特的存在样式。要实现这些，看来还要求另一种非常不同的techné［技艺］［也就是说，辩证法——施特劳斯］。（Klein, 66）

因此，关键是习惯。美诺遵循这个传统。遵循传统与实践最严格的科学之间存在一种奇怪的亲缘关系。两者都将不能视为理所当然的事情视为理所当然。然而，这与恶行有什么关系？这个问题的答案——至少是某个答案——你们会在《王制》结尾的一个段落中，619b－c那里找到。你可以从这里继续读吗？

雷因肯［读文本］：

> 当先知这么一说，他说第一个抓阄者立刻跳了起来，去抓

---

① 施特劳斯在阅读克莱因时跳过了大部分文本。整个引文仍然可以在第66页找到。

住那个最大的僭主统治的阄，因为愚蠢和贪婪，他选择了这个阄，没有经过充分的检审。

施特劳斯：情况是这样的：死后，经过一段游魂生命后，[灵魂获得]一次选择新生命的机会。而这个人选择了僭主统治。他是什么类型的人？

雷因肯：一个——

施特劳斯：不，读一下。

雷因肯：好的。

[读文本]：

> 他没有经过充分检审就选择了它，没有发现这里面包含吃掉自己孩子以及其他恐怖的命运，而当他闲下来检查时，他捶胸顿足哀叹自己的选择，哀叹没有听从先知的事先警告。他并没有因为自己的不幸而责备自己，而是责备命运、众神以及除了他自己之外的任何东西。他是那些从天上降下来的人中的一个，一个前世生活在秩序井然的政体中的人，这些人具有德性是因为习惯，而不是因为哲学。(《王制》619b – d.)①

施特劳斯：让我们停在这里吧。换言之，因为习惯而具有德性，因为惯性而非因为哲学——这意味着只要他生活在人类中间并且或多或少受到监督，他就会行为正派。但在他的内心深处，他并不[86]坚信正义之善（the goodness of justice）。他会选择一种僭主生活。习惯不是转变（conversion），而按照柏拉图《王制》中的教义，只有转变才能使人真正正义。

如果是这样，那么这个活着只靠习惯和惯性来确定行为举止的人，从根本上来说就是一个坏人。这就是美诺的遵循习惯（habit-following）、遵循传统（tradition-following）与那个奇怪的相似之处，即与几何学和他作为坏蛋间的奇怪的相似的关联。当然还不够充分，

---

① 雷因肯读的是 Paul Shorey 翻译的洛布古典版《王制》。

因为《王制》结尾所描述的这个人，只有在他死后处在完全孤立中并要选择来世生活时，才变得如此邪恶，而美诺则是当他生活在人类中间时变得邪恶的。因而，这个解释为我们提供了美诺的恶行的必要理由，但还不是充分理由，我们必须去看看充分理由是什么。有什么问题？肖弗先生？

肖弗：在我们继续之前我想问一下：对于我来说，不知道为什么，第二个定义显得没有什么方面更少符合常识，尽管它可能比第一个定义更有几何意味。换句话说，这就像说，如果我要请某个人来定义形状，第二个定义首先看起来就非常符合常识。

施特劳斯：你指的是哪个定义？

肖弗：将形状定义为体的界限。

施特劳斯：但这似乎是出现在希腊数学文献中的定义，我从克莱因那里知道的。

肖弗：是的，但同时，难道不是——我认为论证的含义在于，第二个定义不仅是几何的，而且比第一个定义更少常识性——

施特劳斯：是的，那我明白了。我误解了。是的，当然，第一个定义对应着初步理解，这并不意味着每个人都能达到这种理解。只是说它诉诸——它只指涉常识上已知的事物。那是第一个定义。而第二个定义具有数学定义、科学定义的特定优点和缺点（virtues and vices）。

肖弗：在我看来，如果一个人对几何学一无所知，如果有人对他说形状是体的界限，那么在我看来这同样是常识性的，不亚于第一个定义，而根据第一个定义，形状将伴随——

施特劳斯：是的，但我们得等等，因为稍后苏格拉底将明确地说——你可以在76d处读到，在苏格拉底也给出了［一个］关于颜色是什么的答案之后，［该答案陈述的是］颜色的科学定义，美诺对这些科学答案的喜爱要比对话性的答案多得多。苏格拉底在76e中说：是的，你喜欢它，美诺，因为这个答案是肃剧性的（tragic），因此，这个答案比我最先给出的那个，就是我关于形状的第一个答案更讨你喜欢。肃剧性的，意指高调的（high-fallutin'），类似的意思。［说话的］方式。[87] 人们在肃剧场景中怎么说话呢？不是用在我们所谓现实生活中说话的那种方式。我们后面会说到这个。换言之，不管你怎么想，我们必须首先尝试跟上苏格拉底。我认为克莱因充分表述了苏格拉底的思想：形状的第二个定义不如第一个定义；这里有某些东西与一个事实有关，即整个颜色领域在几何学中当然完全是缺失的，而你又找不到任何没有颜色的形状。你从某物中进行抽象，这种抽象使几何成为可能，但也以某种方式扭曲了该物作为其中一个部分的那个整体。

肖弗：我可以再问一个与此相关的问题吗？我想知道根据第一个定义，例如，关于天空，人们会怎么说？

施特劳斯：对不起，请再说一遍？

肖弗：天空。天空有颜色，但似乎没有形状，而苏格拉底的定义说形状——

施特劳斯：天空没有形状、外形吗？穹庐（vault），没有一个穹庐状吗？

肖弗：这个形状完全有赖于地平线和环绕它的东西。

施特劳斯：是的，但如果我们真要从头开始的话，难道还是没有一个天空的穹庐吗？天空没有成形吗？然后我们必须走到进一步的问题，但主要是天空有一个形状——穹庐，［天空］的穹顶。伯纳姆先生？

伯纳姆：我想知道您在什么意义上说苏格拉底的第一个定义，即图形总是伴随着颜色是一个哲学定义。我的意思是，那显然不是一个哲学探究的最终结果——

施特劳斯：苏格拉底说，严格来讲这是一个辩证的答案（a dialectical answer），在这当中，对那些如果我们想说话就非得当其为理所当然的东西，我们就当其为理所当然。我们并不把那些不必当成理所当然的事情当成理所当然，但也许只有当我们进入一种特定技艺、特定学科的范围时，我们才能这样做。

伯纳姆：但在我看来，这并不能回答什么是形状的问题。说形状是那个总伴随着颜色的东西，在我看来，这似乎没有回答——

施特劳斯：有些东西我们可能只能指出而不能用语言完整表述，不是吗？想想颜色本身。我的意思是，严格来说，你不能把颜色等同于波长，尽管颜色和波长之间存在必然联系——这一点苏格拉底或柏拉图当然不知道，但颜色并非波长。这一点在色盲或盲人的情形中最清楚，一个不知道颜色的人如何［通过言辞］来认识颜色？我的意思是，你就得指给他：那是蓝色，那是黄色，等等。因而，如果你假设我们所谈论的一切都必须可以用言辞来呈现，那么困难就出现了。[88]这是我们头脑中已有困难的一部分。我相信，这一点会变得更清楚一点，因为当来到关于颜色的讨论时，与我们的思维方式非常不同，苏格拉底给出了一个让美诺满意的颜色的定义，这个定义的形式结构与现代科学关于什么是颜色的答案有亲缘关系，而它与我们思维方式的差异也会表现得更为清晰。这个我们必须推迟到下次再讲了。现在有一个——巴特沃斯先生？

巴特沃斯：考虑到这个对苏格拉底定义的反对意见——您认为是一个不公平的反对意见——难道不能说，就像颜色是我们都应该认识和看到的东西一样，形状也是如此，而如果形状必须被定义，那么颜色也应该这样吗？

施特劳斯：是的，非常好，但我们顶多只能指出两者的相关关系，即你在哪里发现形状就会在哪里发现颜色，在哪里发现颜色就会在哪里发现形状——我们顶多只能这样说，不是吗？但是就形状的定义而言，我们并未受此约束。

巴特沃斯：这似乎就是争论的要点，但那么该定义就不是对两者任何一个的定义，是吗？

施特劳斯：但是问题在于：你怎么能事先规定什么是好的定义呢？亚里士多德关于定义的教导与几何或数学存在这一事实有很大关系，并且在某种程度上受其指导。但是，亚里士多德本人在他的哲学讨论中是不是没有回溯到这一点背后，这是另一回事。非常关注数学化哲学的莱布尼茨惊讶于一个事实，即逻辑学的创始人亚里士多德在他的哲学著作中相对来说只有极少的定义。

好吧，我们会在下次来讨论你的问题。我还有个约会，对不起。

第五讲　美诺的第三次回答

（没有日期）

[91] 施特劳斯：现在让我们提醒自己注意语境。《美诺》是唯一论美德的对话，是苏格拉底与一个特别邪恶的人开展的对话，这个邪恶的人即美诺，他作为一个高尔吉亚的追随者进入人们的视线，是一个记着他人意见的人。在没有任何准备的情况下，美诺突兀地向苏格拉底提出人类怎样变得有德性的问题。我们不知道他为什么这样做，他的问题背后是什么。当然，主动性全在美诺一边。苏格拉底的目的并不在于跟美诺交谈以将这个流氓无赖转变为有德者。这很清楚。苏格拉底答曰，他无法回答美诺的问题，因为他都不知道美德是什么。当然，美诺知道美德是什么。他的第一个答案是列举各种人的各种美德；但因此，这并不是对什么是德性这个问题的回答。但是美诺意指德性在于做一个人的工作或做好一个人的工作，而工作取决于一个人的性别、年龄、社会地位，等等。换言之，美诺对什么是正义这个问题的第一个答案所意指的，就是《王制》关于正义"是什么"（what is）所明确教导的内容。但是当然，美诺没有意识到这一点。他的第二个答案是：德性在于统治人类的能力。

我们现在关注的是他第二个回答。苏格拉底认为这个答案不充分。首先，这不适用于儿童和奴隶，我们不会认为儿童和奴隶能够统治人类。尤其是，当统治的能力没有伴随正义时，我们不会将其称为卓越。但正义本身就是一种德性，而节制、智慧以及许多其他德性也是如此。再者，我们看到美诺给出了许多德性，就像在第一个答案中一样，而我们仍然想要知道使任何德性之为德性的那个东西是什么。美诺无能为力。苏格拉底试图通过引入形状——即schēma——的例子来帮助他。美诺迫切想听到什么是形状。苏格拉底说：形状是总是伴随颜色的那个东西。但美诺反对：这是一个糟糕的答案，一个愚蠢的答案，因为那颜色又是什么呢？换言之，这里美诺迫切想听到的，是关于什么是形状这个问题的另一种答案，非苏格拉底给出的另一种答案，即几何答案。而这导出一个一般性观察，即对于事物是什么这个问题有两种答案，我们可以说，几何的或数学的（geometric or mathematical）答案，以及辩证的（dialectical）答案。

这个问题，作为与辩证法相区别的几何学的讨论——或者用更通俗的说法，与哲学相对的科学——为什么会出现在《美诺》和《美诺》的这个特定部分？最后这个问题找到了一个简单的答案。关于这两种定义的讨论发生在第二个答案的讨论中。第二个答案是美诺的中心答案，［这表明其］在某种程度上是最重要的［一个答案］。至于这个讨论为什么在《美诺》中，我们必须一定程度上考虑这个问题的背景。什么是美德？当然，除了美诺明显不充分的答案外，关于这个问题我们还没有听到任何东西。苏格拉底似乎认为美德即知识。突出的知识是数学知识，但数学肯定不是那种可以等同于美德的知识。或者反过来可以说：我们［92］不能指望于德性的几何定义。对于没有受过任何数学训练的那些简单的人来说，德性太众所周知了，而另一方面，德性又太过复杂，以至于无法以数学定义的方式来解释。

让我们简单看一下《王制》。在《王制》中，所有美德都以某种方式被定义了，即什么是勇敢等等这样的问题。而什么是正义的［问题］那里也回答了。但所有这些答案明显都不完整。它们不是对问题的最终答案或者……柏拉图的答案。这一点在正义的问题上尤其显著。在《王制》卷一中苏格拉底证明正义是好的，但他说，嗯，我已经证明，而并不需要知道正义是什么——那么他如何知道正义是好的？然后，他在灵魂学说的基础上阐明了何为正义，灵魂由多种部分组成，而每个部分都有其独特的德性或完美。灵魂中有欲望。

关于欲望的完善或德性就是节制，也就是控制欲望等，正义就是在此基础上定义的。但是在整部《王制》的最后，在卷十中，很明显我们终究没有通过《王制》获得对灵魂本质的充分知识。如此，我们又如何才能获得对灵魂或其诸部分完善性的充分知识呢？我们又如何才能获得对美德的充分知识呢？

我们确实在亚里士多德的《伦理学》中找到了美德是什么以及各美德是什么这个问题的充分答案，这会［总］是一个好测验——如果有人为此做了适当的准备——也就是说，当你面对苏格拉底式的关于某种美德的讨论时：看看亚里士多德的答案，然后说，我们有一个答案；为什么苏格拉底没有想到这个？［笑声］他是不是太缺乏准备了？你们知道，我们可能会说，［这是］逻辑的早期阶段吗？或者是否有更深层次的原因，使苏格拉底或柏拉图从未想过按照亚里士多德在《伦理学》中的思路给出答案？《伦理学》中的答案非常漂亮且无懈可击。但有一个明显的缺陷：没有从一个原则中推论出十或十一个德性，所以你不能保证完整性。亚里士多德可能会说：嗯，你知道哪个我没有提到的德性吗？而我想我们会说：是的，你没有提及虔敬。然后亚里士多德就得给我们一个回答，解释为什么他忘记或者排除了虔敬，这是一个很长很长的问题。亚里士多德接受人们知道的美德并做了一些改变，对虔敬的遗忘是其中最惊人的一点。

另一个要考虑的非常重要的例子是《神学大全》（*Summa Theologica*）中阿奎那（Thomas Aquinas）给出的定义，因为在这里，阿奎那某种意义上当然是一个亚里士多德主义者。但是他关于德性的教导也间接基于柏拉图，其意思是这样：有一种所谓四枢德（four cardinal virtues）学说，即《王制》中说的四种德性，勇敢、节制、正义和智慧——或者说审慎。这在柏拉图之后被廊下派以及诸如西塞罗等人所接受，而后来的拉丁传统直接成为托马斯主义学说的基础。这里，你们有一个演绎原则（a principle of deduction），凭此你们可以说有这些并且只有这些德性。你们对完整性有确定，没有遗忘什么东西。比较这个也会很有趣。这只是［顺便一说］。无论如

何，回到我们已经开始的那个点：在柏拉图那里，对什么是德性
[或其单个部分] 没有最终定义。

[93] 现在让我们回到具体细节。我们关心的是几何的和辩证的
这两种定义之间的区别。对此你们有什么想说的吗？

肖弗：嗯，我有一个与上节课有关的问题。

施特劳斯：好的。

肖弗：美诺反对苏格拉底对形状的第一个定义；美诺似乎是以
形状的科学定义来看这个定义的。他不喜欢苏格拉底的第一个定义，
因为它看起来不科学。

施特劳斯：嗯，好吧。

肖弗：我认为，美诺似乎在寻求找到形状的某种本质，即用苏
格拉底要求他给出德性定义同样的方式找到一个定义。因此，我想
知道美诺现在以这样一种形式提问——而他最初并没有从这种问题
开始，因他最初开始问的是美德如何被教导——这是否意味着美诺
已经从苏格拉底那里学到了一些东西，尽管学得很糟糕。

施特劳斯：是的，但不完全是这样。没那么简单。他是不是学
到了什么东西？嗯，严格说来，苏格拉底让他想起了当他和高尔吉
亚在一起时曾经听到的东西。这不是任何严格意义上的学会，因为
你可能会回想起一些你知道得很肤浅的、你从未真正学会的东西。
他对苏格拉底的回答不满意，至于苏格拉底对颜色是什么的回答，
后来证明他也不满意。这么说完全正确。要恰当地理解这一点，得
等到我们到达苏格拉底清楚对比这两种定义的地方。如果你不介意，
我们将这问题放一放。现在让我们来读克莱因书的第 63 页，第三
段——第二句到结尾。

雷因肯 [读文本]：

> 这条规则要求词与词的"一致"。但是，"一致"这个词本
> 身就容易受到不同解读。他有可能是苏格拉底诉诸习惯上为人
> 接受且熟悉之物时所基于的那种一致（homologia）。

施特劳斯：即，诉诸每个人都或多或少同意的东西。是吧？

雷因肯［读文本］：

在任何"技术性的"谈话中，也要求用词上的某种一致：综合性数学以及任何其他可明确论证的学问的方法亦受一致性（homologia）支配。［94］美诺起初提出反对意见时，心中所想看来正是这种一致性（homologia）。（Klein，63）

施特劳斯：这就是我们现在所需要的全部。因此，在几何和辩证法之间存在差异，但它们之间也有一种亲缘关系，这导致一个困难。现在，我将读一读克莱因书中后续几个段落。第65页接下来的地方。当苏格拉底给出了形状的几何定义——那之后，第65页，第三和第四段。

［读文本］：

显然，苏格拉底跟着美诺完全放弃了 schēma［形状］① 的口语性含义。在苏格拉底刚刚给出的定义中，这个词指的不是"可见物体的封闭表面"［那是口语性的意思——施特劳斯］，而是一个几何体，恰如欧几里得定义的"形状"："形状就是为某个或多个边界所围成的东西"，而"边界"反过来又被定义为某物的界限（peras）。在苏格拉底的第二个定义中，schēma［形状］是一个"技术性的"词，表示"有边界的表面面积"，等同于 epipedon［表面］……。② 苏格拉底给出的第二个说法其实是一个严格的几何定义。

然后，一个非常困难的段落来了，我给你们读一下。
［读文本］

---

①　克莱因给出的只有希腊词 schēma。本节中，但凡提及"形状"，都是如此。
②　克莱因只给了希腊词 epipedon。施特劳斯随后省掉了克莱因列举的另一个希腊词 epiphaneia。［译按］克莱因的原文为：等同于 epipedon［平面］和 epiphaneia［表面］。

schēma［形状——施特劳斯］含义的这一转换是有道理的，因为，正在探讨的不是形状本身［对此，当苏格拉底说形状是总伴随颜色者时，他已经说到过——施特劳斯］，而是"定义"的正确方式、充分应对某种"普遍"之物的正确方式，而说到底，就是描述在"人的德性"（human excellence）所有表现形式中那个"人的德性"的正确方式。此外，看来美诺和我们都被迫面对一种类型的定义，不论这种定义有何优点，它都与最终任务有矛盾。

换言之，一个真正充分的定义，有可能是数学或几何定义吗？在后续第 65 页底部，克莱因把他的意思说得更清晰了。［读文本］：

我们不得不问："体"（solid）从何种意义上为美诺或任何人所"知"？［因为，正如你们所知，在数学定义中形状被定义为体的结束——施特劳斯］stereon［体——施特劳斯]① 的几何意义完全不包含任何坚实性（solidity）。世界上几乎没有任何比一个几何的"体"更不是体的东西。［95］对这一几何术语（以及诸如此类的其他"技术性"术语）的熟悉，并非基于任何种类的直接感知［从未有人看见过几何的体——施特劳斯］，更不用说基于"知识"，而是仅仅基于习惯于缺乏真实理解地使用这些术语。② ……但是，指代这些实体［这些几何的实体——施特劳斯］并构成其定义的那些术语，既不能指出这些实体是什么，也不能显现其独特的存在样式。要实现这些，看来还要求另一种非常不同的 technē［技艺——施特劳斯]③。（Klein，65–66）

---

① 参本书第四讲，页 120 注释①。

② 施特劳斯跳过了几句话，这几句话讨论的是《王制》中著名的关于假设的相应段落。

③ 参本书第四讲，页 120 注释①。

这将是辩证法，我们可以说，辩证法会使其主题，即数学家总是预先假定但从未反思的主题，成为数学概念的母体（matrix）。还有一点，［在］第 66 页末尾，你可以读一下吗？

雷因肯［读文本］：

既然美诺并不反对苏格拉底的几何定义，那么，美诺至少默认了苏格拉底已经完成自己的使命（对参 75b）。此时，美诺重拾一个已经放弃的问题，［67］让苏格拉底给他讲讲"颜色"，这不仅与美诺希望被告知事物的习惯相一致，而且很清楚地表明，美诺的确在尽力拖延，甚至有可能在尽力避免轮到自己回答德性（aretē）问题。在这一点上，我们已经无需怀疑，就像我们曾经怀疑过的那样：美诺的心机，如今已经可笑（comically）、可怜地得以展现。（Klein, 66）

施特劳斯：是的。我们也可以说美诺显然想违背其诺言。他暴露了自己的不正义。当美诺试图去说德性是什么时，他就没给人太好的印象，并且他不喜欢那样。他是一个喜欢优越的人——一个喜欢胜利的人，正如希腊人所说的那样。因此，他试图避免信守承诺。这是很常见的情况，不限于恶徒们。现在让我们继续读文本，76a9，美诺想要［被告知］形状是什么，苏格拉底已经满足了他，但现在美诺又想知道苏格拉底在形状定义中跟形状一起提及的颜色是什么。是吧？

雷因肯［读文本］：

［美诺：］那对于颜色你会说啥，苏格拉底？

［苏格拉底：］你是多么霸道（overbearing）啊，美诺，当你自己不想费心去回忆并告诉我高尔吉亚对德性的描述时，你就强迫一个老人，要求他给答案！

施特劳斯：是的，"高尔吉亚所说的德性是什么"。你们看，苏格拉底打趣式地斥责美诺的 hybris，即他的骄横，并且苏格拉底再次强调美诺应该记住［96］并回忆高尔吉亚关于美德是什么的说法。换言之：你没有任何你自己的意见；我知道。你尊崇的师父说什么呢？好的。可以继续读吗？

雷因肯［读文本］：

> ［美诺：］等你回答了我的问题，苏格拉底，我就会回答你的问题。
>
> ［苏格拉底：］美诺，根据你讨论问题的方式，一个人即使蒙着眼睛，也可能会说你很帅，而且还有情人。（76a8－b5）

施特劳斯：是的。现在你们看到美诺重复了他的诺言——在你告诉我颜色是什么之后我才会回答你——在他破坏誓言之后。你们可以看到他不是一个非常可靠的人，苏格拉底不会信任他。苏格拉底没有把美诺与他的这种关系呈现为想成为主人者与潜在奴隶的关系，而是被爱者（beloved）与爱者（lover）的关系。苏格拉底是喜欢英俊的年轻人，但他并没有特别表示他是美诺的爱者。一般来说，他喜爱漂亮的年轻人，但肯定没特别喜欢美诺。是吧？

雷因肯［读文本］：

> ［美诺：］为什么会这么说？
>
> ［苏格拉底：］因为你惯用蛮横（peremptory）的口气说话，一副被宠坏的美人派头，就像他们那样，他们只要有花样美颜，行事时就拥有一种暴虐的（despotic）——一种僭主式的（tyrannic）① 权力。我敢说，你也注意到了我面对英俊之人时会有的弱点。因此我会迁就你，并回答这个问题。
>
> ［美诺：］你一定得迁就我。（76b6－c3）

施特劳斯：是的。因此，看起来，被爱者与爱者的关系确实与主奴关系或僭主－服从关系有某些共同之处。苏格拉底愿意再帮美

---

① 雷因肯正在看这个词的希腊文。洛布版作 despotic［专横］，但 tyrannical［僭主式的］是希腊词 turannos 的更字面的译法。

诺一次忙。我们已经看到，这里苏格拉底不再谈及美诺迄今为止一直逃避的约定。是的。因此现在苏格拉底愿意帮美诺一个忙，回答颜色是什么的问题。是吧？

雷因肯［读文本］：

> ［苏格拉底：］那么你喜欢我用高尔吉亚的方式回答你吗，你觉得这种方式最容易接受？
>
> ［美诺：］当然，我喜欢那样。

施特劳斯：是的。美诺想要从苏格拉底那里听到高尔吉亚式的答案。难道他不应该已经从高尔吉亚那里听到过了吗？他是中途辍学了，还是已经忘记了，还是想测试苏格拉底？我们不得而知。但他肯定希望留在他熟悉的概念圈子里。他不想听到任何非高尔吉亚的东西。可以肯定地说。是的。

雷因肯［读文本］：

> ［苏格拉底：］你们两个不都说实存事物有某些流射物，就像恩培多克勒认为的那样吗？
>
> ［97］［美诺：］当然。

施特劳斯：换言之，高尔吉亚本人就是——一个恩培多克勒的追随者，在这个问题上。

雷因肯［读文本］：

> ［苏格拉底：］以及流射物出来或者经过的通道？
>
> ［美诺：］肯定。
>
> ［苏格拉底：］有些流射物适合各种通道，而有些则太小或太大？
>
> ［美诺：］是这样。
>
> ［苏格拉底：］进而，还有你所谓的视觉？
>
> ［美诺：］是的。
>
> ［苏格拉底：］所以现在，像品达说的，"设想我的意思"：

颜色是一种与视觉和感觉相称的形状的流射。

[美诺:] 苏格拉底,你的回答在我看来表述得太棒了。

[苏格拉底:] 是的,因为我希望你会觉得它的术语很熟悉——

施特劳斯:是的,"因为这可能是按照你的习惯(habits)来说的",或者"惯性"(habituation)。是吧?

雷因肯 [读文本]:

同时,我想你已经观察到它能让你说出声音和气味是什么,以及许多诸如此类的其他事物。

[美诺:] 当然啦。(76c4 – e2)

施特劳斯:好,我们在这儿停吧。换言之,声音和气味也得解释为流射物,它不仅会适应眼睛,还会适应耳朵或其他感觉器官。我们对现代的这种定义已经有一定程度的熟悉。我给你们举一个霍布斯《利维坦》第二章中的例子:"颜色是外在物体压迫眼睛所引起的一种表象(seeming)或幻觉(fancy)。"——这意味着颜色并非物体的一种品质,这本来是简单直接的答案。这种观点,这种常识性的观点,根据霍布斯的看法,是不正确的,为了给出正确的答案,你得依据颜色的起源(origins)或发源(genesis)给出答案。在某种程度上,这就是苏格拉底、高尔吉亚或恩培多克勒的做法。来自事物撞击眼睛产生的流射物,这就是颜色。你们将颜色间的差异视为物体的某种品质,而在这里给出的答案,无论是霍布斯式的还是恩培多克勒式的答案中,物体的这种品质,即物体的视觉品质则被替换为依据起源或发源所给出的答案。这两种定义对应于我们今天所谓的科学答案——或不妨想一想特定的颜色和波长。那么绿色就是那个波长,在绿色的特性被遗忘的地方,一种适用于所有颜色的东西取而代之,[即],它们是波长,品质的差异被还原为量的差异。这并不等同于恩培多克勒的做法,但具有一定的相似性。现在让我们先读完这部分对话。

雷因肯［读文本］：

这是一个高度诗性风格的（in the high poetic style）答案——

［98］施特劳斯：不，让我们更字面些。"因为这是一个肃剧性（tragic）的答案，美诺。"是吧？

雷因肯［读文本］：

［苏格拉底：］这是一个肃剧性的答案，美诺，因此这比那个关于形状的答案更讨你喜欢。

［美诺：］是的，它更讨我喜欢。

［苏格拉底：］但阿勒克西德摩斯（Alexidemus）的儿子，我还是倾向于认为另一个答案是这两个答案中更好的一个；并且我相信你也会更喜欢那个，如果你不是被迫，就像你昨天说的那样，在秘仪之前离开，而是能留下一会儿并且加入秘仪的话。

［美诺：］但是苏格拉底，如果你会给我许多诸如此类答案的话，我会留下来。（76e3–77a2）

施特劳斯："如果你会告诉我许多这样的东西。"是的，关于这里"肃剧性的"（tragic）这个词，它意指某些高调（high sounding）或宏大（grand）的东西，但也指神话的（mythical）。例如，在《王制》卷八中，苏格拉底给出了关于较低类型政制的起源的叙述，讲到它们如何从最佳政制中分化而来，这在苏格拉底看来也是一种肃剧性的叙述。这里的"肃剧"并不像今天用法中那样有悲伤事件的含义——如果有人被车撞了，那就是一个悲剧事件——而是指某种好像很宏大、高调的东西。这里苏格拉底第一次用美诺父亲的名字来称呼美诺。这位父亲，"阿勒克西德摩斯"的意思是 dēmos［民众］的捍卫者，或者一个防止民众、抵挡民众的人。换言之，［不清楚他是］保卫民众还是为保卫自己而抵挡民众。肃剧与民众有关联，你们很容易就可以从《法义》卷二中看到，肃剧被描述为所有艺术形式中最受欢迎的，超过喜剧或史诗等。是的。

我们还将［考虑］另外一点。要点是苏格拉底在这里重申有两种定义，一种是他给出的——他没有简单说这个答案就是好的，他说这个答案要比美诺喜欢的那个更好，让我们把这称之为辩证定义；而另一个是数学定义。美诺喜欢听到这些东西，正如我们从刚才读那个段落结尾看到的那样，尽管他在别处有要紧的事，但如果苏格拉底会告诉他这些东西的话，他甚至愿意留在雅典。现在他有了一种好奇心，但却是一种特别的好奇心。他想听到这种东西——高尔吉亚式的东西，或者说他以某种方式已经从高尔吉亚那里听到过的东西。请说。

学生：您能解释一下这里为什么提及圣仪和入会仪式（initiation）吗？

施特劳斯：是的，这里提到秘仪——而厄琉西斯秘仪（Eleusian mysteries）是其中最著名的秘仪，并且也提到了秘仪的入会仪式（initiation）。苏格拉底把这运用到他正在做的事情上。那里有些秘仪——比如说，哲学的秘仪（the mysteries of philosophy）——并且有一种加入秘仪的入会仪式。有一个事实已预备了关于这一点的搞笑表达：在其苏格拉底喜剧《云》（Clouds）中，阿里斯托芬表现了苏格拉底在对其学生的初级指导中，作为一种常规仪式的入会式，特别要测试学生的这种力量——kartareia，即忍受劳累和痛苦的力量，或者说对劳累和疼痛的抵抗力。例如，这个家伙必须［99］穿一件爬满跳蚤的衣服坐着，如果他不能平静地忍耐，那他就不行（《云》144ff, 258ff.）。那是一种喜剧性的解释；你也可以给出更有价值的解释。可见柏拉图承认，一个人需要进入哲学的入门仪式（initiation），这种入门仪式当然不是初级指导，而是某种测试此人性情之类的事。有人举手，请讲。

学生：施特劳斯先生，在76e处，当他提及形状的定义比颜色的定义更好时，您觉得他指的是哪个形状定义？

施特劳斯：这是个好问题。我会说这只能指苏格拉底自己的那个定义。但我承认这里的行文模棱两可；也可以指第二个答案，想一想，从苏格拉底的立场来看，即便说形状的几何定义好于颜色的这个物理定义，也讲得通。因此我会说，的确，苏格拉底的意思是颜色的定义不如形状的两种定义。我觉得有必要这么说。是的，因为数学具有某种精确性，而这种精确性是恩培多克勒在此提出的这种前现代物理学所缺乏的。是的，我感谢你提出这个问题。

克莱因的书中有几个点。我们不可能读全部。在第 70 页底部，克莱因提到颜色与真实和虚假德性有关这一事实。这当然有点搞笑，但你们可以在色诺芬的《斯巴达政制》第五章中找到这个（*Constitution of the Lacedaemonians*，v. 8 - 9）。我们理解这一点：比起苍白的脸色，红润的气色似乎标示着更高程度的德性，尤其是在军事社会中。所以肤色深是户外生活的标志，而不是待在房子里这种不自然的生活——对男人来说，是的。女人应该待在家里，至少按照雅典人的观点是这样。斯巴达人说女人也应该在 palaistrai，即锻炼场所，但这不被认为对女性德性有好处，因而海伦是斯巴达女性身上所发生的事情的伟大典范了。请讲。

雷因肯：颜色之于真实的关系——

施特劳斯：是的，当然。

雷因肯：对于自诩的卓越，就像有句俗话说的，"五彩斑斓的伪装"（a colorable pretext）。

施特劳斯：是的，是的。当然，伪装也意指涂上颜色。而这里 schēma，形状，也有这种含义，因为从其派生的动词 schēmatizō 有点像装腔作势的意思，所以 schēma［形状］和 chrōma［颜色］两者与德性问题都有这种有点喜剧性的关系。这只是顺带一说。我想我们可以到此为止了。

［100］现在已经很清楚了：苏格拉底确实暗示有两种定义，而一种是美诺偏爱的，我们不妨称之为几何的或科学的定义，这种定义不如另一种定义，即辩证的定义。而苏格拉底所寻求的德性定义不可能是几何的，只能是辩证的，因为这个定义的给出必须以所有人都同意、承认、熟悉的内容开始，并使其所有含义得到充分理解。

这至少是最主要的一点。关于美诺第二个回答的讨论到这里为止，如果你们没有——布鲁尔先生？

布鲁尔：在 75d 处，苏格拉底在预备他的第二个答案即几何式答案时，他称之为更具有辩证性的。

施特劳斯：是的。

布鲁尔：仅仅是指他们会从美诺熟悉的东西出发？

施特劳斯：嗯，这是一个暂时的陈述，在那里"辩证法"不是与几何相对立而是与好辩（eristic）相对。我们在上次研讨课上讨论了这个问题。一个好辩之人是一个想要赢得论辩的人，他并没有真正进入对话。就好像他占据了一个位置，说：把我从这儿赶走吧。而这总是比确立一个位置要困难得多。辩证法论者，在这个意义上，在苏格拉底意义上，是一个想要友好对话的人，因为［他和他的对话者］都关心，即都同样关心对真实的寻求，因此他们是朋友，而不是那些互相打斗的人。但现在，辩证法也有别于几何。当然，几何学并不好辩；几何学家们相互之间的行为非常友好，我们在《泰阿泰德》中就能找到一个柏拉图式的例子，在那里你可以看到非常好的数学家，没有任何龃龉。好的。我们来读后续部分。

雷因肯［读文本］：

［苏格拉底：］那么好，既为了你也为我自己，我会不遗余力地讲述这些事情——①

施特劳斯：意即，既然你喜欢听。是吧？

雷因肯［读文本］：

但我担心我也许不能长期保持在那个水平上。但是现在来——

施特劳斯：是的，只是"不能告诉你很多这样的东西；我能告

---

① 雷因肯正在看希腊文。原文是"继续以这种风格"（continue in that style）。

诉你一些"。是的。

雷因肯［读文本］：

> 不能很多。但是现在来吧，轮到你了，你得努力兑现你的诺言，告诉我德性一般是什么（what virtue is in a general way）——

施特劳斯：是的，或者"整体"（the whole），"作为一个整体"（as a whole），而不仅仅是部分。

［101］雷因肯［读文本］：

> 作为一个整体；而且你必须停止从单数中制造出复数，就像那些摇摆不定的人——

施特劳斯：更简单地说，"一生多"（many out of one）——让它保持完整，不要分解整个东西。是吧？

雷因肯［读文本］：

> 就像每当有人打碎什么东西时那些搞笑的人所说的那样，而是让德性保持完整和全面，并告诉我它是什么。现在你已经从我这里获得榜样了。

施特劳斯：是的，这里有一个很大的变化。苏格拉底不再要求美诺给他高尔吉亚的答案，也许是因为高尔吉亚的答案已被证明不够好。苏格拉底声称跟美诺讲这些东西符合自己的利益。为什么？他希望美诺爱上他，还是希望美诺放过他？我们还说不上来。现在我们听到了美诺对德性是什么这个问题的第三个也是最后一个答案。

雷因肯［读文本］：

> ［美诺：］好吧，在我看来，苏格拉底，诗人有言，美德是"享受美好之物（fine things）①并能获得它们"；而这个，我说

———

① 原文是"为可敬之事感到高兴"（rejoice in things honourable）。

就是德性——欲求美好（fine）① 的东西并能够获得它们。
（77a3 – b5）

　　施特劳斯：是的，我们在这儿停吧。这里的"美好"（fine），
即 kalon 这个词，也可以译作"美丽"（beautiful）或"高贵"（no-
ble）。在这个语法结构中也可能意为"渴望美丽的诸存在"（to de-
sire the beautiful beings），尤其是美丽的人类。有可能是这个意思。
这很……。现在，你们看，美诺引用了一个人，但这次引用的是一
个诗人，不是高尔吉亚。

　　学生：这个诗人是谁？

　　施特劳斯：不知道。但关键点在于，苏格拉底现在已经迫使美
诺放弃了高尔吉亚的权威。这是非常棒的一步。这个诗人谈及美好、
美和高贵的东西，而这当然很适合诗人们：他们使用高调的语言
（high language），崇高的、高贵的语言，与高贵事物相称的语言。但
既然是一种诗性的表达，那就需要解释，需要翻译成散文，由美诺
来提供。他把享受，chairein，解释为欲望（desiring）之意。这很有
意思。显然，享受某事和欲望某事并非同一回事。我们可以享受相
当多东西而不欲求它们，也许最高的享受就是这种性质的享受。美
诺显然无法想象有人可能会在并不欲求的情况下享受某事。他是一
个占有欲 [撄取性] 很强的家伙。不管怎么说，对美或高贵，对好
东西的欲望无疑是德性的必要组成部分。但只有在一个条件下这才
有意义——换言之，我的意思是，不仅掌握这些东西的能力，而且
这种欲求也已是德性的组成部分，只有当并非所有人 [而只是一些
人] 欲求高贵事物、美的事物时，这才有意义。这个例子的一个简
单证明是色诺芬《回忆录》（Memorabilia）第三卷的开头，那里色诺
芬展示了苏格拉底如何对待那些欲求美、好或高贵事物的人。那意
味着这里是在最粗略的层面指 [那些] 欲求荣誉的、有抱负（ambi-
tious）的人，[102] 意味着不是所有人，而只有少数人是真正意义

---

　　① 原文是"可敬的"（honourable）。

上有抱负的人。

因此，第三个定义仍然具有这一严峻的含义：任何严肃意义上的德性都只是为部分人类所有，为少数人所有。让我们再次把他们称为主人（masters）：只有主人才欲求美的事物并能够得到它们。因此，再一次，美诺让我们思考主奴之间的区别对于定义德性是否真没那么重要。但是，虽然第一个定义承认有一种奴隶德性，我确信你们会记得，第二个和第三个定义排除了奴隶德性的可能性。因此，现在我们已经听到第三个［定义，这也是］第一个非高尔吉亚（non-Gorgian）的定义。现在我们来看看克莱因在第 71 页第二段所说的话。

雷因肯［读文本］：

于是，美诺做出自己的第二次尝试，讲讲什么是"一般"意义上的人的德性。

施特劳斯：我们已经看到，从某种意义上说，这是第三次尝试，但是，好吧。

雷因肯［读文本］：

但是，美诺并未顾及所提供给他的任何一种范式。

施特劳斯：换言之，这不是按照苏格拉底那两个形状定义或颜色定义的方式给出的答案。是的。

雷因肯［读文本］：

这就是美诺所讲的："那好，依我看，苏格拉底，人的德性是，正如诗人所言，'以高尚的东西（high things）为乐，并且掌控（master）它们'。而且我也（kai egō）说这是德性：渴求（epithymounta）高尚的东西，能够得到它们。"这就好像美诺无需任何努力就再次让记忆为自己代言。这次征引的是一位诗人而非高尔吉亚。（Klein，71）

施特劳斯：让我们停在这儿吧。这完全正确。但我们也一定别忘记，他是否追随高尔吉亚［和］放弃这种关系，这之间是有区别的。是的。现在让我们来讨论这第三个答案。对你们来说，德性在于某种高雅（refinement），我们可以说，一个人首先要对美的事物有感觉，这有道理吗？但这还不够。这会与完全被动的生活相适应。人也需要有能力得到它们，得到这些好的事物。他的回答可以理解吗？我不说这对不对，因为我们还没有开始对其进行检审。这是一个可以理解的答案吗？与之相似的现代答案是什么？用现代的话怎么表述？这些东西当然还活着。

学生：在文化（culture）中——

［103］施特劳斯：但是如果你加入美的事物——尤其考虑下艺术，所谓的"文化秃鹫"（culture vulture）。是的，但是［美诺］意指的当然是某种更宽泛的东西，更广泛。是吧？

雷因肯：当以大熔炉和美国梦教导他们时；然后教导他们朝九晚五地工作，然后他们将在郊区拥有一所漂亮的房子和更优秀的孩子，以及——伟大社会（the great society）的好东西（the good things）。①

施特劳斯：嗯，但重要的是，他在这里根本没有提到好东西（the good things），而只谈及美好的（fine）或高贵的事物。让我们来读后面的部分。

雷因肯［读文本］：

　　［苏格拉底：］你是说欲求美好（fine）事物②的人欲求善吗？

　　［美诺：］当然啦。

----

① 雷因肯可能指的是约翰逊总统（President Lyndon B. Johnson）从 1964 年开始采取的措施，该措施旨在确保美国人有更大程度的平等和更多的赚钱机会。在 1964 年 5 月的一次演讲中，他把这样的美国称为"伟大的社会"（the Great Society）。

② 原文是"可敬的"（honourable）。

[苏格拉底:] 意思是有些人欲求恶而另一些人欲求善？在你看来，我亲爱的先生，并非所有人都欲求善吗？

[美诺] 我认为不是所有。

[苏格拉底:] 有些人欲求恶？

[美诺] 是的。

[苏格拉底:] 你的意思是，他们认为那个恶是好的，还是实际上承认其为恶，还欲求它？

[美诺] 两种都有，我相信。

[苏格拉底:] 美诺，你真的相信，一个人知道恶就是恶，却还是欲求它吗？

[美诺] 当然。(77b6 – c7)

施特劳斯：是的，让我们在这里停一下。你们看到，苏格拉底在这个答案的开头毫无困难地诱导美诺将美丽或高贵的事物等同于好的事物。换言之，这对他来说没有困难，他可以轻松地从一个切换到另一个。这带来了一个很大的困难：你可以说只有一些人欲求高贵或美好之物，但你不能说只有一些人欲求好东西。这就是苏格拉底论证的脉络。所有人都欲求好，但并非所有人都欲求高贵或美好。但回过来，美诺说，不是所有人都欲求好东西。还有些人欲求恶的东西，尽管明知道那是恶的。这或许可以解释美诺的恶魔性格，但我不认为这很有帮助。但这是从他起初的断言发展而来的必然结果，他起初的断言意味着并非所有人都欲求高贵之物，而现在既然把高贵等同于好，则必然得出并非所有人都欲求好东西。他现在作出的断言，即并非所有的人都欲求好东西，不可能仅仅是以好代替高贵的结果，因为那些不欲求高贵的人并不就欲求他们知道为丑的、低下的东西。美诺心中有一个非常著名的现象，[104] 可以通过一句拉丁文诗句来表达：video melioraproboque；deteriorasequor——"我看到并赞同更好的事，但我跟随、我选择更坏的事"（奥维德《变形记》[Ovid, *Metamorphoses*] 7，20 – 21）。每当一个人屈服于他知道是诱惑的诱惑时，就会发生这种情况。而且不幸的是，没有比这更常见的了。顺便说一句，现在这个如此众所周知的现象表明，很难说德性等于知识。因为美狄亚（Medea），据说她知道什么是好的，但她做了相反的事；如果是这样，德性就不可能是知识，而如果德性不是知识，它就不能通过教导来获得，正如我们将在这部对话后面所看到的那样。

因此，美诺提出这一点，到目前为止都是完全可以理解的。现在让我们读后续部分吧。

雷因肯［读文本］：

［苏格拉底：］你所说的"欲求"是什么意思？欲求拥有它？

［美诺：］是的；还能是什么呢？

［苏格拉底：］他认为恶对得到它的人有好处，还是他知道恶会伤害得到它的人？

［美诺：］有些人认为恶是一种好处，而另一些人则知道它有害。

［苏格拉底：］那在你看来，那些认为恶是一种好处的人知道它是恶吗？

［美诺：］我根本不那么认为。

［苏格拉底：］显然，那些对恶无知的人并非欲求恶，而只是欲求他们以为的善，尽管其实际上是恶的；因此那些对恶无知而以其为善者，实际上欲求的是善。不是这样吗？

［美诺：］他们的情况好像是这么回事。(77c7 - e4)

施特劳斯：这是简单的情况。有些人欲求恶的、坏的东西，同时相信坏东西是有助益的。他们渴望坏东西时并不把那看成是坏东西；他们就是简单地错了。他们认为某些东西是好的，实际上却是坏的。而当然，这可以很容易地通过启蒙来补救。你向他们展示这种特殊的食物或饮料对他们有害，然后他们就不再吃喝这种东西了。至少在某些情况下，无疑是这样的。如果你说"那是毒药"，很多时候人们会拒绝接受它。后面是一种更有意思的情况，他在 77e5 处转到这种情况。

雷因肯［读文本］：

［苏格拉底:］我假设如你所说的，那么，欲求恶并且认为
恶会伤害得到它的人的那些人，他们知道会被恶伤害吗？

［美诺:］他们必须知道啊。

［苏格拉底:］但是他们不认为受伤害的人的悲惨与他们所
遭受的伤害成正比吗？

［美诺:］那也一定是的。

［苏格拉底:］而悲惨的人难道不是不幸的（ill-starred）吗？

［美诺:］我想是的。

［105］［苏格拉底:］那么有没有人希望自己悲惨和不
幸呢？

［美诺:］我觉得没有，苏格拉底。

［苏格拉底:］那么，美诺，没人欲求恶，如果没人欲求成
为这样一个人的话——因为欲求恶并获得它不就会是悲惨的吗？

［美诺:］看来你说的是对的，苏格拉底，没有人欲求恶。
（77e5 - 78b2）

施特劳斯:是的。恶，必须正确理解。恶在这里指的不仅仅是
道德意义上的恶，因此我也许会将其翻译为"坏"（bad）而不是
"恶"（evil）。道德上的恶是坏东西的一种特例，但那些欲求坏东西
而又相信坏东西有害的人将会是希望悲惨的人。但没有人想要悲惨，
因此，没有一个人想要真正坏的那个坏（the bad qua bad）。这是一
个简单的论证。在我们这个时代，这并不像其对苏格拉底，甚至不
像对做了一丁点努力后的美诺那样明白。因此，结果似乎就是，欲
求好东西的人和欲求坏东西的人之间，区别仅在于后者是错误的。
但如果是这样的话，他们就必须被启蒙（be enlightened），然后他们
就会理智地行动（act sensibly），或者长话短说：德性即知识。如果
德性是获得好东西的能力——这是德性的一个粗疏定义——那么德
性就是知识。就渴望好东西而言，人类并无区别：大家都想要好的

东西。具体来说，主人和奴隶在这方面也没有区别。然而这里没有用到这个区别，甚至避免用到，因为被翻译成"不幸"（ill-starred）的希腊文是 akodaimōn，与 eudaimōn 相反，后者通常译为"幸福"（happiness），但幸福带着些许宗教色彩：daimōn 意为"神"（deity）。因此，几乎可以将之译为"神佑的"（blessed）——几乎。但是我们将其译成"幸福"，这个词在希腊语中的歧义与我们用的"幸福"这个词一样大。

因此，欲求幸福对所有人来说是共同的。这意味着某些非常重要的东西，因为我们关心的是人类之间的共识问题。欲求幸福对所有人来说是一个天然共有的基础。关于这一点无需明确共识，除非为了避免语言混淆。这是辩证法的那个起点，因为它也给这一对真理的追求赋予了统一性。我们全都或多或少模糊地追寻着，但最终我们意指的是同一个东西，那个东西是什么？这种对所有人来说共同的欲求引发了一个问题：一个人应该如何生活？即，正确理解的幸福是什么？正是这个问题导致了知识与德性的等同。但如何生活这个问题似乎不是美诺的问题。他知道他想要什么。他知道德性是什么，但也许他不知道德性是如何获得的。记住他最初的问题。也许这个问题是有严肃意图的，然后他会知道自己如何成为他自己所羡慕并想成为的那个了不起的人。换言之，他不知道自己的德性是否以及在多大程度上归功于高尔吉亚。对美诺来说，这也许会是一个他有些兴趣的问题。你们知道，如果他不得不告诉自己他的德性主要归功于高尔吉亚，那将不会满足他的自我（ego），就像他们今天说的，是吧？有这可能。也许他不希望受惠于高尔吉亚太多，这似乎说得通。因此，我们现在提出第一个意见，大致意思是最初的问题并非无关紧要，或者不仅仅是一个 [106] 结果，其原因是他渴望听到苏格拉底的回答，然后就可以在家乡吹嘘与苏格拉底谈话这件事。

现在让我们从另一个角度考虑这个问题，我指的是这里以这种形式出现的问题：既然所有人都欲求幸福，这是否证明没有人尽管知道是坏东西还想要坏东西？可以得出这个结论吗？或许我们当今的感受和过去时代的感受之间有些差异，让我们首先考虑一下我们所知道的希腊人对此的感受。请说。

布鲁尔：令人愉悦的东西不同于好东西。

施特劳斯：是的，但又有所不同，因而我们必须区分好的令人愉悦的东西和坏的令人愉悦的东西。

布鲁尔：一个人可能在渴望幸福的同时认为他可以通过坏的令人愉悦的事情而幸福。

施特劳斯：是的。你想——

学生：这是不是关系到《高尔吉亚》？在《高尔吉亚》中，苏格拉底试图表明身体遭受不义比行不义更快乐。

施特劳斯：这是对美德或幸福的苏格拉底式理解带来的有严重矛盾的后果之一。但是，苏格拉底说的是你不是那么不幸（less unhappy）。他并没有说，如果你遭受不义，你是幸福的。他不是一个廊下派。是的。但是亚里士多德，作为最著名的例子，是从所有人都欲求幸福这一事实开始的。然而，他承认有些人缺乏自制（lacking self-control），而这些缺乏自制的人——这是亚里士多德以某种精确性使用的一个术语——即那些知道吸烟错误但仍然吸烟的人。换言之，存在被欲望征服的可能。亚里士多德的解决方案是：是的，人们被激情（passion）征服。就像柏拉图会说，他们就好像喝醉了：某种东西让他们陷入昏沉——着魔了。因而，缺乏自制之人并不真的是坏人，真正的坏人是因为无视高贵或美好事物之属而有意选择低劣事物，就像蔑视"老古板"（squares）① 而将其视为傻子的骗子一样。这种人完全意识不到老古板们的所谓"价值"，因而他彻底无能。但缺乏自制者不是骗子；他只是一个被欲望征服的脆弱之人。

还有［其他的］情况。拿另一个有趣的经历为例，我认识一个人，相当聪明，很有见识，并且当你私下和他交谈时，他很平易且有益，但当他站在观众面前时，他就不再是那个人了。一群观众，

---

① Square 是 1960 年代美国英语中流行的俚语，指的是遵守社会规范的人。1960 年代后期的"反主流文化"重视越轨而不是顺从。

［即便］很小规模，［但］尤其是［在］规模大的时候——最好是大规模的，因为那简直令他如痴如醉。他完全抵御不了这种诱惑。这些东西是存在的。苏格拉底当然会说，这人没有充分意识到［107］掌声或名声的贫乏和空虚。做出这种区分不是亚里士多德专有的；毫无疑问，你在柏拉图那里也能找到。知识不足以让人不受腐蚀。比较《王制》496b－c。或者举个来自《法义》的例子：要成为一个好的政治领袖，你得有点像一个好船长，① 而这意味着你得非常了解领航——这就是知识。但你还得不晕船。你可能知道关于领航的所有东西，但却没能免于晕船。因此，柏拉图当然和亚里士多德一样都知道这一点。

　　无论如何，我们现在已经确认这一点：似乎所有人都欲求好，但人们——很多人，大多数人——对什么是好的认识可能错误。而既然是一个错误，乍一看事情似乎就非常简单：启蒙这些人，然后他们就会追求好的事物。这有点复杂，我想我们所有人——即使我们中最小的都已经过了幼儿园的阶段——都知道。或者你有什么难理解的吗？有吗？

　　学生：为什么美诺否认那些认为恶有好处的人知道那是恶的？他为什么不坚持这样的立场，即我知道这是恶，但它对我有好处，就它是坏的而言它是恶，但我从其受益——

　　施特劳斯：让我们以承认自己是骗子的骗子为例，即，他承认自己是某种坏东西。狡诈是不正直的。这种事儿是有的。是这个意思吗？

　　同一名学生：是的，我的意思是——

　　施特劳斯：换言之，他会说：我知道我是一个罪犯，即坏人。一个坏人可能会为自己是个坏人而自豪。但他这么说的真正意思是什么？他接受了大多数同胞对他使用的这个词，但他一直将其放在引号中来用。他不是那样理解这个词的。根据他对善（goodness）的理解，他认为自己是个好人。例如，现在当然也有这样一些例子，

---

① 施特劳斯有可能指的是《法义》640d－641a2。

比如有些人受到压迫而对人类正义感到绝望，然后在此基础上成了社会的敌人。他们承认某种东西——他们当然承认人应该正义，但如果社会是不正义的，那么人就必须做社会认为不正义但事实上真正正义的事情。你可以和这样一个人谈谈。

同一名学生：但在我看来，情况是一样的，似乎与之前苏格拉底描述的那个人的情况是一样的。苏格拉底说：当他们追求恶时，他们认为恶是好的呢，还是他们实际上认识到它是恶的？美诺说这两种情况都有可能发生，[并且之前说过] 人们可以欲求善，尽管承认那是恶。他之所以被苏格拉底挫败，原因在于他后来自相矛盾，否认人们可能具有恶并且知其为恶然而却从中得到好处。我们知道美诺是一个试图与苏格拉底争论并得胜的人，他为什么不尝试保持自己的立场，在这里跟着往下降——

[108] 施特劳斯：但最简单的答案难道不是这个吗：他没有充分反思欲求坏事意味着什么。道德上欲求恶的东西是——如果美诺已经是我们推测的罪犯，这对美诺来说不难理解。但美诺当然不想落入悲惨境地。现在想想吉安卡纳先生（Mr. Giancana）。① 他当然希望拥有所有好东西，他所知道的好东西，但他不希望变得悲惨。他现在非常悲惨地待在监狱里，你们知道的。因此我认为美诺的确没有考虑过欲求坏事意味着——如果仔细推敲的话，就是欲求自己的不幸。现在我们听到不少事儿，讲到一些人喜欢折磨自己并且在这个意义上喜欢悲惨。但问题在于，这是否只是欲求幸福的一种复杂形式。我的意思是，如果他们对变得幸福感到绝望，他们可能会发现折磨自己对自己是一种帮助。换言之，那是一种对幸福的欲望的复杂的衍生模式；这当然会是柏拉图和亚里士多德的答案。没有欲望，没有对坏之为坏的自然原始的欲望。可以有派生的欲望，例如，人们可能会从坏事里找乐子，如果这是一个恰当的词；但是，那么当然，他们对自己的勇气、勇敢——或者不管你怎么称呼它——的

---

① Sam Giancana（1908—1975）是芝加哥黑手党的头目，刚于1965年被捕入狱。

信念，才正是他们在看似努力追求恶这个事当中所渴望的善。这不是什么严重的困难。你现在满意吗？

同一名学生：是的。

施特劳斯：很好。我们到哪了？让我们来读后面的部分吧。

雷因肯：78b。

施特劳斯：b3，是的。

雷因肯［读文本］：

> ［苏格拉底：］那么现在，你刚才说德性是欲求善以及获得善的能力？
>
> ［美诺：］是的，我说了。
>
> ［苏格拉底：］这个陈述的一部分——欲望——属于我们共同的天性（common nature），在这方面一个人不比另一个人好？
>
> ［美诺：］显然。

施特劳斯：那里不是"共同的天性"（common nature）。是"对所有人都可得"（is available to all）。

雷因肯［读文本］：

> 属于所有人（belongs to all），在这方面，一个人不比另一个人好？
>
> ［美诺：］显然。
>
> ［苏格拉底：］但是很明显，如果在这方面一个人不比另一个人好，那么他一定是在能力上更胜一筹。
>
> ［美诺：］当然。

［109］施特劳斯：所以换言之，欲望是所有人共同的，因而欲望不能构成一个人的德性，不能构成一个人的卓越，因为所有人都出于天性有欲望。而区别，即卓越，只能在于取得人之所欲的能力。是吧？

雷因肯［读文本］：

［苏格拉底：］那么，根据你的说法，德性似乎是一种获得好东西（goods）的能力。

［美诺：］苏格拉底，我完全同意你现在对这件事的看法。（78b3 – c2）

施特劳斯：是的。那么自然地，在他完全忘记高贵事物后（其中是享受高贵事物还是仅仅欲望它们会有区别），［现在］他只谈论所有人都欲求的好东西，比如健康以及我们后面会谈到的其他事物。因此，论其要旨，欲望，即欲求或希望得到有别于美好或高贵事物的好东西，不可能是德性——只能是获得它们的能力。是的。然后呢？

雷因肯［读文本］：

［苏格拉底：］那么让我们看看你的说法在另一个方面是否属实，因为很可能你是对的。你说德性是获得好东西的能力？

［美诺：］我是说了。

［苏格拉底：］你所说的好东西意思不就是诸如健康和财富之类的东西吗？

［美诺：］是的，而且我的意思还包括获得金银，以及获得城邦荣誉和职位。

［苏格拉底：］除了这一类之外，还有什么东西是你归为好东西的？

［美诺：］没有了，我指的只是所有这类东西。

［苏格拉底：］非常好，按照美诺，大王（the Great King）的这位世交的说法，获得金银就是德性。（78c3 – d3）

施特劳斯：是的。"大王"当然是指波斯国王。现在既然我们知道德性意味着为自己获取好东西，那么唯一的问题就是：好东西是什么？毕竟，这也许没那么简单。美诺给出了一个非常简单的答案，这个答案在今天就像在任何时代一样广为人知、影响巨大。不消说，这里没有提到德性。美诺不会再犯这个错了。德性是获得好东西的能力；它怎么可能属于好东西？他永远不会那样说。因此，他也许会将德性算到高贵和美好的事物中，这个我们不知道。[这个]确实很清楚：美诺甚至就没想过把德性视为好东西的一部分，幸福的一部分，而是一些有意思得多的东西的[一部分]。我们不会对任何人都这样指望。有意思得多的东西是什么？——在那些他本可以做的好事中，有什么是他在这里根本没有提到的？我们已经看到了他所说的：健康、财富、金银、城邦荣誉和统治地位。还可以想到什么种类的事物是诸如美诺以及更多、更多的人——从某种意义上说，我们所有人——所欲求的？

雷因肯：晚餐和音乐会？

[110] 施特劳斯：是的，但只要给出一般性的——

雷因肯：快乐（pleasures）。

施特劳斯：快乐。很有意思。我的意思是，这[揭示了]他性格的一个重要方面。他对快乐本身没有表现出任何兴趣。有许多恶人之所以不由自主地作恶，是因为欲求快乐，但美诺不属于这种人。使人快乐的事物与美好的事物之间有某种联系。无论如何，有些快乐具有某种光彩，这种光彩将它们与美好事物联系起来，而性爱当然比吃喝更适用这一点。我说性爱时是与性相对而言的，"性"是一个如此笼统的术语，以至于你都不知道人们说它时的意思是什么——除非此人对这件事太了解了。所以有一种光彩也许与令人快乐的事物，与更高的快乐有关，并将它们与高贵事物联系起来。我认为重申美诺缺乏这种感觉非常重要。那不是他的动机。例如，有快活的家伙，爱笑的快活的人。不用说，美诺从来不笑。比如《王制》里的格劳孔会笑。还有其他人，也是恶人，他们也会笑，但美诺不是其中之一。他身上有一种奇怪的枯燥（dryness），这是他性格的一部分，我们必须注意这一点。是的。现在让我们来读这个段落的结尾，下次我们会更详细地讨论。

雷因肯［读文本］：

[苏格拉底] 告诉我，美诺，你有没有给这种获得附加上，要公正地和虔敬地去获取——

施特劳斯：换言之，苏格拉底在这里所做的和他之前所做的完全一样：好吧，[德性要] 获取好东西，[诸如] 财富，健康等等，但是 [只不过]，我希望是以一种正派的方式去获取，否则的话我就不能再称之为德性。是吧？

雷因肯 [读文本]：

> 或者这对你来说无所谓，即使一个人不公正地获得这些东西，你还是一样把它们称为德性吗？
>
> [美诺：] 肯定不是啊，苏格拉底。
>
> [苏格拉底：] 反之，是恶。
>
> [美诺：] 是的，当然。
>
> [苏格拉底：] 那么，似乎正义、克己、圣洁或德性的其他部分必须伴随着这些东西的获得，否则，尽管提供了好东西，它也不会是德性。
>
> [美诺：] 是的，没有这些，怎么可能是德性？

施特劳斯：你们看他很容易对付。他没有任何抵触。是吧？

雷因肯 [读文本]：

> [苏格拉底：] 当可能不公正时就不去获取金银——我们说这是缺乏这些东西——就是美德，不是吗？
>
> [111][美诺：] 显然。
>
> [苏格拉底：] 因此，获取这类好东西并不比缺乏这类好东西更有德性；但似乎不管什么，若伴随着正义而来，就会是德性，而不管什么，若缺乏这种品质而来，就是恶。
>
> [美诺：] 我同意就得像你说的这样。(78d3 – 79a2)

施特劳斯：是的，"看起来是得像你所说的这样"。这事儿当然非常严肃。唯有正当获取好东西才能是德性，因而，就德性而言，获得或拥有这些好东西无关紧要。唯一重要的是正义或者虔敬。贫穷之人，一个奴隶，也可能拥有德性，因为德性不在于获取的能力，而在于正义地获取的能力。苏格拉底已经使美诺同意一个观点，即唯一重要的是德性——一个奇妙的结果。为什么苏格拉底不到此为止，并劝诫美诺从现在开始按照这种观点行事？美诺都对此表示了赞同。苏格拉底为什么不这样做？因为他显然不会做毫无意义的事情，那些毫无希望的事情。美诺不会依此劝诫行动，原因在于，美诺同意这个观点并不是因为他信服它，而只是因为它来自人们所说，来自普遍被接受的东西——这并不一定意味着他是个伪君子，他只是——就像今天会把这种人称为一个他人导向的人（an other-directed man），① 因而他并不是真的有此信念。我认为在这个问题上我们不得不到此为止了。还有几分钟，我们还忽略了一些重要的思考，我们将在下次进行讨论。肖弗先生？

肖弗：我想问，美诺同意好东西是健康、财富、金银和城邦职位，是否暗示这些就是他所认为的美好而高贵的事物？

施特劳斯：是的，这就是关键。肯定是这些东西——他不知道还有什么别的高贵之物。他在这里确实提到了荣誉和统治地位，但正如他毫无困难地从高贵事物或美好事物走向好东西这一事实所表明的那样，他更在意的是实实在在的利益，是收益，远超荣誉。这就是关键。而这就是我所说的枯燥的意思。请讲。

布鲁尔：这个论证是否有可能支持如下观点呢：只有正义而没有获取事物（好事物，正义地）的能力，不成其为德性。

施特劳斯：这就会是一个说来话长的问题了：公正获取的能力是否并不以获取的能力为前提。

布鲁尔：这完全被遗忘了。

施特劳斯：是的。那当然是一个非常重要的问题，而这导致了一个人可以……的问题——我经常说这个。[施特劳斯在黑板上写字]这可以用亚里士多德的图表来粗略表述。幸福或福佑（bliss）

① 在 *The Lonely Crowd*（1950）中，作者 David Riesman、Nathan Glazer 和 Reuel Denney 区分了"内在导向"（inner-directed）和"他者导向"（other-directed）的个体。

和德性行动（the practice of virtue），加上亚里士多德称之为［112］
配备（equipment）的东西——你们知道，你得健康，否则你不会快
乐或不会非常快乐；你也得有相当程度的富裕，以及所有这些其他
东西。现在，如果向一个刚刚开始思考如何生活的年轻男孩展示这
一点，并且他知道没有这些配备就不可能具有德性，那他可能对下
面这个伟大的诡辩信以为真：既然必须有配备，我那会先努力获取
配备，然后再是德性。［笑声］只是问题在于，认可这种方式的这种
人永远不会想到获得美德，因为他们将把一生都花费在获得配备上。
［笑声］困难就在这里。

　　布鲁尔：除非认为好东西不是美诺所列出的那些东西？

　　施特劳斯：但它们是好东西。我的意思是，你会否认健康是个
好东西吗？

　　布鲁尔：不，不会——但是——

　　施特劳斯：我的意思是甚至财富，这取决于——财富通常很麻
烦，我理解，然后也许只有一小笔财富才是真正可欲的。但是，贫
困仍然不是令人愉快或可欲的情况。

　　布鲁尔：不，但也许还有其他的，比他列出的那些更好的东西。

　　施特劳斯：你的意思是，例如？

　　布鲁尔：嗯，智慧。

　　施特劳斯：是的，这当然完全正确：智慧不在美诺的视野之中，
除非是在这个词的非常宽泛和不那么严格的意义上，即聪明或获得
好东西的能力。这［种］智慧非常重要。这隐含在美诺对德性的理
解中。但是如果智慧意味着为了理解而关注理解，那我们可以有把
握地说：他对德性是什么完完全全不感兴趣。他只对那个实际问题
感兴趣：不管德性是什么，它怎么获得，因为这是他个人的问题。
要是在今天，他大概得去看心理医生了，但在这里他很幸运，他遇
见了苏格拉底。［笑声］

第六讲　美诺的第三次回答 ［续］

1966 年 4 月 14 日

[115] 施特劳斯：上次课我们开始考虑美诺对苏格拉底关于美德是什么问题的第三个回答。他说美德在于享受（enjoying），也就是在于欲求美的或美好的事物，并且能够得到这些东西，占有这些东西。我们已经观察到，这个答案有异于之前两个答案的地方在于，这不再是高尔吉亚的答案，而是一位诗人的答案。苏格拉底已经迫使美诺放弃高尔吉亚的权威，这点很重要。第二点是，他现在第一次说到高贵或美好的事物。这与我们此前观察到的他的一般观点相一致，即主人与奴隶之间或贤人与庸众之间没有共同之处。只有上流社会的人，且只有他们，才欲求美好的事物。好的。

苏格拉底毫不费力地诱导美诺接受了高贵或美好事物与好事物的简单等同。然后我们得出结论，即所有人都欲求好东西，但并非所有人都欲求高贵的事物；因此，德性并不在于这种欲望，因为每个人，无论多么邪恶，都有这种欲求。但这并不会让对好事物的欲求变得不重要。相反，这种欲望，这种所有人共同的关注是 archē ［开端］，是与例如几何之类相对的、思考和哲学的真正开端。就其他所有的追求而言，一个人可以问：我们为什么要从事这个？或者，笼统来说，科学好吗？——这个你们都知道的大问题即使当今的科学也无法回答。但至于善（the good），我们都禁不住要去追求它，因为极少经验会告诉我们每个人，并不是我们作为善来追求的一切都是善的，我们看到了认识善的必要性。美诺的第三个回答导向的结论是：德性作为获取善、作为获取幸福的能力，要以知识为前提。知识至少是德性不可或缺的成分，这是对话中出现的新东西。

至于美诺，的的确确，他对什么是好东西具有一种非常狭隘的看法。他把好东西理解为获取金银财宝、获取城邦中的荣誉以及统治职位。但是当苏格拉底提醒他德性当然只能在于公正地获取这些东西时，就像在前面两次回答中所做的那样，他马上说：当然，只有公正地获取［才算德性］。这种迅速的赞同向我们表明，美诺习惯性地遗忘正义，这也许比他立即同意苏格拉底还要更糟糕。在目前的情形下，苏格拉底说德性在于公正且虔敬地（piously）地获取好东西。德性在于公正且虔敬地获取好东西。此前两次，即在讨论第一个和第二个答案时，苏格拉底没有提到过虔敬（piety）。好了，到这里，我想应该开始我们的阅读了。是吧？

学生：这里引入诗人作为来源，作为一个主修英语专业的学生，我觉得还挺好，他进步到引用诗人们了。这会具有和柏拉图同样的内涵吗？

［116］施特劳斯：不会。

同一名学生：可能正好相反。

施特劳斯：不会，不会。至少乍一看，在柏拉图那里，诗人们有非常糟糕的风评［笑声］。嗯，你们知道这一点。他们都要被赶出［正义的城邦］。所以这里肯定不是那个意思。唯一重要的点在于这不是高尔吉亚的——而我们可以理解，为什么这很重要，因为苏格拉底一直在反反复复地讲，美诺是高尔吉亚的追随者。现在我们开始读78d7。

雷因肯［读文本］：

> ［苏格拉底：］那么，按照美诺，大王的这位世交的说法，德性是获取金银的力量。而你是否会附加上，这些东西必须是虔敬地、公正地获取，或者你认为这无关紧要，并且任何获取的方式，即使是不公正和不诚实的，都同样会被认为是德性吗？

［**美诺**：］苏格拉底，那不是德性，而是邪恶。

［**苏格拉底**：］那么正义或者克己或者圣洁或者德性的某个其他部分似乎必须伴随这一获取，没有这些，仅仅对善的获取就不会是美德。

［**美诺**：］可不，没有这些怎么会是美德呢？（78d1－e3）①

施特劳斯：你们看，多像一个非常好的英国公立学校的男孩。但是你们看苏格拉底的说法有点模棱两可。他说［获取这些善必须伴以］正义、节制或虔敬，或德性的其他某个部分。必须有美德的一个部分，但不一定是正义、虔敬或节制。既然这三种德性不是必需的，那么必需的会是其他哪个部分？

雷因肯：智慧（Wisdom）？

施特劳斯：知识（Knowledge），是的。实践智慧也许可以。但是当然，这与实践智慧必然导向或意味着正义之类完全兼容。然而，在这里比苏格拉底宽宏得多的美诺，他［说］美德的所有这些部分对于美德都是必需的。困难相当明显，更深的困难就是他用德性来定义德性。他说德性在于合乎德性地获取事物。但这会在后面出现。现在从你停下的地方继续读吧。

雷因肯［读文本］：

> 而不以不诚实的方式为自己或他人获取金银，或者换句话说，缺乏这些东西同样可能是美德。

［**美诺**：］是的。

［117］**施特劳斯**：现在你们看，苏格拉底只是回到了正义，而忘掉了他之前提及的其他德性。对没意识到这一点的美诺来说，这没什么区别。是的，这一段剩下的部分呢？

---

① 雷因肯读的是焦伊特（Benjamin Jowett）的译文（3rd edition revised and corrected, Oxford University Press, 1892）。焦伊特的《美诺》译文在许多在线网站上都能找到。

雷因肯［读文本］：

　　［苏格拉底：］那么，获取这些东西并不比没获取以及缺乏这些东西更是美德，倒是任何伴以正义或诚实（or honesty）的东西都是美德——

施特劳斯：嗯，［原文里当然没有］"或诚实"。不行，焦伊特译本真的很糟糕。另外那个人的好多了。他太——我该怎么说呢，太大方了；你们知道，比起苏格拉底实际说的话，他给苏格拉底加了太多词。好吧。下次你还是带洛布本来吧。

雷因肯：好的。

施特劳斯：好。

雷因肯［读文本］：

　　而任何缺乏正义的东西就是恶。
　　［美诺：］就我判断，不可能是别的情况。（78e3 – 79a2）

施特劳斯：嗯。不是，"在我看来，必然是你说的这样。"因此这里的最后一句话就是，美德与金银的获取无关。德性只在于践行正义，而美诺表示同意，所以［他］看起来好像是一个容易对付的人。他对邪恶并无执念。既然到了这个点，我们就必须来考虑一下上次还未充分考虑的几个段落。

第一点。从78a处的某一时刻开始，当问题涉及我们对好东西的欲求时，苏格拉底引入了另一个词来替代"欲求"（desiring）。希腊语，他用的是boulesthai以替代epithumein。问题是这意味着什么——另外这个词boulesthai是什么意思。我认为这个词只是意味着所指更宽泛：boulesthai比"欲求"（desiring）更宽泛。这个词意指向往（wishing）。每当我们欲求某个东西时，我们向往有它，反之则不然。我们也许向往某个东西而不是欲求之。我们也许向往某些我们认为不可能的东西，因而我们并不真的欲求它。你们可以查阅亚里士多德《伦理学》111b19到29。那么，好。这是我认为应该提及的一点。

然后来看我一直在思考的这个问题：我们如何推断出美诺对快乐不感兴趣？这与78c3－d3那一段有关，那里他列举了各种各样的好东西，其中没有出现快乐本身。这不是我的唯一依据。你们只需要将其与——比如说，与《高尔吉亚》中反对苏格拉底且攻击正义的卡利克勒斯比较，那里竭力强调快乐。这种联系可以通过《高尔吉亚》475a2－4中的一段话来说明，在那里，珀洛斯（Polus）这个对话者将苏格拉底所说的话总结如下：

[118] 雷因肯［读文本］：

> 你在定义吗？
>
> ［珀洛斯：］确实如此。那么，无论如何，苏格拉底，当你用快乐（pleasure）和善（what is good）来限定美（beautiful）时，你定义得太好了。

施特劳斯：换言之，美或高贵或美好等于快乐和善。因此，快乐与高贵和美好之间有密切关联，尽管并非等同。你们也可以查阅亚里士多德《修辞术》（*Rhetoric*）第一卷第九章，那里这个主题有更充分的展开。我认为这是美诺的特征：他不是一个寻求快乐者。这到底是好是坏是另外一回事，但他就是——你们可以［以这种方式来］理解这一点。今天我们非常频繁地用到一个词，特别是在政治科学中："权力"（power）。一个渴望权力者不 定是个喜爱快乐的人。迹象是他可能对那种没有任何人知晓的幕后操作极为满意。在希腊的讨论中对荣誉和优越的欲求所占据的位置——当然是指可见的荣誉、可见的优越——现在被某种不可见的或可能不可见的，且缺乏前者所拥有的光彩的东西所取代。这也许有助于说明我的用意。好的。

这个回答足够了吗？嗯，还有另外一个不充分但很有趣的迹象：美诺从来不笑。在柏拉图心目中，爱享乐者和爱笑者之间也具有某种关联。不过这个迹象不够充分。一个人可能不笑但仍是一个寻求快乐者，一点儿不假，但美诺的不笑也只是作为［另一个］指针。还有其他问题吗？我们已经读到"78"了，但在我们继续之前，我想知道关于前面讨论的东西你们是否还有其他任何问题，这样我们可以合理地期待讨论尽可能清晰。如果没有，那就让我们继续吧，79a3。

雷因肯［读文本］：

> ［美诺：］我同意必须像你说的这样。
>
> ［苏格拉底：］我们是不是刚说到这些东西每一个都是美德的一部分——正义和克己以及其他？
>
> ［美诺：］是的。
>
> ［苏格拉底：］那美诺，你这是在拿我取乐吗？
>
> ［美诺：］怎么会呢，苏格拉底？
>
> ［苏格拉底：］因为在我求你不要把美德分解成小零钱，且给你一个你应该怎么回答的样板之后，你忽略了这一切，然后告诉我美德是以正义获取好东西的能力；而这个，你告诉我，是美德的一部分吗？
>
> ［美诺：］是的。(79a1 – b3)①

施特劳斯：换言之，正义和美德在于有德性地获取好东西。是的。

雷因肯［读文本］：

> [119] 然后，［我们］从你本人的承认中得出，不管做任何事，做的时候带有德性的一部分就是德性本身；因为你说正义是德性的一部分，因而每一种品质都是如此。你问我这番话的意思。那是在我要求你把德性作为一个整体来说之后，就德性本身是什么你一个字没说，而是告诉我，每一个行为，如果是带有德性的一部分去做的，就是德性；就好像你已经告诉我美德整个儿是什么，并且我得立刻理解——就在你实际上把它分裂成碎片的时候！(79b4 – c3)

---

① 雷因肯现在读的是由 W. R. M. Lamb 翻译的洛布版。

施特劳斯：让我们在这里停一下。现在德性是公正地，即以德性的一部分获得好东西的能力。美德意味着不同的东西，在这两种情形下我们也许可以这么说，但肯定没有说出共同的成分，而且必定如此，否则你不会使用相同的术语。苏格拉底想要知道整体的美德，正如他也说了，美德本身。换言之，那个综合的东西不仅仅是个总体概念，而就是美德本身。我们能够理解，那个综合的东西，那个总体的东西，那个全称的东西就是美德本身吗？我会给你们一个提示，不是非常恰当，但有一些帮助。在修昔底德的史书中，他时不时会谈到一个军事上很重要的地方，并称其为这个地方本身（the place itself）。后来他书中的一个人物将其称为这个地方的自然（the nature of the place），意思是这个地方没有任何人类防御工事之类。这个地方本身就是这个地方的本性；美德本身（virtue itself）就是美德的自然（the nature of virtue）。而这个自然就是构成所有美德之类别者。一个事物之属于一个类的自然就是类的特征，它是这个种类中所有成员共有的特征。种类特征存在于一个种类中的每个东西上。它组织起属于这个类的所有东西：它是一、是整体。困难在于，作为一个整体的种类，比如说狗类，又只是唯一（the）整体的一部分，所以在种类内部出现的部分－整体（part-whole）关系又出现在种类与整个序列（assembly）的关系中。是的。我想，现在我们可以把这放下，然后来读这次交谈的结尾部分。

雷因肯［读文本］：

因此，我认为你得重新面对同样的问题，我亲爱的美诺——美德是什么？如果我们被告知，所有伴以德性一部分的行动就是德性；因为那就是"所有伴以正义的行动都是美德"这个陈述的含义。或者你不同意你得重新面对这个同样的问题？你认为有人不知道德性本身时就能知道德性的一部分吗？

［美诺：］不，我没有。（79c3－10）

施特劳斯：你们记得这是开头的困难，在那里苏格拉底非常简单地说：如果我一开始连美德是什么都不知道，我怎么能回答你如何才能获得美德的问题？某种程度上，如果你关心美德的一部分，而你不知道美德本身，困难就更真切了。是吧？

雷因肯［读文本］：

> ［120］［苏格拉底：］我敢说你记得，当我不久前回答你关于形状的问题时，我们如何拒绝了试图以那种仍在探究中且尚未被承认的术语进行的回答。
>
> ［美诺：］是的，并且我们拒绝这个是对的，苏格拉底。
>
> ［苏格拉底：］嗯，那么，我的好先生，轮到你时，你一定不要以为，当整体美德的本性仍待探究时，你可以以其部分的措辞，或同样说法的任何其他陈述来向任何人解释它；你只须再次面对同样的问题——你一直在说的这种美德是什么？还是你看不出我说的有什么影响？
>
> ［美诺：］我认为你所说的是对的。(79d1 - e4)

施特劳斯：你们看出这段话里有问题吗？表面上，这看起来似乎有道理。你怎么可能借助某种未知事物来定义某个事物？我们以前不是有这个困难吗？在哪个事例中？

学生：颜色。

施特劳斯：形状和颜色。当时苏格拉底给出的答案是什么？

学生：常识：你们知道颜色是什么。

施特劳斯：是的。不过，他没有明确地这么说，而是帮忙给了美诺另一个定义。但当时他并不认同美诺的要求，而现在他认同美诺对这样一种定义的要求。无论如何，美诺确实犯了他错误地指控苏格拉底所犯的同一错误。他不仅没有回答苏格拉底的问题，而且用尽了他所有显而易见的答案储备，现在他面临被自己援引的法律定罪，罪名是：不得求助于未知事物。为了理解这段话，我们需要（至少我需要）克莱因的评论。但是有几点我们可以事先阅读。在第81页——我可以读一下，这样也许更快些——81页，第三段。

［读文本］：

由此，美诺"定义"人的德性的第二次尝试，即已然被自己驳斥的这次尝试，像第一次尝试那样显得被迫自乱阵脚；两次尝试本指望找到的都是某种"唯一且完整"的东西，得到的却是某种杂多。我们记得，其样板是对话伊始美诺为苏格拉底展示的"一大窝"德性。在这方面，美诺也是——并非没有苏格拉底的助力——肆意重复自己［的错误］。

换言之，就像他重复高尔吉亚的话一样，他也重复了自己的错误。之后我会读一小点，82 页。

［读文本］：

苏格拉底提醒美诺，他们探讨 schēma［形状——施特劳斯］① 问题时曾尝试在给出答案时凭借［121］仍在探究的东西，即仍然"未知"、尚未就其达成一致的东西（dia tōn eti zētoumenōn kai mēpō hōmologēmenōn）。"我们抛弃过这种答案，不是吗？"苏格拉底如是说，而这显然是对当时发生的事情的不实陈述。美诺的记忆看上去出现了偏差：他并未做过任何尝试去更正这一陈述。相反，美诺说道："的的确确，苏格拉底啊，我们不接受那种答案。"我们将不得不纠正这一记述。

在美诺默许的庇护下，苏格拉底结束这一阶段的讨论时劝诫美诺不要掉进同样的陷阱。当人的德性整体尚待探究时（eti zētoumenēs aretēs holēs ho ti estin），美诺既不应冒险去仅凭提及德性"各部分"来向人揭示什么是德性，也不应将这样的手段用在其他任何方面。苏格拉底反复道，美诺应该再次（palin）面对那个问题："你说了这么多，你到底指什么是人的德性？"为探明美诺（以及我们）对这种批评的反应，［苏格拉底］补充道："或者在你看来我说的没意义？"美诺："在我看来你说的对。"让我们来考虑下苏格拉底的话到底对不对。

反对苏格拉底给 schēma［形状］"定义"引入某种"未知"

---

① 克莱因只给出了希腊文：schēma。

的东西的人恰是美诺。苏格拉底坚持自己的说法及真实性。依照某条规则，即一场严肃而友好的谈话必须遵循的规则，苏格拉底愿意无论如何要为美诺提供某种合乎其愿望的"定义"。这一定义以"综合性"数学的步骤为样板，避免"未知"术语，但是，我们无法确认，该步骤以及在该步骤中所要求并实现的那种［一致］（homologia）是否适应手头的任务［意思是理解美德（一个非数学的题目）的地位——施特劳斯］。苏格拉底绝不会同意美诺将包含"未知术语"的答案作为完全不合适的东西抛弃。（Klein，82–83）

这是克莱因在接下来后面四页展开的内容，我们不得不读上很大一部分。作为对此部分的一个总体导言，我建议考虑以下问题。让我们回到开始时的一个观察：苏格拉底的反讽。我们可以说，苏格拉底的反讽在于，尽管他知道，他也装作不知道，因而被不喜欢他的人视为一种不诚实的人（rascal）。但问题在于：苏格拉底声称他不知道，这仅仅是假装吗？苏格拉底是否拥有真理，也即拥有全部真理？他难道不是一个真理的寻求者吗，而且他至今享有的巨大声誉不也与他这个寻求者身份相关吗？是的。现在，如果我们想要使用一个在其本源意义上的希腊词，那么苏格拉底是一个怀疑论者（skeptic），因为怀疑论者最初并不意指怀疑者（doubter），而是指审视事物（looks at things）的人。对话中时不时有人对苏格拉底提出异议，而苏格拉底说：嗯，没有比再审视（look at）一遍更好的了；让我们一起来看一下（look at）吧。

［122］现在，"怀疑论者"的传统含义成了一个否定知识可能性的人，或者一个怀疑者（doubter），被理解为与其反面——教条主义者（dogmatist）相对。这是古代晚期教条主义者与怀疑论者之间的一个普遍区别，教条主义者是那些做出断言来回答基本问题的人（例如亚里士多德），而怀疑论者则是否认这一可能性的人。对比这一区别的话，苏格拉底或柏拉图在那边？首先，一个外在事实：柏拉图创立了阿卡德米学园（Academy）；我们可以［说它是］一所学

校。这所学校几代人都是教条主义的，但后来变成了一个怀疑主义的学校。通过上过那所学校的西塞罗，我们对学园的怀疑论者颇有些了解，由此非常清楚地表明了这一点。因此，柏拉图学园不只是教条主义的，毋宁说它是教条主义和怀疑论交替的，这一外部事实能对我们回过去理解柏拉图本人带来某些启发。

现在让我们来一个大的跳跃，跳到现代的开端：笛卡尔。众所周知，笛卡尔以怀疑主义，并且以一种非常极端的怀疑主义开始他的事业，但不是以一个怀疑论的意图开始。他相信只有在极端怀疑主义的基础上，才能找到一个免于一切怀疑的基础。只有极端的怀疑主义才能使真正的教条哲学成为可能。因此，这是某种新的东西：基于怀疑主义的教条主义。把笛卡尔开始的东西描述为一种新的哲学并不充分。它同时也是现代科学的开端，因为在笛卡尔那里两者是一样的。当我们审视我们现在所知的现代科学时，我们必须说，它也不能轻易归入教条主义或怀疑主义的标题下：既不归于教条主义，因为科学强调它的所有断言都是可修正的；也不是怀疑论的，因为它提供知识或宣称提供知识。这个事表明，苏格拉底和柏拉图与现代科学之间具有某种亲缘关系。这是我提出的一个非常肤浅的论点，但在接下来的几页中，我们将听一听克莱因对现代科学与柏拉图之间这种奇怪联系的更精确（当然也还不充分）的阐释。我说这些是为了让你们不会因为这个论点的某些专业特征心生抵触。好，雷因肯，请你读一下第83页的第三段好吗？

雷因肯［读文本］：

尽管如此，在告诫美诺避免凭"尚待探究、尚未就其达成一致"（79d3–6）的东西作答时，苏格拉底使用的语言仍带有某种熟悉的"数学"味，暗示某种并非"综合性的"（synthetic）数学步骤。

施特劳斯："综合"（synthetic）（从前面的评论中已经很清楚）是你们从欧几里得那里得知的步骤。你们从一致同意的前提开始，由此往下进行论证。但还有另一种数学，被称为解析性的（analytic），现在他将要谈到这种。

雷因肯［读文本］：

[123] 尚待探究的与已然达成一致的①其实是用来描述数学中的"分析"（analytical）法的两个术语。它们对应于"未知的"（unknown）与"给定的"（given）这两个现代术语。数学分析的定义，按古代的讲法，可以解述如下：分析是这样一种方法，凭借它，尚待探究的东西（"未知的"东西）被当作已然达成一致的东西，作为给定的（就像它是"给定的"一样），并通过必要的连续步骤贯彻下去，直至得出某种之前一致认可为真的东西（某种"给定"的东西）。它还是设"方程"（e-quation）的方法，这种方法由韦达（Vieta）命名为（于1591年）——与希腊数学家们的术语相一致——"分析的技艺"（analytical art）；在十六、十七世纪，与古代传统相一致，人们认为这种方法构成普遍数学（Mathesis universalis②），即"普遍科学"（universal science）。当今所有数学都是该传统的产物。就几何探讨而言，有充分的证据表明，这种分析法在古代，甚至就在柏拉图本人的时代有所运用。（Klein，83）

施特劳斯：嗯，你们至少知道"解析几何"（analytical geome-try）这个术语，这是个提示。因此，苏格拉底是以解析数学，即以那种明确使用未知数的数学的措辞来说话，当然是为了解出这些数。但它是在带有未知数的情况下运算的。好的。这是第一点。现在让我们阅读下一段，这部分更为重要。

雷因肯［读文本］：

古代作家们多少有些含糊地将一件事归功于柏拉图本人，

① 克莱因只给出了希腊文，这里以及这一段从头到尾都是如此。两个希腊文表达分别是：to zētoumenon 和 to homologoumenon.
② 克莱因没有把这个拉丁短语标为斜体。

这就是将分析法——通过塔索斯的莱奥达玛斯（Leodamas of Thasos）——引入数学。他们的说法不大可能正确。但是，我们有可能理解柏拉图作品中的什么东西引发这种主张。在柏拉图对话中，《美诺》也不例外，在探讨探究对象这一未知者（the unknown）（无论是德性、虔敬、勇敢、审慎还是正义）时，皆是从各种各样、不断变化的意见的角度出发，对话的参与者或由衷地，或踟蹰地，或敷衍地持有那些意见。对尚待考虑的东西持有意见，意味着将——或者，在最坏的情况下是假装把——"未知"者当成好像"已知"似的。检查某种意见，意味着通过必然推理将它穷究到底，直至浮现某种显著的荒谬（某种"矛盾"）或某种毫无争议地为真的东西。基于发生的是前一种情况还是后一种情况，该意见要么被驳倒，要么被证明。证明（或证实）某种意见，意味着将未知者转化为给定者、[124] 转化为不得不同意的东西，意味着将目前为止"未知"的东西转化为现在确实"已知"的真理。无论这样的证明在柏拉图对话中何其稀少，只要发生过，那么这些"辩证"过程——从观念和结构上讲都是"分析性的"——都会趋向这一目的。

施特劳斯：因此，换言之，令人吃惊的事情是：柏拉图对话中的辩证法与数学中的解析步骤有一种密切的关系，是通过未知数来使其狄知，而与演绎数学（demonstrative mathematics）即综合数学（the synthetic mathematics）的程序不同。在下一个段落中，克莱因谈到了这种辩证的或分析的程序，并通过另一部柏拉图对话中的一些段落来加以说明。我们不能读那个部分了。但是让我们读一下第86 页最上面吧。

雷因肯［读文本］：

> 另一方面，有些主题与我们关于它们所拥有的意见无关，这些主题本身有"分裂"，由此呈现出某种独特的困难；对《智术师》（Sophist）中的一段文本的探讨或许有所助益，这段文本并非无关于上述困难，也并非无关于苏格拉底和美诺直接切的问题。

知识，据《智术师》中说（257c7 – d3），尽管一个人会推想它本身是"一"（mia），却显得"破碎"（phainetai kata kekermatisthai），其分离的各个"部分"中的每一个都有自己的名字。因此，我们谈论许多"技艺"和"科学"。（Klein，86）

施特劳斯：嗯，让我们停在这儿吧。克莱因之前已经谈及我们对事物的意见是由部分组成的，因而产生了从部分［上升到］整体的问题，因为部分已知而整体未知。那就是这里浮现出来的困难。不仅我们对事物的意见具有这种特征，事物本身也具有这种特征，例如科学。有人可能非常了解矿物学是什么，但如果要他说出科学本身是什么，他可能会陷入困境。这很容易理解。当然，这种描述同样适用于美德。也许有人可以相当清晰地说出正义与克己的区别是什么，也在某种程度上知道正义和克己是什么，而一旦被问到美德之为美德是什么，就很难回答了。

这个困难可以从根本上表述如下：柏拉图（以及亚里士多德和许多其他人）所理解的哲学［是］试图去知道整体，这当然并不意味着知道发生在整体中的所有事情，就像 X 先生对 Y 小姐的耳语那种。后者只是无聊的好奇，与哲学或科学无关。哲学试图认知整体，而知道整体意味着知道它的部分，比如说，了解其本质部分的本质特征。不知道部分就不能知道整体，反之亦然，如果我们不知道整体，我们就无法知道部分，那将是一种表面的知识；我们看不到［125］它［与其他事物］的联系。然而，事实上，我们只知道部分，也就是说，我们只有对部分的部分知识，因为我们并不充分知道它们所属的整体。我们可以称之为意见（opinions）、部分知识（partial knowledge），而不说部分真理（half-truth）。我们只能争取去获得关于整体的知识、关于爱智慧（philosophy）① 的知识，而不是智慧（sophia）的知识。这就是柏拉图的观点。为什么说苏格拉底并

① ［译按］这里原文就是"哲学"（philosophy）这个词，但施特劳斯这里是用 philosophy 词源上的"爱智慧"这个意思与后面的"智慧"（sophia）作对比。

不是简单的怀疑论者呢？他怎么知道爱智慧的活动（philosophizing）及其所有意涵就是好的？这是我们必须努力解决的问题。可以非常简单地陈述一下克莱因［和我］一直试图勾勒的东西：真理是难以捕获的，而对于真理的这种难以捕获性，人是绝对无法［克服］的。然而，这一对真理难以捕获的洞识，恰恰以一种奇怪的方式成为哲学必要性的证据。让我们先到此为止，因为我们还没有足够的基础来断言除此之外的任何事情。

现在我们关于文本的主要观点是：苏格拉底歪曲了之前与美诺对话中发生的事情，而美诺对这一曲解十分满意。美诺甚至没看出这是一种曲解，因为那正对他的胃口。这就是他一直说的：你不能用未知之物来进行定义。苏格拉底接受了这一点——正如我们所说的，暂且接受。是的。现在一切都解决了。美诺不知道美德是什么，而现在［他必须试着］再次回答。请读吧。

雷因肯［读文本］：

> ［美诺：］那么从头再来回答我：你和你的同伴都说美德是什么？

施特劳斯：是的。换言之，苏格拉底又回到了这种暗示，即美诺当然只会给出高尔吉亚式的答案。但是，正如我们将在后面看到的那样，高尔吉亚和美诺的储备已经消耗殆尽。现在苏格拉底把高尔吉亚称为美诺的同伴（companion）或同志（comrade）。关键在于苏格拉底不想再提到高尔吉亚的名字，他以此暗示高尔吉亚遭遇了什么，也就是说，高尔吉亚被美诺本人给抛弃了。是的。

雷因肯［读文本］：

> ［美诺：］苏格拉底，在我一开始遇到你之前，我常常被告知，那个只是你自己在怀疑的事儿，也会使别人怀疑；所以现在我发现，你无非在用你的魔法和咒语对我施以巫术，使我陷入彻底的困惑。（79e5 – 80a4）

施特劳斯：让我们在这里停一下。现在美诺已经陷入窘境（aporia）。"怀疑"（doubt）作为那个词的翻译不够好。aporia 是 poros 的缺损，即财富的缺损，各种意义上的财富的缺损——便捷的出路的缺损。窘境（aporia）就是没有出路，因而也是贫穷、窘迫。美诺已经被导向那种状态，即众所周知苏格拉底发现他本人所处的状态。你们记得他说的：我不知道；我是个穷人——正如他一开始所说的——不像你们这些富有的帖撒利亚人，已经有了所有问题的答案，因为高尔吉亚和［你们］住在一起。这在这里有一定的重要性，这句话。苏格拉底因其没有出路、因其缺乏回答问题的能力而众所周知。那么，既然美诺事先就知道苏格拉底不可能有答案，他为什么还要向苏格拉底提出问题呢？［126］又来了，我们对美诺的了解越多，最初的问题就变成一个越来越大的谜团。是的。美诺在这里对苏格拉底说的话：你又来了。你对每个人都干这事。［笑声］也就是说，我陷入窘迫是你的错。我以前从未感到窘迫，而这不能出于任何正面的技艺；这只能归咎于你显然在使用的非常下作的东西，比如巫术。是吧？

雷因肯［读文本］：

> ［美诺：］如果我真的要开玩笑的话，我认为无论在你的长相还是在其他方面，你都像极了那种扁平的电鳗（torpedo seafish），因为它使任何接近和碰触它的人被击麻，而我发现你现在就对我做了这种事。

施特劳斯：当然，作为一个能自我保护的人，美诺是将苏格拉底的长相和行为与某种丑陋的生物比较，以此来惩罚苏格拉底。［笑声］你们看，苏格拉底以其丑陋著称，尽管如此，他依然举止有度。美诺只是嘲讽，并且还为嘲讽表示抱歉：如果我可以用你来开个玩笑的话。但问题在于，其实美诺是相当认真的。是吧？

雷因肯［读文本］：

> 事实上，我觉得我的灵魂和舌头全麻了，我对于该给你什

么答案茫然无措。然而，在无数（countless）场合，我曾——

施特劳斯：是的，"千万次"（ten thousands of times）。是吧？

雷因肯［读文本］：

> 对各色人等发表过大量关于美德的演讲——而且是是非常好的演讲，我这么认为——但现在我对美德是什么一个字也说不上来。我想建议你最好离家远航或旅行，因为如果你在任何其他城邦作为异邦人还继续像这样下去的话，你很可能会被当成一个巫师。（80a4 - b7）

施特劳斯：是的。美诺［拥有了］一种他以前从未［有过］的体验，而且［他］肯定……所以这使得他起初接近苏格拉底的原因更加可疑、更有问题、更为神秘。我一遍又一遍地重复这一点。他现在补充了一点，表明他是认真的，尽管看似在开玩笑。苏格拉底的活动可不是闹着玩的。他可以在雅典做这类事情，并且只有在雅典才行，雅典以每个人都可以做其喜欢做的事的自由或许可著称。换言之，这话是一个暗中的威胁：比如说你就不敢来帖撒利亚，这是我有发言权的地方。这指向一件事，你们中的一些人会知道：稍后在这次对话中，安虞托斯——苏格拉底的控告者将会进来。因此，苏格拉底的整个命运都在美诺这句话中预示出来。但是美诺还不能算是一个好的预言者，因为他不可能相信在雅典会有什么事落到苏格拉底身上。只有在雅典以外的地方，才会有事发生在他身上。好的。不可能发生在这里。［笑声］是的，这类事情正在这里发生。是吧？

雷因肯［读文本］：

> ［127］［苏格拉底:］你是个无赖（rogue），美诺，差点把我骗了。
>
> ［美诺:］怎么——

施特劳斯：不，"无赖"（rogue）太过了。"你开玩笑吧。"paizein，"你开玩笑"。

雷因肯：我想知道 panourgos 该如何翻译。

施特劳斯：哦，对不起，我翻错页了吗？是的，很抱歉。是"无赖"（rogue），是的，甚至可以用一个非常强烈的词来形容美诺。抱歉。可以继续读吗？

雷因肯［读文本］：

> ［苏格拉底:］你是个无赖，美诺，差点把我骗了。
>
> ［美诺:］怎么了呢，苏格拉底？
>
> ［苏格拉底:］我察觉到你拿我这么打比方的目的了。
>
> ［美诺:］什么目的呢？
>
> ［苏格拉底:］作为回报我会拿你来打比方。关于所有俊美的人，我知道的一件事是——他们乐于被人拿来作比。他们在这个事儿上做得很好，我猜是因为美好的特征必定有美好的比喻。但我不是为了玩你这个游戏。（80b8 – c6）

施特劳斯：显然，苏格拉底假装他没有注意到美诺小手套里的拳头。美诺对苏格拉底的无畏感到惊讶。现在苏格拉底提出的观点是，俊美或漂亮的人喜欢被人拿来作比，因为这对他们有用，既然他们的相似物有利于他们。相似物放大了他们的美，不仅在这里，在这个俊美男子所在之处，而且还在那里、那里，在凡他的相似物或图片可能在的地方。而像苏格拉底这么丑的人，［一个］公认的丑人，显然不喜欢被拿来打比方。好。现在让我们看后面。

雷因肯［读文本］：

> 至于我，如果电鳗在麻到别人时也麻到自己，那我喜欢它，否则我就不喜欢它。我并不是从自己的任何确定性出发去引发别人开始产生怀疑：我比任何人都更加怀疑，所以我才引发别人的怀疑。所以现在，就我而言，我并不清楚美德是什么，而你，尽管可能你在来与我接触之前曾经知道，但现在实际上也等于不知道。

施特劳斯：是的，让我们停在这儿吧。苏格拉底对美诺拿他打的比方表示异议。但他默认或地补充说，人们对他的评价是真实的。这一点是隐含的。苏格拉底让他们陷入窘迫，无路可走；他对此并不否认。是吧？现在只有下面一句了。

雷因肯［读文本］：

尽管如此——

施特劳斯：但有一点错了——苏格拉底强调：我什么都不知道。是的。

雷因肯［读文本］：

［128］［苏格拉底：］尽管如此，我还是愿意和你一起检审它并探究它的本性（nature）。（80c6 – d4）

施特劳斯："和你一起"。现在苏格拉底和美诺在同一条船上。他们必须一起探寻，而此前的情况总是苏格拉底一无所知，美诺却有答案。现在他们有了达成一致之处。换言之，直到现在，共同探究才能开始；此前一直不具备这样一个共同体的可能性。是吧？

雷因肯［读文本］：

［美诺：］为什么，苏格拉底，对于一个你对其性质一无所知的东西，你会沿什么线路去探寻？请问，在那些你不了解的事物中，你会把哪种事物给我们作为你那研究的对象呢？或者甚至假设最好的情况——你碰上了它，你怎么知道它就是你所不知道的那个东西呢？

施特劳斯：是的，这是一个著名的诡辩或狡辩（sophistical or eristic argument）：你怎么能探寻你对其一无所知的东西呢？这说不通吗？我的意思是，如果你不知道金币是什么，你怎么能找到金币呢？对什么是美德丝毫概念都没有，怎么去探寻美德呢？是的。苏格拉底对此怎么说呢？

雷因肯［读文本］：

> ［苏格拉底:］我理解你要表达的意思，美诺。你看出你在引入一个多么诡辩的论证（captious argument）吗？——确实啊，一个人既不能探询他所知道的东西，也不能探询他所不知道的东西。他无法探询他所知道的东西，因为在他知道那个东西的情况下，就用不着探询；而他也不能探询他不知道的东西，因为他不知道他要探询什么。（80d5－e5）

施特劳斯：这个翻译并不是无懈可击。换言之，此处的论证（argument）比这更加精细。探询不可能，因为要么你知道所要探询的东西而无需探询，要么你不知道这东西从而没有探询的可能性。换言之，苏格拉底对美诺的观点一点也不吃惊，因为这是一个众所周知的论证。美诺又一次记起了他听到过的东西，而苏格拉底把这个说法（speech），这个 logos，① 表述得更加精确。美诺说，如果你不知道一个东西，你就永远不可能找到（find）它；苏格拉底说，如果你不知道它，你就无法去寻求（seek）它。现在这个 argos logos，正如它被称之为——懒惰说辞（the lazy logos），这个说辞证明了智识懒惰的合理性——这就是美诺一直以来行动时所依据的逻辑。美诺的行为，即依据懒惰说辞的行动，先于这个对懒惰说辞的明确声明，对此克莱因在随后第91页展开得非常之好。美诺不相信学习的可能性。这是我们还不知道的。但是他不相信几何学，并因此不相信学习的可能性吗？他显然相信那一点；他视之为理所当然。但有可能，他因不确定即便在几何学中是否就存在真正的学问，所以也不确定尤其是美德能否通过学习来获得。而学习问题的这个方面，

---

　　①　［译按］这里表明了 logos 即 speech［说辞、讲辞］之意。但后面可以看到，logos 同时具有 arguement［论证］的意思，而 speech［说辞、讲辞］之意与 arguement［论证］之意是密切相关的。后面与此相关的论述中，施特劳斯通常直接说 logos，我根据前后语境，大部分情况译为"说辞""讲辞"，有时候译为"论证"。

即关于美德能否通过学习来获得这个问题，对他来说当然是最重要的。几何对美诺来说并不是非常重要。

[129] 那么，关于美德的这一不确定性，即美德是否可以通过学习来获得，可能才是他所关心的，因为也许他关心的是拥有美德，而不仅仅是拥有财富和权力。我的意思是，我们应该对他所理解的美德保持开放；对他所理解的美德我们有些模糊的感觉，而他仍在此意义上心系美德。我的意思是，他想被看作某种类型的 hombre [人]，也许严格来说不是在法律范围内，这我们不知道；但他也许仍然关心荣誉（honor）。正如我们所看到的，他关心被看作优胜者，因为他知道（只要看看苏格拉底）就有人对财富和权力之类无动于衷。他希望确保自己所拥有的品质是令人钦佩的，希望这些品质是有美德的。美诺一定要拥有美德，但如果美德是在学习的帮助下获得的，他就不可能有美德，因为他不喜欢这种努力。他从不努力；他只是记住。如果学习是不可能的，那么美德就不可能通过学习或知识获得，但美诺不确定学习是不可能的；因此就有他最初的问题。

让我们试着重述这个问题。美诺接近苏格拉底不仅仅是为了能够去帖撒利亚和其他地方吹牛：嗯，我知道苏格拉底关于这些事情说过些啥。相反，他有一个真实的关切——不是非常高贵的关切，但却是真实的关切，那就是确保自己拥有美德。他对自己并不拥有知识或学问心知肚明；他认为这没可能。但是，如果对于获得美德来说学习是必要的，那么他的美德就会成问题，因而他想平息这种怀疑。我认为这是他所有举动背后的原因。我相信我们稍后会发现一些相关的证据。

美诺希望无需任何努力就拥有美德。他希望美德既不用通过学习也不用通过习练来获得。他希望从他出生那一刻起，天生（by nature）就具有美德。他是并且认为自己是一个天生的主人（master），没有学过或习练过什么，就成了他现在的样子。苏格拉底确信学习对于美德和幸福来说是可能且必不可少的，因而我们本该想到他会诱导美诺关注学习，关注学习某些东西。从 74a5 处美诺早些时候谈及的，我们知道他把智慧视为一种美德。但这并不必然意味着他把智慧视为可以学习的东西，因为有些人天生聪明，无需任何特别的学习就在他们的生活表现得聪明伶俐。因此，重复一遍，可以说美诺现在已经暴露出他整个人生的理论前提——学习是不可能的，而这一原则说明了他的整个行为以及他与苏格拉底的对话。现在让我们继续吧。

雷因肯［读文本］：

> ［美诺：］现在你觉得这是一个好论证吗，苏格拉底？
>
> ［苏格拉底：］这不是个好论证。
>
> ［美诺：］你能解释一下怎么不好吗？
>
> ［苏格拉底：］可以；我从讲述神圣事物的明智的男人和女人那里听说过——
>
> ［美诺：］他们说了什么？

［130］施特劳斯：这里等一下。现在你们看，苏格拉底不赞成这个［美诺的论证］，他有另一个与懒惰说辞针锋相对的论证（logos）。但正如美诺的论证来源于某个智术师一样，苏格拉底的论证也来源于某些人。苏格拉底也仰赖他的记忆，他的传统，这与美诺所依赖的传统非常不同。在《普罗塔戈拉》（*Protagoras*）这部对话中，我们发现一场美妙的对抗，一方面是苏格拉底背后的传统，另一方面是普罗塔戈拉背后的传统。普罗塔戈拉的背后是从荷马一直到当时西西里某个地方的体操老师（《普罗塔戈拉》316d6ff.），一整个名人名单，与之相对，苏格拉底的传统仅仅［来自］臭名昭著的不善言辞的斯巴达人（《普罗塔戈拉》342a9ff.）。这意味着什么是一个说来话长的问题，但无论如何，苏格拉底关心的是表明他所依赖的是一个不同于普罗塔戈拉所依赖的传统。正如你们看到的，苏格拉底所依赖的传统也包括女性，对此我们还有其他一些证据，比如苏格拉底喜欢讲述某种类型的女性所讲述的故事。你们记得《会饮》吧：第俄提玛（Diotima），那也是一个女人［并且同样］关心神圣事物，就像苏格拉底这里所说的那些女人和男人一样。在男子气的美诺背后的传统中肯定不会有女人的位置。你们在这里看到，苏格

拉底的传统与神圣事物相关，而与此相关的是他的犹豫：因为我从明智的男人和女人那里听说过关于神圣事物的智慧。然后他停了下来，显然是因为美诺问他：他们说了什么？苏格拉底思忖［并且］犹豫要不要说。也许这里需要一种恭敬的缄默，而美诺当然等不及，因为这对他来说是一个至关重要的问题：学习可能还是不可能？如果学习可能的话，学习对于获得美德也许就是必要的，而这对他来说将成为一个严重的问题，因为他想要有美德。好。现在下一段吧，下一段简短的对话。

雷因肯［读文本］：

> ［美诺:］他们说了什么？
> ［苏格拉底:］一些真实的东西，我认为，且令人钦佩。

施特劳斯：是的，"真实且高贵"。有些东西可能高贵但不真实。

雷因肯［读文本］：

> ［美诺:］那是什么呢？说这些话的人都是些什么人？(81a1–9)

施特劳斯：是的。你们看，苏格拉底仍然犹豫要不要透露那个 logos［论证］，让我们称［之］为非懒惰说辞。他只说那是真实且高贵的。并非所有真实事物都高贵，也并非所有高贵事物都真实。有高贵的谎言。美诺现在希望听到的不仅是这个 logos［说辞］，还希望听到是哪些人讲述的。也许他不信任以苏格拉底引入其 logos［讲辞］的方式引入的说法：我想要知道他们是些什么样的人，竟会说这种东西。而且他听到这些名字，问题就可能会以否定的方式解决掉。这是一个可能的解释。然后呢？

雷因肯［读文本］：

> ［131］［苏格拉底:］他们是某些男祭司和女祭司，他们进行过研究，以便能够对他们的神职给予合理的说明；还有品达和许多其他具有神圣天赋的诗人。至于他们说的话，就是这些——

施特劳斯：许多诗人——他是怎么说［这］的？

雷因肯："具有神圣天赋的"。

施特劳斯：是的，"所有神圣者"（All who are divine），让我们翻译一下。所有神圣的诗人——并非所有的诗人都是神圣的。是吧？

雷因肯［读文本］：

> 至于他们说的话，就是这些——现在要注意了，如果你判断它们是真实的。

施特劳斯：让我们先停在这儿吧。祭司出身保证了这个 logos［讲辞］的高贵，但其真实性必须受到检验。现在他开始说这个 logos［讲辞］。这个 logos［讲辞］怎么讲？

雷因肯［读文本］：

> 他们说人的灵魂是不朽的，在某个时候走向终结，被称为死亡，而在另一个时候重生，但永远不会灭绝。因此，人应该一生都最圣洁地活着。
>
> 斐尔塞佛涅（Persephone）应该是从不知道谁那里接受了对远古错误的报偿，她在第九年中会把这些人的灵魂复原，再次升到太阳所在的高处；从他们那里诞生了光荣的君王以及力量威武且智慧超群的人，他们在此世中被称为人类中的神圣英雄。
>
> 既然灵魂不朽且已多次重生，见识过这世间和冥界的一切，她便已获得所有和每一事物的知识。因此，也就不奇怪她能够回忆起（recollect）之前所知道的关于美德和其他事物的一切。由于所有天性都是相似的，且灵魂已经学会了所有东西，所以，我们没有理由不单单记住一件事——人们称之为学习的行为，并靠此去发现其他一切事物，如果我们有勇气并且不倦探索的话；因为，看起来研究和学习完全就是回忆（recollection）。（81a10 – d5）

施特劳斯：好，让我们停在这儿吧。这个故事，这个反向故事，意在证明学习是可能的：起点在于灵魂不朽，而由此产生的第一个后果即人必须尽可能虔敬地生活，我猜想，其中也会包括尽可能正义和节制地生活。这样一种虔敬的生活是远古罪孽获得宽恕的必要条件，但不是充分条件。这取决于冥王普路托（Pluto）妻子斐尔塞佛涅的行动。如果罪孽被宽恕——这取决于斐尔塞佛涅的恩典，那么一个人会在相对较短的时间后复活。如果没被宽恕——这没有明说，那么我们就得为自己想出办法——如果有这样一种轮回（transmigration），有人就会滞留冥府（Hades）或化身为野兽。在更 [132] 令人向往的情形中，有人会在很短时间后复活，并且可能成为一个具有杰出力量和智慧的 anēr［男子］、hombre［人］。如果这个故事没错，那么，以他目前的生活，美诺就不可能达到其目标。根本不可能。有生之年他得尽可能虔敬地生活，那样在转世之后他或许才可能达到他所欲求的那种程度，前提是他在当下就过最虔敬的生活。这样的话，美德就是通过虔敬加上神圣的恩典才获得的，与学习形成鲜明对比。这里就没说到什么关于学习的事儿。

这是苏格拉底重复多次的老故事，并且他对其施以某种不同的用途。灵魂是不朽的；因此经常出生。但为什么只是经常？是很多次吗？如果严格说灵魂是不朽的，那为什么不是无限多次呢？嗯，就过去而言，它不是永恒的。这是最简单的解释。灵魂有一个起源，我们稍后会看到 ·些关于灵魂如何成为灵魂的事情。灵魂已经看过了这里以及冥府中的一切，所以它已经看过了所有东西。它带着对出生前所见的所有事物的记忆进入每个生命。既然所有的东西都聚在一起，灵魂便可以通过回想单个事物来忆起所有事物。美诺忆起一些事情，因此，忆起其他应该也没有困难。既然所有灵魂都是不朽的，那每一个人都能学习。这就是结论。按照这个讲辞的第一部分，所有人都必须虔敬地生活；然而，在随后的部分，相对于努力过虔敬生活的必要性，强调的重点完全放在了学习的可能性上。可以把这解释为只是针对美诺说的，他如果看到这符合他本来的兴趣，也许会对学习动心，但他绝不会朝向虔敬。这是一个可能的解释。是的。我想这个问题就先到这儿吧。

然后，这个学习的故事，他在这里提出的观点——我们必须来读紧接着的后续部分。

雷因肯［读文本］：

因此我们一定不要听从——

施特劳斯：让我们重复一下：寻求和学习就是回忆。①

雷因肯：回忆——哦。

施特劳斯：是的。

雷因肯［读文本］：

因此我们一定不要听从那种诡辩的论证，它会让我们无所事事，只是让懒洋洋的耳朵觉得愉快，而另一种则让我们精力充沛，喜欢探究。我相信它的真实性，我准备与你一起探究美德的本性（to inquire with you into the nature of virtue. ）。（81d5 – e2）

施特劳斯：是的，或者更简单些，"与你一起去寻求美德是什么"（to seek with you what virtue is）。这里苏格拉底以一种我们或所谓的神圣讲辞（a holy logos）来反对诡辩论证（captious logos），eristikoslogos。他没有证明这个神圣讲辞的真实性，但毫无疑问，在他心目中，它［133］优于诡辩（eristic logos），因为它让我们更好。它使我们勤奋和探究，而相反的 logos［说辞］则会使我们懒惰。这里面有一个明显的暗示。请问这个明显的暗示是什么？那就是苏格拉底知道美德是什么。［他知道］懒惰是一种恶，而勤奋是［一种］美德，而美诺，［不用说］，完全没注意到这一点。软弱是一种缺陷、一种恶。对于软弱，美诺的态度毫无疑问：他不想成为一个软弱的人。但他可能从未考虑过，有人也可能因为拒绝学习而成为一个软弱者。现在有人举手——有什么问题吗？

---

① 雷因肯一反常规，无视或者误解了施特劳斯的请求，没有重复前面的句子。

学生：这段讲辞本身是否有任何迹象表明它在多大程度上是一个神话，以及在多大程度上苏格拉底认为它是真实的？

施特劳斯：对不起，我没法——

同一名学生：这段讲辞本身有什么迹象表明其部分是严格意义上的神话，而部分是真实的？

施特劳斯：没有。没有。

同一名学生：我的意思是，因为从下面这句话来判断：我认为，有些东西真实且高贵——

施特劳斯：你绝对正确，是得非常严肃地对待这一点。柏拉图在这里没作区分：这是神话，而那是真实。你得自担风险［做这样一个区分］。只能这样说：从这个故事可以得出两个结论：a）一个人必须尽可能虔敬地生活，以便有可能在来世成为杰出的人；［b）］而另一个结论是，一个人必须投身于探究或检审的生活。现在没有说这对下一世会产生什么后果，这是不可否认的事实。这两种生活的实际后果之间的关系是什么，就说来话长了。它等同于什么是美德的问题，不是吗？我的意思是，如果美德是知识，且完整意义上的知识［不是］可获得的，那么，对知识，以及很显然还有对美德，即对人类美德的探究，就只能在于寻求知识。但在另一种情形下，重点不在于对知识的寻求，而在第一种情形中，没有死后报偿还是惩罚的想法。［然而］第一种情形中该想法显然存在。替代方案非常明确。是否可以仅仅因为你认为它是神话，或者我们今天认为它是神话、认为它不充分，就将柏拉图书中的任何段落称为神话？必须为此提供论证。请讲。

学生：您刚才说了一些东西，［大意是］苏格拉底会认为这是一篇更好的讲辞，因为它会提升美诺。有什么迹象，或者有任何迹象表明他这样做的原因是为了提升美诺？还是说，也许他只是在陈述他认为真实的东西？

施特劳斯：嗯，他在这里并没有特别说到美诺。他说这会让我们，也就是说，让普遍人类，［更好］。但美诺可能是并不太罕见的例外之一。［134］是吧？这一点还悬而未决。这取决于一个更一般的问题。苏格拉底有一个著名的东西，他称之为 daimonic［命神的］东西。很难准确弄清楚［它］是什么东西，但它肯定包括预言的天赋，特别是关乎他所与之交谈的人类。那么苏格拉底可能老早就看透美诺了，而我们可能得等到最后才能看透。换言之，他可能明知美诺的情况没啥希望，他参与这次谈话并继续谈话，只是因为周围可能有围观的人会从谈话中受益。日常礼貌就更不用说了，即使你和一个可疑的人交谈，你也不能直接说，好吧，我不想和你谈了。［你］还得继续。苏格拉底偶尔会这样做，［例如］在《普罗塔戈拉》中，经过好几个钟头的谈话，在普罗塔戈拉这位场上最年长的人发言之后，苏格拉底［说］，我现在必须结束这次谈话了，并且说，我还有一些急事——这话并非实情。可以非常简单地证明，他并没有任何事。请讲？

学生：我想确保我对您的意思理解正确。您是说［或者］意思是说，即你得尽可能虔敬地生活和你得投身一种探究的生活，这两个结论之间的关系问题，与美德最终是什么这个问题，有某种关联是吗？

施特劳斯：是的。好吧，我会说：这不是一个必然的问题吗？你在这里讲了个故事，从中得出两个结论，这两个结论至少言词上并不相同：尽可能虔敬地生活，和研究、检审。那么，不是必须去探究一下这两件事之间的关系吗？基于一些经验（但很可能受到质疑）我说了，这就在美德本身的问题中；也许还有其他选择，但每个选项所囊括的东西都比其一眼看上去要多得多。好的。请讲。

学生：我们刚才所说的让我想起了之前一些事情的问题。不知道整体就真的不可能知道部分吗？你不可能知道吗，比如说有人就要被车碾到了而你救了他，你也许不知道什么是美德，但那也是一个有美德的行动，不是吗？

施特劳斯：是的。否则我们没法生活。但还是有些难处理的东西。例如，如果你和一个善于争论的聪明人谈话，他就只会说：你为什么那样做？我想你在第一时间，以及不仅在第一时间给出的答案，都不会让你完全满意。你得深挖，越来越深地挖。但可以说苏格拉底之谜是这样的：某种意义上他确实没有答案，然而他确实对如何生活的问题有答案。因此，这类问题一定有种特殊地位。如果我们可以凭康德的基础提出理由，就会非常容易：有一个实践理性（practical reason），它有其自身原则，你可以很好地了解道德法则而无需具备任何理论知识。我的意思是，你得知道有些东西，但不是任何严格意义上的理论知识。这当然可以回溯到一个更古老的传统——道德律（the moral law）、自然法（the natural law）；这些都是非常古老的用词。良知（conscience），一个非常古老的用词。但是这些语词并没有出现在柏拉图书中，它们全都是后柏拉图甚至后亚里士多德的。在亚里士多德那里，我们所谓的道德原则的认知状态是什么，这是一个非常困难的问题。在柏拉图那里，[135] 必须始终强调：道德德性（moral virtue）这个简单的术语——[一个] 亚里士多德的关键术语——从来没有出现在柏拉图或苏格拉底那里。这当然可能反倒是一个缺点。你们知道，柏拉图处于早期；他在他的时代已经见过很多东西，但你们不可以期望太高。不过把这当作真正的原因有点太高姿态了，也并不实际。因此，必须进入原因，亚里士多德是如何创造了柏拉图或苏格拉底本来也可能创造的"道德德性"一词，并且可以就此给出一个理由：柏拉图不想承认有一种严肃意义上的德性是与知识相分离的，就像道德德性与知识的分离那样，因为道德行为所需的那种知识并不多。正如亚里士多德本人所说，一般而言，道德行为（morally acting）并不多。你开始的问题是什么？

同一名学生：苏格拉底似乎在某处说——说来很打击美诺：嗯，我们不能这样继续下去了，因为当我们不知道整体是什么时，我们怎么能谈论部分呢？

施特劳斯：哦，我明白了。

同一名学生：您正在讨论的问题和含义 [是] 苏格拉底可能说懒惰是恶——

施特劳斯：是的。

同一名学生：而且我们确实知道这些部分。

施特劳斯：是的。现在让我们暂时不管这个极其重要的问题，我的意思是，暂时不管如何生活这个问题的答案。但用另一种方式，

我可以对你作如下解释或说明。毫无疑问你听过康德的观点，有物
自体（the thing in itself），真实的实在，是不可知的；另一方面还有
现象世界，即空间和时间中的事物，是完全可知的，尽管我们处在
科学发展的无限进程中。但是有一条绝对清晰的界限，一条鸿沟，
将这些维度，将现象世界与本体世界分开。可以将柏拉图的观点表
述如下：没有那种完整的知识存在——即便在无限进程中——的可
能性，就如康德关于现象事物所相信的那样。另一方面，本体事物，
物自体，也不像康德所断言的那样难以接近，至少就理论知识而言。
我们生活在半——在模糊的光中。你们怎么表达这个意思？在一种
朦朦胧胧的状态（twilight）中。

雷因肯：半阴影（penumbra）。

施特劳斯：在一种朦朦胧胧的状态中。［笑声］我们从来没有完
全清晰，也从来没有完全黑暗。很奇怪，这就是人类一直以来的状
况，我们总是以一种或另一种方式非常模糊地意识到整体的所有部
分，而我们就得在这些条件下生活。这无法改变。甚至没法给出一
个理论来说明为什么是这样。这就是康德试图以某种方式去做的，
也是洛克在他之前以另一种方式试图做的事情：给出一个理论，来
说明什么是可知的和什么是不可知的，以及可知和不可知到［136］
何种程度。该理论，又一次，超出了我们的能力范围。我们的处境
如此艰难。然而苏格拉底，作为一个勇敢的人，一个有勇气的人，
没有任何理由放弃：相反，这正是继续前进的理由。那就是他在这
里对所美诺说的东西。

嗯，我们现在必须［下课了］。也许我会为我犯下的轻微不当行
为给你们补偿。你们知道读侦探故事时不应该剧透，你们记得吧？
这是道德铁律，不看结局。现在，作为好男孩好女孩，你们只读到
了我们现在读到的位置——如果你们是这样做的，但我已经从头到
尾读完了［大笑］，所以我有一把确定的钥匙。我之前没把这一点泄
露给你们，这不公平。也许下次我会这样做，至少临时性地这样做
一下。［笑声］

第七讲　"秘密"和奴隶场景

（没有日期）

[138] 施特劳斯：好的，我们开始吧。上次课我答应告诉你们一个秘密。我将再次从头开始。《美诺》，这部唯一的关于美德的对话，是唯一一部没有任何铺垫，以直接向苏格拉底提问开篇的对话。因此我们必须提出这个问题：美诺为什么接近苏格拉底，而且带着这个特定问题来接近他？是他想要，或他决定为《纽约客》（The New Yorker）写一篇关于苏格拉底的文章，还是他本人关心这个问题？现在让我们先读一下结尾处，或接近对话结尾的一段话——95a6 往后，在这段讲辞的结尾。"告诉我"。

雷因肯［读文本］：

> 不过你告诉我：你们的人民中没有高贵和好的人（noble and good men）吗？①

施特劳斯："高贵和好的人"（noble and good men），通常翻译为"完美的贤人"（perfect gentlemen）。

雷因肯［读文本］：

> ［美诺：］当然有。
>
> ［苏格拉底：］然后呢？他们愿意让自己成为年轻人的老师，

---

① 雷因肯这里读的不是洛布本。不清楚他使用的是哪个译本。

愿意一致承认他们是老师，并且承认美德是可以教的吗？

［美诺：］不，以宙斯的名义，苏格拉底。但是你有时会从他们那里听说美德是可教的，而有时又从他们那里听说美德不可教。

［苏格拉底：］那我们应该说这些不同意美德始终是同一回事情的人是这方面事情的老师吗？

［美诺：］苏格拉底，在我看来似乎不行。

施特劳斯："甚至不同意这一点的人"，"这一点"即美德是可教的。是的。

雷因肯［读文本］：

那是什么呢？在你看来，唯独那些宣称美德可教的智术师们是美德的老师吗？

［美诺：］在这一点上我尤其钦慕高尔吉亚，苏格拉底，你永远不会听到他如此承诺。相反，当他听到其他人如此承诺时，他也许还会嘲笑他们，但他确实认为男人需要成为技艺娴熟的演说者。①

［苏格拉底：］因为我们承认，一个既没有老师也没有学生的科目是不可教的。

［美诺：］我们承认这个。

［苏格拉底：］但是说到美德，似乎哪里也没有老师，是吧？
(95a – c)

［139］施特劳斯：让我们停在这儿吧。我想，这里我们有了答案。这在译文中是不是很清楚地展现出来了？让我检查一下。是的，美诺说：我不知道，苏格拉底，我没法说，因为我自己跟许多人处在同样的位置；因为在我看来，有时候智术师们是老师，有时候不

_____

① 雷因肯这里令人费解地读错了地方，这解释了施特劳斯何以对译文感到困惑。前面两句从95b9开始，但第三句突然跳到96c3。他就没读施特劳斯想要让他读的95c7往后几行，施特劳斯在他随后的回复中补读了这些内容。

是。美诺不知道该怎么思考这个问题，但他的老师高尔吉亚确信美德是无法传授的。你可以教授修辞术；你不能教授美德。美诺，我们知道他是高尔吉亚的追随者，他在最重要的方面对是否要追随高尔吉亚很踌躇。这部对话的背景就是如此。高尔吉亚是大名鼎鼎的修辞术教师（teacher of rhetoric），而普罗塔戈拉是大名鼎鼎的智术师（sophist）。我们在课程刚一开始就观察到，《美诺》是《高尔吉亚》和《普罗塔戈拉》交汇的对话。美诺是高尔吉亚的学生，但美诺不完全同意高尔吉亚；他也铭记着普罗塔戈拉的宣称，即有人可以教授美德。美诺因为困惑接近苏格拉底。他倾向于认为自己是一个具有美德之人，也就是说，他自视颇高。但假使普罗塔戈拉是对的，那会怎么样呢？美诺曾经上过美德课吗？如果普罗塔戈拉是对的，那么美诺的美德就是有缺陷的，因为他并没有以专门的方式获得美德。现在让我们假设美诺听说过苏格拉底不相信美德可教。换言之，苏格拉底同意高尔吉亚的观点。于是美诺接近苏格拉底，将其视为高尔吉亚和普罗塔戈拉之间的裁决者，不过是一个更偏向高尔吉亚的裁决者；他想确定他对自己的好评。苏格拉底应该让美诺安心（mind）——我们不是非得说美诺的良心（conscience）。美诺还听说苏格拉底是个有趣的家伙，会让与他交谈的人智穷力竭（resourceless），让他们麻痹瘫痪（paralyzes）。但美诺并不为此担心，他确信顾得住自己。然后苏格拉底问了他一个奇怪的问题：什么是美德？好像这不是件尽人皆知的事似的！

苏格拉底向美诺表明他给的答案不充分。但美诺足智多谋（resourceful）。即使在高尔吉亚的资源耗竭之后，他还有一个资源，正如我们所看到的，那就是一位诗人说过并且为美诺所接受的一些东西。但最终美诺屈服了。苏格拉底确实成功地使其陷入瘫痪（paralyzing）。我们上次已经看到了。美诺的反应包括两个重要部分。首先，对苏格拉底的威胁：永远不要到我有权力的地方或雅典以外的任何地方。其次，他现在暴露了他的原则，即懒惰说辞（the lazy speech），字面即 argos logos：学习或寻求是不可能的。这当然意味着美德不能通过学习或教学获得。这就是他认为高尔吉亚对而普罗塔戈拉错的根本原因。美德不能通过学习或教学获得的观点当然以人们知道美德是什么为前提。而谁不知道这个呢？因此，根本就没有必要去寻找或寻求美德是什么的答案啊，因为我们谁都知道。好的。

现在我们到了对话的中心部分——不是字面上，而是事实上的。苏格拉底用一个神圣讲辞（holy logos）来回应美诺的懒惰说辞（lazy logos），这由两部分组成，从美德是什么这一问题的角度来看，这两个部分是决定性的。第一个建议是人必须尽可能虔敬地生活，这意味着美德就是虔敬。另一个建议是，人必须致力于学习、寻求，而学习和寻求是可能的，因为学习是回忆。你们记得我们上次讨论过这个。因此我相信我们现在已经回答了最初的［140］问题，即对话的开始，这个突兀的开始，它意味着什么。［但是］上次克莱因疏证中的几个段落我们还没有考虑，现在我们将转向这几个段落。第一段在第89页。也许你可以读第二段。

雷因肯［读文本］：

苏格拉底对美诺的嘲笑这么回应：聪明的无赖（panourgos）就是你啊，美诺，你差点让我上当。噢，怎讲？美诺问。苏格拉底："我看出你为什么给我画这么一副影像啦。"美诺："你以为我为什么呢？"苏格拉底："为了让我回赠，给你也画一幅。我可知道，所有俊美的年轻人都喜欢别人拿他们画像，那对他们有利：美人的影像也美，不是吗？但是我不会回赠，不会画一幅你的影像。"

我们试着理解这段交谈在这篇对话文脉中的含义。

正如之前某次那样，在"我也"（kai egō）"你也"（kai sy）中——

施特劳斯："我和你都"。
雷因肯［读文本］：

存在着戏谑，这次是在"回赠"中。这次和那次一样，等级极度不对等。美诺认为自己遭到了苏格拉底嘲弄，欲进行"报复",用麻人的鱼这样一个影像嘲笑苏格拉底。美诺还称苏格拉底为"巫师"（goēs）。该词常见于柏拉图对话，可能也常见于同时代彬彬有礼的对谈中，用来描述"有技艺"的人、"智术师"。

施特劳斯：我们用 bewitcher［魔法师］来翻译这个词，是吧？

雷因肯［读文本］：

> 苏格拉底回击，称美诺——当然，开玩笑似的——为"无赖"（panourgos）——

施特劳斯：一个十足的无赖，一个无所不能的人。是吧？

雷因肯［读文本］：

> （还在下文中多少有些强调这一称谓，81e6）。这又是一个特别适合描绘"智术师"的词，也许比其他任何词都合适，因为"无所不知"（panta epistasthai），"知道如何凭独门技艺制作、处理一切东西"（poiein kai dran miaitechn ēisynapanta epistasthai pragmata），是智术师这门"职业"的根本要求，无论是基于明言还是暗示。但是，这种相互"辱骂"跟某种相互"画影像"并无任何类似。等到按照苏格拉底本人的说法，似乎轮到苏格拉底来画一幅美诺的影像时，苏格拉底拒绝玩这个游戏。何故？
>
> ［141］难道不是因为不需要任何影像？美诺的灵魂在美诺有生之年大概会被苏格拉底剥个"精光"：美诺会被展现为自己的本相，人皆可见。（Klein，89 – 90）

施特劳斯：换言之，因此没有相似性，那只是像他而不是他。……是吧？

雷因肯［读文本］：

> 剥的过程已经进入得相当深入。苏格拉底加强语气拒绝画一幅美诺的影像，我们猜测，这是我们为美诺"彻底袒露"（undressing）的最后一步作准备。从这一意义上讲，在相互威

胁方面，就有了充分的——即便仍然不对等的——回赠：无论美诺怎么想，处于危险之中的既不是苏格拉底的生命，也不是美诺的生命，而是他们二人的 aretē［德性］。没人能讲出美诺的可靠影像——这种"美"——看起来会是什么样。

施特劳斯：好的。至少按照克莱因的解释，我们很快就会看到，美诺的灵魂如果被完全剥开后，看起来会是怎么样的。关于这个懒惰说辞还有另一个段落，即如下论证：我们不能寻求我们所知道的东西，因为我们已经知道；但如果我们不知道它，我们就无法去寻求它：我们怎么能知道我们已经找到它了？［我们只会读一下第 92 页上，以数字 3 开头的那段］

雷因肯［读文本］：

　　3. 就其本身的优点而言，该论证不乏说服力，除了有一个缺陷。该论证预设一片有"洞"的地，可以说，每个"洞"代表某种"未知"的东西，且与其他任何"洞"没有任何关联。按照这一观点，任何"未知"的东西都分离、孤立于其他每一个东西。该观点忽视"未知"通常将自己呈现为"未知"的方式，即限定在无论何时我们开始意识到我们经验的"已知"片断间有某种不一致或缺乏关联，就会"自然而然地"浮现出的问题。的确，我们对这些"片断"的熟悉往往会模糊它们固有的不完整及其相互关系。若尝试直接反驳该论证，则不可避免会使我们再次面对"整体"及其"部分"这一问题，更不必说"知"与"不知"的问题、"问"与"答"的问题，以及问与答在其中完全可能的某个世界的结构问题。该论证直指事物的根柢。(Klein, 92)

施特劳斯：简化了，大大简化了：没有什么东西是完全未知的。在我们谈及它的那一刻，我们就以一种或另一种方式知道它，而这个论证的谬误是基于［错误假设］，即我们有可能谈论某个完全未知的东西，［正如］克莱因用"洞"这个词［所表示的］。你们知道，没有我们以任何方式都看不到的东西。然后，克莱因书的下一部分有一些非常重要的段落，[142] 但我们不得不限制一下；也许只读一个问题。让我们读一下第 96 页，第 3 点。

雷因肯 [读文本]：

苏格拉底说辞中极为重要的一段是这样一种近乎随意为之的说法："已然生成（come into being）的**一切**，都在贯通（kinship）中相联（tēs physēos hapasēs syngenous ousēs）。"

施特劳斯：可以质疑一下这个翻译，它将 physis［自然］、the whole physis、the whole nature［整个自然］翻译为"已然生成的一切"（all that has come into being）。但现在这不是很重要。是吧？

雷因肯 [读文本]：

因为，没有这一假定，整个说辞就不成一体。凭借该假定，任何事物、灵魂回忆起的任何片断，都可以理解为某"整体"的一个"部分"，可以追溯至某个共通本原。"自然"（physis）一词同贯通的假定，同**一切**存在物的共同谱系（syngeneia）合调。该假定（assumption）使世界成为一个"整体"。（Klein, 96）

施特劳斯：我要强调一下"假定"（assumption）一词。换言之，我们怎么知道有个整体？我们怎么知道这个？一开始，人们可以很好地说这是个假定。如果你们采用当今的实证主义，它当然会说，严格来讲你没法谈及整体，尽管如此，还是不能避免假定这一整体存在。仅举一个接近于我们所关心的问题的例子：无论你们说什么反对"共同善"（the common good）这个概念以及由此产生的诸多困难，你们都无法避免考虑共同善。再说一遍我这个很老的简单例子：有个实证主义者写了一本关于"开放社会"（open society）的书，当然，他说"开放社会"的意思是指好社会。① 而好社会正是最卓越

---

① Karl Popper, *The Open Society and Its Enemies*（1945）.

的共同善。因此，不可能避免谈论隐含在每个事物中的那个东西。

现在，实证主义被迫谈及存在整体（the whole of being），在其真实已知的范围内，此即科学上可知的整体。至于这个科学上可知的整体如何关联于任何其他不同意义上的整体，他们没有太多关心，但是他们必须谈论整体。换言之，每个人都有一个整体观（a comprehensive view），无论事实上它多么不可思议，从他的角度来看，那就是整体性的。如果"整体"是一个假定，那么它也是个必要的假定。其所由开始的简单常识基础是人们始终知道的东西。我们知道的一切事物都在天（heaven）底下，天的穹顶之下。包罗万象的天造就了其他所有事物；这一个天使得其他所有事物成为一个整体。这里，我们看到了柏拉图理解的另一个有意思的点：这种使所有事物，使无限多样的事物成为一个整体的言辞是最高的，是我们所仰赖的。这肯定是一个对于柏拉图思想非常重要的［观念］。

［143］现在，我来说几句关于回忆的问题。你们回想一下苏格拉底的论点：学习是可能的，因为灵魂在此生之前已经看到过一切事物。因此，通过了解任何东西，比如这张桌子，它能回想起其他所有东西，因为每样东西都与别的所有东西相关联，与别的所有事物具有密切关系。那么，回忆学说意味着人之为人，内在于其自身就具有处于休眠状态的对于整体的知识。他也许不能使其完全实现，但是其可能实现到何种程度，必定取决于他的努力。这是苏格拉底此处所关注的实践教诲。用另一种柏拉图式的表达来说，哲学家必须是一个充满辛劳和努力的爱欲者（lover）。这并不意味着就没有境遇问题，有些外部境遇使这种努力不可能：例如，洪水泛滥后的异常恶劣的条件下，只有极少幸存者在山顶上，正如柏拉图在《法义》卷三中所描述的那样（677a1 - b9），你们还可以想象出没法做这种努力的其他各种障碍。另一方面，即使在条件最为有利的时候，也没有任何东西保证人实际上会做出这种努力，这是柏拉图在《治邦者》神话中展开得最清楚的想法（269a7 - 273e4）。那个神话描述了克罗诺斯（Kronos）时代，即黄金时代（the golden age）。人们拥有他们所需的一切；那时没有任何类型的匮乏，然而我们不知道他们

是如何利用他们那种好的、方便的、悠闲的生活，不知道他们是否
试图理解或者仅仅试图（他们所说的）去"找乐子"（have fun）。
因此，重复一次，真理就在——在于人本身。但这并不意味着每个
人都有能力理解真理。一个人能否以及在多大程度上实现其潜力，
取决于他的天性。哲学家必须具有特定天性，在《美诺》中，这是
一个未被提及的主题，更不用说进行讨论了，但在《王制》中就提
及和讨论得非常多。

现在，可以用以下方式部分表达我所提出这个观点：哲学实际
上是否可能，这取决于历史，［完全］取决于社会［以及其他相关］
境遇。这可能是今天提出这个问题的一种方式。但这并不意味着，
对柏拉图来说真理本身完全取决于历史。真理本身是不变的。我们
必须通过将其与现在非常强有力的一种观点对比，来理解这一点的
重要性，这就是历史主义的观点：真理本身是可变的。这对于一个
从柏拉图那里来的人来说似乎完全无法理解，但我想给你们一个使
之可理解的提示。让我们与柏拉图一起假定哲学的主题是灵魂，首
先是人的灵魂。但灵魂是怎么回事呢？我将给你们读一段话，来自
一位现代哲学家，尼采，《善恶的彼岸》（*Beyond Good and Evil*），第
45 段：

> 人类灵魂及其局限性，迄今为止所获得的人类内在体验的
> 范围，这种体验的高度、深度和广度，到目前为止的整个灵魂
> 的历史，加上其仍然无法耗竭的可能性——这是为一位天生的
> 心理学家准备的狩猎保留地。①

［144］尼采在这里暗含的意思——翻译不足以将其表达出
来——即，灵魂在变，灵魂是可变的。如果哲学的主题是可变的，
那么哲学本身或真理本身就是可变的。

最后一排有人举手。马尔宾（Malbin）先生想说什么？请讲。

---

① 这大概是施特劳斯自己的翻译。最后一句中有一部分（und Freund der
Grossen Jagd）没有翻译。

马尔宾：我对实现这一点 ［译注：即人内在于自身的关于整体的知识］ 的必要条件感到困惑——

施特劳斯：让我们称之为潜在可能性。

马尔宾：您说这在某种程度上取决于一个人的天性。

施特劳斯：这里没说。在《美诺》这里一点儿没说到，甚至没有暗示。我们稍后会明白那是为什么。

马尔宾：是感知什么的能力吗？ ——首先，大概这个真理存在于每个灵魂中，而灵魂本身在其从生到死又从死到生的过程中没有变化。那么这是否有可能意味着灵魂内东西的实现取决于此人灵魂以外的某种东西？比如说，他的身体，特别是身体状况？

施特劳斯：是的，会有些身体状况让 ［学习］ 不可能。我的意思是，想想精神错乱，想想智力低下，想想非常严重的疾病和痛苦，这些都可能让任何这种类型的努力变得不可能。这是说得通的，不是吗？

马尔宾：但是哲学家和卡车司机之间的区别是——

施特劳斯：还有——

马尔宾：哲学家和工人的区别在于——

施特劳斯：假设这个临时工不是偶然成为一个工人。

马尔宾：假设他是天生的。

施特劳斯：嗯。嗯。好吧。

马尔宾：这两者的灵魂都可能潜在拥有或——

施特劳斯：是的。是的。

马尔宾：获取真理。那他们之间的差异是一种灵魂的差异吗？

施特劳斯：嗯，这说来话长。但是柏拉图所说的回忆学说的意思肯定是这样的：如果灵魂没有在出生前看到过真理，那它就不可能成为人。我的意思是，正如我们所说的，这是一种神话式的表达，并且得另外用 ［145］ 非神话的语言来表述。但这将人与兽区别开来：兽类没有人之为人的每个人所具有的这种对整体的基本意识。我们从白痴之类的例子中知道，事实上并非每个人都有这种意识，不过那种明显有缺陷的人已 ［逾越了］ 只是不聪明的人类 ［的范围］。［一个仅仅是不聪明，或者有其他什么］ 缺陷的人很可能具有这种意识，否则他不能说话。没有这种基本意识，就不可能有思考，甚至包括完全不合逻辑的思考。这就是柏拉图的意思。因此，在实现潜能的可能性方面，身体当然发挥着作用。

马尔宾：那么，如果这个工人去商店时能做诸如加法这类简单的事情，得出非常简单的前提和结论——

施特劳斯：他会的，［当然。但是］你为什么要拿一个工人来说？从那些发育不全的（他们叫什么来着?），最多能数到五的人中选一个。

马尔宾：我是假设身体条件存在。

施特劳斯：嗯。我明白了，好吧。

马尔宾：那么，例如，除了存在于灵魂自身中的努力之外，还有什么区别?

施特劳斯：哲学的障碍是什么？这是个说来话长的问题，并且任何时候都具有严格意义和重要性，无论是已经形成的还是尚未形成的障碍。身体确实发挥着一定的作用，这是毫无疑问的。我的意思是，你知道这个框架中的某些变化，一个身体性的变化可能让这种潜在可能性完全无效，更不要说使之实现了。是的。

学生：我担心这个问题可能几句话说不清楚，也是在这样一个常识层面，我有点——

施特劳斯：请说，请说，那只会是好事。

同一名学生：但我想回到你所说的那种观点，即谈论开放社会必然暗含着你有一个对整体的观点——

施特劳斯：关于好社会，我说的是。嗯，让我把这一点说得足够清楚，感谢你提出这个问题。我用一个更明显的假定来说明我们所有人都有的那个对整体的假定，即共同善的假定，这也是一个整体。为了证明每个人，包括那些说这是一个老掉牙的概念的人，都必须谈及共同善，我举了一个著名的实证主义者的例子，他写了一本关于开放社会的书，在这本书里他的意思是开放社会就是好社会。①

---

① Karl Popper, *The Open Society and Its Enemies* (1945).

关键点在于——让我们从头开始：有些好事物如果不被分享就无法享受。我的意思是，你可以在其他人没有吸烟或吃苹果的情况下享受一支香烟或一个苹果，但例如，你不能［146］仅仅为你自己而享受自由。我的意思是，至少按照民主的解释，如果不是你所有公民同胞都自由的情况，你也就不可能自由。这是开放社会的含义之一。但是，这［意味着］自由是一种共同善，而非一个片段，［不是］一个片段的善，一个部分的善。

同一名学生：在我看来，当你谈论一个整体的概念时——我至少是在两种意义上想到它。一个是按照好社会的整体观念，也就是说，我们不谈论好社会的特定部分，但我们有一个对此整体的概念。

施特劳斯：不，也有部分善，且这些部分善也得考虑，这毫无疑问，但它们总是必须基于共同善来考虑。例如，如果你想到某个部分的善，比如说，年长的公民或其他弱势群体的善［笑声］，这总是可以理解的——从公共善的角度来看待任何讨论。处理这类问题，即处理这种局部问题的民主方式是什么？

同一名学生：我明白了。唯一让我感到困惑的事情在于，例如，你有一个像"自由"这样的概念。或者你知道的，比如说，任何谈论这个的人都必须有一个共同的或者开放的或者好社会的观念。但我们知道，例如，马丁·路德·金可以写一本书，《迈向自由》，①或者我们也可以想象一个类似种族平等的文件，比如来自共产主义中国之类的东西。显然，这是两个非常不同的东西。

施特劳斯：是的。这意味着公共善经常是有争议的，确实。但这并不意味着就没有公共善。我的意思是，或许可以表明公共善必然从不同的角度、以不同的方式出现，于是会导致这样的问题：哪个角度是最好的？你从哪个角度能如实地看待公共善，而不仅仅是人们基于其狭隘的利益或偏见等等所看到的那样？这不会造成任何

---

① Martin Luther King, Jr. , *Stride Toward Freedom: The Montgomery Story* (1958).

困难。我的意思，把这说得足够清楚，就是将公共善用作整体的一种类型或例证。polis，城邦，是整体中的一种整体，因此古代思想经常把 polis［城邦］和宇宙（cosmos），即把狭义的整体和直接就是的那个整体拿来类比。其他人还有问题吗？伯纳姆先生？

伯纳姆：我想知道您是否可以说一下克莱因评论中的一句话，我认为这与您刚刚提出的观点有关，在第 85 页。

施特劳斯：85。我希望你们都会阅读克莱因的评论，81［页］。

雷因肯：不，85［页］。

施特劳斯：［第 85 页］哪一段？

伯纳姆：我记得那句话……我们都具有的共同认识……

［147］施特劳斯：我听不见你的声音。你能等一下吗，等到这个噪音消失，好吗？你指的是第 85 页上哪一段话？

伯纳姆：嗯，在最后一段，大约在页面下部的四分之三处。他说，嗯，几句话——

施特劳斯：不。嗯，为什么雷因肯没有读整个段落。

雷因肯［读文本］：

> 出现了这样一个问题：关于"整体"及其"部分"的探讨，在"分析性地"（analytically）处理意见的步骤中有位置吗？

施特劳斯：你知道那是什么意思；前面已经解释过，即分析性地（analytically）（正如他在第 84 页第二段开头所说的那样）——辩证的或分析的程序。辩证的程序是苏格拉底的程序，而分析的程序是解析数学，特别是几何学的程序。是的。

雷因肯［读文本］：

> 看起来有。概言之，关于任何主题方面的任何意见，都可以理解为抓住了正在探究的主题的某些方面，这些方面"片面地"真实。这意味着，关于作为"整体"的主题，无论我们中的任何一个人如何错误，我们都是在探讨（至少努力探讨着）

"同样的东西"。（因此，我们之间的交谈，或者像我们所说的那样，"交换意见"是可能的，而且有可能富有成效。）但是，反过来讲，那意味着一个共通的——尽管往往被遮蔽的——立场，对话的进行离不开这个立场，所谓"整体"其实也"设置于"这个立场之上。这——（Klein, 85）

伯纳姆：……

施特劳斯：对不起，请你再说一遍？

伯纳姆：就是那句话。

施特劳斯：这就是困难所在。我们不可能在没有达成某些一致意见的情况下交谈，甚或争论、辩论、激烈辩论，不是这样吗？例如，如果两个人对于越南战争持有完全不同的看法，那他们的不同也是针对同一件事的，即针对越南战争的，是吧？好。现在，这就是共同基础，没有公共基础，辩论就不可能进行。但他们持有不同的意见，有人支持现行政策，有人反对。一般而言，没有对越南战争这一特定问题的预先判断，因此，这些意见是片面的。每个辩论者都看到了那里存在的一些东西，但与其他人看到的有所不同。但是意见的片面性，即意见是片面的这一事实本身，就指向了一种完整的意见，在这种意见中，两个部分都在其恰当的范围内得到承认，而在其不恰当的范围内被拒绝。这没有意义吗？我的意思是，这就是［148］我们经常达不成一致的原因。我们所有的观点都是片面的，因而，部分和整体的问题潜在于任何要解释人的言论、论证之类的意思之时。这就是你说的那段话吗？那句话？

伯纳姆：是的。让我感到困惑的事就是［这样的事情］。嗯，以正义为例，您说，就像亚里士多德所做的那样，不同的人会对正义有不同的意见，而每种意见都是片面的，然而他们不可能对其有全然不同的观念，否则他们将无法进行交谈。不管怎样，在我看来，使他们能够对其进行交谈的那种共同观念不可能和……的整体是同样的东西。

施特劳斯：是不一样，他们也许无法整体上揭示整体，但如果没有潜在的整体，连这种分歧都没有可能。例如，举一个极端的例子：《王制》卷一中的忒拉绪马科斯（Thrasymachus），他或多或少同意人们对正义的通常理解。但是他说这种理解不好，而普通人会说这种理解好。现在你得超越这一点，得提出对人来说什么是好的这个问题，并在此基础上决定正义是否好这个问题。就这样吧。无论如何，我看这一点没有困难。

伯纳姆：嗯，只是他似乎说，任何关于正义的谈话都以对正义整体的知识为前提——

施特劳斯：不，不，不，不。相反。对此柏拉图的用词是神圣直觉（divination）。他们有一种神圣直觉——每个人都有对于正义或者不管什么主题的神圣直觉，而这种神圣直觉可以或多或少夸张地表达为对这个词的某种模糊理解。舍此，那是绝对不可能的——这种模糊理解的意思，更精确来说，就是一种片面的理解；而一旦你知道它是片面的，你就处在通向其完整的路上，你将用这个整体来取代部分。

学生：那么，按照这个构想，如果你对整体有错误的理解，那么你就不能对部分有真正的理解，我这么说对吗？

施特劳斯：是的，但这是个很大的困难。我们之前已经讨论过这问题。在对部分的每一种理解中，都隐含着对整体的理解。但从这个意义上说，思维的整体运动是从更好地理解部分到更好地理解整体的运动，反之亦然。这是个很大的困难。但是，要说我们可以毫不费力地在一本书中获得关于整体的知识，然后可以将其应用于每个部分问题，这种想法就像他们说的那样，太乐观了些。这不是真的。我们生活在知与无知之间。我们不是［完全无知］：任何人，即使是最无知的孩子，也［不是］完全无知。而最有智慧的人也非完全智慧。我们处在两者之间的不同点上。这个困难没有精妙的解决方案。肖弗先生？

肖弗：我知道这是一个说来话长的问题，我们也许无法深入其中，但在我看来，克莱因的观点，以及柏拉图的隐含的观点，无法完全成立，除非有人驳倒反对意见，比如说洛克的看法，即我们达成一致的事物并不［149］意味着对存在于我们之外的事物的任何知识，而只是指［为了］彼此交谈所必需的事物。

施特劳斯：唯一的麻烦在于，［虽然］洛克确实可以这么说——让我们假设上面的描述是对的——但洛克这么说并不就使之为真。他得证明这一点。然后他必须像我们所有人一样开始，即从［最明显真实的］事物开始。例如：这是肖弗先生；我们正坐在这个房间里——我们大致但并非难以理解地称之为常识性理解。这也是洛克以及其他任何人的起点。洛克是否已经把这一点弄得足够清楚，或者他对像笛卡尔和牛顿这些人的权威的信仰有没有导致他对这些主要问题过于一概而论，这问题一两句话也说不清楚。现在让我们继续读吧。我们停在关于回忆的那个段落后，我们现在［将会］听到美诺在81e3–5的回应。

雷因肯：苏格拉底说他愿意继续下去吗？

施特劳斯：不是那里。"而且我相信这个 logos［讲辞］是真实的。"

雷因肯［读文本］：

> 我愿意和你一起探究美德是什么。

施特劳斯：那么美诺现在对此作何反应？

雷因肯［读文本］：

> ［美诺：］是的，苏格拉底，但这你怎么说：我们不学习，而我们所说的学习是回忆。你能教教我这是怎么成立的？①

施特劳斯：让我们停在这儿吧。美诺承认苏格拉底的神圣讲辞更好，但他搞不太懂。他不知道学习是回忆；他只听说过这种主张。此外，他现在又犯了某种错误。是吧？

雷因肯［读文本］：

---

① 这里没有注明雷因肯所使用的译本。这完全是字面意思。

［苏格拉底：］美诺，我刚才说，你是个肆无忌惮的坏蛋，而现在当我说没有教，只有回忆时，你来问能不能教你，好让我立刻显得自相矛盾。以宙斯的名义——

施特劳斯：不，让我们在这里等一下。美诺可能是个大大的恶棍，我们有充分的证据确信这一点。但是他提问，说苏格拉底应该教教他，这种提问形式肯定不是因为他的任何恶。他是真诚的，他真诚地感到困惑。情形显然是这样。是的，美诺做了许多人包括诚实和不诚实的人会做的事——即当他们非常确定自己至少在这种特殊情形下是诚实的时候——［他］发誓。是吧？

雷因肯［读文本］：

［150］［美诺：］以宙斯的名义，不是的，苏格拉底，我没有朝那个方向想，只是出于习惯说话。但是，如果你能以什么方式证明这就如你所说那般，就证明给我看吧。（81e1－82a6）

施特劳斯：是的。所以你们看，美诺大概是感兴趣的。对于苏格拉底认为美诺可能是在捉弄他，美诺真是感到震惊。这是他第一次发誓。在所有证据凑齐之前，《美诺》中的誓言这个问题，我们还没法讨论，但我们记得在这场对话中第一个发誓的人是苏格拉底，且只有美诺在场。他们前不久刚说到神圣言辞也许与这次发誓有关。他不是骗子；他的错误只是由于习惯。这当然会引出一个有趣的问题，即欺骗或邪恶本身能不能归因于习惯，但我们不必现在就深入其中。是吧？

雷因肯［读文本］：

［苏格拉底：］这不是很容易，但不管怎样，我愿意为你努力一下。但是从你这些众多随从（followers）中拉出一个来，给我——

施特劳斯：不，应该说"仆人"（servants）意思更清楚一点，尽管"随从"可能是更字面的翻译。

雷因肯［读文本］：

不管你想叫哪一个来，我都会用他来给你演示。

［美诺:］行。你，过来吧。

［苏格拉底:］他是希腊人，会说希腊语吧?

［美诺:］正是如此，他出生在家里。

［苏格拉底:］现在，请你注意看起来这是什么方式，他是在回忆还是在向我学习。

［美诺:］我当然会注意的。(82a7 - b8)

施特劳斯：好，让我们在这里停一下。苏格拉底知道自己现在担负了一项艰巨的任务，要证明学习真的是回忆。但苏格拉底不惧怕困难；他不软弱。并且他这里说，他做这个是为了美诺。应该有一个奴隶来充当试验小白鼠——随便一个奴隶都行，因为每个人都能够学习。这里当然隐含了一个困难：这话在一定程度上正确，但又不完全正确。美诺的兴趣现在被激发起来了；这是他此前从未听说过的东西。接着就出现了这个奴隶男孩的著名情节。我们必须从这场对话一开始就记住奴隶－主人问题的重要性。可以说，美诺执着于自由人与奴隶之间有根本性差异这个事儿。他当然是个自由人，生来就是自由人而不是奴隶。奴隶一般来说是被迫工作的人，即他不能偷懒，而自由人可以。而这就给了他，这个奴隶，一定的优势。

在克莱因的疏证中，接下来第 97 页——［我们没法读那段话了］——提出了以下建议，得出了［一个］早期的结论，并导向更进一步。你们会记住克莱因之前提出的观点：美德近似知识且跟随知识而来［施特劳斯写在黑板上］，而知识是通过回忆获得的。［151］那么，我会写，恶……无知。而这在克莱因的定义中，与记住（remembering）联系在一起——让我们说记忆（memory）。我们已经看到记忆对美诺来说扮演着如此重要的角色。他总是被要求记住。……克莱因后来有一段很长的讨论（我们必须暂时跳过），关于回忆（recollection）和记忆（memory）的关系，记忆是不费力的事儿——你记得［就这么简单］；回忆需要一些努力，你必须回想起已经被遗忘的东西。但我们会暂时忽略这点。

接下来是著名的小奴隶那段情节。苏格拉底通过问这个奴隶一个数学问题的方式来展示学习即回忆。现在必须提出两个问题：为什么苏格拉底选择一个数学的例子，以及他为什么选择这个特定的数学例子？此次学习的数学是希腊词 mathēsis 所指的东西。这个词与英文 mathematics 一词同根。［它］还不是柏拉图谈及的数学，ta mathēmatika 那个用法，但可以说似乎已经呼之欲出了。我们可以说数学是重要的亚哲学学问（the subphilosophic learning），mathēma。证据就是《王制》中的哲人教育。如果美德是知识，那它也不可能是我们在数学中所拥有的那种知识。证明非常简单，因为如果美德是知识意味着美德等于数学，那么所有数学家，且只有数学家会是有德性的，我想不会有人这样断言。这种美德所可能是——或与之相关——的知识在希腊语中是 phronēsis，我们可以翻译为"明智"（being sensible）。传统的翻译是"审慎"（prudence）或"实践智慧"（practical wisdom）。phronēsis 必然以一种其他知识不具备的方式影响生活。一个知道正确的事情却不去做的人不是明智之人。想想一个知道自己不应该每天喝醉的人。他知道这样做大谬不然，可［他］还是每天喝醉。没有人会把他称为明智之人。你充其量只能说他知道他该干什么，但这是一种完全无效的知识。Phronēsis 是一种必然决定行动和选择的知识。它本质上是实践性的，或者，正如我们所说的，道德的。因此，这个数学的例子某种程度上具有误导性。即便苏格拉底可以证明你能够学习这种东西，但运用到美德上仍然是一个问题。

至于为什么是这个特定的数学问题，它与现在，与一段时间以来称为无理数（irrational numbers）的东西有关，例如，根号 2。无理数。irrational 来自希腊文的 alogon，意为"无以言说的"（speechless）"非理性的"（reasonless）。它提醒我们理性的界限，而理性的界限在柏拉图的著作中首先并且往往是通过两件事，通过两个区别来表明的。第一个，logos 和 ergon 的区别，即言（speech）和行（deed）的区别。想想这个人的例子，他有正确的不喝酒的 logos，但这里的关键在于他做了什么——行。第二个暗示 logos 的界限并因此提醒我们注意 alogon，即提醒我们注意非理性的，是 logos 与 muthos，即逻各斯（logos）与神话（myth）之间的区别。而不久前我们刚有了一个神话的例子，尽管完全没有用到"神话"这个词——所以对此不能过分强调。因此称之为"神话"是巨大而危险的一步，我们每个人，如果他把回忆说称为神话，都得为此承担责任。苏格拉底从来没叫它作"神话"。

[152] 现在让我们开始读苏格拉底和这个奴隶之间的对话。当然我们不知道那是谁。他出生在家里。谁是那个男孩的父亲没有说到，这就留给大家去猜了。我不想说任何话，如果它可能被解释为对美诺的不公平指控。我打算跟着克莱因的流程继续进行：先阅读苏格拉底与这个男孩之间的对话，跳过评论——中间那段苏格拉底和美诺的对话——然后当我们从头到尾读完与男孩的对话时，我们再返回[并]第一次讨论其中伴随的苏格拉底和美诺之间的对话。让我们从头开始。我们来读第一部分吧。

雷因肯[读文本]：

[苏格拉底:]现在告诉我，孩子，你认得正方形就是这里这种四角的图形吗？

[男孩:]我认得。

[苏格拉底:]那么，一个所有这些边线都相等，共有四条边的图形是个正方形吗？

[男孩:]当然啦。

[苏格拉底:]这里不是也有些线吗，穿过中间的，相等吗？

[男孩:]是的。

[苏格拉底:]这样一个图形不可以更大或更小吗？

[男孩:]当然啦。

[苏格拉底:]现在，如果这个边是 2 尺，这个边也是 2 尺，那么整体是多少尺？这样看：如果这边是 2 尺，而另一边只有 1 尺，那么这个图形[的面积]就会是 1 乘以 2 尺，不是吗？

〔男孩：〕是的。

〔苏格拉底：〕但既然它另一边也是 2 尺，〔面积〕就变成了 2 乘以 2，不是吗？

〔男孩：〕是这样。

〔苏格拉底：〕也就是说，〔面积〕成了 2 乘以 2？

〔男孩：〕是的。

〔苏格拉底：〕2 尺的两倍是多少？算一算（Reckon it），告诉我。①

施特劳斯：是的。这很重要。"算过之后"（after having reckoned），"算出来之后（after having figured it out），说。"是吧？好的。

雷因肯〔读文本〕：

〔男孩：〕4，苏格拉底。

〔苏格拉底：〕不会出现另一个是这个两倍大的图形，并且是同类图形，所有的线都和这个一样是相等的吗？

〔男孩：〕有啊。

〔苏格拉底：〕那么它会是多少尺？②

〔男孩：〕8。

〔153〕〔苏格拉底：〕来吧，试着告诉我这个图形的每条边有多长？因为原先图形的边长是 2 尺。那么，形成一个两倍大图形的边线该有多长？

〔男孩：〕显然，苏格拉底，两倍大啊。（82b9 - e3）

施特劳斯：是的。现在，让我们只读一下——

雷因肯〔读文本〕：

---

① 目前尚不清楚雷因肯所读的是什么译本。既不是洛布版，也不是焦伊特译本。

② 〔译按〕涉及面积的时候，这个尺指的就是平方尺。后文中还有多处同样的指称。

　　现在看着他回忆一个又一个东西，就像需要去回忆——

施特劳斯：不对，不对，紧接着那之后他说了什么。
雷因肯［读文本］：

　　告诉我，伙计们——

施特劳斯：不对，不对："你没看到吗，美诺——"
雷因肯：哦，确实。
［读文本］：

　　［苏格拉底：］你看到了吗，美诺，这事我什么也没教他，我所做的只是问问题吧？而现在他认为他知道 8 尺的图形会从这种边线里产生。或者在你看来不是这样［译注：即男孩其实不知道］？
　　［美诺：］对我来说就是这样［译注：即在我看来男孩就是不知道］。
　　［苏格拉底：］但他知道吗？
　　［美诺：］肯定不知道。(82e4 – 10)

　　施特劳斯：是的。换言之，男孩错了。作为一个天生的数学家，你能在黑板上描述一下这个问题吗？［雷因肯画了个图，进行描述。］
　　雷因肯：嗯，这条线是 2 尺，［所以这个图形的面积是］2 乘 2。他谈到了穿过中间的线，那些是水平和垂直的等分线。
　　施特劳斯：苏格拉底不使用任何专业术语。［笑声］他不用，没关系。是吧？
　　雷因肯：现在你只需将小男孩放在一个 4 乘 4 的正方形上。［笑声］［雷因肯继续画］想想这些都是正方形。［笑声］
　　学生：当他指的是一个一边为 2 另一边为 1 的形状时，什么——
　　雷因肯：哦，他们在计算 1 和 2 边长的——如果他取了一个长方形［笑声］，2 尺乘 1 尺。

施特劳斯：你为什么不直接用像那样的图形？［笑声］

［154］雷因肯：……请看［克莱因书的］第100页和第101页。是的，图1和图2。……你把长度加倍了，但是当你把这个边加倍时，这个边增长，这个边增长的话，就把所有边都加倍了，所以面积肯定会加倍。

施特劳斯：你们注意这里苏格拉底用"男孩你"（you boy）（希腊语中的 ō pai）喊这个男孩，只是在开头。当苏格拉底喊他现在计算一下、现在算出来的时候，男孩［第一次］说 ō Sōkrates［哦，苏格拉底］。然后他说，声音有点发抖："4，苏格拉底"——意思是发抖解释了为什么他要加上苏格拉底的名字。是的，还有另外一个这样的情形。让我们读一下82e结尾处，苏格拉底和这个男孩的下一段讲辞："你告诉我"。

雷因肯［读文本］：

［苏格拉底：］现在你告诉我，你是说双倍的图形从双倍长度的边线里产生了吗？我说的是这样的图形：不是一边长另一边短，而是让它每一个边都相等，就像这里这个一样，然后把这个形状的面积加倍，或者说加到8尺。但是看一下你是否还觉得它来自翻倍的线。

［男孩：］我看是这样。

［苏格拉底：］如果我们在这个点添加另一条相同的线，是否会出现一样的双倍？

［男孩：］当然啦。

［苏格拉底：］现在你说从这条线会产生8尺的图形，如果有这样的四条边？

［男孩：］是的。

［苏格拉底：］那么让我们从这条线来画出四条相等的线。这不是你说的8尺的图形吗？

［男孩：］当然啦。

［苏格拉底：］这里这四个方格不都包含在里面吗，每个方

格都等于这个 4 尺的格子吗?

　　[男孩:]是的。

　　[苏格拉底:]结果是多少?不是四倍了吗?

　　[男孩:]当然啦。

　　[苏格拉底:]那么四倍等于两倍吗?

　　[男孩:]不,以宙斯的名义。

　　[苏格拉底:]但那是多少呢?

　　[男孩:]四倍。

　　[苏格拉底:]那么,孩子,从双倍的线中产生的不是双倍大的而是四倍大的图形。

　　[男孩:]你说的对。(82e14 – 83c2)

　　[苏格拉底:]① 确实如此,美诺。那么他还是没有获得他现在具有的知识吗?

施特劳斯:不对,不对,不对。你读的什么?

雷因肯:呀,我是不是读错地方了——

[155]　施特劳斯:"4 乘以 4 等于 16,不是吗?"(83c2)

雷因肯:这是——

施特劳斯:4 乘以 4 等于 16。

雷因肯:……我们在 83 行。"当然,现在从这条线"——

施特劳斯:不对,不对,这里很重要,你略过了这里。

学生:4 乘 4 等于 16。[笑声]

雷因肯:我们到哪儿了?

学生:83c。洛布版,第 309 页。

雷因肯:谢谢。

施特劳斯:现在重新读一下你之前读过的内容。

雷因肯[读文本]:

---

① 此处,雷因肯显然跳到了 84a5 处,搞混了。

如果是 4 乘以 4，那就等于 16，不是吗？①

施特劳斯：这里非常有趣，你们看。他之前谈到 2 尺的 2 倍是多少时，苏格拉底补充道：算出来再说。在这里，当他说 4 乘 4 时，苏格拉底自己给出了答案：是 16。你们看，他并不认为这个男孩有任何关于数字的知识，这是一个明显的迹象。是吧？

雷因肯：是的。

［读文本］：

　　［苏格拉底：］什么线会带给我们一个 8 尺的空间？这一个给了我们一个四倍空间，不是吗？

　　［男孩：］是的。

　　［苏格拉底：］4 尺的空间是由这条线的一半长度构成的吗？

　　［男孩：］是的。

　　［苏格拉底：］很好；一个 8 尺的空间不是这个尺寸的两倍，且是另一个空间尺寸的一半吗？

　　［男孩：］是的。

　　［苏格拉底：］它不就由比其中一个空间的线长而比其中另一个空间的线短的线构成吗？

　　［男孩：］我想是的。

　　［苏格拉底：］好极了：总是像你想的那样回答。现在告诉我，我们不是把这条线画 2 尺，那条画 4 尺吗。

　　［男孩：］是的。

　　［156］［苏格拉底：］那么 8 尺图形的边线应该比 2 尺这个长，而比另外那个 4 尺的短？

　　［男孩：］应该是。

　　［苏格拉底：］试试看告诉我你会说它是多少。

　　［男孩：］3 尺。

　　［苏格拉底：］那么如果它是 3 尺，我们应该在这条线上增

---

① 这里雷因肯重新开始读洛布译本。

加一半长，这样就能让它变成 3 尺？但是这里我们就是 3 尺，而这里还有 1 尺，所以在那边又有 2 尺，另外还有 1 尺；这就是你所说的图形。

[男孩:] 是的。

[苏格拉底:] 现在如果这条线 3 尺，那条线 3 尺，整个空间将是 3 尺的三倍，不是吗？

[男孩:] 看起来是这样。

[苏格拉底:] 3 尺的三倍是多少？

[男孩:] 9。

[苏格拉底:] 而两倍大小的图形是多少尺？

[男孩:] 8。

[苏格拉底:] 所以我们无法从这条 3 尺的线得到 8 尺的图形。

[男孩:] 是的，的确。

[苏格拉底:] 那我们应该从什么线来得到它呢？试着准确地告诉我们；如果你不愿意把它算出来的话，只用展示出它是什么线。

[男孩:] 嗯，我保证（on my word），苏格拉底——

施特劳斯：是的，"以宙斯的名义"（by Zeus）。

雷因肯 [读文本]：

[男孩:] 我不知道。(83c2 – 84a2)

施特劳斯：现在男孩有点震惊。你们知道：神灵保佑……现在让我们先跳过苏格拉底和美诺之间的对话，读读与男孩剩下的对话，在 [84d]。

雷因肯 [读文本]：

[苏格拉底:] 告诉我，孩子：这里我们有一个 [面积] 4 尺的正方形，有吗？你明白吗？

［男孩：］是的。

［苏格拉底：］然后我们在它上面加上另一个跟它相等的正方形？

［男孩：］是的。

［苏格拉底：］然后是第三个跟它们其中任意一个相等的正方形？

［男孩：］是的。

［苏格拉底：］现在我们要把角上的这个空位填满吗？

［男孩：］当然要。

［苏格拉底：］所以这里我们一定会有四个相等的空间？

［男孩：］是的。

［苏格拉底：］那么，现在，这整个空间比另一个大多少倍？

［男孩：］四倍。

［苏格拉底：］但本来只要两倍的，你记得吗？

［157］［男孩：］是啊。

［苏格拉底：］这条线，从角到角，是否把这些空间每一个切成两半？

［男孩：］是的。

［苏格拉底：］我们这里有四个相等的线包含这个空间吗？

［男孩：］我们有。

［苏格拉底：］现在考虑一下这个空间有多大。

［男孩：］我不懂。

［苏格拉底：］这里面的每条线不是都切割了这四个空间每个的一半吗？

［男孩：］是的。

［苏格拉底：］这部分有多少个那种尺寸的空间？

［男孩：］4个。

［苏格拉底：］这里面有多少个？

［男孩：］2个。

［苏格拉底：］4是2的多少倍？

［男孩:］两倍。

［苏格拉底:］这个空间有多少尺?

［男孩:］8尺。

［苏格拉底:］我们从什么线上能获得这个图形?

［男孩:］从这里。

施特劳斯:你们看,他是指出来的;没有说。是的。可以继续读吗?

雷因肯［读文本］:

［苏格拉底:］从所画这条跨越4尺图形对角的线?

［男孩:］是的。

［苏格拉底:］教授们称之为对角线:所以如果对角线是它的名称,那么根据你的说法,美诺家的孩子,双倍空间是对角线的平方。

［男孩:］是的,无疑是这个,苏格拉底。(84d3 – 85b7)

施特劳斯:是的。这就是苏格拉底和男孩之间的整场戏,男孩在那里学到了这个事实——用现代语言来说,2的开平方不可能是一个数。我的意思是,只有基于现代数学的某些重大变化,才有可能去谈论无理数。那不是一个数。它不是自然数,也不是分数,这个孩子已经完全理解了这一点。克莱因这里有一个很长的注解,一直在运用他对古代数学的知识,正如你们从脚注中看到的那样。我在这里提出其中一点。男孩在陷入窘境之前给出了三个答案。美诺也是如此,随着就产生了困惑。但是,在变得困惑、无力和窘迫之后,与美诺对比,这男孩会出现什么情况?他摆脱了窘迫:他又变机敏了。但愿美诺也一样。现在让我们读一下克莱因书中的一个看法,第102页,"帮助这个男孩摆脱这种困惑"。

雷因肯［读文本］:

为了帮助小奴隶摆脱困惑,苏格拉底回到自己的第一张图,将其完成（图4），以便正如在图2中一样，拥有一个16 [158]（"平方"）尺的方形空间。苏格拉底画下新图之后，继续追问，确定男孩"理解"（manthaneis? 84d4）、记得之前所说的（ē ou memnēsai，84e3）。在（与已知正方形相等）的四个正方形中，有四条对角线，它们构成一个新图形——画下这些对角线的正是苏格拉底。每条对角线将各小正方形一分为二，且四条对角线等长，正如男孩能够看到（或者认为自己能够看到）的那样。

施特劳斯：他这是什么意思？

雷因肯：他还没有证明这一点。

施特劳斯：不，不，那不是重点，因为苏格拉底［画］的任何东西都不可能有严格的相等。这才是重点：没有正方形，画在沙子上的没有真正严格的直线。是吧？

雷因肯［读文本］：

苏格拉底请男孩思考这些对角线围起来的空地，问道："这块空地有多大？"（pēlikon ti esti touto to chōrion）男孩没有答案：在这一点上，他没有跟上苏格拉底。男孩说的话是"我不理解"（ou manthanō）。通过一系列问题，变得显然的是，这片空地（小正方形的四个一半）准确地（akribōs）就是所求正方形的二倍。问题的解答近在手边。"［两倍大的正方形］得自什么线？"苏格拉底问道。男孩指着一条对角线说："得自这个。"苏格拉底相当严肃地为这一结论加上封印："如果'对角线'是这样一条线的名字［就像'专家们'所称的那样］，那么，正如你这个美诺的奴隶（Meno's slave）所说的，两倍的空地得自对角线。"男孩最后一句话是："肯定是这样，苏格拉底！"

施特劳斯：继续吧。

雷因肯［读文本］：

在苏格拉底与小奴隶间的这番谈话中，直来直去的问答模

式仅被打断一次，那是苏格拉底所做的一次看似微不足道的
"教学"评论。在回应苏格拉底诸多提示性问题中的一个时，男
孩说（83d1）："是的，依我看就是这样。"（Emoige dokei
houtō）苏格拉底马上说："好极了，依你看［是真的］
（to...soi dokoun），就这样答！"苏格拉底想听的，是男孩自己
的意见。但是，难道苏格拉底不是自始至终都在以一种颇为一
目了然的方式"操纵"那些意见？

[159] 在回到牵涉美诺本人的主要演示（epideixis）之前，我
们必须斟酌这个问题，以及整个小奴隶的"演示"。（Klein，102）

施特劳斯：是的。现在重复一下，苏格拉底和这个奴隶之间的
交谈是为了证明学习就是回忆，即男孩预先就潜在地知道所有这些
东西，苏格拉底只是使这种潜在的知识变为现实而已。很显然，苏
格拉底在男孩学习中所起的作用，比简单表述的回忆学说所暗示的
要大得多，这将在后面进行讨论。这里我只想提一点。作为这节几
何课背景的是这个问题：什么是美德？——概言之，一个"是什么"
的问题。现在，你们看一下这个交谈结束时的例子，苏格拉底的最
后一句话，"智术师们（sophists）称之为对角线"，"智术师"是字
面意思。［可以说］各种有学问的人（the wise men of sorts）称之为
对角线。在苏格拉底给奴隶男孩的这堂课中，"是什么"的问题处于
什么位置？"是什么"的问题从未被提出，而当需要用名称来指称某
物时，苏格拉底就提供一个名字。我的意思是，他不必向他解释正
方形。让我们举一个简单的例子。［施特劳斯在黑板上写］三角形。
他甚至不需要说角是什么。任何一个懂希腊语的人都知道角是什么。
三角形是一个空间，一块地方。……这个形状，一个三角形。因此，
"是什么"的问题从未被提出，也从未被回答过。这对后来的发展具
有某些重要性，因为我们可以说，通过这个展示，美诺（你们一定
别忘了上下文）应该不仅会获知学习是回忆这一断言的真实性，而
且获知学习是可能的，更确切地说，有可能找到、发现美德是什么。
但是这个数学例证并没有给出"是什么"问题的任何头绪。没人能

说——读过《美诺》前半部分的人，没谁会说数学家不回答"是什么"的问题，数学家不给定义。我们之前有一个数学家定义的例子。这是悖论之一。

更为重要的一点，当下更重要的一点当然是，正如克莱因这里所说的那样：苏格拉底没有操纵这些意见吗？换言之，整件事不是个骗局吗？克莱因在后续部分作了非常仔细的回答，但我认为我们现在还不应该读这个；我们将在下次课开始时来读，也许［现在］应该来读苏格拉底和美诺之间的交谈，他们关于苏格拉底和男孩谈话的交流。你找到了吗，在82e4？你之前已经读过其中一部分。"你没看到吗，美诺，我什么都没教他。"

雷因肯：洛布本第307页。

［读文本］：

> ［苏格拉底：］美诺，你有没有注意到，我没有教这个男孩任何东西，每次就只是向他提问？现在他认为自己知道构成一个八平方尺图形所需要的线；还是你并不认为他行？
>
> ［美诺：］我认为他行。
>
> ［苏格拉底：］那么，他知道吗？
>
> ［美诺：］当然不。
>
> ［160］［苏格拉底：］他只是从需要双倍尺寸推测？
>
> ［美诺：］是的。
>
> ［苏格拉底：］现在观察他通过正确使用记忆（memory），在回忆（recollecting）方面的进展。（82e4 – 13）

施特劳斯：是的。因此，换言之，不是每个人都能让另一个人回忆起来。与这个男孩相比，美诺对几何有一定程度的了解，因为他看出男孩给了错误答案。而苏格拉底将向美诺展示回忆的正确方式。现在让我们阅读84a3处的另一段交谈。这段交谈发生在男孩已经完全陷入瘫痪状态之后，正如美诺之前陷入瘫痪那样。是吧？

雷因肯：洛布本，313页。

［读文本］：

[苏格拉底:]现在,美诺,你注意到他在回忆方面已经取得了哪些进展吗?起初他不知道构成八尺图形的线是什么,即便到现在他也不知道,但无论如何那时候他认为他知道,并且自信地回答,好像他知道一样,没有意识到困难;而现在他感觉到了他所身处的困境,而且不仅不知道,他也不认为他知道。

[美诺:]那是真的。

施特劳斯:是的。换言之,他现在置身于能够学习的境地,因为他知道他不知道。是吧?

雷因肯[读文本]:

[苏格拉底:]就他不知道这件事而言,他不是更好了吗?

[美诺:]我也这么认为。

[苏格拉底:]那么,通过让他产生怀疑并给他电鳗式的冲击,我们对他有什么伤害吗?

[美诺:]我认为没有。

[苏格拉底:]那看来,我们确实给了他一些帮助,以找到事物的真理:现在这会推动他乐意(gladly)探寻,因为他缺乏……

施特劳斯:"乐意"(gladly)。这很重要:"乐意"。

雷因肯[读文本]:

——缺乏知识;然而那时候他一直跃跃欲试,在许多人面前多次说两倍空间必定具有两倍长度的边线,并以为自己是对的。(84a3 – c2)

施特劳斯:这里对美诺的影射相当明显:正如美诺在很多人面前发表过很多关于美德的演讲一样,这个男孩也在很多场合向很多人讲过几何问题[施特劳斯轻声笑起来]。是的。很显然,这一对比完全偏向那个可怜的男孩,是吧?

[161]雷因肯[读文本]:

[美诺:] 似乎是这样。

[苏格拉底:] 现在你想象,他并不知道,而直到他陷入困惑,认识到自己并不知道,并感到渴望去知道前,他会试着去探询或学习他认为知道的东西吗?

[美诺:] 我想不会,苏格拉底。

[苏格拉底:] 那么电鳗的冲击对他有好处吗?

[美诺:] 我想是的。

[苏格拉底:] 现在你应该注意到,由于这种困惑,他将如何继续与我共同探究去发现一些东西,而我只是问问题,并不教他;且留意看你是否发现有任何地方我不是就其意见进行提问,而是在教他或向他进行解释。(84c3 – d2)

施特劳斯:是的。现在这个奴隶已经智穷力竭,aporia,就像美诺那样。但身为奴隶,他当然不会像美诺那样生气。他并没有因为沦落到那种无力或困惑中而受到伤害——恰恰相反,他现在会很乐意参与探寻,因为他知道他并不知道。在他以前的无知状态中,他不会向往探寻,而是会做很多演讲,就像美诺关于美德的演讲。现在当然有很多问题。其中之一是:知道自己无知是投身于研究的充分理由吗?这是一个充分的理由吗?难道不是有很多事情我们不知道,也没有一丁点想知道的冲动?我们当然无法知道这个奴隶是否会参与并乐意参与这个探求。我的意思是,他做的是他作为奴隶的工作,因为他的主人要他坐下来并回答这位先生的问题。以后他会做什么,谁也没法说。他是一个必须服从命令的奴隶,这里绝不是明说而只是暗示为了去做这个,他还必须具有某种天性。他不能完全哑巴,否则他不可能紧跟苏格拉底的问题。但是,假如他投入这种探究,他作为一名几何学者会有多出色,那是我们无论如何没法知道的。

下次我们将首先阅读苏格拉底和美诺之间的最后一次交谈,然后来考虑克莱因对这个问题非常详细的讨论:苏格拉底不是在玩骗局吗?他只不过是在操纵这个奴隶呢,还是这里有什么真正的学问?下一次我们将从这个问题开始。

第八讲　学习会让我们更好吗？

1966 年 4 月 21 日

　　[164] 施特劳斯：现在我提醒一下你们我们讲到哪儿了。苏格拉底满足了美诺的要求，即通过向美诺家的奴隶问一个几何问题，向美诺证明学习，即回忆，是可能的。我可以提醒你们回想一下，这个几何问题是这样的：我们有一个［4 平方尺的］正方形，每条边是 2 尺，那么一个两倍大的正方形，即 8 平方尺的正方形，边长是多少？男孩的第一个回答是，边线一定是 4 尺长，但这被证明是错误的，因为如此一来这个正方形会是 16 平方尺。男孩的第二个回答是，边长会是 3 尺。他颇有理由：4 尺太多，而 2 尺太小。但那样的话，这个正方形就是 9 平方尺，也未能如愿。而他最后的正确答案是：边是 1 尺长正方形的对角线，即，用我们的语言来说，是 2 的平方根。这条边只能通过指着对角线来显示、来指出。它没法说出来。正如我们所说，它是一个无理数，一个没法说的数。

　　现在我们首先要提出这个问题：在与美诺的谈话中，苏格拉底从奴隶这一幕中吸取了哪些教训？我们［已经开始］读这一节。现在必须读完这部分；85b8 往后。你找到了吗？

　　雷因肯［读文本］：

　　　　智术师们称之为对角线——

　　施特劳斯：不对，不对。是（与男孩）那段讲辞的结尾。是的。

　　雷因肯：好。

［读文本］：

　　［苏格拉底：］你怎么想，美诺？有什么意见不是他自己思考的答案吗？

施特劳斯："有什么意见不是他自己的吗？"
雷因肯［读文本］：

　　［美诺：］不，这些都是他自己的。
　　［苏格拉底：］但是你看，他并不知道，正如我们不久前说的那样。
　　［美诺：］那是真的。
　　［苏格拉底：］然而他心里有这些意见，没有吗？
　　［美诺：］是的。
　　［苏格拉底：］因此，对任何事物，无论什么，一个不懂的人，可以对这些他啥也不知道的东西有真意见吗？（85b8 – c7）

施特劳斯：那么"对那些他啥也不知道的东西他自己有真（true）意见"。似乎如此；［在论证中］看到了。这个奴隶说了他的意见。这些意见是他心里想的。而这时苏格拉底跳了一步：无知者心里有真意见——在每个无知者的人心里，不仅仅是这些奴隶。但是这里显然有一个困难，因为无知者心里也有错误的意见。正如你们所看到的，美诺没有看出这个困难。现在继续吧。
　　［165］雷因肯［读文本］：

　　［苏格拉底：］而此刻，这些意见刚从他心里被激发出来，就像一场梦一样；但是，如果以各种形式反复问他同样的问题，你知道他最后会像任何人一样准确理解这些问题。
　　［美诺：］看起来是的。

施特劳斯：因此，如果没有苏格拉底的问题，真意见当然永远不会显露出来。然而，正如我们所目击的那样，只问一个问题也不行。需要反复，这样他才能抵达这个主题的完美知识，而不只是拥有意见。这些重复也可以更准确地称为练习（practice），持续不断地练习、训练；［回到］美诺在其最初问题中提出的那一点，当时他说：获取美德是通过学习还是通过练习还是通过天性？苏格拉底在这里暗暗提到了练习。现在继续吧，雷因肯先生。

雷因肯［读文本］：

> ［苏格拉底：］没有任何人教过他，只是通过向他提出的问题，他就会懂得，让知识从自己身上恢复过来？

施特劳斯："他会（will）懂得。"是吧？
雷因肯［读文本］：

> ［美诺：］是的。
> ［苏格拉底：］这种知识的恢复，在他自己身上且通过他自己，不就是回忆吗？
> ［美诺：］确实。
> ［苏格拉底：］难道他不是必定要么曾经获得过，要么一直就有这种知识——① （85c7 – d10）

施特劳斯：不是，不是。"他现在具有的知识难道不必定是他要么在某个时候获得过，要么一直拥有的吗？"是的。让我们在这里停一会儿。男孩会知道，会回忆起，即，如果他练习的话；单单这么一次实验则不会奏效。然后苏格拉底非常突然［宣称］这个男孩已经拥有知识，就在这一单个行动的基础上。这意味着重复，即练习，不是必要的。他现在已经知道了。苏格拉底为什么要那样做呢？他是不是在调整自己去配合美诺的懒和惰性？他是要测试美诺吗，意即他要试试看美诺是否注意到从"男孩会知道"到"男孩已经知道"这一转换？好。让我们从这里继续吧。

---

① 洛布版接着说"他现在有"（he now has）。

雷因肯［读文本］：

［苏格拉底：］那么，如果他一直就有这个知识，他就总是处在一种知道的状态中；如果他是在某个时候获得这种知识的，那他就不可能是在此生中获得的。或者有人教过他几何？你看，对所有几何学和每一个知识分支，他都可以做得跟这一样。那么，可能有什么人教过他这一切吗？你肯定知道，尤其因为他是在你家出生和长大的。

［166］［美诺：］呃，我知道没有人教过他。

［苏格拉底：］那他有这些意见，还是没有？

［美诺：］他肯定有这些意见，苏格拉底，显然啊。

［苏格拉底：］如果他不是在此生中获得这些意见的，这不是立刻表明他具有这些知识，且是在其他某个时候学会的吗？

［美诺：］显然。

［苏格拉底：］那这一定是他还不是人类的时候吧？

［美诺：］是啊。

［苏格拉底：］因此，如果在这两个时期——当他是和不是人类的时候——他自己都具有真意见，且这种意见只有通过提问才能被唤醒而成为知识，那他的灵魂必定在所有时间都具有这种认知力。因为很明显，他始终要么是人，要么还不是一个人。

［美诺：］显然。（85d12－86a11）

施特劳斯：好。意见一直是男孩内在具有的。没人比美诺更清楚这一点：这孩子在现在的生活中没有获得过这些意见。他一定是在出生前就已经获得这些东西。他一定是已经获得了；那就意味着这些意见并不与他共时，因为要获得某些东西，你得已经存在。这些意见并不与他共时（coeval）；它们并非与生俱来，因为如果它们是与生俱来的，那么它们就与他是共时的。在他出生之前，他就有灵魂；否则他不可能获得这些意见。但他那时还不是一个人；他是一个没有身体的灵魂。在那种状态下，他就获得了知识。这意味着这种知识并不总是在他那里；他是获得的。出生前那种获得是否需要练习、训练和重复？当然，这里没说。但如果答案是否定的，就不需要在产前状态下进行训练和练习。那么训练和练习就只是对于人，即对于具有身体的灵魂才是必需的。而这可能是由于身体的力量，使其需要通过训练来抵消。最好的状态是无需训练的状态，即脱离身体的灵魂状态，就是我们的懒惰所向往的状态，那样我们就不需要付出任何努力了。现在让我们看一下克莱因在第 179 页的疏证。我们只读第三段的一部分。

雷因肯 [读文本]：

> 这男孩的灵魂要么在某个时刻获得过知识，要么一直拥有知识，这两种情况之间的选择其实根本不是选择，或者说，至少是一个高度含混的选择。正如之前在神话本身中一样，man-thanein [学习] 一词——

施特劳斯："学习"（Learning）。

雷因肯 [读文本]：

> "学习"一词再次含混地用作完成时。这里明显在暗示，沉睡的真实（或"未被遗忘的"）意见通过提问被唤醒这件事情，甚至可能发生在出生以前的过去——这一暗示强化了上述选择的含混。这样一来，这个男孩"在某个时刻"（pote）（Klein，179）[167] ——在其出生前某个时刻——获得知识这一假定，便含混地等同于这个男孩的灵魂自始至终（ton aei chronon）拥有知识这一假定。

施特劳斯：我们停在这儿。让我们从中断的地方继续，在 86b1。

雷因肯 [读文本]：

> [苏格拉底：]如果所有事物的真理始终存在于我们灵魂中，那么灵魂必定是不朽的；所以你应该鼓起勇气，无论你眼下碰巧不知道什么——那也就是你不记得了——你必须努力去搜寻

和回忆起来？

[美诺:] 在我看来你说得不错，苏格拉底，我不知道为什么。

[苏格拉底:] 我对自己也是这样，美诺。① (86b1 - 6)

施特劳斯: 让我们在这儿停吧。因此，如果真理在我们出生之前就一直存在于我们的灵魂中，那么严格来理解，不管怎么说这都意味着知识从未被获得过：因为如果知识被获得了，那么就有一个阶段灵魂没有获得知识。这清楚吗？重复一遍：如果真理永远存在于我们的灵魂中，如果知识从未被获得，那么我们的灵魂——注意单数——与真理是共时的。既然真理是永久的，我们的灵魂就是不朽的。现在我们得出一个有实际意义的结论：因此，你，美诺，必须有勇气并尝试去回忆，也就是说，你不能再给自己的懒惰和拖延找任何借口了。这已经在关于回忆的段落中 (81c - d6) 说过一些，既然灵魂是不朽的——[他没有用"如果"来限定这一点]——并且已经看到了一切，也就是说，已经学会了一切，[然后] 对任何一件事的回忆就能让灵魂重新忆起其他一切。

现在让我看看，克莱因的疏证中还有另一点我们可以读一下。是的，在第 180 页，"我们所发现的苏格拉底和美诺现在所处的立场"开头的那一段。

雷闵肯 [读文本]:

> 我们所发现的苏格拉底和美诺现在所处的立场，恰是苏格拉底刚刚讲完并评论了回忆神话时所抵达的立场。然而，这里还有一个区别：尽管原来的神话将探究和学习等同于回忆的做法源于灵魂的潜在本性，但是，现在却显得后者的先决条件在于我们的学习能力，这种能力为小奴隶所演示，被解释为回忆"内在于"(——我们所发现的苏格拉底和美诺现在所处的立

---

① 原文（洛布版）：[美诺:] 不知道怎么的，你说的话我很认可，苏格拉底。[苏格拉底:] 对我来说也是这样，美诺。

场)我们的真理的能力。

施特劳斯:换言之,现在灵魂的不朽在某种程度上得到了证明,而在以前的情况下,它是预设。是吧?

雷因肯〔读文本〕:

但两种情形下最后的结论相同:探究那种真理——

〔168〕施特劳斯:探究那种真理

雷因肯〔读文本〕:

探究那种真理是有可能的,尤其针对美诺而言,一个人应该努力进行那样的探究。

针对苏格拉底这番话,美诺的反应是:"我认为你是对的,苏格拉底,尽管我不知道怎么会这样。"(eu moi dokeis legein, ō Sōkrates, ouk oud'hopōs)苏格拉底附议:"我也这么认为,美诺啊。"(kai gar egō emoi, o Menon)(Klein,180)

施特劳斯:好,现在让我们在这里停一下。这里,苏格拉底似乎通过展示小奴隶的回忆,给出了让美诺满意的证明,即灵魂是不朽的,因此学习是可能的。那么美诺接下来将怎么做呢?他在懒惰说辞(lazy logos)中的借口已经不复存在。回想起苏格拉底第一次提出"回忆"那段话,我们注意到,苏格拉底现在已只字不提为了来生有可能成为杰出之士必须尽可能虔敬地生活这事了。你们记得那个关键点吧。他已完全缄口不提任何可能折磨不虔敬者的地狱恐怖。换言之,对学习或不学习没有任何惩罚。如果美诺渴望学习,他就会学习;但如果他不渴望,他就不会学。他相信还是不相信灵魂不朽无关紧要,特别因为在灵魂脱离肉身的状态中不需要努力、练习和训练。然而,苏格拉底走得更远。让我们读一下紧接着的部分。

雷因肯〔读文本〕:

〔苏格拉底:〕我提出来支持我论证的绝大多数观点并不就

是我可以自信断言的，但对于有责任探究我们所不知道的东西这一信念，会让我们比下面这种想法更好、更勇敢、不那么无助（helpless）——

施特劳斯："不那么懒惰（lazy）"。是的。

雷因肯［读文本］：

> 不那么懒惰，即认为甚至没有可能去发现我们不知道的东西，也没有任何探究责任的想法——这是我决心尽我所能去与之斗争的关键一点，包括以言辞和行动。（86b6－c2）

施特劳斯：让我们停在这儿吧。所以这里苏格拉底在某种程度上甚至明确收回了不朽性的断言。"我不能发誓保证那是真的"，"我不能为此而战"。保留下来的仅仅是，依照我们应寻求或探询的信念行动，而不是依照没有可能去发现和寻找这一信念行事，会使我们变得更好、更男子气、不那么懒惰。我们学习或不学习，除了我们通过学习变得更好之外，并无奖惩。而［对于］某些认为这还不够的人，那就没办法了。但这包含一个至关重要的意义：［我们会通过学习变得更好］。可以说，这是他会发誓保证的。他愿意通过行动和言辞为之斗争。如果一个人不知道什么是好，就不可能知道会以这样那样的方式变得更好。是的，但那意味着什么呢？对人类有好处。苏格拉底知道美德是什么，否则他不能做这样一番陈述。当然，到目前为止，他还没有给出［任何关于美德是什么的表示］。你们记得一开始他甚至暗示他对美德是什么没有丝毫概念，这不能按照字面意思理解，但在这里他暗示他知道这个。当然，苏格拉底非常知道这一点：美德至少与知识密不可分。否则，他无法确定通过学习我们会变得更好。

现在让我们再回想一下上下文。学习可能吗？回答：是可能的，因为灵魂不朽。从灵魂的不朽可以得出两个不同的结论。一个结论是，为了有可能在灵魂投胎的下一世成为一个伟大而公义的人，必须尽可能虔敬地生活。另一个结论是，灵魂的不朽使学习，即回忆，是可能的，这实际上意味着需要一种致力于学习的生活。这两种选择，虔敬的生活和致力于学习的生活，无疑截然不同。它们最终也许殊途同归，但这需要论证。当然，这会是一个与我们普通观念非常不同的观念，普通观念不认为虔敬之人必须是博学之人。美诺完全不愿意学习；这是一个有把握的假定。现在，对于苏格拉底来说，最自然的应该是劝诫美诺去过一种虔敬或正义的生活。这方面我们有事例。在对话《普罗塔戈拉》的开头，苏格拉底劝诫年轻的希珀克拉底（Hippocrates）做一些对自己有好处的事情。因此，我们预计苏格拉底会劝诫美诺公正而虔敬地行事。为什么苏格拉底在这部对话中没有试图劝诫美诺？让我们再来对比一下美诺与《普罗塔戈拉》开头的那个男孩希珀克拉底。希珀克拉底有一个表现美诺从未有过：他会脸红（blushes）。美诺从来不会脸红。有可能引导美诺过上德性生活的唯一方法是通过洞察力、理解力——甚至是算计（calculation）。而他是否有意于此当然还悬而未决。这就是苏格拉底在整部对话中对待美诺的难题：对于像美诺这样一个人该怎么办？你想说什么。

学生：我想知道您从那个段落中［推断出］美德与知识密不可分的说法是否像［看起来那样］有力，因为尽管他的确在某种意义上说：如果我寻求知识，我会变得更好，但他并没有说这是必要条件，就其——

施特劳斯：是没有说，但这不是一个暗示吗？你说的是。可以想象存在其他方式。

同一名学生：一个人如果寻求知识，就会变得更好。但这并不必然意味着要变得更好，就必须寻求知识。

施特劳斯：换言之，你的意见是，这甚至不是个必要条件？

同一名学生：嗯，我只是在描述这一段。

施特劳斯：对不起，请再说一遍？

［170］同一名学生：我只是在描述这一段。

施特劳斯：诚然。可以这么说。但另一方面，我们必须考虑这篇对话中这里所暗示的替代选择，给出的选项是虔敬生活和学习生活。现在，虔敬生活不声不响地被放弃了，就像灵魂不朽被放弃到苏格拉底说他无法保证的程度。因此剩下的就是学习，学习使我们更好。这个你会承认。但是在上下文中，没有提出其他替代选择，没有其他替代学习的选择会让我们变得更好。现在，如果学习是使我们变得更好的必要之事，那么成为好的（being good）——美德——就会是某种像知识的东西。起码，知识将成为美德的一个组成部分。美德也许不仅仅是知识（这个问题会再次出现），但知识将是其必要组成部分。

同一名学生：那么您的意思是，因为没有提出除了虔敬生活或学习生活之外的其他选项，所以认为那两个选项就是全部了。是这样吗？

施特劳斯：是的。我确实会这么说。但你完全可以说那对我们没有约束力。也许还有其他选择。但是这个替代选项是什么呢？例如，美诺所提出的美德概念。你怎么看，例如，这些东西能够统治人类吗？你不是那个意思。那你是什么意思，比如说？

同一名学生：我不是苏格拉底。[笑声]

施特劳斯：不，我的意思是——但是，如果你提出一个问题，你心里必定有什么想法，你不必害羞，否则你就学不到。你的意思是，比方说，一个富有同情心的人吗？那是我们无法通过学习获得的某种东西。那是你［心里想的］的东西吗，即一个好人是一个富有同情心的人，而我们通过学习并没有变得富有同情心？有很多博学之人并没有同情心，也有很多没学过什么的人富有同情心。有这种可能性吗？

同一名学生：这听起来像一种选项。[笑声]

施特劳斯：是的。但那么问题在于：一个人不是也可能对有问题的人（the wrong kind of people）抱有同情心吗？例如，你看到一个凶手或潜在凶手和他的受害者。同情潜在的受害者难道不比同情凶手更好吗？因此，一个人不需要一些辨别力、一些知识、一些理解吗？换言之，一个人不带任何知识有可能真正地去同情吗？难道知识不是美德的一种成分，一种必要的成分吗？当然美德不是一定就等于知识；这里从来没有这样说。但仅此而已。我相信苏格拉底使用了［比同情心］更有力的例子，因为美诺没什么同情心。那不会给他造成什么影响。苏格拉底使用了更有力的例子。通过这种方式，苏格拉底试图向他表明，即使就精于算计的无赖那种最低级的情况而言，如果想做好（be good at）流氓无赖，你也得承认知识的必要性。请讲。

［171］学生：如果苏格拉底愿意承认，在某个时候灵魂也许曾是，用洛克的话来说，a tabula rasa［一张白纸］——观念、知识并非与生俱来的，那么没有这种可能吗，即，在灵魂进入身体后我们也能学到更多，因此所有的真理都不必本来就在那里，而是在灵魂进入身体后——如果那些真理没有一直在那里的话——也可以学到新的真理？

施特劳斯：是的，但这些东西是如何进入的——我的意思是，它们是如何进入灵魂的？那么就有可能存在那种把知识从外面灌输到灵魂里去的学或教。前提是，也就是说，所有的教和所有的理解都意味着激活灵魂中的某个东西。我们稍后来处理这个问题，等我们提出这个问题的时候，其实这个问题在上一次读到的关于苏格拉底和小奴隶那幕中的已经暗示了：正如克莱因所说的，苏格拉底没有只是操纵这个男孩，给他答案吗？这是教吗？这是教吗，以及相应地，这是学吗？教不就意味着去唤醒内在于受教个体中的某些东西吗？让我们稍等一下，然后如果你愿意，我们就可以处理这个问题。现在——请讲。

学生：我不确定苏格拉底作出这种表述时的状态，这种类型的表述就像他在其他对话中有时会做的那样。看起来表述的好像是苏格拉底所拥有的某种信念，而不是他给出的若干理性论证的结果，事实似乎也是如此。而我想知道，这样的陈述是什么状态。

施特劳斯：你指的是86b？是那里吗？

同一名学生：不，是您刚刚讲的那一段，一个人应该寻求知识，探究事物会让你变得更好，更勇敢，以及——

施特劳斯：是的。你的意思是说苏格拉底是相信这一点而非知道这一点，是这样吗？

同一名学生：嗯，他说他可以自信地断言；他说这是他决心为之奋斗的一点。

施特劳斯：是的。

同一名学生：但他没有说：这是我一直在告诉你的许多其他事情的逻辑（logic）。

施特劳斯：是的，好，首先让我们忘记"逻辑的"（logical）这个词，因为这可能给我们带来麻烦。这是什么意思？你的意思是必须承认的前提的必然结果吗？这就是你说的"逻辑"的意思吗？

同一名学生：嗯，也许"理性的"（rational）是一个更好的词。他似乎具有同种类型的论证，就像您为同情给出的论证，稍微简化点，即为了任何好的或有德性的东西，你需要知识；这给了你寻找知识的必要性——［172］如果你想成为一个好人的话，因为你想要的所有这些东西最终都需要你必须具备某种知识。

施特劳斯：是的，［但是］他明显区分了灵魂不朽和通过学习让我们变得更好，因为对于第一项他不能保证，对第二项他可以保证。那他的保证是什么意思？他可以保证，他可以为之而战并且将为之而战，不仅通过行动，这意味着依照这种方式行动、以这种方式生活，而且通过言辞。因此，如果有人说学习与美德绝无关联，或者学习是坏的，或者诸如此类，那么苏格拉底确信自己能够向此人证明这是错的。他没有在这里给出证据；没必要给，因为美诺没要证据。美诺愿意考虑这个建议，即学习对成为一个好人是必要的。我认为，上一次我已经解释了一点，在开始的时候，那时我提醒你们注意在对话中只是后来才出现这个事实，即美诺并不绝对同意他的老师和师傅（master）高尔吉亚，后者说过不存在通过受教而变得有德的可能性。美诺想知道是不是普罗塔戈拉不对——［普罗塔戈拉］说过人通过受教、通过学习来获得美德。所以美诺对这种可能性没有定见，而这里没提出这个问题。别忘了这本书不是一篇论文，而是苏格拉底和美诺这个独具性情（我们已经在一定程度上观察到这些性情特征）的个体之间的对话；你们从自己在谈话中的经验必定知道，问题出现不出现，很大程度上取决于谈话者的背景。不是这样吗？我的意思是，你们因此会非常难得地在柏拉图式对话中找到一个示范。你会发现一些示例，［比如］当苏格拉底与奴隶男孩交谈时。这就是一个示例。但这当然不是百分百专业的好示范，不过对于这个目的来说足够好了。男孩理解苏格拉底的意思。请讲。

学生：如果苏格拉底用灵魂不朽的论证来抵消美诺懒惰的借口，说你必须试着回忆，因为知识从一开始就内在于你，那么然后他又说了他对论证中所说的一切并不确信。你说他收回了关于灵魂不朽的话。为什么他说了这话，然后又收回了？我看不出这样做意义何在。

施特劳斯：是的。你提出的是一个非常必要的问题。但是我们等稍后吧，得在更广泛的背景下再来处理这个问题。也许苏格拉底想要表明的——这是克莱因评论中让［我］信服的主要一点——是一种等式（equation）。这不是一个字面意义的等式。［施特劳斯在黑板上写］美德。知识。不管怎样——让我在黑板上写上一个相似性的符号。回忆。是吧？恶、无知或不可教，以及记忆。我们从一开始就看到美诺是一个记忆性的人（a memory man），而这当然不是美诺的特性。大多数时候，我们都是记忆性的人——我的意思是，重复我们从别人那里听到的东西以及给我们留下印象的东西。而这一点，可以说是这部对话的核心。是否足以凭此理解整部对话是另一回事，出于非常简单的原因，我们从一开始就知道美诺的一件事：他是一个，再用克莱因的话来说，恶棍（arch-villain）。事实证明，我们这些并非恶棍的人，绝大多数也是记忆型的，那么，是一个记忆性的人也许是成为恶棍的一个原因，但肯定不是［173］充分理由。因而，稍后我们必须开始讨论这个问题并通读全文。但这非常重要，后面我们将看到什么时候我们能把对话作为一个整体来［回顾］——［而］你们将很好地重述这个问题。

雷因肯：您坐下后，我可以问一个矛盾的问题吗？我在形容恶棍的 panourgos 这个词中看到了一个悖论，这个词字面上的翻译是"一切皆有准备之人"。我们还从史书中知道，美诺的公众形象就是个一切皆有准备之人。您却已经揭示了他的秘密：他是一个懒惰的人。

施特劳斯：智识上的（懒惰）。是的，那么，什么是一个懒惰的人呢？

雷因肯：那么这个双关语不太对。

施特劳斯：不，这事非常简单。他在最重要的方面懒惰：他不愿意思考。而财富和权力的吸引力对他则如此之大，他会竭尽全力去获取，他愿意为此经历许多不眠之夜。在这方面，他一点也不懒惰，但在决定性方面，他懒惰。他从不质疑自己的目的，他的价值观，就像他们说的：财富和权力。而这当然是懒惰，不是吗？

雷因肯：是的。

施特劳斯：所以在这一点上没有什么问题，是吧？马尔宾先生。

马尔宾：在第 302 页，① 苏格拉底说，因为"灵魂是不朽的，已多次出生，且已遍阅这个世上和下界（in the netherrealms）的所有事物，已经获得了对所有一切和每种事务的知识"。因此，似乎你必须经历一个完整的循环：作为一个有肉身的灵魂已经活过，以一个无肉身的灵魂活着，然后又重复有肉身的灵魂，然后你才会拥有对万事万物的知识。

施特劳斯：是的，嗯，在这个破碎且极其简短的所谓神话的陈述中，没有讲清楚的是，进入身体意味着遗忘，但在这种方式中，知识保留了下来，变成了休眠的知识、潜在的知识。只有通过提问和努力，它才会变为现实。在这个回忆故事的每个方面，都是非常简短的、非常碎片化的陈述。在其他对话中，则详细得多。

马尔宾：但是，起码看起来，为了让脱离肉体的灵魂意识到一切，它必须在此之前与物质事物有过一些接触。

施特劳斯：与什么？

马尔宾：与物质，或者与生命。

［174］施特劳斯：不，在某种程度上，这是那个故事的另一个

---

① 指洛布版的页码。

麻烦之处。例如,在脱离肉体的状态下,它没有感觉器官,但据说它看到了一切事物。如果我们还需要进一步的标志,这就有另一个标志表明所讲的这个故事可能面临许多严重反驳。

马尔宾:但不是这意思——

施特劳斯:这不是你的意思。

马尔宾:[苏格拉底说,]既然灵魂是不朽的,它就已经遍阅这个世上和下界的所有事物。这是意味着当其脱离肉体之时,它遍阅了这个世上和阴间的所有事物呢,还是——

施特劳斯:是的,显然。注意,我的意思是,一个人在现世生活中能看到什么,特别在一个没有像现在这样的航空旅行的时候?他可能在雅典以及,嗯,西西里岛或任何他们前去做生意或打仗的地方看到过某些事物。他没有看到任何印度的事物——他对那里多少知道些——也没看到过波斯更中心地区的什么事物。然后,在这种脱离肉体的状态下,他看到了地球上的一切,地球上的一切,例如,也有希腊人不太可能来的地方,埃及最下面的地方。

马尔宾:我糊涂了。嗯,这个故事的陈述方式在于有三个部分。首先,既然"灵魂是不朽的,已多次出生,且已遍阅这个世上和下界的所有事物",从神话的角度来看,似乎可以删掉关于它"已多次出生"这个部分。

施特劳斯:不行,这部分很重要,因为对这个神话来说,重要的是灵魂不朽与否的含混性。让我从头开始。事物、意见、真意见都在灵魂之中。问题来了:它们是如何进入灵魂的?他们不可能是在当下生活中进入灵魂的。因此,那一定是有一种状态,比如说,你还不是一个人类,也就是说,你还没有在你的身体里。必定有一种脱离肉体的出生前的状态。那么,问题就是:这些知识是与不朽的灵魂共时的,还是在那之前获得的?这是另一选项,至关重要。它是获得的,还是共时的?但如果它是不朽的,那么一定有——还有什么必要有那么许多肉身化,那么许多具身化?确实就没必要了,至少就像我刚刚说的那样。肖弗先生,你——

肖弗:基于我们现在所知,关于下界的事物我们能说些什么吗?

那里还会有什么吗，除了知识之外，而知识想来应该是对这个世上事物的知识吧？

施特劳斯：我没明白你的意思。

[175] 肖弗：嗯，苏格拉底说灵魂遍阅"无论是在这个世上还是在下界"的所有事物。现在您是否把那解释为，灵魂在其不朽时遍阅了所有的事物，这些事物既包括世上的也包括下界的事物？

施特劳斯：是的。

肖弗：那下界事物会是什么呢？

施特劳斯：冥界（Hades），尤其是阴间的恐怖；因而，灵魂也可以记住这些恐怖，而这些恐怖可以劝它去过公正的生活。想想《王制》开头的克法洛斯。

肖弗：我想知道有没有什么非神话的对应物？

施特劳斯：哦，你看，这个神话非常简短；正如我们已经看到的，它很快就被抛弃了。这个神话会引发许许多多问题，太多麻烦。这是很显然的，你们俩都说得很清楚了。因此，问题在于：到底为什么还要引入它？就是这位年轻女士的问题。我给出一个暂时的答案，以明确记忆、对我们所听到东西的普通记忆与回忆之间的根本区别，学习是真正的学习的神话式表达（the mythical expression）——如果我可以用"神话式"（mythical）这个词的话。马尔宾先生？请讲。

马尔宾：我试图引出的问题，可能您想要放到后面再讲，但是如果您刚刚因为不必要而放弃掉了不朽性和多次出生，[如果] 至少在生前就与某些物质和非物质（或者说，物质世界 [physical world] 和下界的）知识相连对一个人现在具有完整的回忆是必须的——

施特劳斯：有可能。既然这一切都是结合在一起的，他就可以通过回忆一件事而导向回忆每件事。例如，有一点苏格拉底这里没说，但至关重要，而且在《美诺》中很清楚，那就是回忆在某种程度上是从我们的感官感觉开始的。这一点在这里完全被放弃了。

马尔宾：如果你放弃不朽性，只说一切都是有联系的，而灵魂以某种方式意识到所有的联系，休眠性地知道一切，那么似乎至少第一步就不必是回忆。至少第一步得是实际学习，从建立所有的联系开始。

施特劳斯：是的，但感官感觉与其即时伴随者是否在学习，那是一个问题。我的意思是，例如，苏格拉底在沙盘上画上一个形状并且问道：这是个三角形吗？那么，这是一种学习行为吗？这种学习几何命题的行为不是后面发展起来的吗？所以我建议现在还是继续这个讨论。

我们已经得到一个关于如下问题的暂时答案：当苏格拉底对美诺说话时，他从奴隶这一幕中吸取了什么教训？但我们也必须[176]考虑这个问题：通过观察奴隶这一幕，通过认真考虑这一幕，我们必须从中吸取什么教训？苏格拉底是否通过这个展示证明了学习即回忆？他没有操纵小奴隶的回答吗？这是我们在上次讨论课开始时提出的问题，我们现在得转向这个问题。让我们找几段来读一下。这里我们必须好好听一下克莱因。在第 103 页，我们只读第二段和第三段结尾。我来读一下吧。我的意思是，如果表面地看待此事，那么："因此，可以恰当地说，苏格拉底将答案放入了小奴隶之'口'。苏格拉底有没有将这些答案放入小奴隶之'心'（mind）？"现在他对男孩的答案作了一种统计，结论在下面这个段落的最后："那么，断定苏格拉底是否将答案放入了'小奴隶之心'，换言之，断定苏格拉底是否'操纵'了小奴隶的意见，意味着判断男孩所说的'是'和'不'的意思。因为他的回答主要是'是'和'不是'。"（Klein，103）

这些"是"或"不是"的回答都是苏格拉底放进小奴隶心里的吗，或者只是这种或此或彼、只能二选一的备选项？备选项当然是苏格拉底给出的建议。但"是"或"不是"则是男孩的回答。现在让我们来读后面的部分。

雷因肯［读文本］：

　　暂且不论我们陷入迷惑的可能性，使我们在所遭遇的问题面前别无选择、只能回答"是"或"不是"的，究竟是什么？

难道我们在这方面实际上有选择？我们有，但这种选择不是在"是"与"不是"之间，而是在得出答案的两种可能途径之间。

我们可以依靠某些与问题不相关的东西作答，例如，依靠我们取悦或伤害其他人的欲望、满足自己虚荣的冲动、对所看重的计划的追求，也可以简单地、经常地依靠我们听别人所说的话。这种方式很可能成为我们的选择，无论问题关涉从过去到现在我们的际遇（happened）、周遭，还是关涉我们对任何可能主题的思考（thoughts）。

另一方面，我们可以依靠问题所唯一关涉的事情作答。如果问题是关于某些事件（events），而这些事件在某种程度上牵涉我们自身，那么，我们就会像我们所说的那样，试着就它们给出"真实的"解释，无论该解释会带来什么后续影响。如果问题问的是，在某给定主题上，我们怎么想，那么，我们会试着发现、阐明看起来必然内在于或联系于该主题的东西。小奴隶和美诺都不得不回答的，正是这种问题。

但是，除了凭借我们对某给定主题的思考（dianoeisthai），或者除了在这种思考（dianoeisthai）中，我们又如何可能发现内在于或联系于某给定主题的必然性呢？于是，我们拥有的选择，就所涉及的我们的回答而言，就是选择要么服从、[177]要么不服从于我们的思考所揭示的必然性。对我们去服从或者不去服从的能力而言，这是唯一的必然性。（Klein，103 - 104）

施特劳斯：嗯。他说这一点是什么意思？显然，他的意思是，存在着必然性，不在我们服从或不服从的能力范围内；否则那就没有意义了。这样一种不在我们服从或不服从能力范围内的必然性，有什么例子？

雷因肯：对食物的需求。

学生：医生敲打你的膝盖。

施特劳斯：嗯，也许最简单的例子就是死亡。我们不能避免死亡，因为即使一个人是自杀，他也是以某种间接的方式服从这种必要性。在我想提请你们注意的两个段落中,柏拉图区分了各种各样的必要性。一个在《王制》458d 处,那里他说:我说的不是一个必然的后果吗?(这里我给你们读的是译文)这就是苏格拉底在那里说的:"不是因为几何的必然性",那是思考的必然性,"而是因为爱的必然性,爱也许比其他东西更热烈,更强大,去说服和约束民众"。情爱的必然性(the erotic necessities)至少是民众无力服从或不服从的必然性。另一段是在柏拉图《法义》第一卷,644d,如下:

> [雅典异乡人:] 让我们设想我们每一个生灵(living beings)① 都是诸神的精妙木偶,组装起来要么充当诸神的玩物,要么是出于某种严肃的目的——对此,我们一无所知。我们所知道的是,我们的这些内在情感[激情(passions)——施特劳斯]就像肌腱或绳索一样拉扯着我们,而且互相抵触,拉着一个人去干跟其他人相反的行为,身处好与坏[德性与邪恶——施特劳斯]的分界线。我们的理性(logos)宣称,人人都应该始终跟随其中一条拉力,绝对不要松手,以此抵抗其他筋腱的拉力。这根金质和神圣的、理性的(of reasoning)② 导索,名为城邦的法(the law of the city)③,其他绳索是坚硬和铁质的,有各种可能的形状和样子,这根却是柔韧的和始终一致的,因为它是金质的。我们必须始终和这种法律的最卓越的拉力合作,因为理性(reasoning)④ 虽是卓越的,却也是温和而非强力的,它的拉力需要帮手来确保我们中金质的那种可以胜过其他种类。

他在这里所说的"温和而非强力的",正是克莱因所说的"我们有能力服从或者不服从"。我们通常所说的必然性并不是温和的[178]必然性;我们并不能随意避开它们。至于这最终是不是一种

---

① 洛布版原文作:creatures[造物]。
② 洛布版原文作:of calculation[计算的]。
③ 洛布版原文作:public law of the State[国家的公共法律]。
④ 洛布版原文作:calculation[计算]。

必然性，以及这些必然性是否最终还是必然性，上面的陈述并未作出预判，否则我们就会被导向如下这类问题：那些其他的必然性会不会剥夺我们思考或不思考的自由？如这些强迫性：可能存在某些人们不能自由表达他们想法的境况——我认为这并不是个难以置信的设想。但人们可以正确地说，［《法义》中的这个段落］让思想自由完好无损。但这是真的吗？有多久？就思考被禁止的思想而言？这里有个困难：在过去某些相当常见的条件下，人类心智在多大程度上可以自由地服从或不服从。我只是顺便提一下这个。

现在让我们继续克莱因的讨论。104 页第 4 段。

雷因肯［读文本］：

> 上述两种回答方式是两种得出"意见"（doxa）的方式。我们可以确认或否定问题所包含的"命题"，从而出于"外在"的理由，尤其凭借"重复"别人所说来发表某种意见，正如我们时常做的那样。我们也可以赞成或反对该"命题"，从我们自身得出对它的赞成或反对。这种对某条命题的赞成或反对，这种断言（speaking）或者否定（nay-speaking）——①

施特劳斯：不，"这种赞成或不赞成"。

雷因肯［读文本］：

> 这种赞成或不赞成，构成一种不同类型的意见。这种意见不能被"诱发"或"操纵"，因为其来源并非"外在于"其持有者。这种意见是我们就某给定主题的独立思考的完成（dianoias apoteleutēsis）。
>
> 这个男孩遵循的是第一种方式还是第二种呢？他回答得是不是多少有些随意，或者可能意在取悦苏格拉底？或者难道我

---

① 克莱因只给出了希腊语：phasis 或 apophasis。雷因肯尝试翻译这些术语，但施特劳斯提出了一个更好的译法。［译按］克莱因原文是希腊词 phasis 或 apophasis，雷因肯读的时候翻译为 speaking or nay-speaking，施特劳斯给出更好的翻译 asssent or dissent。

们没有机会观察到，这个男孩（或错误或正确地）赞成或反对的东西恰恰来自苏格拉底，而赞成或反对恰恰来自男孩自己？这个男孩的"是"与"不是"表明他认为真或不真的东西：它们代表他的意见的程度，不亚于算数答案代表他的计数、计算结果的程度。

我们有机会观察到这一点，因为我们自己内心中一直在确认或否定这个男孩的答案和意见。苏格拉底那段插入的教学评论，其实可以理解为在针对小奴隶的同时也针对美诺以及我们。

施特劳斯：这个"边缘性的教学评论"是"告诉我们你怎么想"。

[179] **雷因肯**［读文本］：

> 难道美诺以及我们，读者和听众，没有从一开始就得到警告，要仔细注意接下来的交谈？
>
> 苏格拉底的问题——在小奴隶这一幕中就像在别处一样——所招来和诱发的，既有错误答案也有正确答案。（Klein，104－105）

施特劳斯：换言之，这个男孩内心不仅有真意见，就像我们观察到的我们自己那样。是的。

雷因肯［读文本］：

> 其实，苏格拉底的 maieutic 技艺——

施特劳斯：maieutic 意思是助产术，苏格拉底的助产术技艺。

雷因肯［读文本］：

> 助产术，正如我们从他在《泰阿泰德》（*Theaetetus*）（150 b 以下，210 b 以下）中所讲的话推测出来的那样，更有可能使年轻人生出来的，是"空话"（151c7），是"无精卵"（151e6；

210b9），而非使他们生出"真实的、真正的"（150c3）东西。但是，使自己接受反驳，却不生气或感到耻辱，这正是"生出"真东西的过程即学习过程中不可或缺的第一步。（Klein，105）

施特劳斯：是的，你们看这一点对每个学生，也对每个教授都有某种迫切的重要性："不要生气，不要感到丢脸。"为了学习某些东西，一个人必须克服这些几乎不可避免而且非常强力的巨大障碍。人一定是个好人。是的。

雷因肯［读文本］：

> 面对画在自己面前沙土表面上的图形，听着苏格拉底启发性的问题，小奴隶两次屈从了某种肤浅的可信性，这与美诺的记忆所沉迷其中并成为美诺记忆钢印的那些"熟悉"的概念所具有的可信性并无二致。遭到反驳之后，小奴隶到了完全困惑的阶段，却并不感到耻辱或受愚弄，而苏格拉底接下来的问题帮小奴隶"看"到其"教师"所画下的线段的真理，帮他——

施特劳斯：这里"教师"是有引号的。

雷因肯［读文本］：

> ［180］换言之，帮小奴隶自己服从于迫使他接受该真理的理由。那么，大量的，这里大量的东西都不仅取决于教师的品质，而且取决于学习者的品质。

施特劳斯：这里他使用了没有引号的教师和学习者。换言之，严肃来说，其中有教和学。唯一的问题是，绝大多数正在进行的教和学是否名副其实。也许读读下一段也好（尽管我们没有太多时间），因为克莱因在那里说明了这一点。

雷因肯［读文本］：

> 苏格拉底的角色——

施特劳斯：这不仅是教育部门的一个重要问题，不仅对教师来说是个重要问题，对每个人来说也是个重要问题：学习意味着什么？现在让我们读读下一段。

雷因肯［读文本］：

> 此番问答交流中，苏格拉底的角色是提供条件，在该条件下，这个男孩的学习可能发生。"教师"并不首先为学生的学习负责（aitios），这责任属于学生本人。

施特劳斯：学习不可能灌输。

雷因肯［读文本］：

> 但是，**没有**这个"教师的"引导，学生就没有机会承担这个责任。《斐多》中做出的关键区分直接适用于这种学生－教师关系："一者是真正［为某事］负责者，另一者是，没有它，负责的东西就不可能变成［有效地］负责的。"（allo men ti esti to aition tōi onti，allo de ekeino aneu hou to aition ouk an pot'eiē aition）不能做出这种区分，标志着在言说和思考中（pollē...kai makra rhathymia...tou logou）"极深的惰性"。若有"教"与"学"，则二者关系不可能是简单的"因果"关系。教并不在于说和重复。学并不在于听和重复。与之相反的观点——无须多言，这也正是美诺的观点——是无论何时都占上风的观点，不容易改正。（Klein，105－106）

施特劳斯：克莱因在这里所说的因果关系，也许用刺激和反应来说明最好：这是一个在刺激学生的老师，他当然会（造成）一个反应——让我们希望，至少——完了。（由于这一理论的持续存在），教与学的特殊本性被误解了，而苏格拉底关于教学，［181］关于使人回忆的故事，尽管并非严格而言的真实故事，却比刺激－反应法要真实得多。我们就到这里吧。

翻过这一页，你们会看到，岔出去很长一段关于回忆和记忆的讨论，我们暂时先跳过。等我们完成了对《美诺》本身及其整体的研究之后，我们再来处理这段题外话，然后我们才能更好地判断话中提出的问题。现在我们继续86c3处中断的内容。正如我们所知道的，美诺已经同意学习是可能的，小奴隶那段情节证明了这一点。那么美诺现在要做什么？

雷因肯［读文本］：

> ［美诺：］我也认为你说得对，苏格拉底。
> ［苏格拉底：］那么，既然我们意见一致，认为有责任（duty）去探究什么——

施特劳斯：责任（Duty）……有那么多的内涵，康德的（Kantian）和非康德的（non-Kantian），但它那时候还不存在。"人应该"（That one ought）也许会稍微好点。

雷因肯［读文本］：

> 那么，既然我们意见一致，认为人应该去探究他所不知道的东西，那么你是否同意我们共同努力去探究美德的本质呢？

施特劳斯：不，是"去发现美德是什么"。

雷因肯［读文本］：好的。

［读文本］：

> ［美诺：］当然可以。但是，苏格拉底，就我而言，我还是最愿意调查我最初提出的那个问题，并且听听你的看法，在追求它的过程中，我们是把它看作一种通过教导得来的东西呢，还是人类被给与的自然天赋，又或者是以其他某种方式得到的东西，这也是我很乐意知道的。（86c3 – d2）

施特劳斯：是的。他愿意去考虑，去看看，skepsaimen——skopein，看，以及skepsis（怀疑论）［这个词］，都从其衍生而来。"我愿意听听"。所以现在某种程度上美诺愿意去看事物，但他同样也愿意，就像他生命中自始至终那样，只是去听听。美诺对苏格拉底的结论没有异议；我们已经看到这一点，只是他对去发现美德还是没太大兴趣。这很清楚。但是他非常渴望探究，或者毋宁说，非常渴望听到美德是如何获得的，就像他从一开始就渴望的那样。他知道什么是美德，但美德是如何获得的呢？他替换了他最初的问题。他改变了什么？你们中有人注意到这一点吗？

布鲁尔：他排除了锻炼（exercise）。

施特劳斯：训练（Training），习练（practice），是的。那么，这完全是他的责任吗？也许他是被苏格拉底关于回忆的教导的含混性所诱导。也许我们在出生前的状态或诸种状态中就获得了源初教导，无需任何努力，无需任何习练。这是经历苏格拉底的行动后美诺所产生的第二个变化，［182］第一个变化是他放弃了高尔吉亚的权威，在他对美德是什么这个问题给出第三个答案之时。

美诺感兴趣的是美德如何获得，因为他相信他知道美德是什么。虽然他的回答被证明有问题，但这是一件相对不重要的事；基本上他知道自己想要什么，知道美德是什么。他的三个回答充分揭示了他对美德的看法。如果你把这三个答案放在一起，而忽略当苏格拉底添加进正义时带来的些微复杂性——"噢，是的"，美诺立刻表示赞同，但这对他来说不起任何作用。因此，由于他发现自己只需嘴上讲讲人人都在说的正义，所以情况只是稍微有点复杂；要说正义不是美德，或至少说不是美德的一部分，那会很尴尬。因此，既然他知道美德是什么，在他的认知方式中，唯一感兴趣的问题就是：美德是如何获得的？关于美德，需要学或者教吗，还是不需要？比如说，特别需要听关于美德的演讲吗？这有可能是成为有德者的方式吗？听关于美德的演讲当然比练习美德要容易得多，尤其是如果演讲中还穿插着笑话和其他东西的话。

此时此刻，我认为我们应该暂且先考虑克莱因对当前情势的分析，而不进入这个很长的题外话。美诺还没有从回忆学说中学到教训，这很显然，否则的话他就不会搞出这一幕，而是会说：是的，让我们来找出美德是什么吧——反而是小奴隶已经学到了教训。因此，美诺就向我们显示出他还不如他的奴隶。但美诺意识不到这一点，因为他是自由人，而这个小奴隶就是他的奴隶；即使这个奴隶在某些无足轻重的方面表现出有某些优越之处，那也不重要。问题在于：这个小奴隶意识到自己比美诺更好了吗？这当然没法说；也许他太自抑了，以至于觉得自己比主人更好这种想法根本就不应产生。美诺不可能去学习。他按照自己的懒惰说辞行事。我们已经看到，学习就等于回忆。美诺无法回忆，但他会记忆，就像我们在很多事例中已经看到的那样，他记得高尔吉亚说过的东西，记得诗人说过的东西，等等，因此我们可以简单地说，美诺是一个记忆性的人。［但是］这个解释充分吗？

让我们先对这个问题作个暂时的讨论。让我们对美诺的记忆观察得更仔细。只是因为他记性力好吗？我们可以说并不是，因为他的记忆显然是有选择性的。他记得一些事，但不记得另外一些。例如，他没有像记住那些关于正义的或多或少不正义的意见那样，自发地（spontaneously）记住正义。还有许多人无法学习，他们完全依靠所听到的东西来为自己定位。就是今天所谓 other-oriented ［他者－定向］这个术语——？

雷因肯：other-directed ［他者导向］。①

施特劳斯：other-directed ［他者导向］。他者导向中相当多的人当然不是恶棍，不像美诺那样。他们可能是非常好的人，他们不一定不如美诺聪明。想想［183］《工制》中克法洛斯的例子，在《王制》开头，你们记得那个场景吗？一个非常可敬的、很好的老人，谁都想有个这样的爷爷。我的意思并不是因为他是个有钱人［笑声］，而是因为他是个这么好的人。他就完全不能学习。在学习和考察刚一开始的那时刻，他就离开了，再也没有回来。他完全是个虔敬之人。但是那也意味着他依赖于讲述的故事。这在《王制》一开始就讲得很清楚。他记得。美诺的情况当然不同。美诺最初来自帖撒利亚，一个非常粗暴的、暴力盛行的国家，以各种各样的恶行闻名于世。所以他们没有受过什么值得一提的教育。此外，高尔吉亚

---

① David Riesman et al. , *The Lonely Crowd* (1950) .

来到了这里，高尔吉亚不是一个你能从他那儿学到高尚道德原则的人。美诺的特点是没有学的能力再加上糟糕的教养，而你不能这样说比如克法洛斯。

那么高尔吉亚本人呢？高尔吉亚并不是一个坏蛋。他拥有一种技艺，修辞术的技艺，是某种方式的补救。另一方面，美诺则没有任何技艺，我的意思是，除了对几何略微有点浮皮潦草的了解外。再来看看《高尔吉亚》中高尔吉亚的另一个追随者，在题为《高尔吉亚》的对话中，这人叫卡利克勒斯。卡利克勒斯教导相当可怕的东西。卡利克勒斯否认一般理解的正义有任何价值，然而，当仔细观察他并认真对待他的言辞时，你们会发现，他具有一种宽宏的（generous）天性。而他那些令人厌恶的观点，也是出于非常宽宏的动机：他对城邦中正义之士的命运感到愤愤不平，比如说，像雅典这样。像苏格拉底这样的人就是很好的例子，他面对敌人时不能保护好自己；因而，在卡利克勒斯看来，似乎一个正派人最重要的是能保护好自己。尽管这看起来是无辜者的一步，但这当然至关重要，因为如果这是最重要的事情，那么所有其他考虑都将被弃如敝屣。因而他得出结论——正义不重要，但他的动机是值得尊敬的。此外，卡利克勒斯这个人像苏格拉底一样，被明确描述为一个充满爱欲的人（an erotic man）。充满爱欲的人当然不是指有性欲或性欲过强，而是根本上意味着对美的爱，其中对美丽之人的爱的确是最重要的特征，但不是唯一的。美诺缺乏所有这些品质。他既没有 technē［技艺］，也不具备好的教养，也不具有宽宏的天性。美诺完全缺乏对美、高贵或美好的感觉。因此，我们必须证明我所提到的这些东西，特别是对美的感觉，是某种无法与记忆相联系、无法植根于记忆中的东西。

让我以克莱因在他题外话中所展开的内容为基础，阐述得更精确一些，在那段题外话中克莱因最终发现了这样一套东西：美诺是浅薄之人的典范，是缺乏深度之人的典范；因而他是一个最极端意义上的记忆性的人。这当然隐含着，诸如对美的感觉这样的东西就意味着具有某种深度，而这种深度将通过恰当的心智培养而发展到它的最高点。这就是过程中我们试图讲清楚的一点。但只有当我们从头到尾理解了对话的整个情节，我们才能最终对上述解释作出判断，然后，我们的任务就是把克莱因提出的这一点——部分在我们已经读过的段落中，部分在我希望我们还能进行讨论的题外话中——整合到［184］作为一个整体的对话情节中去。这个问题，整体的对话情节，形式上可以用如下这些说法来描述。苏格拉底要么从一开始就知道，要么很快就发现美诺绝没有可能学，也绝没有可能通过任何严格意义上的学习而变得更好，所以他面临这个问题：如何对待这样一个家伙？难道只能完全听之任之吗？难道没有什么建议可以给他，让他不要去过这样一种全然无用，甚至也许全然有害的生活吗？还是说，像美诺这样的家伙也有做好事的可能性？按我的看法，这是对话后半部分的情节，而这与相当多别的考虑联系在一起。我们将在下次来处理。现在，巴特沃斯先生？

巴特沃斯：只有一件事。当您说高尔吉亚因为他的修辞术知识而得到补救时，如果他只是一个陶匠或鞋匠，会同样得到补救吗？

施特劳斯：不，你一定不要忘记，说话的技艺与美有关。是吧？我的意思是，从一个非常高的层次上，你可以说它是制作美的语句的技艺。但这只有在非常高的层次上才有可能。一个人在怎么说出他所说的话方面深思熟虑，在这方面非常讲究，是值得称赞的事，本身就值得赞赏。你不承认吗？我的意思是，就像，比如说，洗澡和保持适当的清洁比相反的情况要好。尽管有非常讲卫生的恶棍，但最好严肃对待一个人的言语。那是你可以从一个修辞术士那里学到的。

巴特沃斯：唯一的问题是，《高尔吉亚》给出的整个论证在于，修辞术也能用于恶行。

施特劳斯：这我知道，就像我刚才给出的另外那个例子一样。当然，也因此，修辞术在任何情况下都成不了高尔吉亚似乎宣称的主导技艺。修辞术必须由主导技艺来控制。这大概就是哲学。但这种技艺本身［仍然］是一种技艺，正如出现在——当然，这在《高尔吉亚》里更多部分没有这么直白地说出来，但如果你记得这个对话，后面会出现，在接近对话结尾处。那里还有某个人。是的。这将是最后一个问题了。

学生：美诺还是觉得他有美德吧。

施特劳斯：对不起，你说什么？请再说一遍。

同一名学生：美诺总还是觉得他是有美德的吧。

施特劳斯：哦，我想他对此相当肯定。是的，我看他有的只是这种让人不安的，这种稍稍有点让人不安的想法：他听说为了成为最严格意义上的有德者，就必须接受比如像普罗塔戈拉之流的训练。我的意思是，毕竟，他知道自己来自帖撒利亚，而帖撒利亚并不被认为是培养精英人士（the finest men）的地方。他知道这个。普罗塔戈拉拥有的声誉主要基于他的促销演说，他说他能造就最杰出类型的人；因而美诺有点担心，对于通过［185］聆听关于美德的演讲来变得完美这种形式，他是否应该做点什么。这就是他的问题，而我认为正是这个问题促使他去和苏格拉底攀谈，从某种程度上说，这就是这部对话的总体情节。只是（他后来发现）要从苏格拉底那里获取答案没那么容易，你知道吗？就像有人给你打电话："你觉得越南怎么样？"你要么就谈谈，要么就说"无可奉告"。但在这里不行，因而变得更为复杂，比美诺预期的要复杂得多。

同一名学生：关于这种美德的习练：某种美德习练，也就是习练看起来对他最为重要的东西——获取权力，会不会——

施特劳斯：是的，我的意思是，这他无论如何都会去做。他一点也不逃避这种努力。我们之前讨论过这个问题。我们下次继续吧。

第九讲　苏格拉底的胜利

（没有日期）

[188] 施特劳斯：现在我们得来考虑一下小奴隶那一幕的余绪。但是让我再次提醒你们注意语境。美诺渴望弄清美德是如何获取的，也就是说，他想弄清高尔吉亚断言美德不可教是不是没错。苏格拉底迫使美诺告诉他，按照高尔吉亚说法美德是什么。美诺给出了三个答案，但他总是忘记正义，就像在柏拉图对话《高尔吉亚》中，高尔吉亚也是如此。不过，美诺的最后一个答案不再是来自高尔吉亚的答案。这个中心答案带来了机遇，两种类型的定义之间的区别被提出，我们可以称之为科学的定义和哲学的定义。在美诺的答案储备用尽之后，他陷于瘫痪；为了给他的瘫痪找理由，他不仅攻击苏格拉底，说他是个可能招惹麻烦的人，还提出了他的懒惰说辞：学习是不可能的。对此苏格拉底详述其神圣讲辞，即灵魂不朽的教诲，而作为回应，神圣讲辞中隐含了两种可能的实际结论：虔敬生活和学习（learningly）（如果这个副词被允许的话）生活。这两件事是怎么联系到一起的，二者是否根本不同，一点没说，每个人必须自己去解决这个问题。但苏格拉底重点强调的肯定是与虔敬相对的学习，而学习被理解为回忆。苏格拉底通过展示小奴隶学习几何命题的过程，向美诺证明了学习即回忆。美诺现在应该再次努力说明美德是什么。我们已经读到这段了，但大家恐怕都不记得了，我们还是再读一遍。86c7。

雷因肯［读文本］：

［美诺：］当然可以。但是，苏格拉底，就我而言，我还是最愿意调查（examine）我最初提出的那个问题，并且听听你的看法——

施特劳斯：不，不。"我想看看（look at），观察（observe），并且听（hear）。"他心里不清楚仅仅苏格拉底的一个回答是否能让他满意。是吧？

雷因肯［读文本］：

> 并且听听你的看法，在追求它的过程中，我们是把它看作一种通过教导得来的东西呢，还是人类被给予的自然天赋，或者是以其他某种方式得到的东西，这也是我很乐意知道的。（86c7 – d2）

施特劳斯：是的，我们停在这儿吧。这就是美诺的反应，克莱因指出，这表现出美诺完全缺乏理解。但我们必须对美诺稍微宽容或者公平些。这种反应并不简单意味着美诺没理解任何东西，因为小奴隶那段情节恰好表明，一个人可以解决问题而不用提"是什么"的问题。尤其是，同样这一幕表明，回答者需要受提问者引导，而美诺可以期待苏格拉底对奴隶做的也会对主人做，也就是说，苏格拉底会把他引向一个答案——关于美德是什么这个问题的充分答案。现在让我们读那里的后续部分。

雷因肯［读文本］：

> 如果我能控制你，美诺，像控制我自己一样——

［189］施特劳斯：是的，好的。

雷因肯［读文本］：

> 我们不应该在探讨美德是什么这个主要问题之前，就开始考虑美德是否可教。可是，既然你甚至都不尝试一下控制（control）自己——你是那么爱你的自由（so fond of your liberty）——

施特劳斯："为了自由。"（in order to be free）

雷因肯：啊，为了——"控制你自己——为了自由——"

施特劳斯：不，我的意思是你放弃了控制自己，因此你是自由的，因为自控与自由将不相容。这是非常常见的想法，正如你们都知道的。是吧？

雷因肯［读文本］：

> 为了是自由的——你试图并的确控制了我，我会向你的要求让步——我还能做什么？看来我们要去考虑的是我们还不知道它是什么的东西是何种东西！（86d3 - e1）

施特劳斯：嗯，我们就在这儿停吧。这是和我们之前面对的同样的困难，记得吗？如果你不知道一个东西是什么，你怎么能知道这个东西怎么样，是好是坏，是美是丑？译者翻译为"控制"（controlling）的这个词更直接的意思即"统治"（ruling）。如果你统治，那你是想要统治我，也就是说，你想成为我的主人。你甚至没有尝试统治你自己——说自我控制（self-control）更容易理解，但这是同一个词。如果我像我控制自己一样控制你，我们会首先研究美德是什么。但既然现在你是统治者，那么你在控制。不，这还不够：你甚至都没有尝试去控制你自己，因为自制（self-control），自治（self-rule）——在英语中，"自制"和"自治"这两个词有非常不同的含义，但在这里它们意思相同——因为自制、自治会和你所理解的自由不相容。你认为自我控制与自由人不相称。自由人是爱做什么做什么的人。而为了向你自己证明你的自由，你尝试统治我并成功了，或者更笼统地说，试图去统治他人，因为统治他人的人显然是个自由人而不是奴隶。你想让我成为一个奴隶。因此，我别无选择，只能遵从你的意愿。

这暗示了非常重要的一点：美诺缺乏自制，美诺缺乏sōphrosunē，节制（moderation）。而这阻碍了他能真正地学习。所以我们现在可以很有把握地说：如果学习让我们变得更好，那么节制和自制肯定是好事，肯定是美德。关于正义，正义对于学习是否同

样必要，还没得出什么结论；我们必须对此保持开放。苏格拉底将
这个问题限制为去考虑"美德是否可教？"的问题。而美诺至少给出
了一种选择，即其来自天性还是以另一种方式。好。现在让我们来
读后面的部分。

［190］雷因肯［读文本］：

> ［**苏格拉底:**］好吧，至少你可以把你的权限放宽一点，允
> 许这个问题——美德是来自教导还是其他方式——通过假设
> （hypothesis）的方法来检查。

施特劳斯："假定的"（of an assumption）。这个希腊词是 hypoth-
esis，但这词并不与它现在所具有的意思完全一样。"我们做个假
定"，读吧？

雷因肯［读文本］：

> 我所说的假定①指的是几何学家们在处理问题时经常做的
> 事，例如，若你问一块给定的面积可不可以是一个给定的圆的
> 内接三角形的面积，他们会回答："我还不能说是否有这种可
> 能，但我想，如果可以这么说的话，我对这个问题有某个辅助
> 的假定，即如下这样：如果这个面积是这样的，即当你将其应
> 用到这个圆的给定直线上，发现其所差的是与你刚才所应用那
> 个同等空间，那么我觉得你获得了一个结果，而如果它不可能
> 差这么些，那就是另外的结果。因此，我希望在陈述我们的关
> 于把这个图形内接在这个圆里的结论并说这是否可能之前，先
> 作一个假定。"（86e1–87b2）

施特劳斯：是的。苏格拉底低声下气地求美诺帮个小忙，以免
完全放弃与"美德是什么"这个问题的联系：让我们继续像几何学
家那样去做吧。让我们来看看克莱因书里的一段话。这是非常著名

---

①　洛布版译为"假设"（hypothesis），但在整个这章中，雷因肯遵照施特
劳斯的要求，用"假定"（assumption）替换了这个词。

和有争议的一段话。你可以读一下 206 页的第三段吗？

雷因肯［读文本］：

> 苏格拉底召唤出的这位几何学家非常谨慎，但其说法的精确性并没有达到专业的明晰。苏格拉底让这位几何学家使用苏格拉底在别处有批评的术语。此外，苏格拉底让这位几何学家以一种看起来与其"专业性"关联有抵触的方式使用这些术语。尤其要问的是，我们面前真的是类似于几何"假设"的某种东西吗？
>
> 晚近注家看起来并没有意识到苏格拉底在这里搞了个温和的玩笑，他们试图阐明此处可能暗示的几何问题。（Klein，206－207）

施特劳斯：然后他给出了对这些猜测的简短讨论。下一个段落第一句的开头。

雷因肯［读文本］：

> 苏格拉底对这个几何问题的陈述缺乏精确，并不在于在柏拉图时代数学术语尚未确定。

［191］施特劳斯：是的。换言之，这是一种简单的解决办法，说（古希腊数学家）还没有达到我们现在所达到的智巧程度，或者也许是柏拉图后一代所达到的程度；这不是一个合理的出路。好。现在让我们来读一下这段长篇讲辞的结尾部分。

雷因肯［读文本］：

> ［苏格拉底：］对我们关于美德的问题也用同样的方式，因为我们既不知道它是什么，也不知道它可能是什么类型的东西，那么我们最好利用一个假定来考虑它可教还是不可教，这样吧：美德在精神属性上得是什么类型的东西，才能是可教或不可教的？首先，如果它是某种和知识不相似或相似的东西，它被教与否（taught or not）——

施特劳斯："可教与否"（teachable or not）。

雷因肯［读文本］：

可教与否——或者，就像我们刚还在说的，可被记得（remembered）吗？

施特劳斯："可记起的"（rememberable）或"可回忆的"（recollectable）。

雷因肯［读文本］：

可记起的，可回忆的。让我们不要争论名字的选择；它被教（taught）吗？

施特劳斯："它可教（teachable）吗？"

雷因肯［读文本］：

可教的。或者说，这不是对每个人来说都显而易见吗——被教给人的那种以及唯一那种东西就是知识？

［美诺：］这我同意。（87b2 – c4）

施特劳斯：是的，那么苏格拉底的想法是什么呢？我们不知道美德是什么，但我们以一种类似几何的（quasi-geometrical）方式来继续进行研究。我们说，要假定美德必须是什么，或者得是什么种类的（东西）——如果美德会是可教的话。大致的答案是，它必须具有知识的性质。如果美德不具有知识性质，就没有理由假定它可教。现在让我们看看克莱因疏证中对我们目的有帮助的其他观点。我们来读一下 208 页，"苏格拉底紧接着"。

雷因肯［读文本］：

用德性（aretē）问题作类比。因为我们既不知道什么是德性（outh' hoti estin），又不知道德性是怎样（outh' hopoion ti），我们就不得不在这个问题上也使用［192］"假定"（hypothemenoi），探究德性可教与否这个问题。

这个并举——（Klein，208）

施特劳斯：我们不需要深入这个问题，尽管对你们来说读一下这个很重要，但我们现在得继续往下了。重复一遍，在什么条件下美德才可能是可教的：回答是：如果其类似知识的话。不是说非得是不折不扣的知识。现在苏格拉底不理会可教与可回忆的区别了，认为这不重要，你们还记得在之前那个阶段这有多重要。他现在说：嗯，把它称为可教的，称为可回忆的，这没有任何区别吗？这么说意味着什么？最简单的答案是：这种区别已经不再有必要了，它已经实现其目的。这一区别从来不是字面意义上的真实。小奴隶那一幕表明苏格拉底确实教了小奴隶，因此，有这么一种叫做"教"的东西。但我们必须放宽视野。下降已经发生，已经开始［出现］。已经从奴隶那幕开始，因为那一幕证明了学习即回忆，但与"事物是什么？"的问题没有必然联系。这部对话的高峰——因为如果有下降，那就有一个高峰——这个高峰是关于回忆的这一段，带着其在实际结论方面的含混。正确的生活方式是虔敬生活呢，还是一种检审的生活、探究的生活或者说学习的生活？

这一段也是高峰，因为这对美诺起初和关键的问题给出了一个隐含的答案：学习让我们变得更好，这隐含着对美德是什么的回答，因为你如果不知道什么是好，也就不可能知道什么会让你变得更好。美诺不能学习，那就意味着他不能获得美德，因为如果只有学习才能使我们变得更好，那他就不能获得美德。但是，他不能虔敬地生活而不用学习吗？这种可能性被悄无声息地放弃了，这意味着苏格拉底无声地放弃了一种非哲学德性的可能性，尽管这好像最具有现实重要性。那么美诺应该如何生活呢？他也许还不是个大坏蛋，但他就将成为一个大坏蛋。阻止这一可怕的事情发生，难道不是苏格拉底的责任吗？抑或美诺的情况完全没有希望？就没有什么事苏格拉底可以劝他去做的吗，美诺甚至一件好事也做不了吗？嗯，我们必须再等等看。现在让我们——请说？

学生：我只是想澄清一点。当您说苏格拉底放弃了非哲学德性的可能性时，是指一般而言，还是在这个针对美诺的戏剧背景中？

施特劳斯：首先，只可能是后一种答案：美诺不是一个能被劝导成为普通正派人的人。现在这很清楚，而且这也隐含在他的邪恶中；但问题在于，他是否不可能被苏格拉底引导着走向美德，也许朝向一种不同于普通正派的更高德性。这我们必须看到。这确实不太可能，但我们还会得到一些进一步的证据，因为会有各种各样的美德越来越多地出现在我们的视野中。肖弗先生？

肖弗：您能多解释一下为什么学习和回忆的等同会涉及下降吗？

[193] 施特劳斯：涉及？

肖弗：是的。您说那是下降的一部分，那标志着下降。

施特劳斯：是的，因为毕竟，直到这个点为止，整个讨论一直伴随这个根本问题：学习可能吗？而苏格拉底说，只有作为回忆学习才是可能的，也就是说，不是通过平常所理解的教来学的。这是对话所抵达的最高点。

肖弗：学习即回忆这个观点本身还是顶点？

施特劳斯：是的，是的，我会这么说。

肖弗：这个下降是从什么地方开始的呢？

施特劳斯：在那之后，在小奴隶那一幕中，因为在奴隶这幕中，学习等于回忆的可能性得到展示，但一点也没提及"是什么"的问题。这就是那个点。我也提到了另外一个点，小奴隶那一幕表明，回答者需要引导，回忆者需要提问者的引导。而现在苏格拉底不再给予美诺指导。可怜的美诺——我认为我们有权有一些同情，即使对一个大坏蛋——如果面对的是苏格拉底这样一个高高在上的人，那么可怜的美诺在没有了这种指导之后能做什么呢？就像小奴隶对几何问题几乎无能为力那样。好的。请讲。

学生：我有一个关于苏格拉底下一段陈述的问题，但和上一个问题相关，那就是，假定美德是一种知识——

施特劳斯：对不起，你说什么？请再说一遍。

同一名学生：他说，如果美德是一种知识，那么它显然必须被教（taught）。

施特劳斯：它必须是可教的（teachable）——可教的。不，问题是这样的。我们不知道美德是什么，但我们想知道它可教与否。它必须具有什么特性才会是可教的？然后苏格拉底说，它至少得类似知识，某种像知识的东西——这是一个非常宽泛的表述，就是说，有些也许并非确切的知识，但类似知识的东西，也具有这一可教的特性。

同一名学生：那是否隐含着，所有知识都是可教的？

施特劳斯：是的。哦，这毫无疑问。不一定对每个人，但这不是真的吗：当你知道一个东西，比如说，矿物学，你就可以教它——也许不是对每个人，而是对每一个具有一定理解力和必要动机的人，就像他们今天所说的。知识——这是一个公平的主张，知识的范围［194］和可教的范围是一致的。你不必非把知识局限在学术学科的狭窄意义上，比如一个了解自己行当的鞋匠当然可以教学徒如何成为一个鞋匠，这个例子后面还会用到；这也属于知识和可教性相配的事情。好。我们继续吧。

雷因肯［读文本］：

　　那么，如果美德是一种知识（a kind of knowledge）——

施特劳斯：嗯，不是"一种"："是某种知识"（some kind of knowledge）。

雷因肯［读文本］：

　　某种知识，那么它显然就是可教的？
　　［美诺：］确实。

施特劳斯：这里我再重复一遍，美德要是可教的，就必须是某种知识、某种科学。他说这个是什么意思？在前面的讨论中，我们已经发现了图形和某图形、某种图形之间的这样一种区别。这很明显，比如，美德并非几何。因此（他指的是）某种知识，而不是每一种，否则可能所有数学家和几何学家都是有美德的，这是一个令人震惊的、荒谬的断言。是的。

雷因肯〔读文本〕：

> 所以你看，我们迅速解决了这个问题——如果美德属于一
> 类事物，那它就是可教的，如果属于另一类，则不可教。
> 〔美诺:〕的确。

施特劳斯：这是重大的一步。我的意思是，不管他们也许多么
无知，现在他们至少对于要去解决的问题有了一个清晰的表述。
是的。

雷因肯〔读文本〕：

> 下一个问题，看起来，我们得去考虑的问题是，美德是知
> 识，还是知识之外的另一种东西。
> 〔美诺:〕我得说，这是我们必须考虑的下一件事。
> (87c5 - d1)

施特劳斯：是的。正如你们所看到的，苏格拉底趁美诺不注意，
重新恢复了"美德是什么"这个问题的首要性。这里克莱因的评论
中有一点我们应该读一下。让我们来看第 211 页，最上面那一段:
"在这段交谈中究竟发生了什么?"

雷因肯〔读文本〕：

> 在这段交谈中究竟发生了什么? 苏格拉底将美诺的问题
> (至少暂时) 抛至一旁，回到自己的问题——苏格拉底曾主张该
> 问题具有优先性。苏格拉底拐弯抹角地、相当戏谑地——尽管
> 内容是很严肃的——这样做，凭借的是数学手段以及——并不
> 十分明晰的——数学语言，而美诺并不习惯于挑战这些东西的
> 权威。

[195] 施特劳斯：现在跳过下一段。

雷因肯〔读文本〕：

苏格拉底刚才说的是，"看来"现在应该探究的是"德性是知识还是不同于知识"。就这一选择的肯定方面而言，"知识"一词完全未加限定。tis——

施特劳斯：这个词［tis——译者注］是"一种"的意思。
雷因肯［读文本］：

例如，一种，之前刚刚用过（87c5）的这个词被省略了。也没有提及德性也许"像"（hoion）知识。就这一选择的否定方面而言，这方面含混地设想了德性"不像"知识的可能性。（"其他的"）这个词——

施特劳斯：Alloion，其他种类的。
雷因肯［读文本］：

之前用过的"其他种类的"一词（87b7），相对于 hoion,①即"不像"相对于"像"

施特劳斯：不，是 to hoion。
雷因肯：hoion，这个词是"像"（like）。
施特劳斯：是的。
雷因肯［读文本］：

"其他种类"一词，相对于"像"，即"不像"相对于"像"。同样的词现在看起来被用来在德性完全是"知识"的可能性与德性完全"不是知识"的可能性之间进行对比。换言之，该选择的措辞混淆"怎样"与"什么"之间的区分。这一含混将以各种不同的伪装持存于苏格拉底即将呈现的言辞（logos）之中。（Klein，211）

———————————

① 这里克莱因只给出了希腊词 hoion。雷因肯没有尝试翻译这个词，因此紧接着施特劳斯打断了他。

施特劳斯：好。你们知道"什么"和"怎样"之间的区别当然至关重要并且不应该被模糊，如果这是真的，即如果我们不先知道一个事物是什么，我们就不可能知道这个事物是怎样的。马尔宾先生？

马尔宾：我不明白苏格拉底为什么要丢掉"一种知识"这个短语。

[196] 施特劳斯：对不起，你说什么？为什么苏格拉底要丢掉——

马尔宾：为什么他丢掉之前在这个问题中所使用的修饰语？

施特劳斯：是的，在后续部分他还会做其他一些奇怪的事情，相比前面部分，这是《美诺》这个部分的特点，即苏格拉底现在有意含糊和不精确。或者用我前面所使用的表达：我们确定是在走下坡路。苏格拉底想通过这个程序达到什么目的，在看完这部戏前我们不可能知道，但是我可以用一种简单的方式把秘密说出来。苏格拉底现在把美诺引向什么是美德这个问题的答案，但这个答案是建立在某些根本模糊和含混的基础之上的，对这个问题，等我们全部看完这部分就来总结。现在是在 d 部分，我们中断的地方。

雷因肯 [读文本]：

> 那么现在，我们确定——

施特劳斯：重复一下，你们都知道我们的立场：如果美德是类 - 知识的（knowledge-like），那么它就是可教的。如果它不是类 - 知识的，它就不可教。嗯，现在我们继续。

雷因肯 [读文本]：

> 那么现在，我们确定把美德叫做好东西，不是吗？我们的假定，① 就是美德是好的这个假定成立吗？
> [美诺:] 我们确定如此。

---

① 雷因肯按照施特劳斯的提示纠正了。原文是：assumption。

［苏格拉底:］如果有一种与知识分离的、独立的善,那么,有可能美德并非一种知识;但是,如果没有任何没有囊括在知识中的善事物,那么我们怀疑美德是一种知识就很有根据了。

［美诺:］正是这样。(87d2-8)

施特劳斯:是的。美德是善是一个假定,一个 hypothesis,现在要去进行探寻。毕竟,也许美德不是善。当然,这完全取决于美德是什么。从某种意义上说,从"美德"这个词的日常意义上,所有不法分子都会说美德不是善。但也许这个问题还要更深。所以这是一个假定,而我们会从这样的考虑开始:如果有可以与知识分离、独立于知识的好东西,那么美德就有可能并非某种知识但却是善。这清楚吗?如果存在任何与知识无关的好东西,那么也许美德就属于这些东西。但如果不存在不由知识构成的好东西,那么美德大概就是某种知识。他是什么意思?因为这两件事——与知识分离的与由知识组成的,不是简单对立的。现在让我们开动自己的脑筋。有独立于知识之外的好东西。这有道理吗?给个例子。

学生:食物。

［197］施特劳斯:对不起,你说什么?请重复一遍。

另一个学生:同情。

施特劳斯:［同情的问题］我上次解释过了。不是,但我会给你举个简单的例子:好的消化。是吧?好的消化是你虽然有但对其没什么知识的,关于它你知道得越少越好。［笑声］但好的消化不是知识组成的吗?例如,体操和医学的科学或技艺跟好的消化难道无关吗?因此,虽然好的消化不需要知识,这是真的,但知识绝非与好的消化无关。至少可以通过科学来恢复它。在后一种意义上,所有好的东西都是由知识构成的,美德就会是某种知识,因此,即便像消化这种如此次理性(subrational)的东西,也会显示出知识的必要性。但其中也显示了含混性,因为只有当消化系统处于有问题的状态时你才需要去看医生。嗯。现在,请讲,巴特沃斯?

巴特沃斯：好运呢，怎么样？

施特劳斯：好运，是的，这与知识无关。所以，好运，比如说，爱尔兰彩票——是的，这是一个例子吗？

巴特沃斯：爱尔兰彩票，或者出生在一个贵族家庭。

施特劳斯：这一样吗？［笑声］没有根本差别。但然后还是会有问题出现：你将如何利用你的好运？所以我认为还是我那个消化的例子更好。原谅我。［笑声］好。现在让我们继续，从哪儿——你们看苏格拉底现在一直在对美诺做之前对那个男孩做的事。我的意思是，不仅驳斥他——正如当美诺给出美德是什么的答案时所做的那样——也引导他，诸如此类。请继续读吧。

雷因肯［读文本］：

> ［苏格拉底:］那么我们是因为美德才是好的吗？
>
> ［美诺:］是的。
>
> ［苏格拉底:］如果好，就有利（profitable）。因为一切好东西都是有利的，不是吗？
>
> ［美诺:］是的。［笑声］
>
> ［苏格拉底:］所以美德是有利的？
>
> ［美诺:］那得从已经承认的东西推出。

施特劳斯：嗯，这就是那种会让人发笑的段落，因为看起来全是些鸡毛蒜皮。但其实不是，因为有些好东西是有利的，而有些好东西我们实际上不能说它们是有利的，因为它们本身是好的。但让我们来看一下，这个段落很难。我们抓住美德是好的，这意味着什么？这是我们的假定，你们知道。我们的意思是，它是我们善的来源，所以这区别于例如一个好苹果，或任何别的这种好。我们凭借美德而是好的。是的，但我们是好的，这又是什么意思？这里暗示的答案是：我们是有用的（useful）。我认为这比有利（profitable）更好。我认为，克莱因将其翻译为"有益的"（beneficial）。是的，行，［198］好人是有用的。但有个问题，这里甚至没有提出来：对谁有用？对别人吗？这有可能意味着好人是人们的施惠者。人们的施惠者必定是好人吗？那得看情况。色诺芬在他的《希腊志》中描述了希腊北部某个地方的一个僭主（tyrant），他的臣民认为他是个好人，但实际上他只是他们的施惠者。而色诺芬发表了一个评论，大意是，把好人和施惠者等同起来，这是一种庸俗的错误（《希腊志》7. 3. 12）。因此，就拿一个穷人、一个乞丐来说，他从一个刚刚路过并且就有这样的心情的匪徒那里得到了一些钱，比如说，一张十美元的钞票。歹徒无疑是他的施惠者，但他是个好人吗？这是个问题。

还有另一个问题。色诺芬在他的《治家者》（*Oeconomicus*）中以另一种方式也表达了这一点，他说大多数人相信要去爱那些他们认为能从其获益的人（《治家者》20. 29）。这个句子太长了吗？我该把它拆分一下吗？大多数人相信要去爱那些他们认为能从其身上获益的人。这表明了一个大问题。人不一定爱那些他们认为自己会去爱的人。这是一个错误，有可能的错误，而且也许并不稀罕。但是，人们这种非常普遍的信念，即普遍认为他们爱某个人（或某些人）是因为他们会因那个人或那些人而获益，其基础是什么？但获益是什么意思呢？对你的奇思异想百依百顺？许多人把这看作一种益处。因而，什么是真正的益处就是一个问题，一个这里没有明确提出的问题。那是这个论证的缺陷之一，我们很快就会看到。

让我们回到隐藏着巨大困难的简单表面上来。美德诚然是有用的，因此，要查明美德是不是一种知识，我们就得考虑"有用"。看起来是一个合理的策略。而我们看到，这提供了向后续部分转变的机会。让我们继续吧。

雷因肯［读文本］：

> 然后，让我们来看看，在具体例证中，什么种类的东西对我们有利。

施特劳斯：或者"是有用的"。

雷因肯［读文本］：

是有用的。① 健康，我们说，还有力量、美貌和财富——
这些或之类的东西我们都称之为有用的，不是吗？

［美诺：］是的。

［苏格拉底：］但是，我们承认，同样是这些东西，实际上
有时也会对我们有害，或者你质疑这种说法吗？

［美诺：］不，我同意。

［199］［苏格拉底：］现在考虑一下，在每种情况下，使它
们有时有用，有时又有害的主导条件是什么。当对它们的使用
正当（right）时，它们不就有用吗？而使用不正当时，它们不
就有害吗？（87d8－88a5）

施特劳斯：是的。"正当"（right）可能会被误解，让我们说
"正确"（correct）。我的意思是这里并不一定是道德意义上的对错。
现在苏格拉底用一副缰绳紧紧地控制着美诺，你们看，他真是在引
导他。这里，"好的"意思是有用的，但这当然是对我们有用，也就
是对我或不管哪个谁有用。这些东西对我是否有用取决于它们是否
被正当、正确地使用。他在这里给出了四个有用事物的例子，各种
方式的有用。甚至，从译文来看，这些名词是分开的。健康排第一
位，被"我们说"分开，然后是其他三个：力量、美貌和财富。而
在后面这部分中，美貌在中间，你们可以很容易看到。我相信这里
没有什么困难。在这些东西中，财富显然是有用的，每个需要钱但
没有钱的人，甚至那些有钱的人，都能明白这一点。但财富并不必
然有用，因为人们可能会很糟糕地使用财富，且有可能因此毁掉他
们整个生活。所以，好的。请读，现在到哪儿了？

雷因肯［读文本：］

---

① 原文为："那对我们有利。"在这一节中，洛布版从头到尾都把 ōphelos
及其派生词翻译为"有利的"（profitable），但雷因肯从这里直到随后章节中都
遵循了施特劳斯的指示。

［译按］施特劳斯提出应该采用"有用的"（useful）来翻译这个词。

［苏格拉底：］然后让我们接下来考虑灵魂诸善：通过这些你会理解节制（moderation）①、正义（justice）、勇敢（courage）、才智（intelligence）、记忆力（memory）、宽宏大量（magnanimity），等等？（88a6 – b1）

施特劳斯：这里［我不会翻译成］"才智"（intelligence）。我会说"温顺"（docility），即快速或易于学习的能力。苏格拉底在此讨论了其他善，也就是有用的东西，即属于灵魂的东西。我们已经看到，他提到了其中六个。他当然遗漏了虔敬。这已经完全不足为奇了，但必须强调这一点，因为这属于对话情节的重要部分。

美诺在之前的段落中列举过美德，74a4 – 6，你们可以查阅一下，但我们现在不能读了。如果我们对比美诺的列举与苏格拉底的列举，就会看到，美诺谈到了智慧（wisdom），sophia，而苏格拉底［这里没说］。苏格拉底用学习和记忆的能力取代了智慧。智慧与学习和记忆能力之间的区别是什么呢？有一个重要的区别。［好，你说］？

学生：嗯，一个是静态的（static），一个是持续进行的。

施特劳斯：而另一个呢？

同一名学生：它是持续发展的。换句话说，如果你具有学习和记忆的能力，你就能不断获得更多智慧，而说到智慧，就是说一个静态的东西。

施特劳斯：是的，"静态"一词从现代力学转移到一个与力学无关的领域，因此，它不是一个好词——几乎跟"动态的"（dynamic）一样不好。［200］有时我们得制定一个在这种讨论中不应该使用的词的名单，而"静态的"和"动态的"就会是其中的词。不，明显的区别是什么？嗯？

学生：智慧是一种表现（act）那样的，学习和记忆的能力只是作为潜能。

---

① 原文是"克己"（temperance）。

　　施特劳斯：那是 potentia［潜能］。这是真的，对［智慧］来说，［它们］是唯一条件。可以那么说。但那也意味着，一个人具有学习能力并且具有好记性意义上的记忆力，［这些］都是自然禀赋。而智慧不是一种自然禀赋，尽管它建立在自然禀赋的基础之上。这个列表会让我们想起《王制》485a - 487a 和 490a - c 中关于成为哲学家的自然条件那个列表。苏格拉底谈到了天性，一个人想要成为哲学家必须具有的自然禀赋。我们从这又一次学到这种微不足道的智慧，但它在《美诺》中却以一种奇怪的方式被忽视了，那就是，没有特定秉性（specific nature），即自然禀赋（natural gift），美德就不可能。你们在最低层次上看这个问题，比如从一个低能或精神失常者身上，你没法合理期望某种叫做普通正派的东西。当然，这在涉及更高种类的美德的情况中更为明显，涉及更高种类美德的情况比非低能状况（non-moronism）要求更多特定条件。好的。你要继续吗，还是有问题？

　　雷因肯：没有问题。

　　［读文本］：

　　　　［苏格拉底:］现在告诉我：诸如此类你认为不是知识，而是不同于知识的东西，它们不是有时对我们有害，而有时又对我们有用吗？例如，勇敢（courage），如果它是一种离开了审慎（prudence）的勇敢，就只是一种大胆（boldness）：当一个人大胆而缺乏理智，他就会受到伤害；但当他同时具有理智，就对他有利，不是吗？（88b1 - 6）

　　施特劳斯：换言之，即使关于那些通常被称为美德的东西，也存在它们并非简单就是好的这个困难。它们也可能被误用，就像力量和财富可能被误用一样。但不清楚是否这里所提到的六个东西都是如此，我的意思是，不清楚它们是否都可能被误用。但如果它们容易被误用，那它们就明显不是知识之类，因此它们可能是有害的。它们有可能被误用，这在勇敢和男子气概的情况中特别明显，它们非常频繁出现的形式只是一种野兽般的勇敢，［这可能是非常有害的］。请讲。

学生：关于这六个东西，您说苏格拉底用学习能力和记忆力取代了——他把这些作为自然禀赋代替了智慧。但是看看其他的呢，它们——？

施特劳斯：不，不，它们是些什么，这是一个开放的问题。你提出的问题是合理的，但我得解释一个事实，那就是我们之前已经有一个或多或少相同的列表，那是由美诺提供的。那个表包括智慧，但学习能力和记忆力不在其列。我得解释一下。我所说的只是指问题的这一部分，而非整个陈述。这清楚了吗？

[201] 同一名学生：是的，清楚了，只是我不理解他为什么，你知道，尝试列举自然禀赋——

施特劳斯：他并不是指——

同一名学生：他不会以……做——

施特劳斯：嗯，我会给出答案，虽然这很快就会出现，也就是说，所有这里提到的东西，按照苏格拉底的说法，它们本身都并非真正的美德。它们具有和自然禀赋一样的特点：只有通过适当的培养才能成为有德的。你甚至可以说同样的话，也就是说，关于勇敢，甚至关于节制，如果没有适当的培养，它们也不会成为真正的美德。但让我们先——你想说什么？请讲。

学生：您能给个关于正义的例子吗？

施特劳斯：是的。嗯，你太急于知道了。让我们先来读下一段。

雷因肯［读文本］：

[苏格拉底：] 节制（moderation）和温顺（docility）① 也是一样——

施特劳斯：是的。

雷因肯［读文本］：

在理智的帮助下学习和协调这些东西是有利的，而缺乏理

---

① 原文是"克己和才智"（temperance and intelligence）。

智它们就是有害的?

[美诺:] 非常确定。

[苏格拉底:] 简而言之,灵魂中所有的担负和承受,在有智慧引导时,就会是幸福(happiness)的结果;而在愚蠢地引导下,则是相反的结局。(88b6 – c3)

施特劳斯:嗯。现在我们得注意一下用到的词。他说到智慧(wisdom)。希腊词是 phronēsis,通常翻译为"实践智慧"(practical wisdom)。我们说"审慎"(prudence)吧。当然,在翻译中对于"审慎"也可能出现其他异议,但让我们将其作为一个单独的词来使用。他以前用过的词是 nous,在这里的意思是某种类似于理智的东西。sense [理智]:具有理智,具有理性。现在苏格拉底将他之前明确提出的一个观点应用到节制和学习能力上。当然,正如你们看到的,这必定也适用于正义。正义也需要某种控制,要是没有这种控制的话,正义有可能变成邪恶。所有所谓美德者都是对我们有益的,而只有由审慎来指导,才是真正有德。因为只有借着这样的引导,它们才能通向幸福(happiness)。"幸福"这个词我相信只出现在这里。

为什么正义还不足以是善呢?为什么正义还会需要审慎?那么,什么是正义?我们得有一个暂时的答案,否则我们无法对付这个问题。嗯,在《王制》开头,一个理智的好人说:正义意味着给每个人属于他的东西,或者归还给他属于他的东西。是的,但是 [202] 如果属于他的是一把枪,而与此同时他已经变成了一个疯子,那么事情还只是把枪还回去这么简单吗?所以你需要头脑,你得弄清楚目前是什么情况。你得思考,为了行正义之事,你得运用审慎。如果你把危险的财物归还给一个现在已经疯了的人,那你并非行正义之事。因此,说正义也需要审慎,这没有问题。请说。

学生:我的问题是:您在证明的东西和苏格拉底所说的似乎有差别。从某种意义上说——这就是前面您谈到的同情的例子——您指出,同情并不足够,正义也是如此。还不足够,我们也得有知识。

但是没有正义和同情，只是知识就足够吗？

施特劳斯：这是个非常好的问题。

同一名学生：——这好像就是苏格拉底说的。

施特劳斯：好像，是的，但我认为他从来没有说过这个。我们还得再等等。所以，既然你这么没耐心，而且还不只你一个人没耐心，那我就得提早说了。苏格拉底说审慎要么是美德，要么是美德最重要的组成部分。在后一种情况下，他当然会承认你说的这个。是吧？好。

现在让我提一点。如果迄今为止表述出来的这一论证是正确的，那么审慎就是那有利的或那有用的东西，或那好东西（the profitable or the useful thing, or the good thing）。因为审慎是幸福（eudaimonia）的必要充分条件。这些美德之所以成其为美德，完全得归功于审慎。那样一来，审慎就并非与知识相同的东西。你可以在黑板上写一下 phronēsis 和 epistēmē 这两个词吗？［雷因肯在黑板上写下这两个词］phronēsis 传统上被译为 prudentia，即我们说的"审慎"（prudence）。epistēmē 传统上译为 scientia，即科学（science）。我认为审慎和科学之间的这种区别仍然是可以理解的。审慎与科学，即与一般意义上的知识之间，有什么区别？顺便说一下，epistēmē 这个词通常被译者翻译为"知识"，这在某种程度上是好的，因为知识不像科学那样是一个专业术语，但这在另一方面又是坏的，因为知识当然也会包含审慎。这是个问题。

那么审慎和科学之间的这个区别是什么呢？审慎必然决定意志（will），而科学却不。一个知道善而不行善的人不是一个审慎之人。我们以前讨论过这个：一个明知不该喝酒却经常喝醉的人不是一个明智之人。他只是具有知道不应该这么做这一素质。你们可以在亚里士多德《尼各马可伦理学》第六卷中找到关于审慎的详细分析（不够清楚，因而需要注释），亚里士多德在那里指明了一点：审慎，作为一种智性的美德，一种理智德性，其本身并非一种像节制、公正等等那样的道德德性。但没有审慎就不可能有道德德性，也不可能有不具道德德性的审慎。二者不能分离，尽管必须加以区分。根据亚里士多德的分析，道德德性使我们看到正确的目的，即我们应该为高尚和正义本身而选择高尚和正义。换言之，［203］我们可以说，道德德性使我们看到真正的幸福，并使我们欲求幸福；而审慎对我们表明在这种情况下做什么才能幸福。苏格拉底在这里完全忽略了幸福的含混性。（关于幸福的意思）他一个字也没说：你们知道，有些人以及我们中许多人对于幸福的理解很可能恰恰相反。那么，他为什么要那样做？他为什么这么肤浅？嗯，他认为对于美诺 ad hominem，［这］是一个专业术语——以及这个 homo，在这种特定情况下的这个人，当然是美诺，正如我们所知，他是一个热爱财富和权力的人。即使这样的人也需要在比较低的意义上审慎，亚里士多德称之为"聪明"（cleverness）；但在非常普通的人们的日常用语中，这种区分不会像亚里士多德作出的区分那么精细。苏格拉底当然没有做任何事来避开这个困难。好，现在让我们继续吧。

雷因肯［读文本］：

那么，如果美德是存在于灵魂中的某种东西，且一定得是有用的，① 那么它就应该是智慧（wisdom）——

施特劳斯："审慎"（prudence）。

雷因肯［读文本］：

有鉴于灵魂的所有属性本身既无用也无害，而是通过加上审慎②或愚蠢才使之有用或无用，根据这个论证，有利的美德必定是一种审慎。

［美诺：］我同意。（88c4 - d3）

施特劳斯：是的。既然美德是有用的，那它就是某种审慎。苏

---

① 原文中，贯穿这整章用的都是"有利的"（profitable）而不是"有用的"（useful）。

② 这里和后面一行原文都是"智慧"（wisdom）。同样适用于"审慎"（prudence）在本章中所有的后续用法。

格拉底并没有说那就是审慎。显然有各种各样的审慎，而我们不知道是哪种。对各种各样的审慎是什么，你们有想法吗？请讲。

学生：在某种意义上，可以说苏格拉底在《申辩》中的讲辞缺乏较低类型的审慎而可能具有——

施特劳斯：phronēsis。

同一名学生：phronēsis。这缺乏亚里士多德所说的"聪明"（cleverness），相对于——

施特劳斯：是的。不，更简单点。比如，有一家之主的审慎，也有一国之君的审慎，这会是一个更明显的区别。既然美德是有用的，它就是某种审慎。这里有一个比较难的段落，当他说，如果美德是灵魂中的诸事物之一，他是什么意思？怎么能怀疑这个呢？那是什么意思？美德会外在于灵魂吗？它能［204］从外部进入灵魂，简直就像来自上天的恩赐一样吗？这并非牵强附会的问题，正如你们会在对话结尾看到的那样。好。现在让我们继续吧。

雷因肯［读文本］：

> ［苏格拉底：］那么，至于其他东西，我们刚提到的财富之类，这些东西有时是好的，有时是有害的——不也是由于灵魂依据其正确（correctly）① 还是错误地使用和引导这些东西，使得它们是有用的（useful）② 或者有害的吗？正如就一般的灵魂情况而言，我们发现，审慎（prudence）③ 的引导使灵魂的诸性能（the properties of the soul）有用，而愚蠢的引导则使其有害。

施特劳斯："灵魂的性能"（property of the soul）翻译得不好，（更好的说法是）"灵魂中的诸事物"（things in the soul）。

雷因肯［读文本］：

---

① 原文是：rightly［正确地］。

② 原文是：profitable［有利的］（这个段落其余部分也是如此）。

③ 原文是：wisdom［智慧］。这一段雷因肯从头到尾都是这么读的。

灵魂中的诸事物（The things of the soul）——愚蠢，使其有害。

［美诺：］确实。

［苏格拉底：］审慎的灵魂能正确引导，而愚蠢的灵魂则错误引导。

［美诺：］就是如此。

［苏格拉底：］那么，我们可以断言这是一个普遍的规则：内在于人的所有其他东西都有赖于灵魂，而灵魂本身的诸事物，它们若要是好的，则有赖于审慎；因而，根据这个理由，有用的会是审慎，而美德，我们说，就是有用的？

［美诺：］确实。

［苏格拉底：］因此我们得出结论，美德要么全部，要么部分是审慎。

［美诺：］苏格拉底，在我看来，你这番话说得好极了。

［苏格拉底：］如果是这样的话，好人之为好人就不可能天生就是好的（be good by nature）。（88d4 - 89a6）

施特劳斯：让我们在这里停一下。这里结果清楚了。我们现在知道什么是美德了。phronēsis，审慎，就是这个有用的东西（the useful thing），因为任何其他有可能有用的东西只有通过审慎才会变成好的或有用的。通过审慎，且只有通过审慎，任何事物才会变得有用。phronēsis，审慎，是一种美德，而美德是有用的，因此，审慎是有用的。结论并不是字面上推出来的：审慎是作为整体的美德或美德的一部分。这里允许包含其他一些东西，比如同情。现在我们对什么是美德这个问题有了某种答案，这是苏格拉底引导美诺达到的答案。根据这个答案，审慎要么和美德一样，要么是美德最重要的组成部分。这还不是一个非常确切的答案，但它是有意义的，在我们对美诺感同身受，代入式地经历了强烈的瘫痪无力之后，我们应该对此表示欢迎。

［205］关于美德是什么问题的这一答案，当然与美诺的三个答

案明显不同。（你们记得那三个答案吧。）但美诺没有表示丝毫抵抗。他为什么会如此彻底地改变心意？舒尔斯基（Shulsky）先生？

舒尔斯基：嗯，在某种意义上，这构成他给出的部分答案的基础，至少是第二个和第三个答案的基础。如果你想拥有统治人的能力，那显然有赖于某种特定的审慎。

施特劳斯：是的。我想，这是唯一的答案。

舒尔斯基：还有第三个答案，获得好东西的能力，苏格拉底认为这有赖于审慎。

施特劳斯：所以换言之，苏格拉底的答案，按美诺理解的那样，与美诺的答案是兼容的。想想第一个答案：作为一个男人、一个女人或一个奴隶去做他的工作。一个人为了做他的工作，不得知道自己当下的工作是什么吗？或者第二个答案：能统治人。他不得知道当下如何去做吗？最后，为了得到美的东西——第三个答案——再一次，不得知道当下如何得到它们吗？［因此，需要］审慎。所以这个答案对美诺来说完全可以接受，审慎至少是美德的一个组成部分。是否除此之外再不需要别的东西，那些在现代会被称为精力（energy）的东西——你们曾经听过这个词吧？——希腊人会称之为"男性气概"（manliness）或之类的东西，这不能排除，因为如果你不按照审慎所说的去做，你的审慎有什么用呢？好。

苏格拉底先使美诺陷入瘫痪，就像他让奴隶陷入瘫痪一样（你们记得吧，那个奴隶也陷入瘫痪了。他不知道出路何在），在这之后，他现在又使美诺变得机敏起来——euporon，与 aporon 相反——也正像他对奴隶所做的那样。美诺像小奴隶一样对结果感到满意。不用说，美诺对关于美德的真理和小奴隶一样知之甚少，因为我们已经搞清楚，奴隶只对这个几何命题有一些了解，但如果他不经受严格、［经常和反复的］训练，他就不会获得知识。现在他还没有获得知识。我承认，苏格拉底又掩盖了这一点，并且说那么小奴隶已经知道了，尽管在最严格的意义上他并不知道。这是这段对话的特征，尤其是后半部分，苏格拉底给我们提出了一个严格的方案和一个不严格的方案，我们得查明哪个是更好的方案。我们还得找出为什么苏格拉底有点误导美诺，也因此误导了我们，因为我们本来就只听到苏格拉底对美诺说的话，而且通常不会费力去考虑美诺个人因素带来的复杂性，而这是我们必须做的。好。现在让我们总结一下这个部分。"如果是这样的话"。

雷因肯［读文本］:①

> 如果是这样的话，好人就不可能天生就是好的。
>
> ［美诺:］我认为是不能。

［206］施特劳斯：那么，为什么人不能天生是好的，如果美德是审慎？

雷因肯：宝宝们都是如此——天真容易受伤（babes in the wood）。

施特劳斯：是的。那么他们通常是怎么变审慎的呢，就像我们说的那样，缺乏任何世故（sophistication）的情况下？对不起，你说什么？能再重复一下吗？

学生：通过练习（practice）。

施特劳斯：通过经验（experience），其中糟糕的经验是不可忽视的一部分，显然，在出生的时刻，我们并没有经验。换言之，要变得审慎，要变得明智，我们需要一定的成熟。这是你可以用来说这个问题的另一种方式。因此，作为美德来源的天性（nature）被无视了，正如练习在很久以前被丢掉过一样。两种情况都是由于苏格拉底的建议。你们还记得美诺最初的问题吗：美德是通过教导、练习还是天性获得的？而简单的事实就是，这三者都需要。美诺的理由或许在于他特别关心这种可能性：美德能从教导中获得吗？因为这就是高尔吉亚和智术师们之间争论的大问题，之前我在考虑到我们很快就要读到的一个段落时曾经解释过这一点。我们很快会暂停一下，但让我们先读一下后续部分。

雷因肯［读文本］:

---

① 原文是 Then［那么］，雷因肯这里省略了。

［苏格拉底:］不，因为那样的话，我想，我们就应该得到这样的结果；如果好人是天生为好人（if good men were so by nature），我们肯定应该会——

施特劳斯:嗯。"天生就会成为好的"（would become good by nature），通过出生这一事实。

雷因肯［读文本］:

我们肯定应该会有能辨别年轻人中谁天生就好的人，并且他们一指出这些年轻人，我们就应该接管他们，让他们安全地待在卫城中，把我们的标记放在他们身上，而不是放在我们的金银财宝上，为的是不让人损害到（tampered with）他们。

施特劳斯:嗯。"败坏（corrupted）他们"，"没人会败坏他们"是吧?

雷因肯［读文本］:

没人会贬低（debase）① 他们，而到了他们成年的时候，他们可能会对他们的国家（country）有用。

施特劳斯:"对他们的城邦（cities）"。
雷因肯:城邦，当然。
［读文本］:

［美诺:］是的，极有可能，苏格拉底。（89a5－b8）

［207］施特劳斯:是的，我们在这儿停吧。这段话有没有让你们想起什么东西? 对不起，你说什么? 能再重复一遍吗?
学生:《王制》。
施特劳斯:显然，是《王制》。《王制》里就有了解年轻人天性

---

① 这既不符合洛布版（tamperwith［贿赂］），也不符合施特劳斯提出的建议（corrupt［败坏］）。

的人，可以说，在他们出生的时候就把他们挑选出来了。他们必须早早动手，至少，比如说，在第一年之内，然后把他们看护起来［以便］他们接受恰当的教育，并远离低等的孩子，按照苏格拉底的说法，这些低等的孩子也可能对他们施加不良影响。但这里会看到一个不应该让我们惊讶的隐含的东西。苏格拉底没有声称他可能是这些了解年轻人天性的人当中的一员。苏格拉底和美诺只会属于护卫者（guardians），属于服从于那些知道者的人。这是不言而喻的。但是再次——这是当然的——《王制》再次提醒了我们一个事实，那就是天性（natural）、自然取向（natural aptitudes）对于美德，对于各种各样的美德很重要。是的。现在到哪了？

雷因肯［读文本］：

　　［苏格拉底：］那么，既然善之成为善不是出于天性，那就是通过学习①咯？

　　［美诺：］我们现在必须得出结论，我想，那就是，很简单，苏格拉底，基于我们关于美德是知识的假定，它一定是被教的（it must be taught）。

　　［苏格拉底：］是的——（89b9 – c4）

施特劳斯："它一定是可教的"（It must be teachable）。让我们在这儿停吧。美德要么是审慎，要么包括审慎。一个人能通过受教获得美德吗？这是个有所不同的命题。想想这个简单的例子：教、说教不同于通过经验的艰苦学习。经验，特别是令人难过的经验，通过这些经验会让我们变得理智，这难道不是一种学习吗？知识一方面是科学，一方面是审慎，而正如你将会看到的，美诺并不了解知识间的这种区别，更不用说根据回忆学说有不教之学这一事实。要点在于，美诺接受这个显而易见的结论：美德是可以被教的；这是智术师们的观点，稍后就会说到这个。简单起见，让我们把这种呈现在柏拉图对话《普罗塔戈拉》中的观点称为普罗塔戈拉的观点，

---

　① 原文是：education［教育］。

并且是高尔吉亚所拒斥的观点。现在，这是苏格拉底的一个巨大成功。他诱使美诺在对其最重要的问题上，即在美德是如何获得的这一问题上放弃了高尔吉亚的看法。一个非常大的成功。学不仅在一般情况下是可能的——这在小奴隶那一幕中已经解决了——而且美德本身也是可学可教的。但美诺能学吗？特别是，他能学到美德吗？普罗塔戈拉，现在我把他作为典型，他能传授美德吗？这仍然是些悬而未决的问题，更不用说讨论中根本还没解决的许多悬而未决的问题了。苏格拉底能轻易诱使美诺成为普罗塔戈拉的学生。普罗塔戈拉那时候已经死了，但周围还有其他普罗塔戈拉们。然而，这是苏格拉底领着美诺所能达到的最高点了。但他为什么不试着这么做呢？答曰：苏格拉底是一个不会去做无谓之事的审慎之人、明智之人。美诺绝不会因听了普罗塔戈拉的演讲就变好。我［208］重复一遍我的问题：那么，为了让美诺不要去过一种完全无用甚至可能绝对有害的生活，我们应该建议他去做什么呢？

美德是什么这个问题在某种程度上已经得到回答，因而，美诺最关心的问题，即如何获得美德的问题，也得到了回答。答案：通过学或教。是的。从某种程度上看，现在我们似乎已快到尾声了，但除了我们已经观察到的许多困难之外，又一个困难出现了。在苏格拉底的引导问题中，有一个内在于最终结果中，或者被呈现为最终结果的问题。是吧？

雷因肯［读文本］：

> ［苏格拉底：］是的，我敢说；但要是我们同意这个并不对呢？
>
> ［美诺：］好吧，片刻之前这看起来像是一个很好（fine）①的说法。
>
> ［苏格拉底：］是的，但不仅要片刻之前看起来正确，而是要现在和以后看来也是正确的，如果它是完全没问题（sound）的话。

---

① 原文是：correct［正确的］。雷因肯瞥见了 kalōs 这个希腊词。

施特劳斯：sound，字面上即"健康的"（healthy），非常字面的意思。sound。

雷因肯［读文本］：

> ［美诺:］为什么，你有什么理由为这个制造困难，对美德即知识感到怀疑？
>
> ［苏格拉底:］我会告诉你，美诺。如果它是知识，我不会认为美德可教①这个说法不正确而撤回；但对于它是知识这一点，考虑一下我产生疑虑的理由，你会怎么想。因为，现在告诉我：任何东西——不仅是美德——若是可教的，那它难道不是一定有关于它的教师和学习者吗？
>
> ［美诺:］我想是这样。
>
> ［苏格拉底:］那么，也可以反过来说，如果一种东西既没有教师，也没有学习者，猜测其有可能不可教，应该是对的吧？
>
> ［美诺:］是这样；但是你认为没有美德的教师吗？（89c5 – e5）

施特劳斯：我们就停在这儿吧。这里我们遇到了一个新的困难。苏格拉底证明了美德是知识，是可教的。但如果它是可教的，就得有美德的教师和美德的学习者。让我们举个更简单的美德教师的例子吧：有美德教师吗？美诺对美德可教这一结果百分百满意。然而苏格拉底有他的怀疑；很自然地，他意识到这个论证中的所有含混之处。如果美德是知识，它就是可教的，这个他不怀疑。他只是怀疑这个前提条件的真实性，并且他基于这个根据而产生怀疑：如果美德是知识并因此可教，那就会有美德的教师。但是有吗？这里隐含着一个麻烦：如果结果证明苏格拉底的怀疑是合理的，那么高尔吉亚就是对的，而苏格拉底呢，忙了一圈，把美诺领到了可以说是

---

① 原文是：taught［被教的］。在这里以及其他地方，雷因肯都是按照施特劳斯的提示，把 didakton 翻译为 teachable［可教的］。不过他没能全部保持一致，在89e4，他又按洛布本读了。

普罗塔戈拉的领地，即敌人的领地范围，然后还再次把他送回到他最初所崇敬的教师那里。多么滑稽的情形啊！苏格拉底证明了美德是［209］审慎。但现在，跟着美诺，他再次谈及知识或科学，就像他之前抛弃掉可学与可回忆的区别一样。我们肯定是在走下坡路。事情变得越来越模糊。这意味着什么，我们得有一些耐心（去识别）。马尔宾先生？

马尔宾：我不太记得了，或者我回忆不起来了，但这个独特的论证不是在《普罗塔戈拉》中使用过吗？

施特劳斯：哪一个？

马尔宾：……

施特劳斯：嗯，当然。

马尔宾：您可以重述一下那个情境吗？

施特劳斯：是的。那里普罗塔戈拉声称要去教授美德——不是用这些词而已，而是事实上的。他声称要教授审慎。他用的不是 phronēsis 这个词，而是 euboulia，即深思熟虑（well-advisedness）或善加劝告（advising well）的能力，近似于审慎。然后苏格拉底说他不认为美德是可教的；然后普罗塔戈拉证明美德是可教的，还说：看看周围，你在任何地方看到的父亲、哥哥、叔叔以及诸如此类的人，都教孩子们美德，所以我所宣称的只是比所有雅典父亲所宣称的改进了一点。普罗塔戈拉当然相信他所做的确实对更高层次的美德更有价值，因为父亲们只能提供普通的正派，而普罗塔戈拉能让他们具有更高意义上的美德，即社会地位。是的，那很好。

然后，在普罗塔戈拉证明了这让所有人都满意（他获得很多掌声；在场的是一群宾客等等）之后，苏格拉底用他那讲歪理的方式说："这一点不太清楚：你说的美德是指一个还是几个？"因为［普罗塔戈拉］有时用单数谈论美德，有时又谈到许多美德。换言之，以一种和这里略有不同的方式，［苏格拉底］向普罗塔戈拉提出了［这个问题］：你得告诉我美德是什么。结果证明普罗塔戈拉和可怜的美诺一样说不出美德是什么。所以，虽然是从另一端开始的，但在《普罗塔戈拉》中也是同样的问题。因此，我想我在开始这门课的时候有一个说明，《美诺》与《普罗塔戈拉》及《高尔吉亚》关系非常密切。这两篇对话都朝《美诺》汇聚。那么，为什么苏格拉底与普罗塔戈拉和高尔吉亚讨论这些问题，而与美诺则详细讨论什么是美德，这是一个很长的问题。在对话的后面，当我们明确提到高尔吉亚及其对智术师们的看法时，我会更充分一点谈论《普罗塔戈拉》与《高尔吉亚》的关系。不，那肯定是在《普罗塔戈拉》里。在其他对话中也有，但最明显的是在这两篇对话中：《普罗塔戈拉》和《美诺》。请讲，巴特沃斯先生？

[210] 巴特沃斯：在谈到这两篇对话一起走向《美诺》时，您触及了一个我在课程开始时没得到满意的答案的问题，就是为什么在《高尔吉亚》之后您不继续讲《斐德若》。

施特劳斯：《斐德若》。是的，好主意。但是，你看，首先，这类事情上有些随意性是不可避免的，你知道吧？我认为这是公平的。此外，也可以说这是学术自由的一部分。然后，我对我这个看似任意的程序有个合理的解释：我会说因为克莱因的《疏证》已经出来了，这促使我开始处理《美诺》，否则的话我确实还不会这么做。

巴特沃斯：除了这个——也许我不应该催促，但是由于您处理《普罗塔戈拉》甚至早于《美诺》，显然是有个决定把你引向那里，而不是引向《斐德若》。

施特劳斯：不，我可以告诉你——

巴特沃斯：我会认为，《高尔吉亚》之后，《斐德若》会是——

施特劳斯：那很难说；对话之间有很多交错关联。当然，你可以说《高尔吉亚》和《斐德若》是两篇关于修辞术的对话，因而关系最为紧密。但你一定不要忘记，我们在这里——对大部分学生来说都是如此——我们在政治科学系。这意味着我关于柏拉图课程的主要主题将是《王制》和《法义》，也许还有《治邦者》；也许还有《申辩》和《克里同》，因为这引出了第一修正案问题和这类东西。[笑声]但是你理解。我曾经开过一次关于柏拉图《会饮》的研讨课，这对政治科学来说有点边缘，我给出了理由，我认为这个理由对于目的来说足够好：我有理由评论说，当今的政治社会学深受弗洛伊德（Freud）的影响，而弗洛伊德的学说是 erōs 的学说，为了有更大的视野，我们应该了解另一种对 erōs 的替代解释，其中最著名的当然就是柏拉图的，即在柏拉图《会饮》中给出的解释。因此，这适合政治科学。可以这么说吧。但是现在说得稍微严肃一些，我认为（这是一个意见，一般性的意见）《高尔吉亚》与《王制》的关系非常密切。政治生活的两种方式，或者让我说政治理解（political understanding）的两种方式——一种是哲人王（the philosopher king）的方式，另一种是普通政治家的方式——是这两部对话共有的主题，占很大分量。《王制》卷一和后续讨论的整个正义问题是《高尔吉亚》的主题。因此，这就是我冒险去处理《高尔吉亚》的方式。然后，有一点对我来说就清楚了，如果之前还不清楚的话，即《高尔吉亚》与《普罗塔戈拉》关系非常密切，是因为《高尔吉亚》的主要主题修辞术与可以说是《普罗塔戈拉》的主要主题的智术（sophistry）之间的联系。这些应该是我的秘密——换言之，它们是如此琐碎。重要的是我们要学习一些有价值的书……

学生：学习《斐德若》一定很有趣。

[211] 施特劳斯：对不起，你说什么？可以重复一下吗。

同一名学生：学习《斐德若》一定很有趣。

施特劳斯：我听不到他说什么。

雷因肯：他说学习《斐德若》会很有趣。

施特劳斯：嗯，有趣在每一部柏拉图作品中都有，但是"有趣"（fun）这个词并不是最恰当的。[笑声] 好。现在让我们看一下。因此，审慎是美德最重要的组成部分，即便它不应该是美德整体——结果已经证明这么说让每个人都很满意，至少有很高程度的合理性。现在困难出现了，重复一遍：如果美德是某种知识——审慎毫无疑问是某种知识——那它必定是可教的，可是却没有 [教美德的] 教师。现在让我们来读一下，从我们中断的地方开始这个过渡段落。

雷因肯 [读文本]：

[苏格拉底:] 我得说，我经常询问是否有这样的教师，但

我煞费苦心也没能找到一个。还有许多人和我一起寻找，特别是那些我认为最具资格从事这项任务的人（as best qualified for the task）。

施特劳斯：嗯，"在那件事上最有经验的"（as most experienced in that matter）。嗯。

雷因肯［读文本］：

> 但是看啊，美诺：就在我们需要他的时刻，安虞托斯就坐在我们身边，来参与我们的探究。（89e6–10）

施特劳斯：所以这是朝一个新场景的过渡。你们知道奴隶那段情节，即苏格拉底和奴隶的对话，是插入的；现在又有另一段插入：苏格拉底与安虞托斯的对话。安虞托斯是苏格拉底的主要控告者。这使得他这个人特别有意思。安虞托斯这会儿意欲加入关于美德教师的谈话。这场交谈关乎雅典政治人的地位，那些最伟大最著名的政治家们，以及安虞托斯本人，他也是一个雅典政客——如果我们能得到杜鲁门总统，前总统杜鲁门的允许，在国士（statesmen）和政客（politicians）间有一个区分的话。换言之，苏格拉底的整个命运现在面临风险，因为他大大激怒了安虞托斯；如果没有发生其他事情，单单这段对话本身就足以解释为什么安虞托斯会想方设法置苏格拉底于死地。原因在于人们对美德的不同意见。你们会看到，这个问题，什么是美德这个看似牵强附会且严格学术性的问题，具有多么现实的重要性，因为每个社会都有其对美德是什么的看法。即使是最自由的社会，确乎是以其（by virtue of）最自由而成其为最自由的社会，对于美德也有其非常特定的看法。美德在于自由主义——这就是一个答案。当然，会有很多细部，但这可以是对美德问题的总体答案。每个社会都捍卫其对美德的定义，反对那些怀疑其美德定义的人，在［212］这个特定事例中就是反对苏格拉底。因此，我作这个评论，以免有人认为我们正在处理的问题超出了政治科学的领域。那不是真的。好。

第十讲　美德的可教性（1）

（1966 年 4 月 28 日）

施特劳斯：关于柏拉图的政治哲学或者关于柏拉图哲学的政治特性，我还没太讲，现在让我说上几句。有一些非常明显和简单的证据表明，柏拉图主要关注的是政治哲学，他著作的标题就可为佐证。几乎所有这些标题都出于人名，例如这里的《美诺》。但也有一些带有主题内容的标题：《王制》《法义》《智术师》和《治邦者》。这四个中有三个明显是政治性的，甚至《智术师》在通俗意义上也是一个政治主题，因为正如你们可以看到的，如果把"智术师"按今天的语言翻译成"知识分子"（intellectuals），这些人就是政治场域的一个重要部分。

现在我得出一个试探性的结论：他这番对美德是什么的探究不会与政治性毫无干系。什么是政治性？今天这个词至少具有两种意思：一种是非贬义的，另一种是贬义的。非贬义的意思，政治的即关乎整个社会、关乎公共利益的。贬义性的意思，比如你说：嗯，那是个政治举措，非客观的、党派性的。这两个意思是关联的。有一个潜在的统一性，对此可以非常粗糙但清晰地表述为：公共利益（the common good）必然是党派性的。在这背后，有一种我们并不熟悉的、由柏拉图以及特别是亚里士多德所发展出来的观点，我们可以表述如下：从来没有所有人统治，而总是部分人统治，且当然是优势部分的统治。现在，我们往往认为民主政治是所有人的统治。但"民主"（democracy）字面上翻译过来的意思是 dēmos，即"平民"（common people）的统治，这里 common 的意思有别于"公共利益"（the common good）这一表述中 common 的意思。因此，根据比较早的观点，民主政治也是一部分人的统治。但如果是这样的话，为什么在古典时代民主就已经自诩为所有人的统治？这是一种虚伪吗？不。民主政治最明显的替代品是寡头制（oligarchy），即富人统治。当寡头们掌权时，他们会排除穷人的投票权什么的。但是民主制并不排除富人的投票权之类，所以民主似乎是所有人的统治。寡头政治是富人的统治，民主则并不表现为穷人的统治，而是所有自由人的统治，其根本观念在于：有权统治的必须是卓越者，而非有缺陷者。贫穷是一种缺陷。自由，作为一个自由人，不是一种缺陷而是一种美德。在一个所有自由人都参与统治的社会中，穷人占大多数，而亚里士多德以其智慧说，偏偏穷人总是比富人多。因此，所有自由人的统治偶然但又必然是穷人的统治。

现在，如果我们试着从这一观察略为上升到最普遍的概念，我们就会到达柏拉图用来作为《王制》题名的那个概念，希腊语中是 politeia，这是古典政治哲学的中心主题、首要主题。我用"政制"（regime）来翻译 politeia。每一个社会都是由其政制决定的。politeia，政制，赋予社会其特征，其形式。每一种 politeia，比如说，寡头政制，即富人的统治，民主政制，即平民的统治，以及［215］贵族政制，即最好之人的统治——在每种社会中，作为政治社会，作为成型的社会，都有特定类型的人占据优势地位，要么是穷人，要么是富人，要么是有德性的人。它们都因其所致力的特定目标而各有其特征：民主政制下的目标是自由，寡头政制下的目标是财富。各种政制都与其目标相协调。这意味着每一种政制都有其特定的德性观念。这种想法今天并非完全不为人知。大约十到十五年前，人们谈论民主人格和专制人格（the democratic and the authoritarian personality），① 这当然是德性概念。民主人格有这样那样的德性，而专制人格有其他这样那样的德性——尽管使用这种区分的价值中立

---

① 参看例如，Theodor Adorno, et al. , *The Authoritarian Personality*（1950）。

（value-free）的社会科学家们不允许专制人格有任何美德。但真要从中立的观点来看，人们应该说，他们也有德性，只不过是不同的德性，甚至也许是相反的德性。

现代自由民主制的特征是多元化，人们说。每种德性，德性的每种观念，都在其中有其一席之地。这并不是现代民主制所特有的。根据柏拉图在《王制》卷八中所说，老的——古代的民主政制也是如此。因此每种德性，苏格拉底的德性，以及美诺的德性和安虞托斯的德性，或者其他不管什么人的德性，［都有其一席之地］。因此，似乎没有什么民主政制所特有的德性。但这当然是错的。自由民主有其特有的总体德性。例如，我说过的话里已经暗示了的：宽容，珍视多样性。否则，怎么可能有所有类型德性的自由呢？而这，在自由民主制下，是法律所鼓励的。例如，清教徒的（puritanical）法律（laws）——在其用得最宽泛的意义上用这个词——就与这种对各种多样性的珍视不相容。

在当今讨论中，或者让我说得更确切些，在二十年前的讨论中，人们谈及各种"主义"——"自由民主主义""共产主义""法西斯主义"，他们指的是这三种政制的主导意见，以及这些观念所需要或为之服务的特殊制度。对我们来说，这些都是最普通、最有名的关于政制的例子。但政制是什么类型的事物呢？它们是事实吗？现在通常的答案会说它们是理想型（ideal types）。它们是构想，构想出来让我们能理解事实的。事实——实际的自由民主、共产主义、法西斯主义，总是或多或少接近于其理想型。"理想型"这个词，通过韦伯的著作而变得如此熟悉，通过它的第一部分（在某种程度上甚至也通过第二部分），"理想的"（ideal）提醒了我们想到柏拉图的关键术语：理型（ideas）。但对于柏拉图来说，理型无论如何不是构想，相反，它们是真实存在，并且它们是当我们想知道一个东西是什么时我们所意指的那个东西，就像在这个例子中，在《美诺》这个例子中，美德是什么；当我们提出什么是自由民主制这个问题时，也是如此。

现在，就我们能够且必须提出的"是什么？"这个问题来说，对我们而言最重要的例子似乎是人。因为美德是什么这个问题完全不能与人是什么这个问题相分离。在这里，柏拉图的理型学说暗示了人与非人之间具有一种本质的区别。一种本质的区别。有人的本质。而对于理解人来说，［把握］这一本质［216］要比理解人的起源，也就是说，比借助进化论来理解人的起源更为重要，例如，在这些或者那些条件下出现的新事物是什么，进化论总让这问题不明不白。人类与类猿或非猿祖先之间显著和关键的区别是什么？可以这么说，这就是今天行为主义者（behavioralists）和非行为主义者（non-behavioralists）之间的问题，用这些社会科学中流行的表达方式来说即：人与非人之间有还是没有本质区别？行为主义者一般来说倾向于否认这一本质区别，因而在某些情况下，研究老鼠、老鼠的决策、老鼠的商议等等的这种重要性，从另一种观点来看，不能指望很有启发。说这么多，是为了履行我对你们中一些人的责任，你们中一些人，作为政治科学的学生，不太满意我们思考和理解的是《美诺》这本书，并且想看到这本书与政治科学之间有一种更直接的联系。

现在我再次转向《美诺》，回到我们上次暂停的地方。你们会回想起，苏格拉底曾引导美诺去发现美德要么等同于审慎，要么以审慎为其核心。但审慎是一种知识，因此，如果我们大方点，作一个推论，那么美德就是知识。作为知识，美德必定是可教的。但如果美德是可教的，就必定有美德的老师。有美德的老师吗？我想，这就是我们上次暂停的地方，我们将从89e6往下继续。这部分我们上次已经读过了，但让我们再读一遍，连起来。

雷因肯［读文本］：

　　［苏格拉底：］我得说，我经常询问是否有这样的教师，但我煞费苦心也没能找到一个［美德的教师——DR］。还有许多人和我一起寻找，特别是那些我认为最具资格从事这项任务的人。但是看啊，美诺：就在我们需要他的时刻，安虞托斯就坐在我们身边，来参与我们的探究。我们大可请求他的帮助，因

为安虞托斯（在这儿），① 首先，是一个明智而富有的父亲安忒米翁（Anthemion）的儿子，他的父亲成就其富有不是因为侥幸或天赋——就像不久前某一天忒拜人伊斯墨尼阿斯（Ismenias）得到了珀吕克拉底（Polycrates）的财富——而是他本人技艺和勤奋的产物；其次，他（安虞托斯的父亲——DR）总体上有品行端正、彬彬有礼之名，对他的同胞邦民不无礼，不傲慢、也不讨人厌；进而，正如雅典人所认为的那样（as the Athenian people think），他给了他的儿子好的养育和教育，因为他们选择他担任最高职务。②

施特劳斯：或者字面上的意思，"正如至少大多数雅典人所认为的"（as at any rate the multitude of the Athenians think）。

雷因肯［读文本］：

> 许多雅典人是这么认为的（the many of the Athenians think），因为他们选择他担任最高职务。如果有人想探询是否有德性的教师以及德性的教师是谁，这就是可以向其寻求帮助的那种人。（89e6 – 90b4）

［217］施特劳斯：让我们在这儿停一下。这里新的一幕开始了，一个新的插入：就像我们看到过的与奴隶男孩的交谈那段插入一样，现在又插入了与安虞托斯的对话。但是奴隶那段情节是由苏格拉底发起的——［他说：］你们身边有说希腊语的奴隶吗？——这是一个 tychē 的行为，出于偶然的行为。安虞托斯突然从天而降。安虞托斯最为我们熟知的原因在于他是苏格拉底的主要控告者。他应该会知道，或者更确切地说，他能够帮助发现是否有美德的教师，因为他就是这样一位父亲的儿子：这个父亲肯定很富有（那是毫无疑问

---

① 原文为"我们的朋友安虞托斯"。雷因肯又看了一下希腊文，发现希腊语文不过说了"这里的安虞托斯"。

② 此段中"DR"指的是雷因肯（Donald Reinken），他的插入语用方括号括起来。

的），但据说也很好，把他的儿子抚养得很好。苏格拉底没有说是谁教他美德的（他回避了这一点），但（他的父亲）养育且教育了他。那么，这才是应该能够告诉我们情况的人。我们得把这个问题完全搞清楚，安虞托斯的父亲是个暴发户（nouveau riche），是吧？他是一个靠自己的聪明白手起家获取财富的人，这从社会的角度看并不是个优点，因为一般而言，人们会认为老钱（old wealth）要比新贵（new wealth）好些。如果对此你们想知道得更多，那就去读读亚里士多德《修辞术》（*Rhetoric*）中关于财富那章，其中谈到了老钱和新贵之间的区别（1390b32 - 1391a19）。是的。现在继续吧，雷因肯先生。

雷因肯［读文本］：

> 所以，安虞托斯，请跟我和你的家族朋友美诺一起加入我们关于这件事的探查——什么人可以是这些教师呢？（90b4 - 6）

施特劳斯：所以你们看，安虞托斯也属于美诺这边，不是像奴隶作为一份财产那样属于美诺，而是作为他的客友（guest friend）。你们知道，那个时候没有像我们现在这样的旅馆；如果你想舒舒服服地在一个国外城邦居留，你就得住在那个城邦的客友家中，而如果他来到你的城邦，他就会住在你家里。所以我们听到的另外两个角色，奴隶和安虞托斯，都属于美诺，但各以不同的方式属于美诺。可以看到，正如很快就会显示出的，安虞托斯之属于美诺有甚于奴隶之于美诺。奴隶在某种程度上属于苏格拉底。在那短暂的一幕中，他们是朋友，这有一个外在的标志：贯穿他们那场对话出现了很多的誓言，如果你们把这些誓言列成一张表，会发现苏格拉底的誓言和奴隶的誓言次数相同，都是两次；而美诺发了四次誓，安虞托斯也发了四次誓。我认为，这是一个小小的暗示，可证实我们将会看到的情况。是吧？

雷因肯：美诺还有另一位客友，这个事实有什么含义吗？不是波斯大王（the Persian Great King），这个希腊的敌人吗？

施特劳斯：这当然也很有趣，但他不是这部剧中的角色——事实上，任何一部柏拉图戏剧中都没他。好的，现在让我们来看看，苏格拉底是如何开始与安虞托斯的交谈的？

雷因肯［读文本］：

［苏格拉底：］因此考虑一下这个：如果我们想要这里的美诺成为一名好医生，我们应该把他派遣到谁那里去接受指导呢？不是到医生们那里去吗？

［218］［安虞托斯：］当然啦。

施特劳斯：你们看，苏格拉底是个老人；安虞托斯肯定比美诺年纪大。他们对这个年轻人有一种叔叔辈那样的兴趣，因此他们会差遣他，至于美诺想做什么，那是毫无疑问的。可以继续吗？

雷因肯［读文本］：

［苏格拉底：］如果我们想让他成为一个好鞋匠①，我们不应该把他送到鞋匠们那里去吗？

［安虞托斯：］是的。

［美诺：］对于其他行当也是一样吗？

［安虞托斯：］当然啦。

施特劳斯：是的，这里他提到了两种技艺，医生和鞋匠二者有什么共同之处吗？对不起，你说什么，能再重复一遍吗？

学生：他们修复用坏的，就是坏了的东西。

施特劳斯：是的，对的。但是也许可以更确切地说，它们都保护身体：一者抵抗疾病，另一者避免地面磨脚的苦头。它们出现在这里还有某些更特别的原因。我们后面会看到（为什么会这样）。可以继续读吗？

雷因肯［读文本］：

_____

① 原文是"补鞋匠"（cobbler），这句问话最后是"补鞋匠们"（cobblers）。

　　现在让我就这些同样的例子问你更多东西。我们说，如果我们希望他成为一名医生，而送他到医生那里去，我们应该是对的。当我们这样说的时候，我们的意思是说，把他送到那些教授技艺的人那里而不是那些不教授技艺的人那里，送到那些为他们所做的专门之事收取费用的人那里，这些人是公开宣称的任何想要来向其学习之人的教师，我们应该是明智的吧？如果这就是我们的理由，那么我们派他去不就对了吗？

　　［安虞托斯：］是的。（90b7 - d6）

施特劳斯：换言之，把美诺送到医生或者鞋匠那里去是一个明智的行动，这有两个根据：因为这些被考虑的人声称自己是相关技艺的教师，且为此收取费用。这就是准则。而我们将看到苏格拉底，顽皮的苏格拉底，会拿这个准入搞什么名堂。很明显，问题在于：美德的教师也同样如此吗？他们就好像站在市场上，说，我教授美德，收费的？我们必须看看到底有没有这样的人。现在继续吧。

雷因肯［读文本：］

　　［苏格拉底：］这同样也适用于吹笛子的情况吗，以此类推？当我们想让某人成为一个笛子演奏者，却拒绝把他送到收取固定费用的这门技艺的专业教师那里去，而是费心费力向别的那些人求教，这些人既未自命为教师，［219］也没有一个学生在进行我们期望他进行的那种学习，派了去，就求他教，这是多么愚蠢啊！你不觉得这非常不理智吗？

　　［安虞托斯：］是的，我发誓，我觉得是，而且愚蠢至极。

　　［苏格拉底：］完全正确。（90d7 - e10）

施特劳斯：让我们停在这儿吧。现在他举了另一个技艺的例子：长笛吹奏。长笛吹奏当然不是一种身体保护的技艺，尽管其出现在这儿是作为被提到的第三种技艺，从而使得制鞋被置于中心位置。制鞋是一种身体保护的技艺，但不是一种受到较高尊重的技艺，因为要成为一个制鞋匠并不需要有很大的身体力量。［鞋匠们］在家里工作，因此脸色苍白，没有红润的脸色，没有美德的光彩——你们还记得我们之前谈到过的，颜色与美德的问题吧？吹奏长笛是一种音乐技艺，具有这样一个特性：不能在说话的同时进行练习。换言之，长笛吹奏事实上是一种无言的技艺。吹奏长笛的时候你必须沉默。对于把某个年轻人送到一个没有提出前述两个条件的人那里，"不赞成"的措辞就比之前的说法强烈得多了。苏格拉底和安虞托斯在这一点上完全达成了一致。是的，那现在提出的是什么问题？

雷因肯［读文本］：

> 而现在你有一个机会和我一起在这儿咨询我的朋友美诺。他——

施特劳斯：不，不是"我的朋友"，这太糟糕了。"客友"，"这儿这位客友，美诺"。美诺当然不是苏格拉底的——"我的"——而是安虞托斯的。是吧？

雷因肯［读文本］：

> 咨询这位客人，这儿的美诺。安虞托斯，他好久前就对我宣称，他渴望拥有那种智慧和美德，凭借这样的智慧和美德，让他的家庭和城邦保持良好的秩序，尊敬父母，知道什么时候该欢迎、什么时候该款待邦民和异邦人，这与好人相称。现在告诉我，严格来说我们应该把他送到谁那里去学习这种美德课程呢？（90e10‒91b2）

施特劳斯："这种美德的"，是的。之前和安虞托斯的交流乃是基于这样一个假设："我们"，即苏格拉底和安虞托斯，希望让美诺成为一个医生或一个鞋匠，当然，这绝非美诺所望。现在苏格拉底转向了美诺本人的愿望——毕竟，年轻人在自己的职业选择和想要成为什么样的人时得有发言权。美诺并不渴望精通任何 technē，任何技艺、任何手艺，而只想精通某种特定的智慧和美德——并非实践智慧，而是智慧，sophia。或者更简单来说，苏格拉底本人在宣称美诺寻求某种美德时作了这种简化。据说美诺一直都是这么跟他说的。表面上，这当然是假话，但苏格拉底冒昧地把他在某种程度上猜测的、已经看破了的东西描述成美诺所说的。这大大简化了事情。苏格拉底将这种对美德的欲望归之于美诺，这指向美诺显然还未具有的对一种需求的意识。不过这也并非完全错误，因为美诺担心高尔吉亚关于［220］教授美德的必要性的看法可能错了。我们之前读过这个段落。你们看，当苏格拉底描述这种智慧和美德时，他提到了我们已经从美诺对美德是什么这个问题的第一个回答中知道的一点，那就是人们凭借美德管好他们的家庭和城邦。此外还有一个新的东西：他们——［有德之人］，随意翻译一下——尊敬他们的父母。美诺对此只字未提。这纯粹是苏格拉底所加。他让美诺变得更好，比美诺本人好得多。但这还具有另一层含义：敬拜（worshiping）父母。他并没有归之于美诺，说美诺具有敬拜诸神之想。这一层含义被秘而不宣地排除掉了。美诺和虔敬扯不上任何关系。而苏格拉底即使在对美诺欲望的夸张表述中，也没有作出任何此类暗示。是的。好。而重要的是，美诺并不反对苏格拉底的说法。他本可以轻易地这样做［，并说］：不，不，我不想那样做，我只想拥有统治城邦的技艺。好。因此，沉默可以解释为赞同。是的。

雷因肯［读文本］：

> 或者，从我们刚才的讨论来看，他应该去找那些自称是这些①美德的教师，宣扬他们就是希腊人共同的教师，并且准备好指导任何愿意按固定标准付费的人，这是不是足够清楚了？

施特劳斯：是的。这难道不是我们必须从医生之类例子中得出的结论吗，即我们得把美诺送到那些自称是美德教师的人那里去？那一美德，或那种美德的资格认定，并没有明确。［苏格拉底在这里说的是］简单意义的（tout court）美德教师，这些人是为了报酬而教人的。考虑到这些前提，必然结果不就是这样吗？嗯。然后安虞

---

① 洛布版没有这个定冠词。

托斯对此的回答是什么？

雷因肯〔读文本〕：

> 你指的是谁呢，苏格拉底？

施特劳斯：换言之，苏格拉底和安虞托斯之间的一致已经到头了。用一个非常日常的短语来说，安虞托斯见势不妙（smells a rat）。〔笑〕是的。这在接下来将变得非常清楚。是吧？

雷因肯〔读文本〕：

> 〔苏格拉底：〕你肯定像任何人一样知道：他们就是人们称之为智术师的那些人。

施特劳斯：是的。现在苏格拉底清楚地表明了他心目中所指的是哪种人，所谓的智术师。是吧？

雷因肯〔读文本〕：

> 〔安虞托斯：〕以赫拉克勒斯的名义（By Heracles），① 闭上你的嘴，苏格拉底！我的任何亲戚朋友，无论是这个城邦还是另一个城邦的，都不要被这样的疯狂影响，让〔221〕自己因为结交那些人而受感染，因为他们对那些频繁与之交往的人来说明显就是一种瘟疫和腐蚀。（91b2 - c5）

施特劳斯：所以，如果我们可以对这一点多说几句的话，智术师非但不是美德的教师，还是最大的腐蚀者。他们是教人邪恶的师傅。正如你们从这句话中所看到的，安虞托斯关心的只是他朋友们的幸福。作为一个普通意义上的贤人，他把帮助朋友和伤害敌人看作美德，或者至少不伤害朋友。这一点是美诺在71e4的第一个定义中提出的。安虞托斯肯定不会帮助苏格拉底说服美诺转向智术师，

---

① 原文是"看在上天分上"（For heaven's sake）。雷因肯知道施特劳斯对宣誓的精确表述很在意。但是，在90e8处，他又沿用了洛布版对这个誓言的错误翻译。

因而苏格拉底也不能建议美诺从他以前的老师高尔吉亚转向普罗塔戈拉，或者普罗塔戈拉之类，这种类型代表着高尔吉亚之外的另一种选择。我相信你们还记得我在上次课说到的这一点。请讲，勒温（Lewin）先生。

勒温：苏格拉底不久前用过的关于管理好一个人的家庭以及城邦的那句话——

施特劳斯：也有人问过这个问题。

勒温：普罗塔戈拉声称那就是他所教授的东西。

施特劳斯：当然，那自然是普罗塔戈拉的观点。不，我上次已经说得清楚，在走近苏格拉底之前美诺怀有的疑虑是，高尔吉亚说这不可教，这是否正确，或者说普罗塔戈拉，也就是那些声称这是可教的智术师是否正确。这就是我们现在论证中的问题。请讲，巴特沃斯先生。

巴特沃斯：苏格拉底对安虞托斯说，为了教美诺如何成为一名医生，我们会把他送到教授医学的人那里去——为什么要这样预设教授医学者和行医者是一样的呢？鞋匠也是这样，一直到你所说的有德之人。当然可以在任何一点上提出反对，可以说那些教什么的人和从业者不一定是一回事。

施特劳斯：不，［但在那个时代］还没有［怎么说来着？］医学院，在医学院里有只教授医学而不一定行医的人；不过，据我所知，即便在今天，这种情形仍然是例外。但是，在商学院里，有人讲授商业却不从事商业，或者不需要从事商业，不是这样吗？那么，不可能有这样的机构吗：在这些机构中，你教人制鞋而非［身体力行，也就是说，］教师并不从事制鞋［而只是］教制鞋？但不管今天的情形怎么样，在当时那个更为简单的文明中，技艺的教授者和手艺人（the artisans）是一样的。干这行手艺的师傅有他的学徒。显然这一点被应用到了美德教师的问题上。我的意思是说，你不会把人派到——你会吗？——派到一个说他教授美德却从未践行美德的人那里去吧？不会吧——我的意思是说，那是疯了吧。

［222］巴特沃斯：不会，不会，与其把他送到那些宣称教授美

德的人那里去，[干嘛不] 把他送到，比如说，一个有德性的治邦者那里去呢?

施特劳斯：但是你怎么知道呢? 技艺的类比显示，在这种情况下，你首先找的是那些悬挂着招牌的人，如果事实证明他们不胜任，那么你确实得另寻他人。我们很快就会讲到这个替代选项。请讲。

学生：往后一点，誓言的对象从作为一种统治者的宙斯，变成了 [安虞托斯用来发誓的] 赫拉克勒斯。

施特劳斯：嗯。不，那是一种祛除邪恶的方式——赫拉克勒斯。

同一名学生：我明白了。

施特劳斯：就是这一类的东西，嗯。[至于] 你谈到的另一个誓言（"闭上你的嘴"），这话也有 euphēmei,① fave lingua 的意思……

学生：高尔吉亚不也是个智术师吗，还是说——?

施特劳斯：嗯，在关键点上，高尔吉亚不是一个智术师。高尔吉亚是一个修辞术教师。界限划得不是非常清楚，但从这个词的广义上讲，他当然可以算作智术师中的一员。我现在不记得柏拉图对话中是否曾把他称为智术师，但我们可以作此区分：修辞术教师有别于美德的教师。就在《高尔吉亚》这部对话中，就把修辞术技艺或伪技艺、智术或伪技艺区分为不同的东西。因此我们阅读《美诺》的时候一定要作此区分。但这是否普遍适用还不确定。布鲁尔先生?

布鲁尔：安虞托斯的表述具有某种祈祷的形式，还是只是个愿望?

施特劳斯：嗯。说祈祷太强烈了。但是 fave lingua——你怎么把它翻译成英语? Euphēmei。保持虔敬的沉默，但也不要亵渎神明。②亵渎是 euphēmei 的反义词。"不要亵渎神明。你说的事太糟糕了。"是的，现在我们继续好吗?

---

① [译注] 根据这里的讨论，施特劳斯谈到的是 euphēmei 的几个义项：1. 说吉利话，避免说不吉利的话。2. 住嘴! 3. 肃静!（宗教仪式中）

② [译注] 这里似指 euphēmei 在宗教仪式中作 "肃静!" 讲。

雷因肯［读文本］：

　　你在说什么啊，安虞托斯?① 你的意思是，对于所有那些自诩懂得怎么做对我们好的人，要从中挑选出不仅没有像其他一些人那样给我们带来好处，而且实际上还会对任何被交到他们手上的人造成腐蚀的人? 并且他们公开要求支付学费就是为了做这个吗? 从我这方面来说，我不能让自己相信你，因为我知道一个人，普罗塔戈拉，他靠自己的手艺（craft）聚敛的钱财比斐狄阿斯（Pheidias）还要多——

施特劳斯：是的，用在这里的这个词是智慧，sophia。是吧?

［223］雷因肯［读文本］：

　　靠他的智慧，比斐狄阿斯——以其所制作的高贵的作品而闻名——或其他任何十个雕塑家聚敛的钱财还要多。如果旧鞋修补匠和衣服翻新匠返还顾客的衣服或鞋子比他们收到时搞得更坏，三十天了还没被发现，那就怪了，并且就他们而言，这样做会很快让他们饿死。而四十多年来整个希腊未能注意到普罗塔戈拉正在败坏上他课的人，他的学生离开时比在他手下时更坏了，这也太让人惊讶了! 因为我相信他死的时候大概七十岁了，其中四十年他都花在从事他的技艺上；直到今天，他一直以来享有的崇高声誉都不曾衰减——不仅普罗塔戈拉，还有许多其他的人也是如此，有些生活在他之前，其他一些现在还活着。照你的意思，我们该认为他们是有意欺骗和败坏年轻人呢，还是他们自己对此并无意识? 难道我们要得出这样的结论：那些经常被称为人类中最聪明的人已经如此疯狂了吗?（91c6－92a6）

施特劳斯：是的。现在苏格拉底反驳了安虞托斯的观点，即，智术师不可能是美德的教师。智术师败坏年轻人，即他们的学生。

---

① 原文为："这是什么啊，安虞托斯?"

据说吧。他们这样做必定是要么有意要么无意的。如果是无意的，那么他们就不知道他们在做什么。他们并不明智。如果他们是有意去做的，那他们从某种意义上说仍然是且是更大的傻瓜，因为在那种情况下，他们甚至不能相信他们的学生会支付费用。毕竟，人们最后才付费，而如果他在此期间对他们不公平，这多不明智啊。[笑声] 因此，对智术师的这种偏见似乎没有充分的根据。为什么他在这一段的前半部分说到旧鞋修补匠和旧衣缝补匠？是吧？

雷因肯：因为教育就是重塑（remodeling），而非无中生有的创生（creation ex nihilo）。

施特劳斯：是的，确实，他肯定是这个意思，否则就说不通了。但你能再稍微进一步展开吗？

雷因肯：嗯，智术师在这些年轻人十八岁左右的时候开始教他们，那时他们已经有一套特别的德性或非德性（non-virtue）。

施特劳斯：是的，他们接受过一套教育，所以他们已经有磨损，如果我们可以把他们和鞋子进行比较的话。他们已经接受过一套教育，智术师们接管的是那些已经被他们的父母或城邦形塑过的年轻人。因而，对这个年纪的人的教育是一种再教育（re-education）。这个问题通过《王制》卷七结尾所说的内容得到了很好的说明，在那部分苏格拉底实际上说：我前面说过，如果哲人不成为王或者王不是哲人，就不会造就好城邦，这还不够；此外，凡超过十岁的人都得逐出城邦，因为他们不再是好的。我们必须从头做起，我们不能从旧鞋子开始；我们必须从新鞋子开始。好的。

[224] 因此如我们所见，眼下苏格拉底反驳了安虞托斯，为智术师们辩护。那么，安虞托斯会作何反应？

雷因肯："疯了！"

施特劳斯：不，你觉得呢？

巴特沃斯：为什么普罗塔戈拉有智慧？他先有智慧，然后才有手艺？那么智慧就不是与具有一门技艺或手艺相配的智力机能。

施特劳斯：嗯，你一定别忘了，所有这些词都有很好的理由具有非常多样和非常广泛的含义。如果一个人赚这么多钱，比十个斐狄阿斯赚得还多，那他肯定是个聪明人，这是毫无疑问的，因为很明显他不是用一张彩票赢得这些钱的。另外，顺便说一下，彩票中奖是不够的，因为非常容易花光。身边环绕着那么多会帮他减轻负担的人，他很容易沦为他们的牺牲品，除非他聪明，不信任这些想从他那里拿走他的钱的人。因此，每个有钱或拥有大量金钱的人，比如说，拥有超过一小时或超过一天，都有些智慧。而对有些人来说，这是他们所知道的唯一一种智慧。你不知道吗？

巴特沃斯：但苏格拉底明知这不是智慧。他不把这称为智慧。

施特劳斯：为什么不呢？这完全取决于他和谁谈话。毕竟，他希望被理解。然后，如果有必要追究这是不是真正的智慧——比如在《普罗塔戈拉》中，他在那里进行了追究，［记住所有这些事实］。但是这里他是和安虞托斯谈话，而安虞托斯对智术师抱有偏见，就其只是一种偏见而言，必须从这些偏见中摆脱出来，就像在这个例子中一样。是吧？

雷因肯［读文本］：

> 疯了！苏格拉底，不是他们，而是那些付钱给他们的年轻人，更是那些让这些年轻人自行其是的亲属，以及绝大多数允许他们进入——无论是异邦人还是邦民（citizen）试图这么做——而不加驱逐的城邦。

施特劳斯："还是邦民们（citizens）？"是的。因此，智术师绝非愚蠢或者疯狂，他们是非常精明、诡诈的家伙。真正愚蠢的首先是那些不驱逐他们的城邦，不管他们是外国人——他们大多数都是——还是邦民，像苏格拉底这样。当然是这个意思。苏格拉底是一个大智术师，他是雅典的邦民。是吧？

雷因肯［读文本］：

> ［225］［苏格拉底:］告诉我，安虞托斯，那些智术师里有人得罪过你吗？什么让你对他们这么严厉？
>
> ［安虞托斯:］并没有，上天知道，我这辈子从来没有和他

们中的任何人打过交道，我也不会让任何我的人和他们有关系。

　　［苏格拉底:］那么你对这些人完全没有任何经验?

　　［安虞托斯:］相信我永远也不会。

　　［苏格拉底:］那又怎样呢，我的好先生?

施特劳斯：好吧。这是一个糟糕的翻译，但继续吧。

雷因肯：好吧，"精灵般的人"（daimonic one），字面上是这样。

施特劳斯：嗯。可以继续读吗?

雷因肯［读文本］:

　　如果你对一个东西完全没有经验，你能说它有什么好或者恶吗?

　　［安虞托斯:］很简单：事实是，我知道这是些什么人，不管我对他们是否有经验。

　　［苏格拉底:］你也许是个巫师（wizard）吧，安虞托斯——［笑声］

施特劳斯："巫师"，嗯。"预言者"（diviner）。你们知道，当他之前使用 ō daimonie——"你这个精灵般的人"（you daimonic man）这个词的时候，已经指明这点。苏格拉底声称自己有一种精灵般的天赋（daimonic gift），而从最宽泛的意义上说，这意味着苏格拉底具有一种先知先觉的天赋，一种精灵般的天赋。这里他把安虞托斯称为"精灵般的"；你们看，这些小小的形容词或呼格是多么富有深意。仅仅以这样的方式，他就把后面的某些东西先讲出来了：如果你谈论某个你没有任何经验的事物，那么你一定是个精灵般的人，一个具有神启的先见之明的人，否则你不可能对此有知。是的，现在让我们继续吧。

雷因肯［读文本］:

　　你也许是个预言者（diviner），① 安虞托斯，因为从你本人

---

① 原文是"巫师"（wizard）。

所说的，我真看不出你怎么还能知道其他关于他们的情况。但我们现在并不是在问会使美诺变得邪恶的那些课程的教师是谁；如果你愿意，那就让我们承认，他们就是智术师们。我只请你告诉我们，同时也是帮助美诺，你的家族的朋友，让他知道，为了在我刚才所描述的这种美德（the virtue）上成为出类拔萃的人，在这个大城邦中他应该向谁求教。

施特劳斯：你们看，现在又是"这种"（this）［美德］：有各种各样的美德。美诺应该精通美德，精通苏格拉底所描述的那种美德，包括崇敬父母等等。现在让我们承认智术师是败坏者，尽管你安虞托斯还没有证明这一点。在雅典，美诺应该去哪些人那里，以便在所描述的这种美德上变得出色？苏格拉底在这里并没有谈到美德的教师，因为只有智术师宣称是美德的教师。［226］但是，也许还有其他人，他们是，却并不自称是美德的教师。是吧？

雷因肯［读文本］：

> ［安虞托斯：］你为什么不自己告诉他呢？
> ［苏格拉底：］我确实向他提过我认为教这些东西的人，但是我发现，从你所说的这些情况看，我完全是误入歧途，并且我敢说，你说的在理。现在轮到你了，告诉他该去找雅典人中的谁。告诉我们一个名字吧——随便你说一个。（92a7 - e2）

施特劳斯：除了智术师，苏格拉底不知道还有其他教授这种美德的老师。但也许安虞托斯将智术师视为败坏者是对的，因此，显然轮到安虞托斯说说括号里哪个雅典人是这种美德的教师了。苏格拉底没有用［"美德"］这个词，但那是暗含了的。是吧？

雷因肯［读文本］：

> ［安虞托斯：］为什么非得是哪一个呢？他随便遇上的任何一个雅典贤人，无一例外，都会比那些智术师们对他更有好处，

如果让他做什么他就做什么的话。

施特劳斯：是的。因此，任何一个雅典贤人肯定都比那些智术师们更好——按"美德教师"理解的话。当然，安虞托斯并不把这些贤人称为美德的教师，但这是出于两个原因：［首先，］他们不收钱；其次，他们不是教师，正如他在这里结尾处所说的话表明的，只是听贤人说话当然不够，你也得做他们所说的。这显示了这种教的局限性。是吧？

雷因肯［读文本］：

> ［苏格拉底：］那些贤人们是自发成长为他们现在这样的吗，没有向任何人学习，他们就能去教别人他们自己都没学过的东西吗？

施特劳斯：是的。这些人学习——这些贤人以某种方式教授美德，而他们之所以能教，只是因为他们起初学了美德。但从谁那里学的呢？

雷因肯［读文本］：

> 我想他们一定是依次向老一辈人、老一辈贤人们学的，或者你没觉得在这个城邦里我们一直有很多好人吗？（92e3 - 93a4）

施特劳斯：因此，现在的贤人是从以前的贤人们那里学来的。然后有一个漫长的回溯。让我们长话短说。第一位雅典贤人从谁那里学习美德呢？不是从一位雅典贤人那里学的。这很清楚，是吧？那不可能。这就像亚里士多德对"公民"的如下一般定义的批评：公民是一位公民父亲和一位公民母亲的儿子。根据这个定义，最初的建邦者不可能是公民。这是一回事。但是［227］最初的雅典贤人能从谁那里学到美德呢？他们能从谁那里学到呢？

雷因肯：诸神（The gods）。

施特劳斯：是的。这是一种可能。但当然，这里没有提及。但我们得保持警惕。请讲。

学生：最明显的答案不应是法律吗？

施特劳斯：但是法律是从哪来的呢？要么是人制定的——

学生：来自立法者。

施特劳斯：好吧，但接着就会有——那只会把问题带回来：立法者是在哪里学的立法技艺？好的。

雷因肯：安虞托斯，一个皮匠的儿子，拿古老的家族、古老的传统这些东西来开玩笑，这也是个笑话。

施特劳斯：是的。这不是这个暴发户所特有的。好的。现在让我们继续吧。

雷因肯［读文本］：

> 很多好人在这个城邦吗？
>
> ［苏格拉底：］是的，我同意，安虞托斯。我们也有很多擅长政治（are good at politics）的人，过去有，现在也有。但我想知道，除了他们自身的美德之外，他们是否还被证明是好的教师，这是我们的讨论实际所关切的问题；不是我们中间是否有，或以前是否有好人，而是美德是否可教，这一直是我们的问题。而我们对这个问题的探究会归结为如下问题：我们现在和过去有的好人是否知道如何把关涉他们之为善的那个美德传递给另一个人——

施特劳斯："那个美德"（that virtue）。几乎可以说"那种美德"（that kind of virtue）。

雷因肯［读文本］：

> 还是说那是某种不能从一个人传给另一个人的东西？这是我和美诺一直在讨论的问题。（93a5 – b6）

施特劳斯：让我们停在这儿吧。现在我们看到苏格拉底再次纠正安虞托斯：雅典有擅长于政治事物（good in political things）的人。

这是更字面的翻译。但是，他们能教授这种美德吗，比如说政治才能？因为我们关心的是查明美德是否可教。显然，美德和政治才能并不简单等同。否则一个奴隶也可能会成为治邦者——一个好奴隶可能会成为治邦者。但其中隐含的意思是：如果美德本身是可教的，那么当然各种美德［228］都是可教的；因而正如苏格拉底所做的，他可以在美德和一种美德之间来回切换。"可教"在这里的意思是可传播的、可移交的，从祖辈传给后代。为了把这个说得足够清楚，我会使用一个据我所知英语中不存在的形容词：traditionable，通过传统来传承的。严格来说，这当然不是可教；那只是通过记忆。

现在让我们在这里总结一下这段对话后半部分出现的模糊和含混之处。第一，美德是知识、科学还是审慎？如果是审慎，那么美德是等同于审慎，还是说审慎只是美德的一个必要组成部分？据说审慎是幸福的充分必要条件。但什么是幸福呢？例如，是否像《王制》中说的，幸福在于哲学思考（philosophizing）？然而，哲学思考并非对所有人来说都有可能；因此必定有另一种幸福，必定有另一种美德。而这另一种类型的人似乎至少由两部分组成：好的政治家，和好的普通公民。因而，更确切地说，问题在于：既然不考虑第一种美德，那么后一种美德是可教的吗，还是只能通过传统来传递？这些含糊之处还在，［但］在读完这部对话后我们就能把这些东西清理掉。现在我们从这里继续，或者还有什么问题吗。布鲁尔先生？

布鲁尔：考虑美德是否可教的出发点是在美德和某种知识等同的即时语境中。

施特劳斯：是的。

布鲁尔：但是和安虞托斯的讨论一开始，苏格拉底就完全放弃了那个，而——

施特劳斯：我的意思是，美德是知识，这是个条件。

布鲁尔：是的。

施特劳斯：嗯。但在这里，美德即知识让他们满意。但他们有一个很大的困难：如果美德是知识，那就肯定有教师。而与安虞托斯讨论的唯一问题就是：有美德的教师吗？智术师们被安虞托斯排除在外，这是否明智，或者有没有充分的理由，那是另一回事。然后是关于另一种替代选择的讨论，即最杰出，最受尊敬的雅典公民，而这就是我们现在正在讨论的。我们回到这个问题；它将被再次提起。好的。请讲。

学生：你提到的回溯问题——

施特劳斯：什么？

[229] 同一名学生：关于回溯，关于最初的教师。在我看来，当苏格拉底问贤人们从哪里学到的时候，他似乎对此有所暗示。他们没有向人学习，却能去教其他人自己从未学过的东西吗？但安虞托斯完全没注意到；他没注意到〔苏格拉底正〕提及学习，提及教授你从未学过的东西。

施特劳斯：我没明白你有什么问题。

同一名学生：嗯，我想大概是在93a。

施特劳斯：我知道这段话。就是92e7。好吧。那么，贤人们成为这样的贤人，难道是偶然吗？他们根本没有从任何人那里学过东西，却能教授与人，因而还能做他们自己没有学过的事情吗？

同一名学生：嗯，他不是在那里提到回溯问题吗？因为他说：一个人有没有可能教授他甚至从未学过的东西？这跟问最初是谁教的一样吧？

施特劳斯：是的。但这个回溯的问题来自安虞托斯的回答。他们从更早的贤人那里学来。嗯？这不是从苏格拉底论证的基础上来的。

同一名学生：我意识到安虞托斯的回答提出了这个问题，但在我看来苏格拉底的评论——苏格拉底的问题引出了安虞托斯的回答，为我们准备了回溯问题，但安虞托斯没有看到这一点。

施特劳斯：嗯，苏格拉底没有暗示其他什么东西吗，也许有另一种无需学习就能成为完美贤人的方式？我的意思是 apo tautomatou〔自动〕，出于偶然，无需任何特殊程序。而安虞托斯排除了这一点。不，除了从贤人们那里学习美德，没有其他途径成为一个有德者。是的。好吧。我们现在到哪儿了？到93b6。

雷因肯［读文本］：

［苏格拉底:］嗯，就用你自己说的方式考虑一下这个：你不会说忒米斯托克勒斯（Themistocles）是个好人吗？

［安虞托斯:］我会说啊，他尤其是个好人啊。

［苏格拉底:］如果曾有任何人是他自己美德的教师，那他尤其是自己美德的好老师。

［安虞托斯:］在我看来，是的，假设他想要成为这样（that he wished to be so）的话。

施特劳斯：不，"他想要"（that he wished）。换言之，如果他愿意的话，他很容易去教，但他可能对其他东西更感兴趣。现在，这个问题又直接涉及一个人的德性，不是特定种类的美德，而是总体而言一个人的德性。而安虞托斯说，忒米斯托克勒斯本可能成为教师——他是众所周知有美德的人——假如他愿意，他本可以是个美德的教师。假如他不是太忙于［230］政治事务，比如说，忙于战事或者其他任何属于政治事务的事情，那么他也许会成为一名好教师。是吧？

雷因肯［读文本］：

［苏格拉底:］但是你能想象他不会希望其他人成为好人、可敬的人吗（good, honourable men）——

施特劳斯：这就是"完美贤人"（perfect gentlemen）。是的。

雷因肯［读文本］：

我想，首先就是他自己的儿子？还是说，你认为他会嫉妒他，存心拒绝把自己的美德传授给他？你从来没听说过忒米斯托克勒斯如何教育他儿子克勒俄凡托斯（Cleophantus）成为一个优秀骑手吗？为什么，他能保持平衡站立在马背上，站着的同时还能投掷标枪，还能表演其他精彩特技，这些都是他父亲让他受训的，使得他能够熟练掌握所有那些能从好师傅那里学到的东西。你肯定从你的长辈那里听说过这一切吧？

[安虞托斯：] 我是听说过。

[苏格拉底：] 那么不会有人抱怨他儿子天性不好吧？

施特劳斯：是的。苏格拉底证明忒米斯托克勒斯希望让他儿子成为贤人，一个杰出之人。不用说，忒米斯托克勒斯希望把自己所拥有的美德传给儿子。我的意思是，一个父亲，尤其是像忒米斯托克勒斯这样杰出的父亲，会做不到这个吗？接着他附带证明了这个儿子肯定具有好的自然、好的自然配备（good natural equipment）以获取美德。证据在于：他是一个如此卓越的骑手。这一证据并非无可指摘。但有一点极其重要：苏格拉底再次提醒我们，自然天性（nature）很重要。因此，即便美德也许可教，但也可能不是对于每个人都可教。你必须具有可教所需的特定配备（equipment）。是吧？

雷因肯 [读文本]：

[苏格拉底：] 但是我问你——你有没有听任何老人或年轻人说起克勒俄凡托斯——

施特劳斯：不，先 [读] 安虞托斯对苏格拉底前面问题的回答。

雷因肯 [读文本]：

我敢说没有（I dare say not）。

施特劳斯：但是这个希腊语很含混，直译是"也许没有"（perhaps not）。因此，安虞托斯也许已经预感到后面会发生什么，且没那么确定忒米斯托克勒斯的儿子是否具有好天性。是吧？

雷因肯 [读文本]：

[苏格拉底：] 但是我问你——你是否听过任何人，老人或者年轻人，说起过克勒俄凡托斯，就是忒米斯托克勒斯的儿子，有和他父亲一样的美德（goodness）和成就？

[231] [安虞托斯：] 当然没有。

［苏格拉底：］我们能相信他的父亲选择在那些特技方面训练他的儿子，然而，在他自己的特别成就（accomplishments）方面，却没有使他胜过他的同胞吗——

施特劳斯："智慧"（wisdom）。
雷因肯［读文本］：

［智慧］——如果德性，像声称的那样，是被教授的（was to be taught）呢？

施特劳斯："是可教的"（was teachable）。嗯？
雷因肯［读文本］：

是［可教的］呢？
［安虞托斯：］［以宙斯的名义（By Zeus）］①，我认为不行。(93b6 – e9)

施特劳斯：这里也有这个小小的限定词——"也许"，这可能只是说"是"的一种客气的形式，但也可以按字面来理解。我不知道。忒米斯托克勒斯没能将其美德、其智慧传给他的儿子，尽管儿子具有好天性。而忒米斯托克勒斯有最好的意愿。因此，可以得出：美德不可教。好的。但我们还没有读完；也许还有别的例子。
雷因肯［读文本］：

［苏格拉底：］嗯，你有一位出色的美德教师，你承认，他是过去时代最好的人之一。让我们再举一个例子，阿里斯提德斯（Aristeides），吕西马科斯（Lysimachus）的儿子——你不承认他是个好人吗？
［安虞托斯：］我承认啊，绝对是，当然啦。
［苏格拉底：］嗯，在所有可能教他儿子的师傅中，吕西马

---

① 原文是"我敢保证"（on my word）。雷因肯按字面翻译了这里的发誓。

科斯训练他的儿子不比任何其他雅典人都好吗？而结果呢，你
觉得结果证明他比任何人都更好吗？我知道，你曾是他的同伴，
你了解他是什么样的人。

施特劳斯：是的。正义的阿里斯提德斯（Aristeides the Just）也
是同样，你们知道他是老式雅典人的完美典范，而忒米斯托克勒斯
则在某种程度上是民主政制的奠基者。阿里斯提德斯的儿子是个平
庸的人，这是众所周知的；我们在读柏拉图的《拉克斯》时可以很
容易地了解到这一点，吕西马科斯是其中一个人物。这里没有表明
关于美德也许不可教的结论。这很有趣，因为作为一个平庸的、不
像阿里斯提德斯那样杰出的人，并不就意味着缺乏美德。毕竟，难
道就不可能有单纯、普通、平庸之人的美德这种东西吗？难道就不
能有一种适合平庸天性的普通美德，而这种美德也许是可教的，也
许这就是阿里斯提德斯教给他儿子的？这个问题只是隐含的，但没
有展开。是吧？

雷因肯［读文本］：

> [232] 或者再举一个例子——极具智慧的①伯里克勒斯
> （Pericles）：如你所知，他养育了两个儿子，帕拉洛斯（Para-
> lus）和克桑提珀斯（Xanthippus）。

施特劳斯：现在你们看，这里苏格拉底陈述了他自己对伯里克
勒斯的看法。这有可能具有反讽意味，我们也不知道。但从表面上
看，苏格拉底对伯里克勒斯的评价还是非常高的。他对前面两个人，
忒米斯托克勒斯和阿里斯提德斯的德性都没有这么高度赞扬，所以
某种程度上，伯里克勒斯才是检测案例。是吧？

雷因肯［读文本］：

> ［安虞托斯：］是的。

---

① 原文是：accomplished［成就］。雷因肯看到了希腊词是 sophos。

[苏格拉底:]你我都知道,他教他们成为雅典最优秀的骑手,把他们在音乐、体操和其他一些属于技艺的东西方面训练得很优秀。除了这些种种,难道伯里克勒斯不想让他们成为好人吗?我想,他是希望的,但可能这是个没法教的东西。

施特劳斯:因此伯里克勒斯非常关注在一切可教的方面教育这两个儿子(他还有其他儿子,苏格拉底对他们缄口不言)。但美德是不可教的。关于这些儿子的天性问题,在阿里斯提德斯、伯里克勒斯和修昔底德(Thucydides)这几个人的儿子的事例中并没有提出,但我们得提出这个问题。是吧?

雷因肯[读文本]:

你们不要以为只是少数最平庸的雅典人没做成这件事——

施特劳斯:这话非常重,因为到现在为止我们讨论过的雅典人是谁?最伟大的人物:忒米斯托克勒斯和伯里克勒斯,肯定的。现在这三个伟大人物也许都属于最低等的雅典人,最低等级,其中当然会隐含着他们没有教自己的儿子美德这个意思。为什么?简单的解释,完全非形而上学的。

学生:他们没有美德。

施特劳斯:他们自身也缺乏美德。这里当然没说,但显然隐含了这一点。现在让我们继续吧。

雷因肯[读文本]:

[不要以为]只是少数最平庸的雅典人没做成这件事,让我提醒你,修昔底德也培养了两个儿子,美勒西阿斯(Melesias)和斯忒法诺斯(Stephanus),除了给予他们良好的一般教育外,他还把他们培养成了雅典最好的摔跤手:一个被交给克桑提阿斯(Xanthias),另一个跟着欧多罗斯(Eudorus)——我想,这两位师傅都是技艺顶尖出了名的人。你记不记得他们?

[安虞托斯:]是的,有所耳闻。

[233] 施特劳斯：这个修昔底德当然不是那位历史学家修昔底德，而是伯里克勒斯时代贵族派的领袖——伯里克勒斯的反对者。是吧？

雷因肯［读文本］：

嗯，如果美德可教①的话，那这位父亲从未花钱教他的孩子所有那些东西，也忽略了无需花费教他们其他那些会让他们成为好人的东西，这不是很明显吗？你会说也许修昔底德是个比较平庸的人（one of the meaner sort）——

施特劳斯：嗯，"一个下等人"（an inferior man），我们这么说吧。

雷因肯［读文本］：

下等人，在雅典人和同盟者中没有大量朋友吗？他出自高门大户，在我们的城邦以及整个希腊都有很大的影响力，因此，如果美德是可教的，②要是他本人太忙于操劳城邦事务的话，他应该也会找到有可能让他的儿子成为好人的人，不管是我们本邦人还是异邦人！啊，不，我亲爱的安虞托斯，看来美德不是一种可教的东西啊。（93e10 - 94e2）

施特劳斯：是的。修昔底德显然自成一类。从这里的语境中可以看出。但他和前面提到的那些最平庸的雅典人一样做不到。美德是不可教的，这是必然的结论。你们已经看到，安虞托斯对修昔底德的了解只是通过耳闻。嗯，修昔底德来自一个古老的家族，而安虞托斯并不属于这个圈子，因此他只是通过传闻而有所了解。但是，苏格拉底了解，当然，正如你们知道的，苏格拉底了解雅典的所有小道消息。你们一定注意到这点了。必须比较一下对修昔底德的描述和对安虞托斯的父亲的描述：你们知道安虞托斯的父亲是一个这

---

① 原文是"被教的"（to be taught）。
② 同上。

么好的人，但却是一个白手起家的暴发户新贵，而修昔底德是真正的老钱。是的。克莱因在这里提出了一个观点，我觉得不对，在第232页。这不是个非常重要的问题。"这里似乎在暗示"，他在第三段①结尾说，"这里似乎在暗示，修昔底德足够幸运地无需给此人支付报酬"，因为这些朋友当然会无偿地（gratis）教育他的儿子。我认为原因更简单。智术师当然被排除在外；像修昔底德这样的贤人，也许会把自己的儿子交给与他社会地位相同的朋友培养，而不会交给智术师。但这问题不那么重要，我们可以不管。嗯。现在让我们读下面一点，然后我们得暂停一下。

雷因肯［读文本］：

> ［安虞托斯：］苏格拉底，我认为你太喜欢说人坏话了。要我说，如果你接受我的建议，我会警告你小心点：在大多数城邦中，给人造成伤害可能都比对人好更容易，尤其是在这个城邦；我想你自己也知道这一点。（94e3－95a1）

［234］施特劳斯：让我们就在这儿停吧。所以安虞托斯对苏格拉底诽谤这些最杰出的雅典人——当然也意味着诽谤他——很恼火。他不像美诺那样认为这事不可能发生在这里（你们知道，在雅典），因为他属于那些能使这事发生在这里的人，他很快就证明了这一点。安虞托斯对苏格拉底话中的暗示感到恼火，即在最好的情况下雅典贤人也不比智术师更明智。

那么，安虞托斯这一幕，我们现在已经读完了，这显然是与奴隶那一幕平行的。奴隶那一幕导向euporia，一种富有、满意、欲望满足的状态。问题最终得到解决。安虞托斯这一幕导向或证实了一种aporia，一种此前就已存在的瘫痪状态（paralysis）。苏格拉底能教奴隶，他已经展示了这一点。他没法教安虞托斯。他甚至无法说服安虞托斯。谁有可能说服安虞托斯？谁？有什么可能的猜测吗？对不起，你说什么？能重复一遍吗？

---

① 施特劳斯指的是第五段。

学生：美诺。

施特劳斯：这正是对话结尾所发生的事情，在那里苏格拉底起码认为有这种可能性，美诺有可能说服安虞托斯。请讲。

学生：您说安虞托斯至少把自己看作是一个伟大的雅典人，他还有一个宾客——美诺，他把美诺当客人，而美诺被认为是一个恶棍。

施特劳斯：你看，这是个困难的问题。例如，当你看到某些这样的审判时，你们知道，这些案件中有各种人——有些人很有名；例如，让我们就以埃斯特斯（Bill Estes）① 为例吧，因为这是一个已经判定的问题。我认为，当他做这些事情时，当他在这个国家最好的圈子里活动的时候，他并不比现在更好。但事情看上去却大不相同：那时可没有人敢说他是腐败的人，你们知道吗？因而，美诺并不是一个显而易见的罪犯，这就是问题的关键。但苏格拉底辨识出了这一点——也许是察觉到；这问题说来话长，我们后面得重新考虑。但我认为，那是非常清晰的。此外，你把什么看作非贤人的，这取决于你对贤人的定义。也许安虞托斯比其他人标准更宽。我们得看一下。

现在提出声称的有两种人，两种声称是美德教师的人：智术师和贤人（这里的情况，是雅典贤人）。智术师的声称被安虞托斯不加论证就拒绝了。苏格拉底则通过论证驳倒了贤人们的声称。显而易见的结论是：智术师们显得比贤人们更好。对于智术师，除了普遍偏见外，没说到一个反对他们的事情。美诺在某种程度上介于贤人与智术师之间，因为美诺并不简单排斥智术师。你们知道的，他不确定，而［安虞托斯］是排斥智术师的。智术师们并不知道美德是什么，柏拉图的对话《普罗塔戈拉》特别展现了这一点。雅典的贤

---

① 金融家 Billy Sol Estes（1924—2013）是约翰逊总统（President Lyndon Johnson）的亲密助手。然而，1962 年，他与得克萨斯州农业经济相关的众多庞氏骗局在 1962 年轰然崩塌，他于 1964 年被判诈骗罪。这一定罪后来被推翻，因此埃斯特斯只在监狱里待了很短的时间。

人们也不知道美德是什么，他们会陷入美诺在这部对话中所陷入的同样的麻烦。他们不会忘记正义，但是［235］又无法说出正义是什么。贤人们非常依赖他们从长辈那里听到的东西，就像美诺一样。不仅如此，美诺还比安虞托斯和大多数雅典人要好，因为他至少并不确定美德是否可教，而这些贤人（至少如果安虞托斯可以作为代表的话）却完全肯定。［他们］看不出这里有什么困难。显然，苏格拉底激怒了安虞托斯；我的意思是，否则他没必要说"这些下等人"，也就是忒米斯托克勒斯和伯里克勒斯。这种挑衅——我们知道这一点，因为我们有后见之明——将为苏格拉底引来杀身之祸。苏格拉底给自己带来了杀身之祸，他不是个明智之人吗？他想死吗？还是说，他对这些贤人如此苛刻，是因为他们的声称比智术师的声称更似是而非？不被这些贤人的说法欺骗，这是对美诺好吗？但为什么会是这样的情形呢？拥有平庸的美德，也就是说，阿里斯提德斯之子那样的美德，难道不比成为一个恶棍好吗？我们让美诺坚信所有值得尊敬的偏见，不比允许他一头栽进大恶人的道路强吗？这是一个问题，而我们得重复这个问题，［我们会在］后面来处理这个问题。

然而，在安虞托斯这一幕中，明显强调的不是贤人们缺乏美德，而是他们不能把美德教授给他们最近最亲的人。这种无能可以从忒米斯托克勒斯和其他人儿子的平庸中得到证明。这个论证的价值何在？我认为这是对苏格拉底本人最有力的反驳，因为用来说忒米斯托克勒斯的这一点，也适用于苏格拉底。苏格拉底的儿子们也是出了名的平庸。他①照管好他的孩子了吗？大约在 1716 年或者那前后，一个人在德国写了篇拉丁语论文：苏格拉底既不是尽职的丈夫，也不是值得称赞的父亲。② 某种程度上你们可以证明这一点。有一个很好的故事，不是特别关于他儿子，而是关于他妻子的。他娶了著

---

① 指苏格拉底。

② Friedrich Mentz and Friedrich Wilhelm Sommer, *Socrates nec Officiosus Maritus nec Laudandus Paterfamilias* (Leipzig: Tietze, 1716).

名的克桑提佩（Xanthippe）为妻。后来，在一次晚餐中，或者更确切地说是一次宴会上，一位朋友问他：你为什么要娶那个过去、现在和将来所有女人中最难对付的女人？苏格拉底选了个很家常的例子，说：如果我想成为一流的骑手，我是要选最容易还是最难驾驭的马呢？如果我能驾驭最难驾驭的马，那我就能驾驭其他任何马；既然我得与人类生活在一起，我就让最难对付的一个成为我的妻子［笑声］，如果我能控制她并跟她和睦相处，我就能跟任何人和睦相处。那么，苏格拉底成功了吗？苏格拉底确实是有美德的，但克桑提佩却缺乏成为一个顺从而单纯的妻子所要求的天性。因而，［苏格拉底］用来反对伯里克勒斯等人的论证，当然也可以用来反对苏格拉底自己，本书的作者无疑知道这一点。

那我们会得出结论：整个论证是建立在抽掉（abstraction）某些东西的基础上的——就这个词的简单意义而言，它意味着忽视某些东西，即忽视美德的重要条件——天性。我相信可以说——至少基于我的经验，我会毫不犹豫地说——尽管这话超越了我的经验——每一部柏拉图对话都是基于对某种事物的特定的抽离，如果一个人看出在那部对话中什么东西被故意忽视了，那他对理解对话就上道了。所有柏拉图对话或多或少都看得到的喜剧特点［236］就缘于这种特别的歪曲，而这正是那种忽视的结果；人若想知道这种抽离或忽视的最纯粹形式意味着什么，就得研究阿里斯托芬的喜剧，那里总是有非常重要的东西被忽视，从而引发喜剧效果。可以很容易举出一些例子，但我觉得那可能会引申太多了。

我就只说这一点吧。这里的抽离是抽掉天性（nature）造成的。我们以前已经看到过，抽掉习练，即 askēsis——这是成为有德者的条件——问题就缩小到教导上面了。美德只有通过教导才能实现，其他东西都不相干。这种可能性可以说承载过量了。一切都取决于美德是否可教；某种程度上美诺最初的问题也为此做了铺垫，那时候他就问：美德是可教的，还是通过习练获得的，还是通过天性或其他什么方式？美诺这一排他性问题的动机在于他从一开始就关注如下问题：美德可教吗？以及正如我之前解释过的，与高尔吉亚针锋相对的普罗塔戈拉也许不对？结果是美德不可教。问题又来了：可怜的美诺该怎么办？他缺乏美德，又找不到美德的教师。我认为，这是个一定会让我们保持某种紧张和兴奋状态的问题，我们将在下次课来处理。

第十一讲　美德的可教性（2）

1966 年 5 月 3 日

[239] 施特劳斯：我这里有一个莱恩兹（Lyons）先生提出的问题，我相信不仅他有这个问题："凭什么把美诺说成是个大坏蛋？美诺关心如何获得美德，都忘了享乐。他似乎摆脱了色诺芬的《希耶罗》（Hiero）中那种僭主的感官欲望。"嗯，拿希耶罗和美诺对比可能话就太长了，一个原因是我不记得了——某些事得经过提醒我才想得起来。但第一个问题我认为是必要的，也是我可以尝试回答的。美诺在《上行》中被色诺芬表现为一个恶棍，这是克莱因解释的起点，他说这表明美诺恶名昭彰，当时每个拿起名为"美诺"之书的人都知道，我们必须知道这一点。至于他事实上是不是大恶人，按照柏拉图的看法，当然取决于我们［读完］这部对话时怎么看待美诺。我认为，根据这部对话本身，我们没有权利说美诺是大坏蛋。如果这就是你的意思，我很乐意赞同你的意见。

不过，这里有一点。克莱因给出的证据由一个非常复杂的论证提供，这个论证在关于"记忆和回忆"的第一段题外话中，这部分我们还未加以考虑。换言之，他对某一段类型的人进行了广泛的柏拉图式分析，于是，在此基础上，这就显得很合理。但是，这种分析建立在《美诺》之外、美诺并未现身其中的诸对话的基础上，是否可以如此运用这种分析，值得怀疑。我承认，并且我会说，仅就《美诺》中的人物来说，美诺显然比安虞托斯要好。因此，要么你得说《美诺》中有各种等级的恶人，要么如果里面只能有一种恶人，那美诺不及这种恶人。我同意这一点。更一般地说，美诺在这里有一定名声，这说得过去。但正如《王制》开头的克法洛斯（我想我之前用过这个例子），他似乎是任何人所能期望的最棒的祖父，一个很好的老贤人，然而如果你观察得更仔细些，他就不像看起来那么好了。相反的情况为什么就不可能成立呢，即一个人并不像他看起来那么坏？此外，美诺的恶贯满盈在他离开苏格拉底前往波斯之后的那段时间才被证实，某种程度上这是不是苏格拉底对他所施加影响的结果，也是我们一直没能讨论的问题，因为我们还没有读到对话的结尾。

是的。美诺，的确——我认为克莱因对他非常苛刻。例如，当美诺第一次出场不理解一个要点时，这对其他人也有可能——我的意思是在所谓的现实生活中以及在柏拉图式对话中。我们得展示，柏拉图笔下那些最好的人物，比如说格劳孔、阿德曼托斯之类，是不是有时也会对苏格拉底考虑的东西无动于衷。即便他们始终赞同苏格拉底，那当然也不意味着他们就理解苏格拉底，一点也不。因此，得从他们对苏格拉底条理清晰的回应，才能看出他们确实理解了苏格拉底。不过是的，我想，我同意你对克莱因的看法。我只把这作为整个论证的一个好的开始接受下来，也就是说，[240] 因为这会引出柏拉图式的反讽：这部唯一的关于美德的对话，却以一个恶名昭彰之人作为题名，且这个恶棍是其主角。我想说，到日前为止，这确实不错。但我以为你把这和刑事犯罪的法律问题联系起来了。对于美诺我们应该做什么？嗯，我们还没看到他犯下什么罪行。苏格拉底曾指控过他一次"你这个无赖"，但正如我们看到的，在那个特定情况中，那时候美诺其实挺无辜的。因此，你不是想提出刑事犯罪法律的问题，换言之，你不是想提出刑事犯罪法律的原则问题吧？

莱恩兹：我本打算在对话开始后提出第二个关于刑事犯罪法律的问题。我打算提出——

施特劳斯：你知道吗，我认为我们不如把这推迟到所有的证据齐备时，然后就可以把我们视为陪审团，那样更好。好的。嗯，有一些——伯纳姆先生，你好像——

伯纳姆：也许这个问题也推迟到后面更好，但我想知道，对于美诺习惯于重复他从不同来源听说的各种不一致的东西，您认为有什么含义？这似乎表明他根本没认真考虑自己的意见。

施特劳斯：是的，这是真的。但我也得说，这种事发生在最好的家族里［笑声］，不仅发生在最好家族的害群之马里，而且还相当普遍地发生。这全都可以归结为一点：美诺不能成为一个哲人。完全正确。但是，要说一个人不能成为哲人就因此是个恶人，当然非常苛刻。就我们所有人来说会怎样？因此，这是一个字面上的推断，从美德是知识的前提出发，从美德在于追求智慧，即从哲学的意义上来说。如果是这样的话，每个不是哲人的人确实都是德性有缺的人，而不是说邪恶。的确如此。但这是一种如此极端的说法，我们无权用在日常生活中。毋宁说我们得把它作为一面审视我们自我评判的镜子，而非用于我们对他人的评判。

所以让我们暂停于此：美诺有这样的名声，非常恶劣的名声，这事很重要，因为这表明美诺将以什么方式对待美德。苏格拉底不是和一个德性上已声名狼藉的人谈论美德。换言之，他与之谈论美德的，是一个还没从他本人对自己的经验中认识美德的人，是德性方面的无能之人。正是因为这个原因，事实上结果将是，美德是什么在这部对话中不会变得完全清楚。柏拉图永远不会把这个问题讲清楚，总有一种无知、不确定或晦暗的氛围存在。按柏拉图的意见，没有单独哪一部柏拉图对话可以说解决了这部对话所关注的问题——最终和完全地解决。总之，没有什么柏拉图的论文（Platonic treatises）。好的。

学生：嗯，为什么不可能是两个哲人之间的对话呢？如果美德总是……最后的教……

［241］施特劳斯：是的。嗯，在柏拉图作品中有一部对话，《帕默尼德》（*Parmenides*）。［主要对话者是］帕默尼德和苏格拉底。但那时苏格拉底还很年轻。显然，柏拉图立下了这样一条规矩：从不在两个最高等级的人之间展开对话。为什么他立下这么一条规矩，

为什么他从不给我们呈现那种完美的对话，也许可以说这是一个问题——一个很重要的问题。但事实不可否认：主角和其他角色之间总是存在一种不平等。绝大多数情况下的主角，正如你们知道的，是苏格拉底，但不是所有情况下都是。在对话《智术师》（*Sophist*）与《治邦者》中有一个人，一个来自爱利亚（Elea）的异邦人，此人也同时是一位哲人和主角。苏格拉底在场，但在苏格拉底和这位爱利亚异邦人之间没有任何交流可言。在这两篇对话的结尾，在《治邦者》中，这位爱利亚异邦人对一个叫苏格拉底的人——小苏格拉底（the younger Socrates）说话。这个年轻人与苏格拉底毫无关系；"苏格拉底"只是他与苏格拉底共有的名字。最后一句话是这个小苏格拉底说的：是的，你已经完全解决了这个问题——大概是这样的。最近一位不知道明智还是不明智的评注者说：但这一定是老苏格拉底说的话，因为完成这样一种交流的唯一方式，只会是在场最受尊敬的人，也就是由老苏格拉底发表最后评论，大概就像在《会饮》中那样。但这当然是无稽之谈。我认为，无论老苏格拉底后来会说什么，都不会成为对话的一部分，这是完全恰当的。老苏格拉底最后发言也许会是生活中的事实，这个事实必须在一种对生活的艺术模仿中来看待，因为这完全是偶然的，不属于这件事情本身。好的。

现在我们继续，从95a2-4。但是让我提醒你们一下：上次我们已经读完了安虞托斯那一幕。重复一下，安虞托斯是苏格拉底的主要控告者。当提出是否有美德教师这个问题时，安虞托斯被苏格拉底拉入讨论。安虞托斯强烈否认智术师是美德教师；他们是败坏者，而非美德教师。但他以同样的热烈宣称，可敬的雅典人是事实上的美德教师，尽管他没有使用这个表述。然后苏格拉底在某种程度上证明，这些贤人作为美德教师并不比智术师更好。安虞托斯对此的反应，是变得很恼火并对苏格拉底发出威胁。苏格拉底和安虞托斯之间的交流戛然而止。我们就读到了这里。但是，这一点非常重要——安虞托斯没有离开。他一直待在那里直到对话结束。他仍然是最后一部分苏格拉底与美诺对话的见证者。也许他所观察到的东西在几年后会被他用来指控苏格拉底，但这当然只是一种可能性。

雷因肯，现在你可以读一下苏格拉底回答的开头吗？

雷因肯［读文本］：

> ［苏格拉底：］美诺，我觉得安虞托斯生气了，而我一点也
> 不意外，因为首先，他以为我在说这些贤人们的坏话，其次，
> 他认为他本人就是其中一员。

施特劳斯：是的。换言之，安虞托斯犯了双重错误。第一，他
相信——或者先说第二点，他相信他是一个伟大的人，属于忒米斯
托克勒斯和伯里克勒斯等人之列。现在继续吧。

雷因肯［读文本］：

> ［242］然而，如果有一天他知道"说坏话"意味着什么，
> 他的愤怒就会停止；眼下他还不知道。

施特劳斯：是的，这是第二个错误——或者根据另一种列举方
式，是第一个错误。他不知道何谓诽谤，也就是说，他错把说出令
人不快的事实当成是诽谤，［就像］现如今苏联政府非常频繁地使用
"诽谤"这个词，这你们肯定知道。关于苏联政府任何行动或做法的
不利言论都被称为诽谤。我是从日报上知道这个的，我不懂俄语，
你们中懂俄语的人可以纠正我。但我被这个震惊了。现在继续吧。

雷因肯［读文本］：

> 现在你得回答我：没有——

施特劳斯："你"，也就是"美诺"。是吧？

雷因肯［读文本］：

> 在你们那的人民中难道也没有优良可敬的人（good and hon-
> ourable men）吗？

施特劳斯：这个"优良可敬的人"是我们通常以"贤人"来对
译的词，所以这里最好也这么翻译。

雷因肯［读文本］：

你们也有贤人吗？

［美诺：］当然啦。

［苏格拉底：］那么，他们愿意自任年轻人的教师，公开宣称他们是教师，且宣称美德是要教的吗？

［美诺：］不，不，苏格拉底——

施特劳斯："不，以宙斯的名义（by Zeus）"。

雷因肯［读文本］：

以宙斯的名义：有时你会听到他们说美德可教，但有时又说不行。（95a2 – b5）

施特劳斯：我们就停在这儿吧。苏格拉底继续同样的问题：帖撒利亚的贤人们怎么样呢？毕竟，雅典贤人是可能缺乏美德，但也许你能在北方这个艰苦而野蛮的国家发现美德。美诺说在帖撒利亚有这样的人存在，但他们并不声称是美德教师。当然雅典贤人们也没自称是美德教师，正如我们所见。不过他们并没有简单地否认［在帖撒利亚］美德是可教的，就像雅典的贤人们也没否认那样。在这一点上他们并不确定，这也许就是帖撒利亚贤人与雅典贤人在美德是否可教这个问题上的区别。是吧？

雷因肯［读文本］：

［243］［苏格拉底：］那么，当这些人在这个重大问题上甚至都没达成一致的情况下，我们还能把他们称为这些事情的教师吗？

［美诺：］我得说不行，苏格拉底。

施特劳斯：是的。既然他们对美德的可教性不确定，他们自己就不太可能成为美德的教师。是的。继续吧。

雷因肯［读文本］：

［苏格拉底:］那么，那些智术师呢？你认为这些人，仅有的美德传授者，是美德教师吗？

施特劳斯：是的，意思就是"他们是唯一宣称能教授美德的人"。

雷因肯［读文本］：

［美诺:］在这一点上，苏格拉底，这正是我敬佩高尔吉亚的地方：你永远也不会听到他承诺这个——

施特劳斯：嗯，"就为这，我特别佩服高尔吉亚"。

雷因肯［读文本］：

你永远也不会听到他承诺这个，当听到其他人承诺这一点时，他会挪揄他们。他认为说话的技巧才是成就他们事业的东西。（95b6 - c4）

施特劳斯：是的。现在，唯一自称为美德教师的是智术师们，也就是说，不是［贤人们］。智术师这么宣称。但高尔吉亚认为这些人的说法很荒谬。现在至少有两个人举手了。

学生：我只是想知道苏格拉底怎么——或者为什么说安虞托斯在屋里，您怎么知道他就在这间屋子里？

施特劳斯：哦，他至少两次说到或者指到他："这里的安虞托斯"。

同一名学生：哦，也许那只是翻译的问题。

施特劳斯：不，不，不。例如，正好在100b8最后，那里说：ton xenon toned Anyton，"这里这位客友安虞托斯"。① 不，不，他无疑在场。是的，这是你唯一想说的问题吗？

同一名学生：是的，因为这实在是……他说过别烦他，因为他什么都不知道。

---

① 原文是"我们的朋友安虞托斯"，没有传达出这个意思，因而可能误导了这个学生。

施特劳斯：对不起，你说什么？能重复一下吗？

[244] 同一名学生：他刚说让我们忘了安虞托斯，因为他不知道他在说什么。也就是说，您知道——

施特劳斯：安虞托斯不知道诽谤是什么意思。这是非常有限的无知。

同一名学生：那不是相当强烈吗？

施特劳斯：是的。我们看到他使用了相当强烈的语言。让我们以精神病理学家弗洛伊德的风格为例，你会以一种非常贬损的方式谈论弗洛伊德。这对他来说不是比贬损性的言语更严重的侮辱吗？因为他理所当然地承认他不如弗洛伊德，如果他的偶像不好，那么他就更不好了。也就是说，苏格拉底之前对安虞托斯非常挑衅——异常挑衅，我会说，比《高尔吉亚》中要更厉害。《高尔吉亚》中也有类似情形，那里他也对这些雅典治邦者有非常严厉的批评，①但都没有像在这里、在《美诺》中这么严厉。

雷因肯：也许能让安虞托斯不离开的是类似于道歉之类的话。当苏格拉底注意到安虞托斯生气了并且说他并不意外时，他并没有说对不起，但安虞托斯可能会留下来听。至少这个家伙知道他一直在激怒人，而安虞托斯可能会留在那里偷听苏格拉底会说他的什么不是。

施特劳斯：嗯，无论如何，动机可能是他对这个话题有足够兴趣，这让他留了下来。也可能是他希望留下来保护美诺免受进一步的败坏。我们尚无足够证据来作出决定。但在与某人进行了一场相当激烈的交锋后，你留下来观察接下来会发生什么，这说得通，因为如果你走掉的话，可能看起来像逃跑。对于安虞托斯没有离开这个事实，可以给出 n 个理由，但对对话整体来说至关重要的一点，在我看来，在于他是最后一部分所发生事情的见证者。而这一点为什么重要，我们很快就会明白。请讲。

学生：我只是想了解雅典和帖撒利亚贤人之间的区别。在帖撒

---

① 施特劳斯可能指的是从《高尔吉亚》515c 开始的著名段落。

利亚，他们不确定美德是否可教。

施特劳斯：是的。

同一名学生：在雅典不一样吗？

施特劳斯：不一样。在雅典，雅典的父亲们并没有明确宣称自己是美德教师，但安虞托斯以他们的名义宣称他们当然是美德教师。他们没有宣称这一点，但实际上他们是唯一的美德教师。

同一名学生：但这只是安虞托斯宣称的；我的意思是，难道在现实中一般而言雅典的贤人们——

[245] 施特劳斯：有可能，是的，但是这个还没表现出来。好的。嗯，现在让我们来读下一段讲辞，那段苏格拉底的讲辞。重复一遍，高尔吉亚声称自己只是修辞术教师，而不是美德教师。而智术师却是那些自称为美德之师的人。这个定义比我们在别的地方发现的智术师定义更狭义，在其他地方智术师就指这样一种人：他们以向贤人们教授诸如公共演说之类的本领索取报酬，并不声称会使贤人们变得有德或成为好人。因此，高尔吉亚比——比如说比普罗塔戈拉更谦虚、更讲道理。请讲。

学生：这似乎和刚开始的表述不太一样，那时您说苏格拉底把雅典人说成他们无法确定美德是什么，但来自帖撒利亚的人却能以高尔吉亚的风格回答任何问题，这是反讽性的。

施特劳斯：是的，这的确是非常明显的反讽，因为高尔吉亚是这样一个人：他会［坐下来］然后说，有问题就冲我来吧，任何问题，我都会回答。你知道吧？这是修辞的一部分。比如说，如果你是一个修辞术士，你必须能回答所有问题，能还击所有反驳。请说。

同一名学生：除了［关于］美德；美德一定和所有其他问题有所不同。

施特劳斯：为什么？对于美德是什么这个问题，美诺有三个答案。这些答案好不好是另一回事。我的意思是，任何其他宣称无所不能或无所不知的人显然都是傻瓜。但这并不妨碍他发出这种宣称，否则世界上就不会有这么多骗子了。

同一名学生：美诺在这里说的是人们并不真的确定美德是否可教。

施特劳斯：是的，但是美德是否可以教这个问题并不等同于美德是什么这个问题，是吧？

同一名学生：那么就这个问题而言，它有可能是高尔吉亚不愿意像对其他所有问题那样冒险回答的一类问题。

施特劳斯：不，他说得很清楚。他说这是不可教的。他对这个问题有最终答案。他说美德是这个那个——不管可能是什么——但美德是不可教的；普罗塔戈拉说美德是这个那个，但它是可教的。就是这里唯一的问题。这很快就会再次与更广泛的问题联系起来。那么对于美诺评论高尔吉亚审慎或谦虚，苏格拉底的回应是怎么说的呢？

雷因肯［读文本］：

［苏格拉底：］那么，你不认为智术师是美德教师吧？

［246］施特劳斯：这很有趣。这是一个问题：美诺是高尔吉亚的追随者，正如我们所知，苏格拉底一直暗指他当然会同意高尔吉亚关于智术师的看法，或者关于美德可教性的看法。但［不同的是，这里有］一个问号，因为他不知道。现在，这部对话中某种意义上最令人惊讶的时刻来了。

雷因肯［读文本］：

［美诺：］我说不上来，苏格拉底。我和世界上其他人处于同样的困境：有时我认为他们是，有时又认为他们不是。(95c5－8)

施特劳斯：是的，这是大大的意外。美诺，高尔吉亚的追随者，不确定在对美诺来说最重要的问题上高尔吉亚是否正确。因此他不只是个追随者。在决定性的方面，美诺并非高尔吉亚的追随者，而这让我们对于美诺为什么在一开始接近苏格拉底，并以那样一种唐突和惹眼的方式向苏格拉底提问有了解释。苏格拉底应该充当——

可以说充当高尔吉亚和智术师（狭义上的智术师）之间的一个仲裁者。我认为这是对开头的简单解释。现在让我们就此考虑片刻。苏格拉底看似同意高尔吉亚而不是普罗塔戈拉。因此，在把美诺从高尔吉亚引向普罗塔戈拉之后——你们知道，有一段时间似乎美德作为知识是可教的——现在苏格拉底又把美诺带回到高尔吉亚这里。但他也许是在略有不同的层面上这么做的。我们得看一下。

现在我想就《高尔吉亚》和《普罗塔戈拉》这两部对话说上几句，我已经不止一次谈到过这两部对话。这两部对话是否证实了苏格拉底更接近高尔吉亚而不是普罗塔戈拉这个想法？我相信是的。在《高尔吉亚》中，苏格拉底中驳斥了高尔吉亚对修辞术的看法，展示了高尔吉亚本人修辞术的伟大和可悲。你们中读过《高尔吉亚》的人会知道对话有三个部分。首先是苏格拉底和高尔吉亚之间有一段非常简短的讨论，高尔吉亚已经因为说得太多而筋疲力尽，原因是就在苏格拉底来之前不久，高尔吉亚刚做了一次展示性的演讲（an exhibition speech）。因为到得太晚，苏格拉底没有听到演讲。然后，在高尔吉亚出去后，苏格拉底先与也是专业修辞术士的珀洛斯有一个讨论，后在对话最长的一部分中与雅典贤人卡利克勒斯讨论；卡利克勒斯对言说得好感兴趣，当然他无意成为修辞术教师。

在与珀洛斯的论辩中，苏格拉底相当成功，但与卡利克勒斯的对话却不成功。也就是说，在与卡利克勒斯交谈那部分，苏格拉底成功地让卡利克勒斯沉默了。他并未成功地让卡利克勒斯相信，或者说没有成功地说服他：一个修辞术士，只有说服而不只是使他的谈话对象陷入或多或少愤懑的沉默，才是好的。我们可以说，苏格拉底在《高尔吉亚》中展示了臣服于真正政治技艺（这和哲学是一样的）的真正修辞术（高尔吉亚或多或少没有意识到这一点），他表明了作为一个臣属——可以说，作为哲学的婢女——高尔吉亚可以做些什么，而这是苏格拉底自己做不到的。换言之，正确理解的修辞术是一种必要的、可敬的东西。你只有继续读下去，才会看到这一点；开始时，特别是在珀洛斯那部分，修辞术受到简单的排斥，但这后来在对话中得到了纠正。

[247] 而在《普罗塔戈拉》中，苏格拉底通过反驳普罗塔戈拉对美德是什么的观点，反驳了其关于美德可教的观点。你们看，这和《美诺》的主题非常接近。正如在《美诺》中那样，"美德可教"这个答案所暗含的，就是美德即知识。但知识在这里被理解为衡量快乐和痛苦的技艺。就比如说我们被一个苹果诱惑，想去偷它，我们看到了这个多汁的苹果带来的当下快乐，但我们没有同样看到牢狱之灾的痛苦，比如在监狱或教管所蹲上几天的痛苦，或不管是什么之类的地方吧；因此我们得有一种技艺，使未来的痛苦与当前的快乐能够相称。这就是一种衡量的技艺——就像后来边沁（Bentham）所谓的幸福计算（felicific calculus）。① 有这种技艺，我们就会是有德性的。美德将是知识，即衡量快乐和痛苦的知识。这个反对普罗塔戈拉的论证意在向他展示——在《高尔吉亚》中也是，向普罗塔戈拉展示他应该做什么。如果他想教授美德，他就应该成为一个幸福计算的教师。这个论证建立在把善和快乐明确等同的基础之上。而《高尔吉亚》建立在明确否认将善与快乐等同的基础上。我由此得出结论：修辞术是技艺秩序（the cosmos of the arts）的必要组成部分而智术（sophistry）则否，就此而言，苏格拉底更接近高尔吉亚。智术是一门虚假技艺，而正确理解的修辞术则不是虚假技艺。修辞术绝非至高的技艺，但它是一种技艺。最重要的一点，再重复一遍，就是我们这里所看到的：美诺，这位高尔吉亚的追随者，在最重要的问题上没有追随高尔吉亚。这样我们就会理解他为什么要接近苏格拉底，对此我们不用再猜来猜去了。请讲。

雷因肯：关于这两篇对话，还有最后一点。其中一场对话是被迫的，而另一场不是？

① 边沁没有使用"幸福计算"（felicific calculus）这个词，但他在其《道德与立法原则导论》（*An Introduction to the Principles of Morals and Legislation*）（1780/89）及其他著作中列出了衡量快乐和痛苦的标准：强度、持久性、确定或不确定性、切近或遥远。

施特劳斯：这点提得太好了。这当然不会决定［一个相对于另一个］的优越性［的问题］，但会确认这一点。在《高尔吉亚》中，苏格拉底向我们展示了他渴望（eager）去见高尔吉亚。渴望。从一开始就非常清楚。而他来得有点晚了，所以他没能听到高尔吉亚漂亮的、大出风头的演讲；这是凯瑞丰（Chaerephon）的错，正如开头所解释的——在阿里斯托芬的《云》中，凯瑞丰被描绘成苏格拉底的忠实伙伴。而在《普罗塔戈拉》中，苏格拉底去那里只是因为他想防止一个雅典年轻人成为普罗塔戈拉的学生——换言之，想保护他，出于一种责任感。这不是一次自愿的对话。谢谢你提醒我这一点，雷因肯。是的。那么《美诺》当然是一次完全出于被迫的对话，因为你们知道的，美诺来到苏格拉底面前，迫使苏格拉底回答他。好的。现在到［95］c9了。

雷因肯［读文本］：

> ［苏格拉底:］而你知道，不仅你和其他政治人士在美德是否要被教的问题上有两种不同想法，而且你还记得吗，诗人忒俄格尼斯也说过正好一样的事？

［248］施特劳斯：嗯，你们看这里政治人士（the political men）（当然首先也指的是治邦者［statesmen］）和诗人之间的明确区分，不同的群体。某些个体身上可能二者兼有，也就是说，可能存在某个特定政治人也是诗人的情况，反之亦然，但活动本身是明确区分的。我们不会从这段对话中学到诗是什么，也许稍后会学到。是的。当然，他只提到了单独一个诗人，而提到的政治人［是一个群体］。原因是单独这个诗人的话特别切题，因而他不必一般性地谈及诗人们。是吧？

雷因肯［读文本］：

> ［美诺:］在他诗歌的哪个部分？

施特劳斯：你们看美诺，说他是一个记忆力那么好的人，却不记得或者不知道讨论中的这句诗。他的记忆无疑是有选择性的。
是吧？

雷因肯［读文本］：

　　［苏格拉底：］在那些哀歌（elegiac）诗行里，他说："与这
些人同吃喝，与他们同坐，讨他们欢喜，他们大权在握；为的
是你将从善中获得善的教训（wilt thou win thee lessons）。但交
往——"

施特劳斯：嗯，"你将学到"（you will learn）。让我们更字面一
点来翻译。

雷因肯［读文本］：

　　"——从这种善中你将学到；但是和坏人交往，你甚至会失
去你所拥有的感觉。"

施特劳斯：让我们停在这儿吧。因此在这里他所教导的是美德
的可教性。你得和这些显赫者（mighty）交往。但在这里，显赫之
人当然被等同于好人、高标准的人，因此通过与这些高级的人交往，
你会学到美德。是吧？

雷因肯［读文本］：

　　你注意到他是如何在这些话中暗示美德将被教的（to be
taught）吗？

施特劳斯："可教的"（Teachable）。嗯。

雷因肯［读文本］：

　　——可教的吗？显然，他是这样说的，但在其他几行诗句
中，他稍稍改变了他的立场，说——
　　"如果理解力（understanding）能被创造出来并灌输给一个
人"（我想是这样的），"他们将获得许多高的奖赏"（也就是
说，能够做到这件事的人）；又说——

"一个坏儿子绝不会来自一个好父亲，因为他会遵循智慧的训诫，但你永远不能通过教导使坏人变好。"

施特劳斯：好，读下面一行吧。

［249］雷因肯［读文本］：

你注意到在第二段中他是如何在同一点上自相矛盾的吗？

［美诺：］显然。（95c9 – 96a5）

施特劳斯：作者是忒俄格尼斯，一位来自墨迦拉（Megara）的诗人，属于那里的贵族派系，他的贵族倾向某种程度上从这些诗句中表现出来了。但他自相矛盾吗？

雷因肯：因为第二段中所提到的教导似乎是训诫，而［第一段表明］，你不会只是通过聆听伟大者的言辞就变得有德，你还得去参与他们家里的聚会。

施特劳斯：不，这还不足以说明他自相矛盾。

学生：也许是在这句话里："但你永远不能通过教导使坏人变好。"说你不能把坏人变成好人和你不能教授美德是不一样的。

施特劳斯：但是第二种说法的开头是怎样的呢？让我们重新考虑一下。"如果理智（sense）"——他是怎么翻译的？

雷因肯：嗯，"如果理解力能被创造出来并灌输给一个人"。

施特劳斯：嗯，嗯，这就是重点。因此，换言之，第一部分所预设的前提当然是与贤人交往的人根本上具有一些理智，但这种理智不能通过任何教育灌输给他。你想说什么吗？

学生：是的，在我看来，在第一段话中学好的方式，不太是通过训诫，而是通过和好人一起生活。当然，你看到的只有好的行为，那几乎是通过习惯和模仿把如何成为好人灌输给你；而在第二个例子中，与之相反，有人坐下来给你上课，给你讲如何成为好人。

施特劳斯：这也是真的。但我认为同样重要的是这个问题：在第一种情形下，预设的前提是那个与好人交谈的年轻人有天生的理智，而认为通过教授能产生这种理智的想法很荒谬。更一般地说，忒俄格尼斯认识到自然配备（the natural equipment），他预设了天性的重要性，而我们看到这个东西在整个对话中被刻意排除了。请讲。

学生：我认为您说的是这里其实没有矛盾。这是否表明美诺没有意识到有些人［包括他自己］无法成为哲人？

［250］施特劳斯：是的。这是有些证据的。我的意思是，如果美诺之前相信过这一点，那他会被这场对话中出现的东西说服，即人和人之间没有重大的自然差异。怎么了？

学生：即便是奴隶。

施特劳斯：没错。他对这个可怜的奴隶男孩来说当然高高在上，如果这个奴隶男孩能学习，那每个人都能学习。一个很好的修辞论证（rhetorical argument）。嗯——不是演示论证（demonstrative）……请讲。

学生：在美诺明确不赞同他多有遵从的高尔吉亚的这个段落中，这重要吗？①

施特劳斯：这是个好问题。换言之，这是大多数人的情况，美诺发现自己也在其中。可以说在精英阶层中，我们会发现像高尔吉亚和普罗塔戈拉这些人，有人持这两种观点中的一种，这是真的。但是，忒俄格尼斯当然也属于大多数人。请讲，舒尔斯基先生。

舒尔斯基：某种意义上，美诺同意许多人的这种说法，即苏格拉底在开始所说的那个意思：我就跟许多人一样；我不知道。在这两种情况下，他们都意识到不知道——

施特劳斯：但你一定别忘了，在开始时，当他谈到"我们雅典人"时的陈述显然是反讽性的，因为只有苏格拉底或与他一起的少数人对美德是什么有疑问。他们中的大多数人——安虞托斯和伯里克勒斯——都非常确定他们知道美德是什么。好的。我们从这里继续吗？

雷因肯［读文本］：

---

① 提问者一定懂一点希腊语。洛布本将95c8处的hoi polloi翻译为"世界其他部分"，施特劳斯没有纠正这个译法。

　　［苏格拉底:］那么，你能说出任何其他科目名吗，在这些科目中，进行教授的教师不仅被拒绝承认是其他人的教师，而且被认为甚至他们自己也不理解所教的东西，而且确实在他们自称为其教师的品质方面很低劣，而那些自己被认为有价值和荣誉的人有时候说其是可教的，有时候又说其不可教？当人们对这件或那件事感到困惑时，你能说他们是真正意义上的教师吗？

　　［美诺:］确实不能——以宙斯的名义①，我不能那么说。

施特劳斯：那些自称是美德教师的智术师甚至被认为缺乏美德本身；他们名声很坏。贤人们被认为拥有美德。也就是说，他们有这样的名声，但他们不确定美德是不是可以教。当然，后者，即这些更可敬的人，不能成为美德教师，因为他们不确定自己能否教授美德。一名教师——你们会发现，当申请教职的时候，你会被问到你是否认为自己能成为一名好教师，或者［251］成为一名教师，而如果你说你不知道，那是得不到教职的最好方式。我给你们这样一个建议。［笑声］好的。那么，这一切得出的结论是什么呢？

雷因肯［读文本］:

　　［苏格拉底:］好吧，如果智术师和那些自己是贤人的人②都不是这门学科的老师，那么显然其他人也不行，是吗？

　　［美诺:］我同意。

施特劳斯：那还能是谁呢，因为环顾四周——我的意思是，贤人们被看作是拥有美德，因此能够传播美德的人。唯一宣称是美德教师的是智术师。因此，合理的归纳导向了这么一个结论。是吧？

雷因肯［读文本］:

---

　　① 雷因肯看到了希腊语，补上了"以宙斯的名义"（By Zeus）。洛布本里翻译为"不，确实不能"。

　　② 原文是: good and honourable［正派和可敬的］。前面的引文曾以同样的方式来翻译（96b3），但雷因肯那时没有变更这一表达。

〔苏格拉底:〕要是没有教师，那也不可能有学生咯？（96c1）

〔美诺:〕我认为是这么个说法。

〔苏格拉底:〕我们是否已经承认，一个既没有教师也没有可教的学生的东西，就没法教——就是不可教的?①

〔美诺:〕我们承认了。

〔苏格拉底:〕那么哪儿也找不到美德的教师咯？

〔美诺:〕确实如此。

〔苏格拉底:〕如果没有老师，那么就没有学生？（96c8）

〔美诺:〕看来是这样。

〔苏格拉底:〕因此美德不能被教？

〔美诺:〕看起来——

施特劳斯：让我们停在这儿吧。没有美德教师，因为美德是不可教的，而这当然还有个进一步的后果，我们很快就会看到。如果美德不可教，那它就不可能是知识；而苏格拉底竖起来的那座似乎要去证明美德就是知识的美丽建筑，倒塌了。c1 这里有个有趣的点：如果没有教师，那就没有学生，没有学徒。c8 中又逐字重复了这句话。这在柏拉图式对话中非常罕见。我想应该提请你们注意这点。嗯，我们继续。

雷因肯〔读文本〕:

啊，美诺。

〔美诺:〕看起来有可能，如果我们的调查正确的话。而这让我困惑，苏格拉底，我得说，是不是也许根本就没有好人，或者可能通过何种过程好人才会出现？（96a6 – d4）

施特劳斯：美诺不太确信。他说"如果我们的调查正确的话"。但他不过是想知道：存在有德之人吗？请讲。

---

① 洛布版中没有最后这两个词。〔译按〕"这两个词"指：is unteachable。

[252]　舒尔斯基：从我们说过的美诺问这个问题的原因来看，您认为他会非常乐于接受这个结论，因为这意味着他对自己是有德之人的自我认知不会受到威胁，因为——

施特劳斯：是的，但是我们低估了美诺。也许至少我有点被克莱因的意见误导了，从而产生了这种低估。我想你们全都从自己的经验中知道：当你读一本好书时，你也有一个任务，一个非常有益［但］很痛苦的任务，就是把自己从这本书所造成的印象中解放出来，因为也许这书并不是在各方面都是好的。

重复一遍，美诺想知道：存在有德之人吗？——当然也包括他。但总的问题肯定远远超出了高尔吉亚的理解。高尔吉亚认为存在有德之人，这是理所当然的；他对何为有德之人没有很高的想法，但他［接受有这样一些人］。或者，如果存在有德之人，他们是如何成为有德之人的呢？他们不可能是因为被教而成为有德之人的。他没有意识到现在必须再次面对"美德是什么？"这个问题，因为整个结构坍塌了。因为美德如果不可教，那它就不可能是知识，尤其不可能是审慎。那么美德是什么呢？你们看到这个被忽视的问题有多重要了吧。苏格拉底让美诺怀疑自己的美德——当然也怀疑苏格拉底的美德，那就不用说了——但苏格拉底无论如何都不是一个自夸的人。如果我们考虑到，苏格拉底成功地让美诺开始怀疑他的德性，而要是美诺只和苏格拉底一起留在雅典，还有什么是苏格拉底不能达成的呢？我请你们参看76e7 - 9，其间是在一个比较有限的语境中说到，美诺必须离开，有可能去波斯；但若要他愿意留下，苏格拉底就得告诉他更多东西——美诺说。美诺不再对苏格拉底生气，或者不再有任何方式的敌意。他最后一次抗拒苏格拉底是在86d3 往后。那是他最后一次抗拒苏格拉底，然而这次抗拒非常温和，因为这是奴隶那一幕所暗示的效果——不，我的意思是这一段，我可以马上告诉你们。是在——

雷因肯：86c - d，问题的顺序——

施特劳斯：我指的是86c7，苏格拉底在奴隶那一幕之后问他：美德是什么，在向你展示了学习是可能的之后？于是他说：是的，我会回答这个问题，但我宁可让你先重新考虑美德是否可教，而非美德是什么。你们记得吧。这是最后一次抗拒。这次抗拒非常温和，因为这是奴隶那幕的后果，奴隶一幕向美诺暗示，不是非得提这个"是什么"的问题。所以在苏格拉底讲述了回忆的故事之后，美诺对苏格拉底的抗拒事实上已经停止了，这非常重要。与一个不太顺从的人（美诺当然是这类人）交谈，这是非常大的成功了，[因为苏格拉底]实现了让对方接受自己意见的目标，尽管苏格拉底调整了论证以适应美诺的能力。这也是必须限制认为美诺是大恶人这一观点的另一个原因。是的，现在有很多问题。

学生：我想知道，这有没有可能是语气的问题，因为我不懂希腊文，理解不了。"苏格拉底，是不是也许根本就没有 [253] 好人"这句话，难道不能确证美诺之 [恶] 吗？他很高兴发现这一点，因为这意味着，如果他也是一个坏人，就像其他每个人一样，那也没有什么特别糟糕的。

施特劳斯：是的。但有一种危险，有一段时间我本人也屈服于这种危险，就是我一门心思想着他是个大恶人。我得在每个情况下都从这种观点来看。但我认为现在我们得真正接受这一点——没有确实的证据，在这部对话中没有充足的证据来证明这点。是的，哦，对不起，……先生……

学生：回到他抗拒苏格拉底的那段，那里提到了他为人所爱。他很漂亮。而这与他相当难以被控制有关。或者说他也以这种态度对待苏格拉底：他会以同样的方式控制苏格拉底。

施特劳斯：是的。

学生：安虞托斯现在似乎还处于那种状态。也就是说，在雅典城邦眼中，他相当好，在此意义上，他不能被控制。然而，美诺最终回到正途：如果他现在留在雅典的话，他可能会成为苏格拉底的一个好学生。

施特劳斯：嗯，有一个原因，我认为，是他更年轻。你知道，一般而言，人年纪大起来就会变得刚硬，尤其是如果他们在社会上非常成功，有点像安虞托斯那样。你知道，他是一位出色的政治家，经常当选要职。这并不会让一个人变得更谦虚。

学生：但他受雅典人爱戴。

施特劳斯：是的。但很明显，由于安虞托斯对智术师的偏见，他没有美诺所获得的这点带引号的"文化"。当然，这东西在大多数情况下都相当肤浅，但这也可能是成就真正教养的始基，起跳的基础。你知道那是有可能发生的。有些人只是止步于可以据此宣称他们是受过教育的人或者有文化的人，他们对其感兴趣仅仅是为了这一愚蠢的社会性宣称，但在特定的情况下，也可能反过来，社会性宣称变得完全无关紧要，而文化，教育本身，心灵的培养却变得重要。而这，我认为，就是美诺的情况。他也许能学到一些东西，尽管他不能在最高水平上去学。我认为，这是关于美诺的更为公平的评价，比我们迄今为止所作的评价更公平。现在让我们从上次中断的地方继续，96d5 往后。

雷因肯［读文本］：

> ［苏格拉底：］我担心，美诺，你和我都只不过是可怜的造物，高尔吉亚对你是个错误的教育者，就像普罗狄科（Prodi-cus）之于我。

［254］施特劳斯：嗯。现在苏格拉底说，几乎是在说：你和我缺乏美德，因为我们缺乏有能力的美德教师——在这一切谈话发生过之后，这话当然是高度反讽的。他的意思是：你和我对于最重要的事情是无知的，而这得归因于咱们老师的无能，这些老师就是广义上的智术师。苏格拉底与普罗狄科的关系似乎比与其他任何智术师都要密切。普罗狄科是《普罗塔戈拉》中的一个人物，那里描述过他的性情特征。是吧？

雷因肯［读文本］：

> ［苏格拉底：］因此，我们的首要责任是照看好我们自己，并努力找到某个有这样或那样办法能让我们变得更好的人。我说这个特别指的是我们最近的探询，其中我看到我们荒唐地没

有注意到，不仅通过知识的指引，人类行为才是正确和好的；也许由于这个原因，我们没有察觉好人可以通过什么方式造就出来。

　　[美诺：] 你指的是什么，苏格拉底？（96d5 - e6）

施特劳斯：是的，现在让我们回到苏格拉底这段讲辞的开头。既然我们对最重要的事情无知，而我们的老师高尔吉亚和普罗狄科对我们也没有帮助，我们就得自己照看好自己，寻找这个世界上会让我们变得更好的人。谁，是人还是神，答案未定。我们之前讨论的缺陷，美诺以他的方式意识到了，这一点你们会从他在 d1 处的言论中看到：我们似乎没有正确地考虑这个问题；我们荒唐地无视了一个事实，即人没有知识也会行得好。行得好，习惯性地行得好，当然意味着践行美德。没有知识，美德也是可能的。事实上，美德并非与知识一起或者通过知识才可能，因为，[正如] 我们已经看到的那样，就没有美德教师。这是一个从前面交谈必然得出的、令人震惊的结果。再重复一下这个简单的论证：如果美德是知识，它必定是可教的；而如果没有美德的教师，它就不可能是可教的；但是的确没有美德的教师，因此美德不可能是知识。可以理解美诺所感到的困惑。我想我们所有人都在同一条船上。但这意味着什么呢？这就是关键，这个问题：没有知识的美德，这意味着什么？太奇怪了。现在让我们继续，来看苏格拉底会怎么回答美诺的合理问题。

雷因肯：好的。

[读文本]：

　　[苏格拉底：] 我的意思是，好人一定是有用的。承认必定如此，我们对还是不对？

　　[美诺：] 是的。

　　[苏格拉底：] 并且认为如果他们在行为上给予我们对的指导，他们就会是有用的。这一点，我想，我们的承认也是正确的。

［美诺:］是的。

施特劳斯：这里苏格拉底就好像对美诺说：我们犯了个错，因此让我们回到我们犯错的那个地方；在我们坚持好人就是有用的人的时候，还没有犯错。这就是说，如果好人正确地指导我们的事务，他们就是有用的，［255］而这意味着好人是其他人的指导者。好人就是好的治邦者，而我们知道苏格拉底和美诺都不是治邦者。苏格拉底似乎犯了他早些时候因以指责美诺的同一错误。好的治邦者的美德当然只是美德的一种，而我们想知道的是人类的美德本身。除非他在此指的是最卓越（par excellence）的美德，那样一来所有其他种类的美德都是最卓越美德的欠缺版或稀释版。继续读吧。

雷因肯［读文本］：

　　［苏格拉底:］但是，我们断言说，除非具有知识，否则就不可能给出对的指引，这看起来很像是个错误。

　　［美诺:］你这话是什么意思？

施特劳斯：就是说，我们当时的错误在于，我们认为给予正确指引需要审慎，phronēsis。美诺还是感到困惑仍然是合理的，因为整个论证似乎决定性地证明，没有审慎，正确的行动就不可能。是吧？

雷因肯［读文本］：

　　［苏格拉底:］我会告诉你。如果一个人知道去拉里萨（Larisa）的路，或者随便什么地方，他走到那里，给其他人带路，他不会给出对的、好的指引吗？

　　［美诺:］当然可以啦。

　　［苏格拉底:］好吧，如果一个人对该走哪条路有对的意见，但他从未去过那里，也并不真正知道，他有可能给出对的指引吗，还是不行？

　　［美诺:］当然可以。（96e7 –97b4）

施特劳斯：嗯。让我们考虑一下。这里苏格拉底给出了解决方案。正确的指引，这是我们所有人都需要的，它既可以通过正确的意见又可以通过知识来提供。在此情况下，正确的观点就会是：一个人知道如何走到拉里萨，而自己从未走过这条路。而通常的情形会是这样：他从一个当地人那里听说——"这就是你要走的那条道"，而他相信说这话的人。是的。换言之，如果你有正确的意见，你就能正确地行动，而正确的意见通常来自那些知道的人。因此，即使在背景中，这仍然具有必要性：如果周围没有知道的人，就不可能有正确的意见。但是，大体而言，苏格拉底现在以一种含混或模糊的方式，把美诺引向了一个立场：就算周围没有具备知识的人，也可以有正确的意见。请讲。

学生：您提到了正确意见的来源——你从某个知道的人那里得到正确意见。这是必需的吗？

施特劳斯：不是必需的。

[256] 同一名学生：假设在某种意义上，一个人几乎是在猜；他真的没有理由相信是这条路还是别的路，但他的答案碰巧是对的。他这还算是正确意见吗？

施特劳斯：如果碰巧是对的——换言之，如果他说，我打赌这条路是对的，而你跟着他，结果他的猜测被证明是正确的。确实，这是有可能发生的。

同一名学生：正确意见的来源没有必要追溯回——

施特劳斯：没有，但后面会变得更清楚，这是最有趣的情形。好的。请讲。

雷因肯：我认为在这个可能知道去拉里萨的路的第二个人身上有一种针对智术师的暗示：他本人不去那里，正如智术师会宣称知道如何出色地统治一个城邦，只是这不是他做的事。

施特劳斯：哦，但他在这里并没有明确地谈到这样的人——他谈到了吗，那些知道正确道路却没走的人？我想，是推测吧，你所说的意思。

雷因肯：我没有——我就想知道——好吧，他有可能会在中途迷路。

施特劳斯：嗯。不，他在 b 处说，"但如果他具有正确意见，只是他从未采用，且也不知道这一点，他就没有正确意见了吗?"① 懂希腊文的人在这里必定都会注意到，例如，在整个上下文中，hēgeisthai 这个希腊词有双重意义，意思是引导、指引，和相信。而故意用在这里是有原因的，这我们后面就会看到。是的。

雷因肯：哦，那么——

［读文本］：

> ［苏格拉底:］我料想，只要他对另一个人真正知道的事情有对的意见，他就会像那个有知识的人一样成为一个好向导——如果他想着真理而不是知道真理的话。
>
> ［美诺:］一样好。(97b5-8)

施特劳斯：因此，有正确意见的人就像那些知道的人一样，是好向导。嗯，再举一个例子，比如说，一个实验室里的机械师，他不知道做这个或者那个操作的原因是什么，但从长期的经验中，他知道如果你机械地按照他知道的必须得那样做的方式来做这些和那些事情，就不会出现什么麻烦。但是如果以一种错误的方式来做——这甚至可能发生在一个知道者身上——那么就会发生爆炸以及其他种种不幸。这是一个持正确意见的人的情况：他也不知道原因为何，这些东西不是基于单纯的记忆，也不是基于别人告诉他。他对这个［操作］功能有一定的经验，但他无法给出原因……无论如何，有正确意见的人和知道的人一样，都是好向导，前提是他具有正确的意见。在通常情况下，他会从别人那里学到正确的意见，因此他只能通过记忆来保有这种正确意见。他可能很容易忘记，［257］因而有必要［向他］提示，但前提是他有正确的意见。是吧？

雷因肯［读文本］：

_____

① 施特劳斯的翻译。

　　因此，真实的意见和知识（knowledge）一样，是行动正确的好指引；而这正是眼下我们在讨论美德本性时所忽略的一点，当我们说知识是唯一的向导——

施特劳斯：嗯，这里的"知识"（knowledge）是"审慎"（prudence）。

雷因肯［读文本］：

——审慎是正确行动的唯一指引时；然而，我们发现也有对的意见①（right opinion）。

施特劳斯：这里是"真实的意见"（true opinion）。"真实的意见"这个词和"正确的意见"（correct opinion）在这里可以互换使用。是吧？

雷因肯［读文本］：

看起来是这样。那么对的意见（right opinion）——

施特劳斯："正确的意见"（correct opinion）。

雷因肯：好的。

［读文本］：

正确的意见和知识一样有用。（97b9 – c5）

施特劳斯：是的，我们就停在这儿吧。就行动的正确性而言——现在强调的是行动——真实的意见一点也不比审慎差。正确的意见和知识一样有用。但我们一定不要忘了之前发生过什么。作为知识的美德或通过知识积累美德是不可能的，因为没有传授美德的教师。因此，只有通过正确的意见，通过记忆，通过耳闻，美德才有可能，而这当然完全证实了美诺的基本立场，就是你必须依靠记忆。请讲。

---

① 原文是 true opinion，"真实的意见"，因而可支持施特劳斯的纠正。

学生：这里我有点困惑，因为我之前提到过，就行动意义上而言，正确的意见是有用的，可以像知识一样起到指引作用。问题似乎在于，如果知道这只是意见，那么人们可能会非常犹豫是否要根据这个意见去行动。

施特劳斯：不，如果你有信任的话。

同一名学生：但是这与一个人相信什么是不一样的。如果我知道您知道正确的道路而雷因肯只是对其有一些意见，那么如果你们都告诉我的话，我会更愿意按照你的话而不是按照雷因肯的话去行动。

[258] 施特劳斯：嗯，你对雷因肯太不公平了［笑声］，他对地形的感觉可比我好得多。但想想你自己生活中的某些事情：你有多少次自信地基于你认为好的意见而采取一系列行动，因为你信任那个向你传达这个意见的人？

同一名学生：这是不是因为，例如，整个程度等级，意见可以达到——这既不是意见也不是知识，但有些意见可以有更多——

施特劳斯：不，这有非常清楚的例子。例如，你应该按这个开关还是那个开关，这并不是个不确定的问题。但是有些人知道这一点，比如说工程师；然后还有，只是个机械工，或者也许只是个清洁工，他们被工程师警告过：永远别做那个。清洁工当然会服从工程师，因为他关心自我保护，这是很强的动机，这里你有了一个关于正确意见的清楚事例。清洁工不可能真正地知道，因为这个工程师有可能是个罪犯，他可能想杀了这个勤杂工，原因也许是——我的意思是，有 n 个原因，有人试图杀死其他人，换言之，这是有可能发生的。但如果我们如此不信任他人，我们大概需要进行精神病治疗了，是吧？尽管某些情况下不信任是合理的，［而这些正是我们需要］审慎的原因，但你得知道在什么情况下应该、在什么情况下不应该不信任。请讲。

学生：在我看来，还是，比如清洁工若被告知不要关哪个开关，那他就有正确意见；也可能有某个人对此根本啥也不知道，却还是说了：嗯，别打开开关 A，会爆炸的，要打开开关 b。假设他也是对的，[即使]他完全只是猜测，而至于我，只有在我认为这个决定与知识有关而不仅仅是正确的意见时，根本上我才愿意相信。在我看来，这种据以决定行动的信任，只是在我认为事情与某个确实知道者间有明确联系的情况下才可能。而在其——

施特劳斯：是的，我认为这就是苏格拉底自始至终所隐含的暗示。但是，明确给予美诺的论证在大部分情况下都带有这个意思：一个人即使没有任何知识而只有正确的意见，也可以具有完美的德性。就是这样。尤其是，如果你读到这个部分——鉴于前面的部分，你会忍不住读这部分：对美德可能是知识或可能通过知识获得这一观点的明显驳斥。如果你读到这里，那么美德一定是知识以外的其他什么东西，而那会是什么呢？只是盲目？不可能——盲目的激情永远不会成为美德。但有可能是某种类似于美德的东西，某种意义上看见某种东西——智性中的某种东西，让我们这么说吧。次好的则是对的意见，真意见。而它最终并不稳固，是真的，后面会挑明。

雷因肯：这是否会重新黑化美诺的角色？在厄尔神话（the myth of Er）中，那些很好的人因为按他们听说的去做，其中一个灵魂选择了最大僭主的生活。这有几分像这样的行动：美诺被告知，[259]美德就是思考被正确的人告知的东西，然后他去了波斯——他……偷偷地做。

施特劳斯：不，但是在社会等级中有最高的人，不管是波斯国王，还是帖撒利亚的领主。是的，这就是重点。是的，因而我看到这种败坏是从什么——。但是他们具有正确的意见吗，波斯国王和帖撒利亚的贤人们？我不这么认为。请讲。

学生：就把治邦者培养成美德的典范而言，这美德已经从管理我们的事务变成指引道路了。治邦者似乎像一连串的东西，这使得我们所谈论的对象究竟是治邦者还是教师变得非常模糊。看起来苏格拉底——

施特劳斯：为什么治邦者不能是教师呢？

同一名学生：除了这点，在我看来，考虑到美诺之前说过那些关于治邦者的内容，那不是美诺想象出来的。

施特劳斯：至于治邦者，我认为困难在于，我们并不清楚地知道他们所说的是何种美德：是一般人的美德，还是人本身的美德，还是专指治邦者的美德。我们得前后一致。我们只是眼下先这样，强调模糊性。是的，现在我们在 97c6，是吗？

雷因肯：是的。苏格拉底说：

［读文本］：

> 正确的意见和知识一样有用。
>
> ［美诺：］有这样的区别，苏格拉底，那就是有知识的人总是能找到正确的路，而有正确意见的人有时候能找到，但有时候不能。

施特劳斯：太不可思议了，美诺现在站起来捍卫知识的优越性。换言之，苏格拉底曾说过，这没有任何区别：不管是你持有正确意见还是你知道，你都同样好。而你们看到，美诺对此并不满意。可以继续读吗？

雷因肯［读文本］：

> 你是什么意思？一个总是有正确意见的人，只要他总是持正确意见，难道不会总是正确吗？

施特劳斯：你们看，换言之，苏格拉底很容易反驳他。他再次说，正确的意见一点也不亚于知识，如果你有正确意见的话。问题是：意见有一种倾向，它不会原封不动，这不是意见的困难所在吗？这在后续部分会变得更清楚。

雷因肯［读文本］：

> ［260］在我看来这个人一定会是这样；因此我就奇怪了，苏格拉底，既然如此，知识竟然一直比正确的意见更受重视，为什么它们该是截然不同、相互分离的两种东西呢？（97c6 – d3）

施特劳斯：是的。你们看，美诺回过来在这里敏感地提出一个观点：既然正确的意见与知识等价，为什么知识比正确意见受到更高的重视呢？或者更一般地说，为什么知识和对的意见根本上还是不同呢？你们看，到目前为止，苏格拉底一直在暗示正确的意见——自主的正确意见，而不是以某个高明的、通晓的人为后盾的正确意见——与知识相等。无论如何，你们现在对这个观点感到满意吗——就是苏格拉底提出，美德可以是没有任何知识的正确意见？这是他提出的看法；这是不是个合理的建议，我们还得看看。无论如何，在美诺的逼迫下，苏格拉底解释了知识与对的意见之间的区别所在。请讲。

学生：我认为美诺问这个问题的关键在于，如果没有知识这样的东西，那么对的意见也没有多少意义，而唯独——

施特劳斯：是的，可能是这样，但你也别忘了一件事，这事发生在柏拉图的对话中，也经常发生在现实生活中：有一个纯粹的逻辑联系，意味着设定、接受某些前提，并得出结论；而人们并不一定会超出这些三段论来看待事实。前提［及三段论］看起来可能相当合理；结论可能非常糟糕地相互矛盾。有时候人们不是更相信从貌似合理的前提下得出的糟糕结论，而不是相信自己的眼睛吗？这事不仅发生在柏拉图对话中；那些修辞术士利用人类弱点和倾向的技艺，有一部分就在于此。

雷因肯：我们是不是可以说美诺真是到达他的巅峰了，看起来他差点就从苏格拉底那里学到些东西了？他走进来要一罐立等可用的美德，就这意思：我怎么得到这东西；别管它是什么。而现在他坚决反对苏格拉底，并且在询问何谓知识上迈出了第一步，他说：那么，知识和正确的观点之间有什么区别呢？

施特劳斯：在某种程度上，你说得相当正确。知识是什么这个问题。我要说，对于美诺的进步，我不像克莱因先生那么不满意。［笑声］我的意思是，这确实不是多令人惊叹的进步，但对于一个像美诺这样的人来说，这相当惊人了。是的。

雷因肯：苏格拉底似乎没打算带他去学园。

施特劳斯：不，不。他所提出的是一个绝对敏感的问题，关于这点毫无疑问。现在我们到哪儿了？

雷因肯：d4。

[261] 施特劳斯：因此美诺的问题是如此无关紧要……而苏格拉底现在再次提出了一个问题。

雷因肯［读文本］：

嗯，你知道你为什么想知道这个吗，还是我来告诉你？

施特劳斯：然后美诺说："告诉我吧。"① 换言之，美诺不知道他为什么想知道这个，但苏格拉底认为他，苏格拉底，有可能知道美诺为什么想知道这个。那么，美诺为什么想知道呢？（97d4－5）

雷因肯［读文本］：

这是因为——（97d）

施特劳斯：不，不，我问你，因为我们没有得到——［笑声］。我们首先得试着理解这个问题，因为苏格拉底告诉美诺的并不一定是真正的原因。你们会怎么说？美诺为什么想知道？你们会怎么说？因为他对知识和对的意见之间的区别已经有所理解。也许，他模模糊糊地知道"我知道"（I know）与"我确信"（I'm sure of）之间有区别。在学术用语中，你们会非常频繁地发现有人说：这无疑意味着这一点。这意味着无论如何没有证据。［笑声］这很清楚，否则他们不会说"毫无疑问"；他们会给出证据。那可能是正确的意见，但肯定不仅仅是意见。嗯。你有什么要说吗？霍罗威兹（Horowitz）先生？

霍罗威兹：也许他是从安虞托斯关于智术师的说法中学到了这一点，因为那个说法有一个最明显的例子，关于在没有任何知识的情况下拥有正确意见。

施特劳斯：有可能。［不过］甚至不清楚这是不是正确意见，但

---

① 原文是 Please tell me，"请告诉我吧"。

在最好的情况下，安虞托斯显然也缺乏任何让他有资格说这种话的经验。是的，那是真的。在后续部分（太长，我们没法再读了），苏格拉底向美诺解释了对的意见和知识之间的区别。从现在起，整个讨论都基于这一点：美德可以通过正确意见而累积到一个人那里，这与通过知识累积起来的美德一样好。而既然没有美德的教师——我们永远别忘了这一点——那就暗示了通过知识累积美德不可能。因此，我们似乎退而去求一种通过正确意见累积起来的美德。当然，问题来了：这种对的意见的来源是什么？只可能有一个答案：一定是超人的（superhuman）。它通过神圣分配（divine allotment）而累积到人身上——这是后面给出的答案——这也许可以暂时满足你们。我不知道你的名字。阿伦森（Aronson）先生？因此，如果它有神圣起源，可以推测它是真实的、可靠的、正确的意见。我们也得深入研究这个问题。但这至少是一个暂时的答案。

但是，一直都很清楚的是，这只是次优情况。基于正确意见的美德是二等美德（second-rate virtue）。这是二手美德（second-hand virtue）。因此，对于美德是什么，我们似乎处于无望的境地。美德不可能是知识，不可能是盲目，也不可能是正确意见。这样一来，人就不可能以一种还可以接受的 [262] 正派处事了吗？嗯，我们在最后会看到这是可能的，因为当我们对美德是什么这个问题没有答案时——当然美诺也没有答案——苏格拉底能给美诺这么一个建议，意思就是通过让一个人变得更温和（gentle），你就能让他变得更好。这并非美德是什么问题的完整答案，因为有些时候不温和可能是德性行为所必需的。但在和平时期，无论如何，对于非军事人员来说，我们可以说温和无疑是好的——尤其是如果你参与谈话的目的是为了找出真相。所以我们至少有了这条建议，正如我们最后将会学到的。而这意味着，在对话语境中，尽管苏格拉底可能在每件事上都失败了，但至少眼下有希望可能已经让美诺变好了。就像那个奴隶对几何命题知道得那样少，但只要很好地跟着苏格拉底——他在那个时候理解了，但并不是真正知道。他可能无法向奴隶伙伴证明这个命题，这个奴隶伙伴得反反复复地做，然后才能真正地掌握。同样地，美诺也得跟苏格拉底待上一段时间，这样他就会变成一个更温和的人，然后变成一个更好的人。当然，我们不知道波斯国王黄金的吸引力是否比变好、比美德的吸引力大得多。所以，我们甚至更要在这个层面上来学习某些关于德性的东西。我们下次再继续这个问题吧。

第十二讲　美德的可教性（3）：神圣天命

1966 年 5 月 5 日

[265] 施特劳斯：那么我说，"美德是什么？"这个问题就等于"所有价值判断的原则是什么"这个问题。没有社会科学家能回避这个问题。事实上，所有社会科学家都在利用这个问题的某个答案，不管他是否知道这一点。例如，有德之人，好人，是适应性好的人（the well-adjusted man），就是一个可能的答案——这个答案很容易反驳，但这仍然不会降低其流行程度。或者，好人就是民主人格（the democratic personality）。或者说，好人是自我导向的（self-directed）、自主的（autonomous）、真实的（authentic）人。有各种各样的答案，但如果不先提出这个问题，就不能恰当地检视这些答案。

我们一直在使用的"美德"一词，在社会科学中已不再使用，在一般用语中也不再使用，这的确是真的。你只要把奥斯丁（Jane Austen）和任何当代小说家比较一下，就会看到有些东西已经天翻地覆。人们谈论得更多的是，例如，自我导向的人，① 而自我导向的人并不必然有德性。已经发生的事情，目前美德在交流的许多层面上都不受欢迎的潜在原因，是人们已经找到了美德的替代品，那就是自由（freedom）。因为人们从前认为自由是服从德性的。美德是对自由的正确使用，只有正确的使用，因此美德高于自由本身。现在从美德到自由的转变，某种程度上是发生在晚近几个世纪里最

---

① Riesman et al., *The Lonely Crowd* (1950).

重要的变化，而如果有人想要开始理解这个，就得研究诸如孟德斯鸠、卢梭以及特别是康德这些作者。这只是作为一个提醒，我们并没有忘记我们首要的和最紧迫的任务。

现在让我提示你们一下我们在《美诺》中所处的语境。我们已经讨论完奴隶那一幕。美德可教吗？在没有回答美德是什么的情况下，苏格拉底某种程度上提出并回答了这个问题，以这种形式：美德必须是何种事物才会是可教的？一定得是某种知识。苏格拉底证明了，让我们的行为好，或让任何事物好的东西——无论是在灵魂内部还是在灵魂外部的——就在于它被正确地使用，被审慎地使用。美德就是审慎，或者审慎是美德的核心。审慎是一种知识。但如果美德是这种或那种的知识，那就是可教的；而如果美德是可教的，那必定就有美德的教师。但是没有美德的教师。因此美德并非知识。那么美德不就彻底不可能了吗？但此时这个问题被美诺提出来，然后苏格拉底把他的注意力转移到另一种可供替代的选择上。有一种被称为正确意见的东西，就我们的行动而言，正确意见和知识一样是很好的指引。也许美德可能存在于正确或对的意见，或真实的意见中，这样一来，我们确实就会理解，为什么没有美德教师的情况下还是有美德。因为正确的意见，看起来，不能被传授。

我们上次就停在这个地方，我们得继续。令我非常遗憾的是，雷因肯身体抱恙，我深感遗憾，我为我们大家深感遗憾，[266]因为我们恐怕找不到一个同样合意且训练有素的朗读者了。但我希望有人来接替他。我只能凭经验考虑我认识的人。你可以吗，莱恩兹先生？

莱恩兹：……

施特劳斯：97c。第 361 页，这一页美诺的第三段讲辞，莱恩兹将从这里开始。

莱恩兹［读文本］：

> ［美诺:］在我看来这个人一定会是这样；因此我就奇怪了，苏格拉底，既然如此，知识竟然一直比正确的意见更受重视，

为什么它们该是截然不同，相互分离的两种东西呢？

[苏格拉底:] 嗯，你知道你为什么想知道这个吗，还是我来告诉你？

[美诺:] 请告诉我吧。

[苏格拉底:] 这是因为你没有用心观察过代达罗斯（Daedalus）的雕像。

施特劳斯：让我们在这里停一下。苏格拉底以有点绕圈子的方式给出了美诺感到奇怪的原因。他给出了一个不会伤及美诺颜面的理由，因为这儿的人必定知道代达罗斯的雕像，而也许在帖撒利亚那就没有。是吧？

莱恩兹［读文本］:

但也许你的国家没有。

[美诺:] 你这句话是什么意思？

[苏格拉底:] 如果不把这些雕像捆绑起来，他们就会逃走和跑掉；但是，如果捆绑起来，它们就待在原地了。

[美诺:] 嗯，那又怎样呢？

[苏格拉底:] 拥有一件松开的代达罗斯作品，值不了多少钱；它不会待在你那儿，就像一个逃跑的奴隶。但当被捆绑住的时候，它可就值大价钱了，因为他的作品是非常精美的东西。这里我指的是什么呢？我指的是真实的意见。因为这些东西，只要它们跟我们待在一起，就是美好的财产，产生的一切也是好的。但是它们不喜欢长久驻留，而会从人类灵魂中跑掉，因而没有很大的价值，除非有人用因果推理（causal reasoning）把它们绑牢。而这个过程，我的朋友美诺，那就是回忆，正如在之前的谈话中我们已经同意的。但一旦它们被捆绑住，首先它们会变成知识，其次，才成为持久的。正因为如此，知识比正确的意见更有价值，因为知识以其束缚而胜过正确意见。（97c11–98a8）

施特劳斯：知识区别于正确意见的地方就在于其绑定（bond），即知识所提供的绑定。是的。首先需要注意的一点是，当然没有这样的雕像，至于暗示美诺从来没有注意过这个，是因为他从来没有看到过这些雕像，那显然是个玩笑。但还有其他更多要注意的东西。克莱因的评述中有几个点值得我们参考：第248页。这里这个"因果推理"（causal reasoning）是非常糟糕的翻译，尽管某种程度上是字面翻译，但我们需要译成"搞清楚原因"（the figuring out of the cause）"弄清楚［267］理由"（the figuring out of the ground）之类的。那并不一定是因果推理，这意味着我们今天对有效原因或物质原因的发现。这意味着首先要找到"是什么"，搞清楚、理解这个存疑的"是什么"。嗯，从这个大长段的中间［开始读起］。"知识，像正确的意见一样……"

莱恩兹［读文本］：

> 会丢失，会遗忘，会"溜出灵魂"。在这个意义上，知识和正确意见一样不稳定。只有审慎这种知识似乎会免遭遗忘。明智的判断力很难被遗忘。若一个人依靠别人讲给他的可靠的东西持续正确地形成意见，难道他不是仅凭靠善辨他人之智的智慧便足以凭明智的判断力著称？难道此人并不拥有人的德性、并不能真正地在行动方面引导我们？①
>
> 回忆主题重现时，剥离了一切神话内涵。回忆此时等同于"缚住"我们"根据传闻"而赞同的正确意见。"缚住"这些正确意见，意味着在我们自身的思想中为它们找出理由。（Klein，248）

施特劳斯：是的，这样说比把它翻译成"因果推理"要好。［合理的或对的］意见与知识之间的区别在于，那个有对的意见的人并不知道为什么是这样，为什么他选这条路去拉里萨，因为有人告诉了他这一事实，却并没有给他提供为什么是这条路的真正原因。

---

① 克莱因在下一个段落开头插入了数字"3"。

现在的重点是，苏格拉底在这里断然否认了他之前对正确意见或真实意见的辩护。真实意见并不持久；它们不可靠。只有我们搞清楚了原因，理解了其为什么正确，它们才会变得可靠。这种差异的一个简单例子是，你有一条法律明令禁止某种行为，与你对于这种禁止为什么合理的原因拥有知识和领会。因此，现在又非常清楚了，合理的意见或正确的意见并不等于知识；现在也搞清楚了，至少暂时搞清楚了关键的区别是什么：有知识的人知道为什么，而有对的意见的人不知道为什么。美诺怎么回答呢？

莱恩兹［读文本］：

> ［美诺:］我发誓（upon my word），苏格拉底——

施特劳斯："以宙斯的名义"（By Zeus）。
莱恩兹［读文本］：

> ——以宙斯的名义，苏格拉底，看起来非常像你说的这样。(98a9)

施特劳斯：美诺明确表示赞同，虽说不怎么强烈，但用了一句誓言。也许这个赞同的说服力没那么充分，但这句誓言也许会补足这种效果。是吧？

［268］莱恩兹［读文本］：

> ［苏格拉底:］的确，我也是作为一个不知道而只是出于推测的人这么说。然而，正确意见和知识之间的区别，对我来说根本不是一种推测，而是我要特别断言的，这是我知道的事情。会让我这么说的事情不多，但这件事，无论如何，会包括在我所知道的事情之列。(98b1–5)

施特劳斯：所以苏格拉底知道正确的意见是某种不同于知识的东西。这句话提醒——请讲。
舒尔斯基：嗯，我想问一些跟这个观点有关的东西，即这篇对话做了些事，在讲述神话的时候达到顶点，最终贯穿奴隶那段情节有个下降，那里缺乏清晰度，等等。嗯，这与神话结尾处那个段落某些东西具有相似的特征，那里他说：嗯，我们对那个并不真的知道很多，我不确定，但这个我是确定的。

施特劳斯：让我们读一下那个段落，86b6往下。不，也许从b1开始，这样我们才有完整的上下文。

莱恩兹［读文本］：

> ［苏格拉底：］如果所有事物的真理始终存在于我们灵魂中，那么灵魂必定是不朽的；所以你应该鼓起勇气，无论你眼下碰巧不知道什么——那也就是你不记得了——你必须努力去搜寻和回忆起来？
>
> ［美诺：］在我看来你说得不错，苏格拉底，我不知道为什么。
>
> ［苏格拉底：］我对自己也是这样，美诺。我提出来支持我论证的绝大多数观点并不就是我可以自信断言的，但对于有责任探究我们所不知道的东西的这种信念，会让我们比这种想法更好、更勇敢、不那么无助（helpless）——不那么懒惰，即认为甚至没有可能去发现我们不知道的东西，也没有任何探究责任的想法——这是我决心尽我所能去斗争的关键一点，包括以言辞和行动。(86 b1 – c2)

施特劳斯：是的。你一定看到这两个段落有明显的对应性。那么苏格拉底知道什么呢——我的意思是，他说他知道真实的意见不同于知识。他说还有其他一些事情他也知道，但极少。那些是除此之外他还知道的事情，因为这些东西都隐含在这个洞见之中，即真意见与知识的区别在于，知识给出之所以如此的原因，而真意见缺乏对之所以如此的原因的知识。请讲。

学生：这是另一个支持您观点的案例吗？即苏格拉底某种意义上是个已经知道的人？因为看起来你无法区分知识与对的意见，除非有一些知识，而且——

[269] 施特劳斯：是的。换言之，他有对知识的知识；这个他一定有。但在这里，他只是说到他知道个中区别这个事实。但他知道的不仅仅是有区别；他还知道知识高于对的意见。请讲？

同一名学生：但是，如果你只有对的意见，你似乎就没法说它是不是知识。

施特劳斯：这是个很大的困难，换言之，这是否意味着这样行不通，即在没有人具有知识可以指引我们的情况下，我们基于对的意见也能活得那么好。确实如此。但让我们先看看这里直接关涉的东西。知识不同于正确的意见。嗯，这意味着知识高于正确的意见。而这还具有第三个含义：如果可以的话，我们一定要力争获取知识，因为我们的正确意见不够好。我们有可能做不到。那是另一回事，不是这里要讨论的。

现在回到舒尔斯基的问题。你想说的是，这两个相似段落的比较符合还是不符合我之前所说的下降的发生？

舒尔斯基：嗯，似乎不符合，因为看起来这里是另一个点，你知道，这里苏格拉底只是说他知道的东西。我的意思是，对话中你可以说最接近事实的部分，在没有根据对话者的能力被相应调整的情况下，我会认为这部分是顶点，而他说得非常反讽的部分是下降。

施特劳斯：你可以那么说来加强你的论点，但是在前面的段落中他已经谈及回忆，那是神话式的讲辞，这里他代之以一种非神话的表达，为神话式的表达搞清楚原因，搞清楚为什么。但这也许采取的是一种有点狭隘的观点；也许我们得采取一个更为广阔的视野。我完全愿意收回我说过的话，只是让我们读完《美诺》文本后，再来看说那里有没有下降是否还有意义。这样行吗？但在某一特定时刻，似乎有个下降。好的。请讲。

学生：也许您想把这个推迟到最后，但似乎这两个段落在苏格拉底知道什么和他知道的方式上有显著的不同。在第一段文本中，他知道如果知识是可能的，或者如果我们相信知识是可能的，它会让我们成为更好、更勇敢的人。但他并没有说他知道知识是可能的。他只是说——除了那个神话，他后来承认那有点像一个猜想——这里他知道在正确意见与知识之间有区别。

施特劳斯：换言之——

同一名学生：这不是让我们更有德性的问题。

[270] 施特劳斯：换句话说，你会说第二段比第一段给我们提供了一块更坚实的知识吗？你是这个意思吗？

同一名学生：第二段是关于我们的知识。第一段是关于我们应该相信什么是好的知识。第二段是关于"是什么"的知识，不管它对我们好还是不好。

施特劳斯：是的，但这意味着——

同一名学生：它可能看起来更……是的。

施特劳斯：是的。因此，换言之，第二段给我们提供了原因，告诉我们为什么第一段表达的那种希望是合理的。是这样吧？知识不同于正确的意见，但这意味着知识高于正确的意见。因而，通过对知识的追求，我们变得更好、更有洞察力，而不是说我们就打算停留于正确的意见，在我们意识到有知识这东西的时刻，那对我们已经没有驱动力。

同一名学生：我可以看到，知识是可能的，只是因为我们相信知识对我们是好的，所以知识是可能的。但是他没有证明。

施特劳斯：是的，但这里我们还是有一些知识：这些知识不同于正确的意见。这个知识我们是有的。当然，这非常之少，因为就是苏格拉底说的，知识意味着知道为什么，这还不够，这只是解释知识是什么的一个开头，但这不可忽略。嗯。请讲。

伯纳姆：我想说，那也许会验证舒尔斯基的观点，关于也许没有下降的问题，因为在第二段我们似乎有一个纯粹形式特点的真理——知识之区别于正确意见，在于其意识到之所以如此的原因这一事实——而第一段的真理，你可以说，等级上更高，因为它并不具有形式特点，而是一个关乎灵魂善恶的真理。

施特劳斯：是的。好吧，我们为什么不把这推迟一下，直到整个证据都合拢——这个，按照舒尔斯基的观点。

学生：只是个技术问题。您之前说美诺发过四次誓，其中包括我们刚才纠正翻译的这个地方吗？

施特劳斯：是的。嗯，嗯。当然，我是在希腊语的基础上纠正的。不，不，你不能根据译文来计算次数，因为他们说——我不知道他们会不时地使用些什么表达——"天堂里"，或"看在上帝的分上"，或诸如此类。不，不，你得知道这些誓言的准确措辞。例如，你知道苏格拉底有时会"以赫拉的名义"（By Hera）发誓，赫拉是宙斯的妹妹和妻子，而这是女性特有的誓言，你看；苏格拉底[271]是严格地像男人那样起誓，还是像女人那样起誓，这就大有分别了。你必须基于原文本来计算；根据译文可不行。好。现在，美诺的回答是什么？

莱恩兹［读文本］：

> ［美诺:］是的，你这么说是对的，苏格拉底。(98b6)

施特劳斯：是的。你们看，这里美诺赞同得非常清醒。这很好理解，因为这是他自己在97c–d中得出的观点，你们知道的，那时苏格拉底对出于真意见的美德充满热情，美诺提醒苏格拉底说：但是，我们不还是把知识而不是正确意见看得更高吗？所以他现在很满意。让我想想，克莱因书中有另一个观点，但我们现在不用读太多。是的，让我们读一下第250页，中心的段落。

莱恩兹［读文本］：

> 接下来是一段迅疾然又奇怪地牵涉甚多的总结，不仅几乎总结了安虞托斯登场之前所谈论的一切，甚至也几乎总结了之后谈论的一切。这段总结由苏格拉底给出，旨在获得对人的德性的一种崭新、更好的理解。但是，苏格拉底所说的话完全笼罩在美诺和安虞托斯的 amathia 的阴影之下。

施特劳斯：amathia 的意思是低能，没有学习能力。是吧？

莱恩兹［读文本］：

> 与此相应，并没有带来会对这个主题造成影响的更多理解。

epistēmē、phronēsi 和 sophia 可以互换使用——

施特劳斯："知识、审慎和智慧可以互换使用"。

莱恩兹［读文本］：

> 意见，主要是虚假意见，占据至高统治地位。苏格拉底仅仅偶尔刺破这块帷幕。而作为这段仓促甚至多少有些缺乏条理的概括的结果，为"正确意见"所做的论证似乎被奇异地修改了。（Klein，250）

施特劳斯：嗯，对于这种评论——"迅疾的""奇怪地牵涉甚多的""仓促的""甚至多少有些缺乏条理的"，你们会说什么？基于我们对柏拉图对话的预期，我想我们不得不这么说：为什么苏格拉底会那样做？说柏拉图在书快结尾时疲了，或者因为某个印刷工的魔鬼在等待下一版，这可不审慎［笑声］。苏格拉底如此语无伦次、如此肤浅，一定有他的道理，而我们必须试试看我们是否能找到这个理由。是的。让我们从前面中断的地方继续吧，在98b7。

莱恩兹［读文本］：

> ［苏格拉底:］嗯，那么，我说在真意见的引领下每一个行动的效果都和知识带来的一样好，不也是对的吗？
>
> ［272］［美诺:］再说一遍，苏格拉底，我认为你说的是事实。

施特劳斯：所以，换言之，苏格拉底回到了他的老说法，提出真实意见提供的指引等于知识提供的指引。是吧？

莱恩兹［读文本］：

> ［苏格拉底:］因此，就我们的行动而言，正确意见在价值或用处上一点不比知识差，有正确意见的人也不比有知识的人差。
>
> ［美诺:］可不是嘛。

［苏格拉底：］而你知道我们已经承认好人是有用的。

［美诺：］是的。(98 b7 – c7)

施特劳斯：我们就停这儿吧。你们看到了，苏格拉底在这里撤回了他在知识与正确意见之间做出的关键区别，至少就行动而言。而这当然是一个重要的限定。也许那种被别人告知应该在这种或那种情况下行动，应该以这种或那种方式行动的人，行动起来和那种不必别人告知的人一样好。但这并非显而易见。尽管如此，在调查之前，它可能是可信的。是吧？

莱恩兹［读文本］：

［苏格拉底：］那么，人们就不仅因为是知识才会成为好人并因此对他们的城邦有用，在那里，这样的人被发现——

施特劳斯：苏格拉底再次提醒我们一个事实，即是否存在有德之人仍然是存疑的。重新读一下我打断你的这一段吧。

莱恩兹［读文本］：

那么，就不仅因为知识——

施特劳斯："那么，好人就不仅通过知识而且也通过正确的意见［成为好人］，并因此对城邦有用。"① 是吧？

莱恩兹［读文本］：

既然这两样东西，知识和正确意见，都不是人类天生所有，而是后天获得的——或者你认为它们都是天生的？(97c8 – 98d2)

施特劳斯：是的，这是一个困难的段落。传统的文本解读为：

---

①　洛布本的这段译文课上始终没有读完，原文是："从此，就不仅因为知识人们才会成为好人，并因此对他们的城邦有用，在那里，这样的人被发现也是因为正确意见的缘故。"然后莱恩兹从98c10继续读了下去。

"既非天生，也非后天。"（neither natural nor acquired）这似乎很难解，因而有人建议对文本进行一些修正。你们可能读过克莱因在第251页说的话，但我们现在不必处理这个问题。他的观点是——不仅仅是他的观点——这种原本的解读是正确的，[273]没理由改变，尽管不太清楚他和其他捍卫文本的人想说的是什么意思。要点是：如果存在有德之人，那他们要么是通过知识要么是通过正确意见而成为有德者的。但是，知识和正确意见都不是人天生就有的，天生就有意味着无需他自己做任何努力，可以说，在他出生的那一刻就得到了；它们也不是后天获得的。这就是文本中说的；这个问题很难解决，难有定论。但有一点很清楚。现在说了正确意见不是天生的。因此，换言之，我们上次所讨论过的一种可能性，即有些人天生是好的猜度者（guessers），这被默不作声地排除了。得到正确意见只有通过倾听知道者或那种以任何其他方式能很好地指导他人的人。是的。现在让我们从停下的地方继续吧。

莱恩兹［读文本］：

　　我没这么想。

　　［苏格拉底:］那么，如果它们不是天生的，好人也就不可能是天生的咯。

　　［美诺:］当然不是啦。

　　［苏格拉底:］而既然它们不是自然的结果，我们紧接着就要考虑美德是否可以教出来。

　　［美诺:］是的。

　　［苏格拉底:］而我们认为如果美德是智慧（wisdom）的话那就是可教的，是吧？

施特劳斯:"审慎"（prudence）。

莱恩兹［读文本］：

　　［美诺:］是的。

［苏格拉底：］如果是可教的，那它一定是审慎①咯？

［美诺：］当然啦。

［苏格拉底：］而如果有教师的话，就能教，如果没有教师的话，就不能教？

［美诺：］就是这样。

［苏格拉底：］但我们确实承认没有教师。

［美诺：］那是真的。

［苏格拉底：］然后我们就承认，它既不是教出来的，也不是审慎？

［美诺：］确实。

［苏格拉底：］但我们也承认——（98d3 – e9）

施特劳斯：要么让我们在这儿停吧。苏格拉底重复了美德不可教的证据；美德不是审慎也不是知识。让我们先从中得出结论。如果是这样的话，即如果美德不可教，不是审慎或知识，那么美德就只能是正确的意见。与此同时，它不可能是可教的。但后一点，即它不可能被教这一点，似乎完全证明了美诺原先的立场是正确的；在某种程度上，美诺过去是高尔吉亚的学生。高尔吉亚说，美德是不可教的。而如果是这样的话，如果美德不可教，那么当然就没什么理由去努力学习了。美诺以一种非常一般性的方式表述的这一 ar-gos logos，懒惰说辞，似乎被证明是完全正确的。那么，苏格拉底为什么要这么做，在他把美诺从高尔吉亚那里引开后，又让他转向普罗塔戈拉，那个说美德［274］可教的人？好吧，我们不能回答这个问题，但在我们了解苏格拉底提出的可以获得美德的方式之前，我们得先提出这个问题。我们现在知道了——"知道"是带引号的——美德于人不是与生俱来的，也不是通过教导得来的。它是怎么到人身上来的？我们从这里继续吧。布鲁尔先生？

---

① 原文是：wisdom［智慧］。莱恩兹在这里和后面的段落中都按照施特劳斯的指示来读。

布鲁尔：在 98d12 处，有一段表述我不太理解。这个表述对论证来说并非必要，我只是想知道为什么要有这段表述。

施特劳斯：不，为了显示这是可转换的，即这两个表述是可转换的。

布鲁尔：换言之，这提出了这种可能性吗，即意见——我的意思是，这让你想到意见可教的这种可能性，但他们有这样的共识——

施特劳斯：嗯，从表面上，我看到的只有这一点：如果美德是审慎，那么它是可教的；如果美德是可教的，那么美德就是审慎。所以它们是可转换的。至少目前我没有看出更多。但你可能看出更多，那么你必须帮助我。

布鲁尔：嗯，就是因为这个我才想知道。论证的结论是，既然美德不可教，它就不可能是审慎。而达到这个结论，没有必要说，如果它是可教的，它就是审慎。毋宁说这一结论是从 d10 处的第一个陈述中得出的。

施特劳斯：是的。换言之，他可以轻而易举地省略 d12。看起来是这样，但这还不够好。他为什么把这个带进来？是的。我不能给你一个答案。也许有些东西在回顾中才能理解。让我们从刚才停下的地方继续吧。所以结论是，回到这个主要的观点：美德不是与生俱来的，也不是通过教导得来的。是吧？

莱恩兹［读文本］：

［美诺：］确实。

［苏格拉底：］但我们却承认这是件好事？

［美诺：］是的。

［苏格拉底：］而那会正确指引的东西，是有用的，是好的。

［美诺：］当然啦。

［苏格拉底：］而只有两个东西——真实的意见和知识，能正确地指引，如果具有这些东西的人就能正确指引；因为偶然到来的事情并不是通过人的指引而发生的；但是，在人成为那

些正确之事指引者的地方，我们发现了这两个东西：真实的意见和知识。

[美诺：] 我同意。(98e9 – 99a6)

施特劳斯：现在苏格拉底回到了共同的基础上，因为不这样的话，他们就会陷入巨大的困惑中。美德是有用的，而有用的就是正确指引我们者。但只有靠两个东西，我们才能被正确指引：正确的意见和知识。在这两者之外似乎还有另一种选择，即我们也许可以偶然得到有用的东西；那意思就是不靠人类的指引，也就是说，没有任何美德。如果所有的好东西 [275] 来得都像汉堡包一样，现成的、美味多汁的汉堡包，突然跑进我们嘴里——这是不是一种可欲的状态是另一回事——这是否还有任何价值？这肯定不会与美德有任何关系，因为它们会自行流动。我们关心美德，因为美德比机运更可靠，因为即使东西全都会飞进你的嘴里，你仍然需要在正确的时候张开嘴，那么这也是一种审慎的行为。因此，在任何情况下，我们都不能没有美德或者审慎。是吧？

莱恩兹 [读文本]：

　　[美诺：] 我同意。

　　[苏格拉底：] 那么现在，既然美德不是教出来的 (taught)，我们就不再把它作为知识了吗？

施特劳斯：他的意思总是"可教的"(teachable)，嗯？是吧？

莱恩兹 [读文本]：

　　显然不是。

施特劳斯：重复一遍，强调一下：美德不是知识——现在没称之为审慎，而是知识——因为它是不可教的。是吧？

莱恩兹 [读文本]：

　　因此，在两个好而有用的东西中，有一个被拒绝了：知识不

能作为我们政治行为中（in political conduct）的指引。（99a6 – 99b3）

施特劳斯："政治行动中"（In political action）。美诺说："看起来不是这样。"因此，尽管之前苏格拉底谈到过美德，简单意义的（tout court）美德，一般意义上的美德，现在他又谈论起治邦者的美德。我们以前看到过这种前后挪移的变化，我们得把这一点放在心上。

学生：这就是我的问题，为什么要挪移回去？

施特劳斯：嗯，这是整个困惑的一部分。我们得在后面连贯起来讨论。可以继续读吗？

莱恩兹［读文本］：

［苏格拉底：］因此，我们所谈到的这种人——忒米斯托克勒斯和其他的人，我们的朋友安虞托斯①刚刚提到的那些人——并不是靠任何智慧，也不是因为他们高明，掌控着他们的城邦。因为这个原因，这就是为什么他们不能使其他人变得像他们自己——因为他们的品质并非知识的结果。

［美诺：］情况或许如你所说，苏格拉底。

［276］［苏格拉底：］而如果不是靠知识，作为唯一的替代选择，那就一定是靠好的意见了。这就是治邦者用来指导城邦的方法。（99b4 – c2）

施特劳斯：是的，让我们在这里略作停留。苏格拉底现在为四位伟大的雅典治邦者——忒米斯托克勒斯和其他人——的荣誉作了辩护。可以说，他向安虞托斯和雅典城邦提出一个和平协议。雅典的治邦者们不该为他们缺乏知识，也不该为他们因此而没有能力向其他人教授他们的政治才能而受到指责，因为在这个领域里知识不

_____

① 莱恩兹过于强调第二个音节，把希腊语中的"υ"读错了，读成了英语中的"y"一样，所以施特劳斯纠正了他。

可能。而这意味着，在这个领域里，当然就只有正确意见，这是他们所具有的。忒米斯托克勒斯看得很清楚，为了在没有斯巴达人干涉的情况下修建雅典城墙，他必须做些什么，你们知道，他在这上面非常聪明。在 b 结尾处使用的这个词，eudoxia，在 b11 处，这个词在其他地方的意思是在哪儿都有好名声，但用在这里，意思是善于提出意见，一个意见提得很好的人。而现在这个可以反过来。善于提出意见的人，像忒米斯托克勒斯这样的人，如此被他人所知（当然，其他人也缺乏知识）也只是通过意见，通过名声——真的或者假的。你们中不少人已经看出的一点是，正确意见本身是不可知的，除非被有知者（the knower）所知。是吧？现在开始这个问题，我打断你的这一整段，读慢一点。

莱恩兹［读文本］：

> 如果不是靠知识，作为唯一的替代选择，那就一定是靠好的意见（by good opinion）了。

施特劳斯：是的，更简单的翻译是，"靠好名声"（by good reputation），"靠好名望"（by good fame），也就是说，政治家的名望并非建立在知识的基础上，正如人们对他的赞扬，一样不是建立在知识的基础上。是吧？

莱恩兹［读文本］：

> ［苏格拉底：］这就是治邦者用来指导城邦的方法，他们与审慎的关系并不比预言者（soothsayers）和祭司（diviners）更多；因为这些人在受到感发（inspired）时，就会说出许多真实的东西，却对自己所说的东西并没有知识。
> ［美诺：］我敢说是这样。(99b11 - c6)

施特劳斯：是的。现在，苏格拉底毫无疑义地明确说出作为习俗（habit）的正确意见意味着什么：像一个先知（seer）。你们还记得吗，安虞托斯似乎就被证明是一个先知：他对那些智术师的一钱不值有正确意见，但没有知识作为基础。某种程度上，他只是闻到了味儿，或者从别人那里听说的。正确意见，至少就政治家的情况而言，[是基于神圣感发 (divine inspiration)]。请讲。

学生：当苏格拉底排除机运的时候，他给出的理由是，机运不受人类左右。如果真实意见是由神圣感发放进政治家口中的，那它也不受人类左右。

施特劳斯：是的。但是，[真实意见]还是存在于人身上。然后这些受神感发的人就会通过他们身上存在的某种东西来指引其他人。不过你是对的。现在他通过提及机运为他所要说的话理下了伏笔，这是毫无疑问的。[277] 但也有些不同，因为单纯机运的情况是，好事降临到我们身上，不受我们的控制，无论如何不取决于我们有目的的行为。而在这种情况下，这个被感发的 (inspired) 人可以指引人类，可以告诉他们做那个、做那个，而如果只有机运却没有受感发的人作为媒介，就不会是这种情形。当然，这样的人，从他们讲述的许多真实的事情就能表明这一点，即他们并不总是正确的。这期望太高了。他们要么只是代言人，连自己说的是什么都不知道，就像德尔斐的皮提亚女祭司 (the priestess of the Pythia at Delphi) 一样，要么即使知道自己说的话，也无法对自己说出的事实给出解释——从这个意义上说，从这种隐喻的意义上说，他们不知道他们所说的东西。这个区别清楚吗？他们可能确实不知道，而只是处于一种恍惚的状态，在那种状态下他们说了，却不知道自己说了些什么。是吧？

莱恩兹 [读文本]：

> [苏格拉底:] 美诺，这些虽然并不理解，但却有许多伟大言行应验了的人，我们可以恰当地称这些人为神圣的 (divine) 吗？
>
> [美诺:] 当然啦。

施特劳斯：是的。由于他们的知识或准知识 (quasi-knowledge) 的起源，他们理应被称为神圣的人。是吧？

莱恩兹 [读文本]：

　　[苏格拉底：]然后，我们将正确地把那些我们刚才所谈到的诸如预言家、先知，以及所有那些以诗呈现者称之为神圣者；我们尤其可以说治邦者们是神圣者（divine）和迷狂者（enraptured），就像神灵感发，被神附体了一样，当他们成功——

施特劳斯：是的，"神的"（of the god），这种特别的东西所归入的是神的领域。是吧？

莱恩兹 [读文本]：

当他们成功说出许多伟大的事情，与此同时却对他们所说的东西一无所知时。

　　[美诺：]确实。

施特劳斯：换言之，有这种感通能力（inspiration）的政治家和诗人同属一体。所以他们属于最好的阶层，我们可以说。这在某种程度上是一种很高的赞扬。是吧？

莱恩兹 [读文本]：

　　[苏格拉底：]美诺，我想，女人也会把好的男子称为神圣者；而斯巴达人，当他们颂扬一个好人的时候，就说——"他是一个神圣的人（divine person）"。

施特劳斯：是的，或者"神圣的男子"（divine man）。苏格拉底在这里又谈到了神圣的男子，而不是专门的神圣治邦者。而对于男子气概（manhood），女人是最好的裁判。苏格拉底以某种方式暗示了这一点，因而女人们这么说很重要，但不只是 [278] 女人，还有斯巴达人，雅典民主政制的敌人，特别是安虞托斯的敌人，是的。

莱恩兹 [读文本]：

　　[美诺：]苏格拉底，看来，他们是对的；尽管也许我们的朋友（our friend）安虞托斯会对你这番话感到恼火。(99c7 – e2)

施特劳斯："我们的朋友"完全是译者多加的词。"这里的安虞托斯会生你的气。"美诺同意斯巴达人的观点，即好人是神圣的人。他站在苏格拉底一边，反对安虞托斯，这可了不得。请讲。

学生：施特劳斯先生，在这一点上我想问一个问题。克莱因对这个特定的段落给出了不同的解读——

施特劳斯：在哪里？

同一名学生：在255页，这页的中间，他称，是苏格拉底说安虞托斯也许会生气，而美诺说的是：好吧，我也没办法。

施特劳斯：是的，那是个没有合理解释的文本改动。他指的是弗里德兰德（Friedlander）和布卢克（Bluck），我一直没能查阅到关于他们的资料。我倒是愿意看看为什么原文说不通，论据何在。

同一名学生，我只是想知道这是不是克莱因的……的一个方面——

施特劳斯：不，不，那是基于修订过的文本，[要确定]这个修订是否合理，得听听论据；我不知道这论据是什么。我看不出有任何理由需要改动文本，因为它完全说得通。我们之前看到过这一点：美诺比安虞托斯更接近苏格拉底。不管美诺距离苏格拉底有多远，他还是有一点——我们会在后续部分发现更多的证据。是的。现在，关于美诺的这个威胁，也就是安虞托斯可能会指责苏格拉底否认伟大的雅典治邦者们——包括他本人——有知识，并不比普通预言家更强，苏格拉底说什么了？接着读。

莱恩兹[读文本]：

> [苏格拉底：]就我而言，我不在乎。至于他，美诺，我们会另找时间跟他谈。

施特劳斯：苏格拉底不在意安虞托斯可能怨恨他。他指的是将来和安虞托斯的一场交谈或者对话。我们在哪儿找这场对话？[笑声]我们确实找到了。

学生：《申辩》。

施特劳斯：《申辩》被明确地称为一篇对话，但我们得说，其中那个对话与其说是特别与安虞托斯的对话，不如说是与美勒托斯（Meletus），另一位控告者，控告苏格拉底的那个诗人的对话，以及首先是与雅典城邦的对话。是吧？

[279] 莱恩兹 [读文本]：

> 眼下，如果通过所有这些讨论，我们的疑问和陈述都是正确的，美德被发现既不是天生的，也不是可教的，① 而是由神圣分配（divine dispensation）给予我们的，那些接收者对此天命也缺乏理解，除非有某个人——（99e3–100a1）

施特劳斯：让我们在这儿停吧。苏格拉底现在总结了整个对话，回答了美德如何获得的问题。你们还记得吗，这就是整个事件开始时的那个问题。美德是通过神圣分配（divine allotment）赋予人的。柏拉图经常说到人与生俱来的东西，那也就是通过神圣分配赋予人的。你们会在因格伦德（England）对柏拉图《法义》642c8 的评注中找到一些段落。[因此这个段落] 有可能意指美德来自天性，但这得正确理解，因为无论如何，天性只是美德的一个条件。当然，是一个重要的条件。举一个简单而极端的例子，一个低能者永远不可能有美德，但也有其他一些非低能者的例子，他们也不能获得最高意义上的美德。

那么，天性（nature），人类天性的多样性及其与美德的相关性，在这篇对话中从头到尾都被忽略了。有些人在美德方面天赋异禀，柏拉图对话中最典型的例子当然就是苏格拉底。在柏拉图对话中，苏格拉底的特质（Socrates's peculiarity）被苏格拉底本人称之为他的命神（daimonic thing），daimonion，这在现代被解释为良知（conscience）或类似的东西——这显然不对，因为苏格拉底说只有极少数人拥有它，而良知发动之类的事应该是对所有人都有效的。daimonion 的意思，就我理解所及，在一部被斥为伪篇的对话中最为清晰，

---

① 原文是"被教的"（taught）。

这篇对话叫作《忒阿格斯》（*Theages*）。① 对话中，年轻人忒阿格斯和他的父亲询问苏格拉底是否愿意成为年轻人忒阿格斯的老师。这个年轻人想成为一个僭主，想通过与苏格拉底交谈来获得必要的知识，而苏格拉底说，首先，你要做一个有礼貌的人。我是一个爱欲之人（erotic man），因而这取决于我是否被吸引。苏格拉底非常沉默，但他表明了这点，而他们不懂这个，一个长胡子老人才会说这样的废话。然后苏格拉底说：现在，我会给你们另一个理由。我有这么个 daimonion［命神］，而他反对此事；然后他讲述了一个神乎其神的故事，说的是这个 daimonion［命神］曾经做过什么，这些故事会被今天的大多数人看作迷信。因而这篇对话被认为是伪作，因为让苏格拉底讲这些奇谈怪论太不搭了。但苏格拉底会讲各种各样的故事，而你得仔细瞅瞅忒阿格斯和他的父亲，并与他们亲密接触，之后才能判断苏格拉底在这种情况下讲这些离奇的故事是不是件最明智的事。简而言之，我想说的是,，苏格拉底所拥有的这个命神（daimonion thing），这种特别的爱欲（erōs），是苏格拉底独特的天性。他异乎寻常地被对知识的欲望吸引，因而也被那些有希望被引向知识的人所吸引。这只是顺便提一下。但是你们看这里的 daimonion，属于命神的东西，在希腊语中几乎和神圣的东西是一样的。如果你想做个［280］区分，那么命神的东西比神圣的东西低一点，但是二者的亲缘关系是存在的，所以当这里提到美德的神圣起源时，提到命神是合适的。你要说什么吗？请讲。

　　学生：在《克里同》中他提到了一个声音，他说他自己的神总是会告诉他什么时候不要做什么事。那是——

　　施特劳斯：是的，一样的。其他对话中也有同样的事。现在再读一遍这整句话，莱恩兹先生。

　　莱恩兹：好的，先生。

　　［读文本］：

---

① 施特劳斯把名字拼读为 Theages。

眼下，如果通过所有这些讨论，我们的疑问和陈述都是正确的，美德被发现既不是天生的，也不是可教的，① 而是由神圣天命给予我们的，那些接收者对此天命也缺乏理解，除非这些治邦者中有某个人能让另外一个人成为治邦者。

施特劳斯：也就是说，尽管他刻意避免这样说"除非他能够教授治邦才能"，但他避免……你们还记得忒米斯托克勒斯，还有那里提到的其他人，没能把他儿子培养成一个治邦者。

莱恩兹［读文本］：

如果真有这样的人，那么完全可以说，在活人中间——就像荷马所说的死人中的特瑞西阿斯——"独独他有领悟力，其余的都是飘忽的魂影"。就美德而言，他在世间也是一样，就像那种阴影中间的真实存在（real substance）。（99e4 – 100a7）

施特劳斯："关于美德的真实之物"（The true thing in regard to virtue）。现在苏格拉底又转回治邦者的德性，正如你们所看到的，他又回到了也许有治邦者能让另一个人成为治邦者的可能性。能使另一个人成为治邦者的人当然得拥有知识，并因此能够教授政治美德。与这样一个人相比，那些基于通过神圣分配的正确意见来管理城邦的人，在美德方面就会像魂影、幽灵。他在这里引用的是荷马。这是对话中唯一提到荷马处。荷马把特瑞西阿斯所具有的这种优越归因于冥王普路托的妻子斐尔塞佛涅的恩赐，也就是归于神圣分配，因此即使是这一最高美德，这种真正的美德也应归于神圣美德。苏格拉底这里再次非常清晰地提醒我们知识的至高无上，并暗示了对知识的需求。是的。那么，美诺的反应是什么？

莱恩兹［读文本］：

---

① 原文是"被教的"（taught）。

［美诺：］我认为你说得好极了（excellently），苏格拉底。

施特劳斯：是的。嗯，"在我看来，你说得最好、最美、最高贵（most finely, most beautifully, most nobly），苏格拉底。"美诺完全同意苏格拉底的说法。这样的情况还有其他几例，但正如你们可以看到的，这是对话中美诺的最后一句话。苏格拉底和美诺［281］完全一致，或看似完全一致反对安虞托斯。现在，如果美德，不管它是知识还是正确的意见，通过神圣分配而累积到人身上，那么人对于美德的获取就做不了任何事。我再重复一遍这个。但这一点现在变得可疑，因为以知识的形式和通过知识成为美德，这种可能性得到了重申。是吧？

莱恩兹［读文本］：

［苏格拉底：］然后，美诺，我们发现推理的结果是，美德是由神圣天命降给我们的，当其来时（when it does come）。

施特劳斯："给那个天命所降者"（To whom it comes）。是的。简单意义的美德（Virtue tout court）——我的意思是，不限于政治家的美德——来自神圣分配。靠人类的努力是无法获取的。既然苏格拉底和美诺都自认缺乏美德，他们就必须认命接受他们德性的缺陷［让自己听命屈服于恶，或顶多也只是拥有有缺陷的德性］。但那太可怕了。不过，还有些希望，也就是他在后续部分说的话。

莱恩兹［读文本］：

但是，只有当我们问美德以何种方式降临人类之前，先着手探究美德是什么，什么方式及其本身是什么（in and by itself），这个问题的确定性我们才会知道。

施特劳斯：所以希望在于他们也许犯了个错。他们必须回到美德是什么这个被抛弃的问题上，因此，企图逃避或回避这个问题导致了非常令人不满的结果。所以我们现在看到，苏格拉底的坚持是多么正确，即他应该提这个问题：美德是什么？是吧？

莱恩兹［读文本］：

现在我该走了，但你能说服我们的朋友（our friend）安虞托斯——

施特劳斯：当然应该是"这里这位客友安虞托斯"（this guest friend Anytus，here），他一直在场。是吧？

莱恩兹［读文本］：

——这里这位客友安虞托斯，① 关于你现在说服自己的那些东西，好让他情绪温和（gentler）下来；因为如果你能说服他，那也会是你对雅典人民（the people of Athens）做的好事一桩。（100b1 - c2）

施特劳斯：是的。"也是对雅典人（the Athenians）"。现在我们得知美诺能做什么了，既然他不会努力去获取知识。难道他就一定会自甘放弃而去过一种罪恶的生活吗？难道他连一件好事都做不了吗？不，他至少能做一件好事。这就是我们现在看到的。美诺被说服了，认为美德应归于诸神，也就是说，并非像安虞托斯一直说的那样归于父辈，而治邦者的智慧充其量只是正确的意见，所以要低于追求智慧的哲学。因此，他学到了。因此，他也许能去说服从未学到这些观点真相的安虞托斯，从而使安虞托斯更加谦虚，于是也更加温和，而这将对雅典人有好处——当然，在一个低的层面，对苏格拉底也有好处。但是苏格拉底并没有特别想到他自己。可如果我们特别考虑到苏格拉底的话，我们可以［282］说，苏格拉底在雅典的唯一希望在于美诺，在所有人当中，唯有美诺可能对安虞托斯产生一些影响。美诺比安虞托斯要好。至少这是可以想象的。因此苏格拉底说服了美诺。而这就是个很大的成功。苏格拉底并没有在严格意义上教美诺，但他教过——如果我们不那么挑剔，而是广义

---

① 原文是：our friend［我们的朋友］。

性地使用"教"这个词的话，那他教过美诺的奴隶。他教那个奴隶。他说服了美诺，但他无法说服安虞托斯。至于说服安虞托斯，这事要真能发生的话，那只能靠美诺。

现在我们可以对这部对话的情节作一个概述了。苏格拉底肯定驯服了美诺。他的抗拒老早就停止了。如果你们去查阅那些段落的话，那些段落展示了最后的抗拒，尤其是一开始他面对苏格拉底简直优越感爆棚；你会看到这是一个持续稳步的朝向驯服的过程。苏格拉底并没有应承去尝试让美诺相信正义之善这一无望的任务。你们还记得吗？当苏格拉底提出正义时，美诺只是说了句：当然咯，正义。而苏格拉底并没有说：但是你为什么说"当然咯"？他不作深究。你们记得这个吧。他没有在像在《高尔吉亚》中应对卡利克勒斯的情况那样，试图让美诺相信正义之善。然而，尽管苏格拉底并没有教美诺，也没有向他证明正义是好的，苏格拉底还是让美诺变得更为正义了。你能让人变得正义，只是没教他们正义之善，也就是说，苏格拉底恰恰是通过驯服美诺，通过让他变得更加温和，通过让他屈服于苏格拉底的指引，而让其变得更加正义的。苏格拉底让美诺变得更好了，仅就一次交谈中所能达到的程度。由此可见，通过言辞让人变得更好就是有可能的，毕竟，苏格拉底并没有给他树一个美德的榜样，比如帮助穷人之类，没有这类行为，而是通过跟他说话。通过言辞（logos）让人变得更好是可能的，但不是对所有人都有可能。而此处活生生的例子当然就是安虞托斯，跟安虞托斯甚至没有交谈的可能性。可见，通过言辞让人变好是可能的，如果向导本人更好的话：苏格拉底。有人可能会说，苏格拉底对美诺的驯服颇有几分向美诺妥协、给美诺帮忙的意味——你们记得吧，他用过这个词："我会帮你那个忙"。尤其是，苏格拉底维护了美诺最初的立场，反之却激怒了安虞托斯。因而你们一定不要对安虞托斯不公平，如果他被如此强烈地激怒了，也不能怪他。然而，为什么苏格拉底要维护美诺最初的立场呢？因为美诺没有能力学习，因而对他来说，这个懒惰说辞（lazy logos）是个不错的信条。我的意思是，美诺不能凭借任何其他信条生活，而苏格拉底说服美诺承认知识优于正确意见，并因此变得更为谦虚，这样比较好。

现在我们要通贯全篇来看，首先是《美诺》的结尾，其次是作为整体的《美诺》，因为在我们看到结尾之后，前面的部分看起来就会不一样了。而我们必须以某种方式把这个通贯的讨论跟克莱因疏证中的那些题外话结合起来，那些题外话说到回忆和记忆，还有立体几何，或者——那个用英语怎么表达？

莱恩兹：体积、立体（solids）的测量。

施特劳斯：立体。现在让我们开始对《美诺》结尾的通贯讨论。让我们从出现在100b2 - 3处苏格拉底关于首要主题的最后一句话开始。［283］"美德是由神圣天命降给我们的，至少给那个天命所降者（to whom it comes）。"① 很清楚——不管这话多么有问题，多么含混，它肯定是每个人都听得见的，即使是那些最肤浅的读者和最肤浅的听众。美诺肯定也听得见。我们得考虑这将如何影响美诺。苏格拉底想要的效果，即美诺跟安虞托斯谈谈，这当然不一定是全部效果。但这会是最称心如意的效果。美德作为正确的意见，是通过神圣分配赋予一个人的。我们得从中吸取的是什么教训？

让我们读一下克莱因疏证的结尾。"对话到此结束。期望中美诺与安虞托斯之间展开对话，这对话自有其魅力。但是我们，这篇对话的读者和见证者，必须自己继续这场对人类卓越的探究。"（Klein，256）当然，很清楚：我们不能停留在这个建议（这在我们的情况下是不切实际的），即我们应该试图说服安虞托斯。我们也许能找到一个类似的情形；也许我们可以试着说服一些讨厌的人变得不那么讨厌。我们所有人时不时都会有这样的机会。但这还不够。如果不先知道苏格拉底最后那番话对美诺造成的影响，我们就无法回答克莱因提出的这个问题。既然柏拉图关于这一点啥也没说，我们就得讨论如下可能性：苏格拉底最后那番话可能对美诺有什么影响？我们得比克莱因在这一特殊事例中的做法更严肃一些来对待这

---

① 这是施特劳斯的翻译。洛布版原文为：Virtue comes to us by a divine dispensation，when it does come。

出戏、这一行动。如果对人来说美德只能通过神圣分配获得，美诺会怎么做？第一种可能，美诺是个神圣之人。他周围可能颇有不少女人说过：你是个神圣的人。他实际上无需被其他任何人指导就会正确地行动。但仅仅苏格拉底最后忠告他这一事实似乎就表明，情况并非如此，他需要被其他人指导，因而他并非一个神圣之人。我相信，即便上次你们中那些属于美诺粉丝的人［笑声］，也有一点拒绝这么说他……好吧，但话说回来我们可以说他还年轻，而他希望成为一个神圣之人。那么，就没有办法通过虔敬来影响神的选择吗，也就是说，通过以一种习俗化的神圣方式中来敬神？关于回忆的章节中提到过这回事（你们还记得吗？），说人若要转世重生成为一个伟大的政治家，必须现在就以最圣洁或者虔敬的方式生活。这就意味着，虔敬或圣洁作为通往美德的途径本身并不是美德。但是苏格拉底一点也没有建议美诺过虔敬生活的意思，就像我们在对话中自始至终看到的那样。也许他看到跟美诺提议这个就是浪费时间。

在《普罗塔戈拉》中普罗塔戈拉讲述的那个神话中，美德是宙斯的恩赐，是最高神的恩赐，不过那是给所有人的恩赐。而在《美诺》中，在结尾或接近结尾时，美德被作为神圣恩赐赠送给一些人。因此，这里我们得提出一个问题，当然该问题特别适用于美诺：那些没有获得恩赐的人，尤其是美诺，该怎么办？至少在此世，他们没有神圣恩赐，他们也没办法获得神圣恩赐。他们应该怎么做？我们得说苏格拉底根本就没给他们提供办法，并且我们可以说，就因为这个事实，他认定美诺深陷其恶。他没有向美诺展示任何通往美德的道路。他使美诺怀疑他此前所认可的唯一权威，即高尔吉亚的权威，以及［284］贤人们——雅典或帖撒利亚贤人们的权威。因而有人可能说，苏格拉底败坏了美诺，更糟的是，在安虞托斯面前败坏了美诺。因而安虞托斯后来会说：这事发生时，我本人就在现场。

但我们必须更深入地研究这件事。那些未获恩赐的人，也就是绝大多数人能做什么呢？首先，他们可以模仿神圣之人。他们可以模仿他们。比如说，忒米斯托克勒斯是一个神圣之人，你以某种方式得知这一点。他有其天赋，一个总是为雅典提供明智建议的梦游者（sleep-walker）的天赋。你投票支持忒米斯托克勒斯的提案，并在其他方面模仿他。未获恩赐的人与神圣之人的关系，就像奴隶与自由人的关系一样：奴隶服从于自由人。奴隶的美德在于模仿他们的主人吗？如果他们打算这样做，那他们将是非常糟糕的奴隶。好的奴隶听从其主人，而不是模仿主人。因此，未获恩赐的人应该服从神圣之人。这说得通。但这带来了一个直接的困难。未获恩赐的人如何认出获得恩赐的人？柏拉图在《治邦者》中对此进行了讨论，并给出了答案（亚里士多德在《政治学》的后面几卷中也重复了这一点）：如果神圣之人或伟大之人是能通过其身体形制认出来的，以至于他们看起来就像神像一般——你们知道，就是漂亮之类的——那么任何人都能认出他们，这样的话事情就会很容易了。但由于这些人不一定凭肉眼就能认出，那么仅凭观感而不假任何判断就行不通。确实，苏格拉底甚至没有提及这些未获恩赐的人，也没有提到他们通过模仿或服从神圣之人而变得有德或可接受。难道苏格拉底对绝大多数人的命运完全漠然、毫不关心？

让我们再次提醒自己一个重要的事实：他在这段对话中所说的一切都是着眼于美诺说的。也许他认为美诺之为美诺，是不能模仿或服从神圣之人的，是不可救药的。那么，照苏格拉底或柏拉图的说法，对于不可救药之人该怎么做？

莱恩兹：他们将被处死。

施特劳斯：消灭（exterminated），用一个非常残酷但容易理解的词来说。是的。美诺只适合被消灭。苏格拉底默默判处了美诺死刑。色诺芬在《上行记》第二卷结尾，在其对美诺之死的描述中也做过这样的事，在那里他描写了希腊将军们的结局，你们知道，那是在他们输掉库纳克萨之战（battle at Cunaxa）后（《上行记》2.6.21以下）。美诺［这个极恶之人］把他的希腊同伴，他的同胞们，出卖给了蛮夷——这是最肮脏的背叛行为。而波斯国王作为一个异常高贵之人，以一种特别可怕和充满痛苦的方式处决了美诺。其他人也被立即处决，只是一般的处决，美诺则是以活埋或之类的方式，活在折磨中整整一年。因此波斯国王是惩罚性正义（punitive justice）的能手。遗憾的是，当色诺芬给出这段描述时，他补充性地用了这个词——"据说"，也就是说，这是善良人们的愿望，他们认为这事应该发生在美诺身上。遗憾的是，可以推测，对波斯国王有利的背叛会得到波斯国王的奖赏。这［285］就是世道（That is the way of the world）；因而，处决只能发生在言辞之中，某种程度上就像这里发生的一样。

然而，再提一下另外一点，苏格拉底有一种双重沉默。首先是简单的沉默，就是什么都不说；然后还有一种沉默的行动（a silent deed），确实说了一些话。苏格拉底用行动使美诺暂时变得更好。假如美诺能留在苏格拉底身边，而不是去波斯国王那里，或者去波斯国王反叛的兄弟居鲁士那里，他也许还有一线希望。或者也许，假如他反思与苏格拉底谈话中他的经历，［他也还会有希望］。你要说什么吗？请讲。

学生：我觉得这是不是太牵强了，就是关于苏格拉底可能想要让美诺消灭——

施特劳斯：不，我们必须捅到（go through）这一点——这是我们必须考虑的一种可能性。

同一名学生：嗯，从某种意义上看起来，苏格拉底试图将美诺置于一个境地，和导致苏格拉底本人被消灭的那个境地正好完全相同的境地，也就是，试图说服安虞托斯相信一些与他本人信条直接抵触的东西。正是苏格拉底被置于这种境地，并试图说服安虞托斯相信一些可能导致安虞托斯去指控他的东西。

施特劳斯：是的，更广泛地看，这肯定是故事的一部分：应该被处决的人没有被处决，而不应该被处决的人却被处决了。你的意思是这个吗？

同一名学生：我的意思是，苏格拉底要求美诺进入导致苏格拉底自己……的相同境地。

施特劳斯：我明白了。美诺肯定更倾向于自我保存，如果从根本上理解自我保存，当然，就像霍布斯以其智慧告诉我们的那样，自我保存就是使用一切可能的手段来保全珍贵的生命，不管你是否犯下可判处死刑的罪行。你们知道这是霍布斯的教诲：一个被依法公正地判处死刑的人试图越狱、杀死看守、杀死任何可能阻止他逃跑的无辜旁观者，这是具有最大自然权利的行动，因为自我保存是生命的基本准则。既然在波斯宫廷里能拥有巨大的财富、金银，这些都是自我保存的手段——求安逸的自我保存也还是自我保存——那美诺确实属于另一个阵营。但我们还是从背景中看到一种可能性，即他赞同苏格拉底，且放弃了抵抗，不带任何明显的低级动机，不带他那种狡猾，所以他还是比安虞托斯要好一些。

现在我只补充一点。《美诺》是关于美德的、与一个恶棍的对话。但美诺并不是唯一的大坏蛋。克里提阿斯（Critias）也是一个大坏蛋：三十僭主之一。但可以说，克里提阿斯并没有把希腊人出卖给波斯国王。最重要的是，人们普遍认为克里提阿斯是苏格拉底亲近的人，而美诺却是帖撒利亚人，也没被认为是苏格拉底亲近的人。相反，美诺是 [286] 安虞托斯的朋友，这是专门挑选他的一个很大的理由：这是与安虞托斯，而不是与苏格拉底混在一起的人。他们当着安虞托斯的面讨论美德是否可教，而答案是否定的：不行。于是，美诺怀疑是否存在有德之人，在整体语境中，也即在安虞托斯没有听到的那部分，这意味着美德是知识，但是有知识吗，有美德吗？这意味着，对美德可能性的质疑就是对邪恶的辩护，这发生在安虞托斯在场时，而整个前面的故事可能是由美诺叙述给安虞托斯的。因此我们在这里也看到了后来指控苏格拉底的史前史的一部分，让美诺和安虞托斯聚在一起，这是多么恰当啊。

关于美诺可能从苏格拉底最后那番话中学到了什么这个问题，我们就说这么多。但克莱因说得很对，我们也得考虑我们能从苏格拉底最后那番话中学到什么。我希望那是我们下次将要谈论的。你们如果有任何问题，或许可以写下来，在下次研讨课开始时交给我。

第十三讲　美德的基础

（没有日期）

[288] 施特劳斯：[此处未录上] —— [我提醒你们注意克莱因关于这段的评论。"接下来是一段迅疾而又奇怪地牵涉甚多的][1]总结，不仅总结了安虞托斯登场之前所谈论的几乎一切，甚至总结了之后谈论的几乎一切。"（Klein，250）我们上次已经读过这个了。我们可以说，总结克莱因立场的最后这几页，特别粗糙。为什么苏格拉底会那样做？他很着急吗？但他总是很有风度的，即使在他可能很着急的情况下——例如，当他给出自己的申辩时，那时他只剩有限的时间——他的申辩也有一个得体的结尾。在表明知识高于正确意见之后，他又恢复了正确意见之于知识的尊严。这是在98b－c。然后，他解释了不管知识还是正确意见都不是与生俱来的，也不是后天获取的，意即不是通过人类的努力得来的。他重复了这个论点，表明美德不可能是知识或审慎，因为美德不可教，而美德不可教是因为没有美德的教师；如此，美德就只能基于正确意见，因而，美德只能通过神圣分配归于人。然而他在最后结尾处再次提醒我们——这么说吧——知识优于正确意见。在重申了美德是通过神圣

---

① 磁带从这里开始。但是，由于前面是一段对克莱因的直接引用，我们可以相当确定其准确性。出于对上下文语境的考虑，我保留了"我提醒你们注意克莱因关于这个的评论"这句话；讲课不会在没有任何声明的情况下直接一开始就引用克莱因的话。

分配而不是通过学习归于人的之后，他警告我们，导致这一结果是因为忽视了一个问题：美德是什么？此外，最后一句清晰可听的话，对每个人来说都听得见，因而尤其对美诺来说听得见的话是：美德与正确意见同行。我们提出的第一个问题是：这是如何影响美诺的？就他自己的人生来说，他能从中得出什么结论呢？

这个难题可以最简单地陈述如下：美德是神所拣选之人、神圣之人、专选之人（the privileged men）的专属（preserve）。但是，既然我们无法设想美诺是一个专选之人，那么那些非专选之人是什么情况呢？他们的处境是无望的吗？是就得让他们自我毁灭、彻底毁灭呢，还是应该让他们模仿那些专选之人？他们应该服从专选之人吗？[苏格拉底] 没有回答。这个问题甚至没有被提出。但在某种程度上，我们确实得到了一个答案，因为对话以苏格拉底给美诺的一条建议结束。他告诉美诺他能做什么使雅典人受益的事，这意味着通常理解下他能做什么有德性的行动。苏格拉底告诉美诺他能做什么样的德性行动，尽管美诺没有学到美德是什么。但是美诺在某些事情上开始被苏格拉底说服了，而最重要的是他因为被苏格拉底驯服而变得更好了。这些陈述中包含着深切的含义，即人变得驯服就会变得更好。在现代，对于家庭型的人（domesticated man）、温顺的人（tame man）有很多批评，对美丽的、野蛮的、野性难驯的人（the beautiful, savage, untamed [man]）则截然相反。但是，至少在和平时期，一个温和的人要比一个野蛮残忍的人更可取，这还是可理解的。

[289] 以这种方式，通过给出这个建议，也只是通过这种方式，苏格拉底回答了这个问题：那些非专选的人，那些非神圣之人，该怎么办呢？他们该如何生活？答案是：他们应该按照有德之人告诉他们的去做。因此我们回到了之前给出的建议，非专选之人别无选择，只能服从专选之人。但这太笼而统之了，没有给我们更为具体的建议。嗯，换言之，困难也在于：他们如何认出更好的人？对他们应该怎么做这个不那么泛泛的问题，泛泛的回答是：他们应该听从明智之人的意见。[但这一劝告] 要想同时有效的话，就得成为一

条法律。这是每个人都能理解的说法，而如果有太多的细则，身边就得有律师给我们提供指导。[但是] 苏格拉底不能成为美诺的立法者（legislator），显然不能，他甚至不能成为安虞托斯的立法者。在后续讨论中我们应该谨记这一点。你有什么想法吗？

学　生：在前面的对话中……

施特劳斯：当然。[但]虔敬在这里意味着什么？这会是个多长远的指导？它会有什么样的精确意指，让一个不那么深沉的人也能按其行动？以习惯的方式敬拜神，是这样吗？

同一名学生：对，这样就不会有犹太意义上的那种也遵守一套律法，相对于（vis à vis）——

施特劳斯：对希腊人来说，虔敬主要是指以习惯的方式敬拜诸神。那么问题来了：诸神之于正义是什么关系？假设诸神关心正义并会惩罚不义之人，那他们将惩罚不正义的人吗？特别是《王制》中以相当长的篇幅讨论了一个问题，比如：难道不能把献祭和祈祷用来贿赂诸神吗，这样有人就可以不公正地生活，并且还可以与神——简直可以说——做交易了？这导致了一长串其他问题，但还是不能忽视它。这与你所说的犹太教的情况有关，希腊人当中并不完全一致，那就是以习惯的方式敬拜诸神。习俗当然是法律，而法律是什么？首要的是城邦的法律，也就是说，斯巴达敬拜诸神的方式不同于雅典，所崇拜的诸神也不同。法律会起作用。因此，我认为，我建议的这种说法，这种法律，更有广泛性。好的。对于这个问题，即美诺能从这个讨论中，特别是从结尾处学到什么，我们已经给出一个暂时的答案，而现在我们必须提出我们能学到什么这个问题，希望我们与美诺不一样。

苏格拉底所说的一切都是着眼于美诺说的，因而，不相应于这个角度的东西就被省略，被无视了。那么，在对美诺说话时，苏格拉底忽略了什么，而如果我们要达到比美诺更好的理解，我们得考虑什么？第一点：相对于美德与审慎或知识相伴，或者美德等同于审慎或知识，正义与正确意见相伴是次优选。于是，有两种美德。这似乎是对话最明显的教训。这个结果让我们想起了《美诺》的开头，也就是［290］美诺对苏格拉底问题的第一个回答，他列举了 n 种美德，因为 2 和 n 之间的区别只是数量上的区别。我们记得，苏格拉底坚持要一个单一的答案。一个单一的答案。美诺特别关注自由人德性与奴隶德性之间的区别，但是苏格拉底说：我只想要一个单一的美德。然而，苏格拉底的这个要求，正如我们前面所指出的，是模棱两可的。首先，这可能意味着我们得从人类的巨大多样性，尤其是从他们天性的巨大多样性出发进行抽象，从而对与这种天性多样性相应的各种各样的美德进行抽象。但是苏格拉底也可能是这种意思，即他想要的单一德性是最卓越的美德（the virtue par excellence）、最好类型的人类美德，所以其他类型的美德都将是最卓越美德的缺陷形式。我们已经看到，美诺对这个问题的第二个和第三个答案原来不适用于奴隶或孩子的德性，这是对最卓越美德的一个暗示。

现在，通过得出结论，即美德与审慎或知识相伴，不同于美德与正确意见相伴，我们发现，美诺的第一个回答，即有多种美德，某种程度上被证明是正确的。苏格拉底否认并坚持美德与审慎或知识相伴是可能的。但这一定是可能的，否则后一种美德，即次好的美德（the second-rate virtue），就没人能以清晰的方式将其识别出来了。苏格拉底否认真正美德的可能性，因为其不可能——这种美德对美诺来说是不可能的。让我们看看 89b。

莱恩兹："不，因为那样的话——"

施特劳斯：你可以告诉他们是哪一页吗？

莱恩兹：第 333 页。①

［读文本］：

　　［苏格拉底：］不，因为那样的话，我想，我们就应该得到这样的结果：如果人天生就好，② 我们肯定——

---

① 在文字记录中，插了一句："苏格拉底的第三句话。"录音里没听到有这句话。

② 原文是"如果好人是天生为好人"（if good men were so by nature）。

施特劳斯：不，"如果人天生就会成为好的"。

莱恩兹［读文本］：

如果人天生就会成为好的，① 我们肯定应该会有能辨别年轻人中谁天生就好的人，并且他们一指出这些年轻人，我们就应该接管他们，让他们安全地待在卫城中，把我们的标记放在他们身上，而不是放在我们的金银财宝上，为的是没有人会败坏②他们，而等他们长大了，他们也许会对他们的城邦③有用。（89b1 -7）

［291］施特劳斯：嗯，让我们在这儿停吧。我们读这段话时观察到，那个时候，按照苏格拉底这里的陈述，苏格拉底和美诺并不属于会辨识天性（recognize the natures）的人。他们只是会守护他们、保护他们。这让我们想起了《王制》。让我们暂时先不理会苏格拉底，因为苏格拉底也许并不像美诺那样认为他们属于同一类人。美诺只能做这个完美城邦中的卫士，在苏格拉底的指导下，且在某种程度上被苏格拉底或至少被其卫士伙伴们强制的情况下，他可能会成为一个还过得去的人。在后面很快要进行的一个讨论里，我们应该记着这一点。然而，我们绝不能忘记，否认最高意义上的美德的可能性，有可能具有一种普遍意义。在"知识"这个词的最高意义上，也许没有人拥有知识。在《斐多》中，苏格拉底把哲人的目标、哲人的目的称为 phronēsis——审慎。哲人们在对审慎的爱或追求中度过一生，因此甚至没有人拥有审慎。根据在于，将审慎和知识分开的那条界线很难画出，其潜在的推理也不难阐述：因为审慎需要基本原则，用来指导我们的审慎行动，而这些原则必须被知道，必须被真正知道，而这就会是理论知识。然而，在这种情况下，可

---

① 原文是：if good men were so by nature［如果好人天生如此］。

② 原文是：tamteredwith［干扰］。第一次读到这个句子时施特劳斯就作了纠正。

③ 原文是：country［国家］。

以说，人除了这样度过一生——在最高的情况下——在追求知识、在学习、在朝更好的知识前进中度过一生，他们就不能做任何事了。

　　我想说的第二点是：苏格拉底在治邦者的美德和一般性的人类美德之间来回切换。那普通人呢，那些完全没获专选的人，他们毕竟还是人类，他们怎么办？苏格拉底忽略了这些人。他不关心这些人？从《王制》我们可能会得到这样的印象，他相对不太关心这些人。但无论如何，总得有一种普通人的德性吧。这个问题我们必须提醒自己放在心上。这种普通人的德性如何获得？这会是个问题。我们已经看到，专选之人的美德是凭神圣分配获得的，而最高的美德，如果有可能的话，是靠学习获得的。但是普通人的美德是如何获得的呢？比如，父亲的训诫，有可能还伴随着童年时候被打屁股，以及其他各种各样的事情。但根本上，人们是根据对 nomos① 即律法（law）的遵行来衡量他们所拥有的美德。现在我们所作的这个观察还有待检验，但就我能看到的来说是正确的。nomos［习俗、律法］这个词，以及由之衍生出来的形容词和动词，在《美诺》中都没有出现过。《美诺》以一种不寻常的方式对 nomos［律法］保持沉默。我的意思是，这迥异于其他对话。《美诺》从字面上抽掉了 nomos［律法］。对此可以给出一个表面性的解释，一个对那些感到信服的人来说足够好的解释：美诺本人不可能接受 nomos［律法］的束缚。这很清楚。但这还不够深入。

　　那么，为什么《美诺》会抽掉 nomos［律法］？什么是 nomos？有一篇柏拉图对话致力于讨论 nomos 这个主题，这就是《米诺斯》（Minos）。这篇对话被普遍视为伪作，但即便是伪作也需要研究，因为有一些比今天活着的任何人都更接近柏拉图的人，他们认为这就是柏拉图的作品。就我理解可及，没有理由否认这是一部柏拉图的

---

　　① ［译按］在讲稿这部分，施特劳斯大量说到 nomos 这个希腊词，nomos 有"习俗""律法"等意。施特劳斯在这里解释了他提到 nomos 时意指法律、律法（law）。当然，nomos 的律法含义和习俗含义密切相关，在讲稿中用到这个词的时候也是如此。当施特劳斯使用 nomos 时，译文保留希腊词。

作品，只不过它有一些古怪的特点，第一眼看起来不是那么激动人心。但是，柏拉图也可以不激动人心，如果需要的话。这篇对话有一些与柏拉图《法义》相符的地方，[292] 而《法义》，所有人都认定是真作，因此，我们可以说 nomos［律法］是 polis［城邦］的决定。无论城邦如何组织，立法者（legislator）就是城邦。那么，这样一部法律，城邦的决定，当然不一定是好的或明智的，它的好或者明智很大程度上取决于立法者的品质，取决于他或他们是否好和明智。然而，法律在任何情境下，无论其是好是坏，都有强制力（coercive power）：有组织的共同体的整个力量都在这背后。但其有效性需要的不仅仅是强制，因为单单强制本身很容易遭到怨憎，导致不服从。我给你们读一下亚里士多德《政治学》卷二，1269a20 - 23 的一段话，这段话可以被柏拉图的话印证，但表意更简洁："法律独立于习惯、习俗就没有力量让人遵从。除非有一段很长的时间，否则不可能实现。""有一段很长的时间。"因此，这就是背景，法律不应该轻易变更或频繁变更。法律除了强制之外，还有一种约束力在于它们的古老，在于它们之为传统。通过传统给予我们的东西就是记忆给予我们的。但正确意见当然也是如此：指导我们的正确意见乃是知道之人（knowing men）的那些被铭记的语录。

现在，这导致了一个更严重的困难，这个困难我们之前讲过，并且是在克莱因解释的基础上讲的。我再把这个等式，或者说不等式，写在黑板上。[施特劳斯在黑板上写] 美德（virtue）、知识（knowledge），让我们说，还有回忆（recollection）、邪恶（vice）、意见（opinion）、记忆（memory）。你们记得吧，我之前某一次在黑板上画过。如果这是真的，如果你现在把它翻转过来，那么仅仅基于记忆的东西——区别于领悟（insight）——就与罪恶同列，这意味着除了最高德性之外，所有类型的德性都有与美诺之恶相同的原则。我不止一次提到的一段文字证实了这一点，这个段落在《王制》快结尾的地方，619c6 - d1。那里苏格拉底描述了一个人，这个人此世在一个秩序井然的城邦中活得很好，他具有的美德只是通过习惯而非通过领悟而来，[当他不得不选择下一世的生活时，][他] 选择了僭主的生活，因为他的心，我们可以说，由于缺乏领悟没有得到过净化。因此，美诺和所有非哲人——一个哲人，如果我可以顺便提一下这点，一个柏拉图意义上的哲人，并非一个哲学学生或哲学教授，我的意思是，这些只是职业，像看门人或生物学家或其他什么，无关紧要。因此，所有非哲人都和美诺在同一条船上，当然，美诺与我们所说的与哲学没有联系的好人之间还是有一个明确的区别。诸如美诺之流，罪恶在他们生前就完全暴露出来了，而在那些所谓正派人（decent man）那里——在柏拉图的眼里我们都是所谓正派人，我们的恶活着的时候不一定显出来，只有在我们独自一人为下一世做决定的时候才会显出来。

为了理解这一非常悖谬的论题，我只想提一点，这一点通常没有以恰当的清晰和简洁得到陈述。传统上，直到今天，当我们使用"美德"这个词时，我们主要指道德德性：ēthikē aretē，virtus moralis。"道德德性"是亚里士多德创造的一个术语。柏拉图的著作中没这个术语。在柏拉图看来，真正的德性与庸俗的德性或政治德性之间存在着简单而根本的区别：真正的美德与对知识的寻求分不开，而庸俗的德性或政治德性与法律及其作用密切相关。［293］在我的研究《城邦与人》（*The City and Man*）一书第 25 到 26 页中，我颇用了一些篇幅展开这个问题，在此我不想重复。现在可以且必须提出这样一个问题：一个人的恶在他活着时就显露出来还是没有显露出来，这不是非常重要的区别吗？有些人会说这是唯一重要的区别。换一种说法：非哲人所能具有的美德，即亚哲学的美德（subphilosophic virtue），仅仅是对被告知的东西的回忆吗？这种说法不是很不公平吗？亚哲学的美德完全是二手货？看看你所认识的那些非常良善的人，或者为了少些私人性，我们可以读一个奥斯丁的绝妙故事，故事里她向我们展现了如此迷人、真正迷人的人类，尤其是女孩们。所以这一切都是假象吗？说不通。这难道不意味着，在所有情况下都包含一些真正的理解或领悟吗？柏拉图喜欢 divining［神圣直觉］这个词。我们所有神圣直觉（divine）到的都比我们清楚看到的要多得多。难道不是所有的人都能神圣直觉（divine）到某种美德吗？尽管这种神圣直觉（divination）在许多人身上可能快要绝迹了。柏拉图还谈到了对美的爱，这在希腊语中不仅意味着对可见之美，即对高贵的爱，比如对美丽的玫瑰的爱，还意味着对道德之美的爱，如果我可以这样说的话。有一些感知，感官感知、对美的感知。我们谈到敏感性（sensitivity）——有趣的是，这仍然与感觉（sense）、感性知觉有关。［要么］品味（taste），这更是［毫不含糊派生自］我们的一种感官。例如，许多人对于提出哲学问题没有任何可能性，但却有可能感受诗歌、音乐、雕塑中严肃、崇高、庄重的方面，而这与被理解为释放冲动即找乐子的艺术形成鲜明对比。你们肯定从每天的报纸上知道了这种美学。那些在诗歌、音乐、雕塑等方面有感受力的人，当然主要是对人类中的这些东西有感受力。否则，那［种艺术］［对他们来说］就不会有任何价值。

这种神圣直觉（divining）构成了所有法律、所有权威意见的基础。这些法律和权威意见——也就是现在被称为文化或文明的核心的东西——"历史性地"（historically）各有不同，意即时代与时代以及国家与国家间各不相同。然而，它们都有共同之处——尽管它们种类极其繁多，层次极其悬殊——它们都有相同的起源。而这个起源，并非像19世纪以来要么公开宣称要么以伪装的形式所认为的，是某种类似民众心灵（the Volk mind）的东西，而是创始者（founders）——杰出个体（outstanding individuals）。这是古典思想家或显或隐的设想。特别是当我们想到世界上的宗教时，我们不应该对此感到太惊讶；这些宗教没有将自己呈现为任何民众心灵的产物，但如果我们忽略神圣来源的话，这些宗教都有杰出的创始人、个体之人。在"起源"这个词的另一种意义上，也就是说，在真理的意义上，它们都有同样类型的本源。柏拉图会说，他们都在不同程度上直觉到这些想法。他们都直觉到了真理的碎片。在这个程度上，它们都是真实的。它们只是通过绝对化的行动（the act of absolutization）才成为只是习俗惯例的东西：这是全部真理，你不能越过它去发问。

所有这一切将导向一个结论：在所有时代、所有地方的非哲人所理解的美德，都是属于意见因素的东西，永远不可能超出这一点，可以说，那是一种被冻结了的神圣直觉（divination）。但是一旦有人意识到这一事态，他就在某种意义上超出了它，[至少]可能超越。[294] 于是，要么他是所谓的玩世不恭者（cynic），然后成为一个卑鄙的人，要么他是一个通往知识道路的人。但是知识可及吗？整全的知识？这对柏拉图来说无疑是个问题。然而，对知识的追求不正是美德最坚实的支柱吗？但是，如果知识永不可及，一个人就只能把所能达到的意见作为最好的意见来接受，永远无法超越此意见。黑暗将继续存在。但如果情形竟然是这样，那是否意味着，这种领悟，即对于我们无知的知识，而不是真理，就是我们所能达到的最高点呢？这些都是《美诺》的读者在对话终点忍不住想提出的一些问题，特别是对话的最后一段。现在有人想提问吗？巴特沃斯先生？

巴特沃斯：您打算后面继续讨论我们对终极无知的可能领悟这个问题吗？

施特劳斯：对不起，请再说一遍。

巴特沃斯：您后面会处理我们可能会有对终极无知的领悟这个问题吗？

施特劳斯：嗯，我试着在这个时候尽我所能从《美诺》多学些东西。这把我们引向了这个问题。我现在隐约在做的——不知道你们是不是都意识到了这个——就是表明在某个特定的点上，柏拉图与某种特定形式的带引号的"怀疑主义"意见一致，这种怀疑主义在今天非常有影响力。尼采说过，以一个夸张但富有启发的表述：我们这些 19 世纪晚期受过教育的[西方]人，与所有更早那些代人的区别在于，我们不拥有真理。换言之，我们的严肃的最高点就是我们抵达的这个点，这当然意味着我们非常关切真理，否则这个陈述就没有任何意义。这[译按：指尼采的说法]与《美诺》的论点有一种奇怪的契合，可以说，尼采从他对苏格拉底或柏拉图的阅读中承接了这一点。然后它现在经常以历史意识的形式出现，无论如何不是柏拉图的形式，这种戒心（caution）在我们的世界中是一种非常有影响力的东西，而我相信，非常重要的是使自己明白，其意指在相当大程度上只是恢复了古代苏格拉底所说的东西。其间也有重要区别，但我们必须看到，在苏格拉底那里有多少东西是直接给我们的，当然，要一些努力，而在这个意义上……对于我们的根本关切富有启发。

巴特沃斯：我想通过我的问题来表达的是，您在研讨课的不同时刻提出了这样一个问题，关于这种可能性的问题，即我们所能做的可能只是追求知识，但却不可能获得知识。

施特劳斯：是的，这确实是苏格拉底的关键问题，他声称他知道他不知道。但这必须得到明智的理解。这个表述的第一部分和最后一部分一样重要："我知道我不知道。"（I know that I do not know）我们在《美诺》中读过这份声明——无论什么情形，他准备为之辩护的东西少之又少。但也有一些。一个人不可能毫无所知地知道他不知道［295］（One cannot know that one does not know without knowing）。任何人都不可能没有知识而生活，即使那知识只是非常模糊，几乎处在休眠状态。这终究是回忆学说最明显的意思。我们所有人内在都有处于休眠状态的真理。我们有一个基本的意识。我将在后面谈及这个。

现在我想继续我的讨论。如果我们看《美诺》的表面，每个人在第一次阅读时都能在一种［几乎要］睡着的状态中看到：美德是什么的问题被提出，而这个问题没有得到回答。虽然有一个答案，当然美德就是正确的意见，其累积要通过神圣分配，但这在最后又受到了限制。我们得重新考虑整件事。你们还记得吧。我们想要知道这个问题的答案——尽管在某种意义上我们已经有一个答案。我们能够相当好地区分德性程度高或低的人，在书的最后，美诺善举（Meno's good deed）的简单例子表明，我们有一些理解，即如果美诺尝试说服安虞托斯正确对待苏格拉底，那将是一个善举。此外，我们还可以举出身边许多更切近的善举的例子。所以，我们确实具有一些知识。

但是，我们想知道一个明确的柏拉图式的答案，或者说是苏格拉底式的答案。我们在哪里可以找到苏格拉底对美德问题的答案？我听听有人回答吗？这不是一个牵强或困难的问题。你们每个人或者大部分人都知道的：《王制》。这是最简单的答案，但也不完全是，因为《王制》中回答的并不是"什么是美德"这个问题，而是什么是正义的问题。关于正义，我们在《美诺》这部对话中了解到，正义并非美德，而是一种美德，某种美德，众多美德中的一种。在《王制》卷一中，就像在《美诺》中一样，关于正义是什么这个问题，有三个答案被讨论并遭到反驳。但当苏格拉底反驳这些答案时，他渐渐引出正义是善的事物的证据。不过正如他在卷一结尾所阐明的那样，他已经"证明"（引号里的），即使不知道正义是什么，正义也是善。因此，格劳孔和阿德曼托斯重申了反对正义的论据，以迫使苏格拉底以一种严肃的方式证明正义之善，因为苏格拉底在卷一中所做的并不是一种对正义的严肃辩护。格劳孔和阿德曼托斯攻击正义，这是柏拉图著作中最著名的部分之——而这里，顺带着，我们看到了这些高贵的年轻人与美诺的区别。一个像美诺这样不正义的人是不会攻击正义的。你们知道的，当苏格拉底提到正义时，他马上就说：当然，当然，我一时忘记了，但我不是故意的。一个不正义的人宁愿其他人一直是容易因正义信仰上当受骗的人，这样他们就会成为他的（his）上当受骗者。美诺是骗子的一个证据就是，事实上他从来没有说过：我怎么知道正义是好的？就像格劳孔和阿德曼托斯所做的那样。请讲。

学生：不完全这样。就算我们证明一个攻击正义的人并非不正义，这也并不必然能证明相反的情况。

施特劳斯：对不起，请重复一遍？

[296] 同一名学生：[美诺没有攻击正义这个事实] 并不能确切证明 [他] 就是一个骗子，因为这会意味着任何从未质疑过正义的人都在同样意义上属于罪犯。它也可以证明相反的情形。

施特劳斯：不。我说的是，只有一个正义的人才会攻击正义。不义之人有小算盘。他让自己摆脱了这些传统禁锢。他怎么会想让别人从这些东西里摆脱出来呢？他可以从其他人的愚蠢中得利。

同一名学生：但是，在说只有一个正义的人才会攻击正义的同时，说每个正义的人都会攻击正义是不是也正确呢？

施特劳斯：不，真不是。我说的只是一个正义的人，我并没有说所有正义的人。

同一名学生：因此，他不攻击正义这个事实并不能证明他是一个不正义的人。

施特劳斯：不能，如果只有一个正义的人会攻击正义，那么美诺不攻击正义这个事实——我明白了，真的不能证明。这［译按：指正义之人与不攻击正义］是兼容的。可能有一个正义之人，他只是说这对软弱的同胞有不好的影响，因而他不会那样做。出于一种公共性的责任感，他会避免这样做。但你必须承认，这就更不可能是美诺的动机了。但是我想讨论这个问题，这个问题已经提过不止一次了：美诺是个什么样的家伙？他是恶棍吗？我们会重提这个问题，我们不会回避这一点。布鲁尔先生？

布鲁尔：这种情况下忒拉绪马科斯会怎样呢？

施特劳斯：嗯，但忒拉绪马科斯并不是一个不义之人。忒拉绪马科斯是——该怎么说呢？他会扮演某些东西。他会扮演某些东西。他是个修辞术教师，一种特殊类型的修辞术、一种特别的情感性修辞术的教师，正如亚里士多德告诉你们的，他演了一出戏。苏格拉底并没有把这一点说破，他将其表现得像一头野兽，试图把他和格劳孔撕成碎片，但又并不能完全解决问题。但那会把我带得太远了。好。

苏格拉底受格劳孔并阿德曼托斯的委托去证明正义之善。苏格拉底随即建议，他们应该看大写的正义，意思就是看城邦中的正义，因为在个人身上正义是如此微小之物，我们有可能看不到，但城邦很大，在那里我们就可能看到了。这当然是个玩笑。严肃的意义是：正义是社会德性，而完整的社会就是城邦，因而我们只能在城邦中看到正义，至少能在城邦中最好地看到正义。但是，他们并没有为了找出正义是什么而对城邦进行一种经验性的研究，而是以言辞构建最好的城邦。为什么？嗯，因为在一个不完美的城邦中，这个城邦下可能的正义也会是不完美的。举个简单的例子。让我们假设奴隶制是不正义的，而在一个特定的社会中奴隶制已经建立起来。那么，一个像苏格拉底这样的人就会被迫向主人告发一个逃亡的奴隶，否则他就会违反法律。他将不得不去做遵循法律而非遵循根据自然是正义的事。但即使他愿意在这种特殊情况下或任何其他类似的情况下触犯法律，[297] 仍然会出现一种可怕的情况，那就是他被两种不同的正义原则撕裂，而这种情况对正义而言并不可取。

那么，在《王制》的整个行程中苏格拉底都隐含了一个意思，即没有现实的城邦是正义的或者会永远正义，因而他们必须在言辞中来建构这个城邦。他们必须在言辞中建立一个正义的城邦。这种建构分三个阶段进行，你们中大多数人都会记得：所谓猪的城邦（the city of pigs）；军营的城邦（the city of the armed camp），这个城邦以财产、妇女、孩子公有，以及两性平等为特征；第三个阶段（当然包括前两个阶段），即 kallipolis，美的城邦（the city of beauty），在一切公有的顶层有哲人统治，以及两性平等。在提出哲人统治之前，甚至在对一切公有和两性平等进行足够详细的讨论发生之前，正义是什么这个问题就得到回答了，不过是以一种非常奇怪的方式。这个部分，我认为，我们应该考虑一下。这些都在卷四。我没指望这里你们带了《王制》。等一下，让我找找。《王制》卷四，427c6。就是这里。

莱恩兹："终于，那么，阿里斯同的儿子，我说——"

施特劳斯：那是格劳孔，嗯。

莱恩兹［读文本］：

> 可以认为你的城邦已经建成。第二件事就是要设法从什么地方获取足够的光亮，你自己看看，并请求你的兄弟和珀勒马科斯以及其他人的帮助，不管怎样我们是否能发现其中哪里会有正义，哪里会有不正义，它们以什么方式彼此区分，以及想要幸福的话他必须拥有两者中的哪一个，同样他的情况被众神和人们知道还是不知道。（《王制》427c6 – d7）①

---

① *Republic*, trans. Paul Shorey（Loeb Classical Library edition）（Cambridge, MA：Harvard University Press，1930）.

［译按］本文中的《王制》引文，根据所引用的英文原文译出。施特劳斯在讲课中经常针对课堂上所用译文做出修改，保留英译本（所用皆为洛布版）的译法，才可以明确对应施特劳斯的修改。

施特劳斯：换言之，现在已经完成了，完美城邦已经建成，现在让我们来看看其中的正义。苏格拉底补充了一点——其中也有不正义，而这对于我们现在不关心的一个更深层的理解很重要，即：在最好的城邦中也有不正义吗？这是不可避免的吗？顺便问一下，这是为什么呢？嗯，你们还记得等级的划分吧，这种划分最好是在他们尚在襁褓之时就完成。这有可能出错，以至于某个天生是铁匠的人有可能被送入更高等级，反之亦然，由此就会有一些不公正。他被分配了一项他天性并不适合的工作。还会有其他类似的情况，类似的以及可能更严重的情况。是吧？

莱恩兹〔读文本〕：

> "废话，"格劳孔说，"你答应过你会亲自参与搜寻，保证说如果你不尽你所能来帮助正义，那就是不虔敬的。""真正的提醒，"我说，"我必须这样做，但你也得搭把手。""好的，"他说，"我们会的。""那么我希望，"〔298〕我说，"我们将以这种方式来寻找它。我认为，我们的城邦，如果建得正确，就是'善'（good）这个词完全意义上的善。"（427c6－e8）

施特劳斯：嗯，"就是完美的善"（perfectly good）。

莱恩兹〔读文本〕：

> "必然如此。"他说。"那么显然，它将是明智、勇敢、清醒（sober）和正义。""显然。""那么，如果我们在其中发现这些品质中任何一些，那剩下的就是我们没有发现的了。""那是。""就拿其他四个东西来说吧。如果我们在任何事物中寻找它们中的任何一个，并且首先认出我们寻找的目标，这对我们来说就足够了，但是如果我们首先认出其他三个，那这本身就会让我们知道我们在寻找的东西。因为很简单，已经没给它留下什么了，只能是剩下的东西。""对。"他说。"因此，既然是四个，我们必须以同样的方式开展搜索。""显然。""而且，此外——"（427e9－428a10）

施特劳斯：我们在这儿停吧。那么，完美的自然城邦拥有所有美德，否则它就不是完美的，即它拥有所有美德而不只是正义。但苏格拉底做得有点奇怪。他知道其中有正义，也有其他。为什么他不首先寻找正义呢？他提出他们应该先讨论其他三种美德。他没有说这是为何。毕竟，我们感兴趣的首先应该是正义。他首先讨论了智慧——意思是给出好建议和接受好建议的习惯。所以这非常接近于审慎，也被称为某种知识，就像在《美诺》中一样。让我们继续读428e处的最后一段讲辞。我们在城邦中哪里找到了智慧？

莱恩兹 ［读文本］：

> "那么，正是拜其最小等级和最微弱部分所赐——而智慧就驻留在其中，处在领导和统治的部分——一个建立在自然原则之上的城邦才会整体明智。正如它所显示的，这些人 ［译按：指有智慧的人］ 就天性来说就是最少的，在所有形式的知识中，只有其所属等级所分享的知识才配得上智慧之名。"

施特劳斯：因此，整个 polis ［城邦］ 是拜其最小群体和部分所赐而是明智的；如果那个最小的群体和部分，即统治者，是明智的，城邦就是明智的。是的。你可以从之前暂停的地方继续吗？

莱恩兹 ［读文本］：

> "千真万确。"他说。"那么，这四个中的一个，我们已经找到，我不知道是怎么发现的，这个东西本身及其在城邦中的位置。""我确实认为，"他说，"它已经被充分发现了。"（428e–429a7）

施特劳斯：是的。你们看，苏格拉底并不像格劳孔那样有把握，认为它已经被充分发现了。然后他们转向所研究的下一个美德，那就是勇敢（courage）或男子气概（manliness）。拜一个部分即卫士们的男子气概或勇敢所赐，整个城邦都是有男子气概或勇敢的。例如，不管女性是不是勇敢，［299］对这个目标来说都完全无关紧要——

在这里无关紧要，这很自然，我要马上纠正自己，因为两性平等。但无论如何，只有卫士和他们的勇敢才是决定性的。是的，现在让我们继续。让我们跳过一点，到429b8："因此，一个城邦将是勇敢的。"

莱恩兹：我找到这里了。要我读吗？

施特劳斯：是的。

莱恩兹〔读文本〕：

"那么，勇敢也拜城邦自身的一部分所赐而属于一个城邦，因为它在那个部分中拥有一种品质，在任何情况下都会持守这种信念（conviction），即令人畏惧之事正是立法者在对他们的教育中持续灌输的东西。"

施特劳斯："信念"（conviction）在希腊语中是 doxa，即"意见"（opinion），这应该保留。是吧？

莱恩兹〔读文本〕：

"这不就是你所说的勇敢吗？" "我不完全理解你说的话。他回答道。但是说——"

施特劳斯：说勇敢是持守关于激发恐惧之事的意见，这不是一个乍一听到就会立刻显出其合理性的答案。是吧？

莱恩兹〔读文本〕：

但是再说一遍。"一种坚守（conservation），"我说，"就是我所说的勇敢。" "什么样的坚守？" "对法律通过教育所造就的关于可怕之事的信念的坚守——什么和什么类型的事情是令人畏惧的。而通过'在所有条件下'这个短语，我的意思是指勇敢之人在痛苦和快乐、欲望和恐惧中都能持守它，而不将其从灵魂中驱走。"（428b7 – d1）

施特劳斯：让我们在这儿停吧。因此，勇敢，所讨论的下一个美德,是持守一种意见——例如死亡并不可怕的意见,不仅仅是这个意见,不仅仅是你有这个意见,而是你在很难藐视死亡时还能持守这种意见。当我们和好伙伴一起,也许还喝了点酒,死亡似乎很遥远。但例如当我们身处越南时,不管有没有酒,要持守这种意见就艰难得多了。而在这种意见上的持守就是勇敢。是的。而且你们看到,这是法律通过教育带来的,这意味着法律规定了教育的形式,必须经过这种教育。想想军队给予的教育部分,那种训练,当然也是教育;如果不实际接受这种训练,那么法律的规定也不会让人成为一个更好的士兵。好的。现在让我们跳到430b,苏格拉底这段讲辞的结尾部分。

莱恩兹:"这个力量"?

[300] 施特劳斯:"这种力量"。嗯。

莱恩兹[读文本]:

> "那么,这种灵魂中的力量,这种对事物之正确和合法的信念经久不衰的持守,就是我所说的以及我认为的勇敢,除非你有什么——"

施特劳斯:嗯。这里陈述得更清楚些。持守正确的意见,正确和合法的意见,意思是法律所晓谕的(law-inspired)、所命令的(law-dictated)意见,[就是苏格拉底所说的勇敢]。这里又出现了我们在《美诺》中听到过那么多次的"正确意见"(correct opinion)了。是吧?继续。

莱恩兹[读文本]:

> "除非你有什么不同想法要说。""没有,没有什么,"他说,"因为我猜想,你会考虑不是通过教育产生的对于同样事情的正确意见,这种意见可能现身于一头野兽或一个奴隶身上,与法律几乎没有或根本没有什么关系,而你会用另一个名字,而不是用'勇敢'来称呼它。"(430b2-9)

施特劳斯：因此，换言之，这里格劳孔提出了正确意见范围内的一个区分。有人可能会基于教育对可怕的事情具有正确意见，这是正常的情况，但他也可能没有受教育而具有正确意见，像一个野蛮的家伙，［但］按照格劳孔的看法他也有正确意见。然而，这并不是这件事的正常类型。是的。所以，有各种各样的正确意见。从你停下的地方继续吧。

莱恩兹［读文本］：

"太对了。"我说。"好吧，那么，"他说，"我接受这是勇敢。""你接受，"我说，"你保留这一点将是对的，这是一种城邦公民的勇敢。如果你愿意的话，改天吧，我们将讨论得更充分些。"

施特劳斯：嗯，停在这儿吧。因此，他们已经搞清楚勇敢是什么。但他们所发现的勇敢是政治勇敢、公民的勇敢，其隐含的意思是，比起那种最高的勇敢来说，［这］是一种较低的勇敢，而最高的勇敢应该称为完整意义上的勇敢。是的。我们得再读几段。从你暂停的地方［继续吧］。

莱恩兹［读文本］：

"眼下我们追求的不是这个，而是正义。为了那个探究的目的，我相信我们做得已经足够了。"（430c1－6）

施特劳斯：换言之，就这个狭义的、有限的目的来说足够了，但这当然不是对勇敢或男子气概是什么这个问题的充分回答。是吧？

莱恩兹［读文本］：

［301］"你说得很对。"他说。"在我们的城邦里，"我说，"还有两件事要弄清楚，清醒（soberness）——"

施特劳斯：那个词我翻译成"节制"（moderation）。

莱恩兹［读文本］：

　　"节制和整个探究的目标,正义。""正是如此。""要是有某种合适的方法可以发现正义,我们就不必让自己进一步去关心节制（moderation）① 了。""嗯——"

施特劳斯:这是苏格拉底说的。看来,对于我们为什么要讨论 [其他美德],[他] 现在改主意了。最初他是那个说我们必须通过另外三种美德绕路走的人。而现在他好像已经厌烦了,他说:让我们忘掉节制吧。但是格劳孔是如何反应的呢?

莱恩兹 [读文本]:

　　"嗯,从我这方面来说,"他说,"我既不知道任何这样的方法,也不希望正义首先被发现,如果这意味着我们不用继续去考虑节制的话。但如果你想让我满意,那还是先考虑一下这事吧。"我说:"不想让你满意,那我可是大错特错。"

施特劳斯:换言之,出于对格劳孔的善意,苏格拉底愿意讨论节制。我们跳过一点,但我只是想大致说一下,他没有用关于勇敢那样明确的详述来说智慧和节制,也就是说,这里所定义的智慧和节制只是出于政治目的的粗略定义,而非真正定义。那么最后,正义是什么这个问题的答案是什么? 毕竟这才是主题。432b 处开头:我们在城邦中看到了这些事物中的三个。

莱恩兹 [读文本]:

　　"还会给这座城邦带来另一种美德的剩下的形式会是什么呢?"

施特劳斯:是的。
莱恩兹 [读文本]:

---

　　① 原文是 soberness [清醒],但莱恩兹根据施特劳斯指示做了修正,他从头到尾都贯彻了这个做法。

"显然，剩下的就是正义咯。""显然。""那么，格劳孔，现在是时候了，我们要像猎人一样包围动物的藏身之处，并且保持密切监视，警惕正义可能会从我们身边溜走，从我们的视野中消失。它明明白白肯定在这附近某个地方。睁大眼睛，尽最大努力去发现它吧。你可以在我之前看到，并向我指出来。"（432b3 – c2）

施特劳斯：这是一个象征，一个非常具有反讽意味的象征，它关于为什么正义被放在最后研究。根据《王制》的整个讨论，正义是最难以接近的，因而它被放在最后。但现在让我们跳过一点儿，跳到433a，这是我们要读的最后一段。

［302］莱恩兹："那么，听着，我说——"

施特劳斯：是的。

莱恩兹［读文本］：

"那么听着，"我说，"看看我说的话里是不是可以学到点什么。在建立我们的城邦时一开始规定的普遍要求，我认为这东西，或者这东西的某种形式，就是正义（this I think, or some form of this, is justice），而如果你还记得的话，我们确实规定了，我们也经常说，每一个人都必须在最适合其天性的状态下履行一项社会服务。""是的，我们那样说过。""再者，做自己分内事，不多管闲事就是正义，这句话我们从许多人那里听到过，而且我们自己也经常重复。""是的。""那么，"我说，"我的朋友，从某种意义上讲，这种做一个人自己分内事的原则似乎就是正义。"（433a1 – b4）

施特劳斯：我们就停在这儿吧。这就是我们在漫长努力后所得到的正义定义，不仅是我们读的那几页，而且是前面整整四卷。正义就是照看好自己的事，就像通常所说的那样。那就是——贺拉斯的（Horatian）诗句怎么说来着？"群山孕育，一只小耗子出生了。"（Pariunt montes nascitur ridiculus mus）一只荒谬的老鼠，是吗？好。

但你们看这里所作的限定，即他在433a处所说，首先："这个或其一种，是正义。"（this or a kind of it is justice）①"照看自己的事还是照看自己之事的一种？"越来越晦涩了。而这里，第二段，也就是我们读到的最后一段，这个"如果其以一种特定方式产生或发生"（if it comes into being or happens in a certain manner），②但是我们没有被告知以哪种方式。现在，不难猜测，若特别借助亚里士多德在其《伦理学》接近开头的一句话，用来说这里所缺少的东西，使这个定义起码相对完整，那就是：做好自己的事情。拿鞋匠来说，他不去管马鞍匠、裁缝、学校老师的事，就是个相当不错的家伙。但是如果他又懒又笨，他肯定不会是一个好鞋匠。我的意思是，在这个意义上，他是一个坏公民，因为他被我们训练的目的就是做一个好鞋匠。这是我们必须要做的一个最低限度的补充。

我想说的只是，我们之所以会自然而然地从《美诺》转向《王制》，是为了满足我们被《美诺》吊起来的胃口，而《王制》尽管有一点帮助，也还是会把我们留在一种饥渴状态中。现在，关于《王制》的后续部分，我想说一句。苏格拉底转向在单个的人身上寻找正义——也就是说，相对于集体、相对于城邦而言。现在，如果个人，甚或其灵魂，不是也由三个部分组成，就像城邦由〔三个部分〕组成那样，那么在这一部分里所做的全部工作都是没用的。灵魂中必然有三种性质（nature），因而自然有必要对灵魂进行研究。然后，这种研究以必要的速度开展，伴随着格劳孔必然的赞同——也许有时也在错误的地方——导致了这样的结果，即灵魂中有三种性质，正如城邦中有三种性质一样，即〔303〕统治者、士兵和劳动者。灵魂中有心智（mind）；血气（spiritedness），在那里被称为愤怒（anger）；欲望（desire），被理解为最低的欲望——从这个角度

---

① 原文是：this I think, or some form of this, is justice。莱恩兹前面读到这句时施特劳斯没有纠正他，或者施特劳斯就在接下来的提示里作了纠正，这里他读得很大声。

② 这是施特劳斯对433b3－4的翻译。洛布版读作：if taken in a certain sense。

来看，大量欲望（the mass of desires）和所谓的大众（masses）一样可鄙。然后就行了。于是就有一个教义：我们只有通过研究灵魂，才能找到关于正义的全部真相。城邦是不够的。但如果没有城邦的指引，我们就不可能在灵魂中看到它，因为城邦为我们提供了指引——你们知道的，城邦中必须有三种性质。

然后在《王制》的结尾，在卷十中——在卷四中我们已经了解到，为了把这一点说得非常清楚，需要在灵魂研究中走一条更长的路、一条长得多的路，才能充分证实美德是什么。自然而然地，我们通过美德来理解灵魂的某些特质、灵魂的完美。如果不先了解灵魂的话，我们又怎么能正确地了解这些完善性呢？表面的知识不是可以忽略不计的，大多数时候我们必须满足于这种知识，但这当然不是一个足够好的解决方案。而在《王制》结尾，我们再次看到，这里再次强调，贯穿《王制》的对整个正义问题的解决方案，与我们在卷一开头找到的解决方案一样有问题，并且是出于同样的原因。正如后来卷一中的解决办法被证明并不令人满意，因为我们在不知道正义是什么的情况下回答了正义是否为善的问题，同样，在整个《王制》中，我们已经回答了正义是什么这个问题，却还没有对灵魂、对灵魂本性（the nature of the soul）的充分知识，因而，进一步的学习，进一步的研究，进一步的探究必不可少。这就是关于《王制》的内容。你想说什么吗？

学生：我认为在《王制》中，"较长的路"［更确切地说］指的是对善（the good）的认识，而不是对——

施特劳斯：这是一种说法。你可以这么说，但是"善"（the good）是什么意思呢？我的意思是，这是个很合理的问题，不是吗？

同一名学生：嗯，换句话说，这个问题是：对善的不充分的知识等于对灵魂的不充分的知识，或者它们——？

施特劳斯：是的，在某种程度上。可以这么说，因为——嗯，很简单，你不可能满足于卷四中讨论的灵魂的三个部分，欲望、血气和那里称之为 logistikon 的，即计算（reckoning）或算出（figuring out）的能力。你们还记得分界线吗？所以就有了灵魂被划分为四个认知部分，像科学……一样忽略了情感部分，所以也就是说，你们没准会有至少六个部分。那就得超出这个数了。但这还不够；我们还得非常仔细地考虑理解与……感官感觉及其对象的关系，否则我们无法理解心灵（the mind）的认知行为。那么，《王制》中是怎么回答认知与其对象的关系这个问题的呢？如果要有知识，那认知及其对象难道不应该有共同基础吗？这个共同基础的名称是什么？是善（The good）。正如太阳是可见事物的共同基础，我们能看见事物这一点很容易在实验中得到证实，［304］在完全黑暗中我们不可能看见，事物也就不可见。正如太阳是事物的可见性和我们看东西的同一基础，同样，善的理型（the idea of the good）是我们用心智之眼（the mind's eye）看见那些只能用心智之眼才能看见的事物的共同基础；正如太阳是可见事物之为可见事物存在的原因——想想植物，它们需要阳光才能生长——同样，理型，心智的对象，也不可能没有善，没有善的理型这个因。因此你给出的是个绝对正确的答案。若没有善的知识，我们的知识就是不完全的，这在卷七中讲得非常清楚。但是柏拉图用善的知识指的是什么意思呢？这是个好问题。而我只是指出了非常非常表面的一种关联。好的。现在——布鲁尔先生。

布鲁尔：当您讲述《美诺》中是如何处理正义的时候，您说它不被认为是美德，而被认为是某种美德。但是否也可以说，《美诺》的某些部分甚至提出了一个问题，即正义到底是不是一种美德，因为灵魂的每个东西都必须伴以 phronēsis，或者说伴以审慎，或由审慎主导的使用，否则这东西可能就是无益的且因而可能不是美德？

施特劳斯：你的意思是说其他美德吗？

布鲁尔：和正义，因为正义——

施特劳斯：尤其正义，肯定的。是的。

布鲁尔：这是不是有点——嗯，我只是想知道您能不能说点什么——

施特劳斯：是的，这是明确说过的，关于这个毫无疑问。如果我们的行动是真正正义的，或真正节制的，或其他什么，那么必定有很高的 phronēsis［审慎］。

布鲁尔：那么，接着这个，说什么是正义这个问题部分包涵着它是不是一种美德这个问题，这样说对吗？

施特劳斯：它是不是一种美德？是的，你也可以这么说，但你得问这个问题；问题得以这种方式提出。如果我们要是善的，就得在 phronēsis［审慎］之上还有额外的东西。这种额外的东西通常会被分解成各种各样的美德，如正义、勇敢等等，这并非没有理由。我们不得不说，这恐怕便是《美诺》了。phronēsis［审慎］并没有穷尽所有东西。可以说，它有其用武之地。如果克己的（temperate）行为和勇敢的行为并非不同的美德，我们为什么要区分它们呢？至少，也许当我们进入事物深处，所有东西就都变得彼此不可分离，就像亚里士多德说的。不可分离（inseparable）。但它们仍然是可区分的（distinguishable），它们彼此可区分的事实也证明了它们与 phrōnesis［审慎］是可区分的。这并不意味着它们是可分离的（separable）。也许这也是柏拉图的意思。伯纳姆先生？

［305］伯纳姆：我认为您刚才说的与克莱因的疏证有关，克莱因疏证的大意是，在某种意义上，phronēsis 或者说审慎不能被分割成部分，但我想知道怎样——

施特劳斯：是的。

伯纳姆：嗯，但在某种意义上可以，不是吗？从您刚才提到的意义上来说，一则，它有不同的适用领域；以及，我的意思是，除了您所提到的领域，也有家庭事务中的审慎，不同于心智事务或者国家事务中的审慎，或者其他诸如——

施特劳斯：嗯，但是你不能这么说吗？比如说，在银行业，当然有些人是审慎的，而另一些人则根本没可能行事审慎，因为他们单纯就是知道得不够，没有实际操作。但是，这个没有银行业经验的审慎之人，在银行业务方面就不会行事审慎吗？我会说：会的，他会充分意识到自己的无知，除非得到一个至少他有理由相信其懂行的人指导，否则他不会在那个领域行动，这些他有理由相信的人至少在那个范围内是审慎的；此外，他们对他也很友善，因为如果不是这样的话，他们就可能银行业务上很在行，而对他这个银行人员则非常糟糕。但回到所说的问题上来：为什么必须把审慎作为一个整体呢？在克莱因那里，这并不基于任何明确的柏拉图的陈述，正如你们可能会看到的，克莱因在谈到审慎时简单引用了亚里士多德的《伦理学》；这无限好于引用一个现代哲学家，但并非没有危险，因为柏拉图和亚里士多德两者间的区别，恰好与 phronēsis 和episteme，即审慎和知识之间的关系有关。但在某种意义上，在一定程度上，必须承认这一点，因为审慎关乎什么？根据《美诺》，且不需要深入任何细微处，审慎关乎什么呢？我的意思是，审慎所追求的目标的全称是什么？

学生：有用（usefulness），如何使某物有用。

施特劳斯：有很多有用的东西。这不是一个单一目标。

学生：善事物（good things）。

施特劳斯：同样——是集合性的，不是一个单一的东西。请讲。

学生：幸福（happiness）?

施特劳斯：是的。它出现过，我认为，在这个对话中出现过唯一一次，这个积极的词 eudaimonia［幸福］。但仅此而已。我们所拥有的所有其他知识都与部分善有关：鞋匠与保护我们的脚有关。嗯，还有其他技艺吗？例如，木匠给我们坐和阅读带来方便。是的。我把进一步的列举留给你们。有一种，只有一种知识是与我们的整体善有关的，并且这主要是指与我们每一个人有关的，而你们可以很容易地看到，会出现优先级的问题，特别是在［306］那些手段有限和手段无限的人中间。所以，所有人根本就在同一条船上。优先级的问题出现了：哪个更重要，是得到鞋子还是得到桌子，还是任何你可以带走的东西？这个参照点是什么？你的总体善，你的幸福；既然这是一个目标，那么指向它的知识必定也是一种知识。除非你要说幸福总是不完整的，但那就意味着永远不可能 phronēsis——凭审慎无法获得幸福，然后我们就不得不重新考虑整个事情，不得不琢磨如何变得幸福。但是，就这个词仍然可以理解的一种朴素的意义而言，那些我们钦佩或尊敬的人，就是指那些靠自己的力量获得幸福并拥有自我指引的人；他能很好地指引自己。在这个意义上，审慎可以说是一个整体。

但是，这里肯定出现了一个我认为克莱因没有讨论的问题，尽管他当然熟悉这个问题，即幸福有多种含义。正如我们所看到的，对于美诺来说的幸福，对苏格拉底和其他许多人来说并非幸福，因此必须知道，有必要把真正的幸福与各种各样的虚假形式的幸福区分开来。而这与探究人的本性或灵魂、人类灵魂的本性有密切相关。如果是这样的话，我们就得超越 phronēsis［审慎］，得找到它的基础，非常奇怪的是，我们得去知识中、去科学中找它的基础。但这似乎很糟糕，因为我们开始怀疑是否可能抵达这样一种科学，这种科学是否总是不完美的。然而，为了我们的幸福，我们不需要为我们的生活找到清晰的方向吗？因此，phronēsis［审慎］难道不应该独立于 epistēmē，独立于理论知识吗？这个问题必须面对。好的。那么我们不得不到此为止了。下次我们将对《美诺》作一个大体的研究，并且开始对克莱因部分题外话的讨论。

第十四讲　意见和知识；心智和"整全"

没有日期

[309] 施特劳斯：我想做的是讨论一下克莱因疏证中那些题外话，但我们不能全部讨论，原因在后面会看到。但我必须为此做适当的准备。第 n 次说了，《美诺》是唯一一篇致力于什么是美德问题的对话。什么是美德的 eidos［理式］，什么是美德的理型（idea），什么让美德成其为美德，每一种美德和每一种美德的行动有何种预设、涉及哪些东西？无论何时你做一件好事，你都预设了对善的某种理解，虽然你不一定知道或意识到这种理解。《美诺》提出，但仅仅是提出了美德即知识这种说法，而与此同时，又使人怀疑知识的可能性。这似乎是这篇对话的奇特性。更确切地说，在第一部分，苏格拉底反驳了美诺的三个答案。美诺陷入窘境，aporia；他提出了他的懒惰说辞（lazy logos），意在为他无法回答这个问题进行辩解。苏格拉底用他的神圣讲辞（holy logos）即回忆的故事反对懒惰说辞，并在此阐明，学习并非像懒惰说辞说的那样不可能，学习是可能的，最重要的是通过学习我们会变得更好；这就自然意味着，我们是通过已有的学习成为好的。用一个公式来说似乎就是：美德即知识。但是在对话的第二部分，那里说到，如果有美德教师，美德就是知识，可是没有美德教师，因此美德不可能是知识，美德只能是由神圣分配给与人们的真实或正确意见。

换个更简单的说法：美德是意见。希腊语中表示意见的词 doxa 一词多义，它可以表示声誉。那么，美德就是名声，这并不像美德是意见那样难以理解。你们有些人可能还记得洛克在其《人类理解论》中谈到的三种道德。我记得不太确切，所以就不想引用了。有人刚好在上周或什么时候读过吗？［学生们轻笑］没有。好吧，有三种道德：一种是法律的——霍布斯式的（Hobbist）道德观；一种是宗教的道德观；还有第三种，哲人的道德，而他用了"声誉"（reputation）这个词，或者类似的词吧。对不起，我记得不太确切了。①

现在说回来。我已经提醒过你们，《美诺》这两个部分展示出一个奇怪的对称。在第一部分中说的是学习不可能，但回忆是可能的；在第二部分中说的是学习美德不可能，但美德可以通过神圣分配得来。于是，在某种意义上，《美诺》对同样的主题呈现出双重对待。这个主题是美德，更明确来说，是美德与知识的关系。《美诺》提出美德即知识，又提出关于美德即知识是否可能这个问题。在第一部分，回答是肯定的；在第二部分，回答是否定的。换言之，第一部分表明知识是可能的；第二部分则表明知识不可能。我现在谈的完全只是表面，［310］但表面同样是作品的一个部分，就像其最深刻、最深奥处一样。如何解决这一矛盾？好吧，还是老路子：我们必须作一个区分。美德，从知识的意义来说，对所有人都可能，还是只对某些人可能？然后我们就会明白，一个笼而统之的表述是不可能的。我们必须作这个区分。

在第一部分，正如特别由小奴隶那幕所表明的，知识对所有人都是可能的，因为事实已经证明这甚至对一个奴隶都是可能的。在第二部分，作为知识的美德对任何人都是不可能的。但这里作了一个区分，或者说迫使我们不得不接受在神圣之人、专选之人和未获专选之人间的区分，而这一区分反映了那些天生的哲人和非天生的哲人之间更普遍、更重要的区分。在《美诺》的第一部分，说的是

---

① Locke, *Essay Concerning Human Understanding*（1689）, book 2, chapter 28.7ff。洛克指出，人们依据三种不同的法来判断他们的行为：神法（divine law），市民法（civil law），还有意见或声誉之法（the law of opinion or reputation）。

没有什么是可教的，相反，一切事物可以说都是可回忆的。没有教导，只有回忆。在第二部分，美德是不可教的，因为没有美德的教师；拜神圣分配所赐，我们才能有正确的意见。与此相一致的论题是，回忆似乎被神圣分配取代了。回忆的论题在87b8处被收回，我们必须重新读一下这一段。

莱恩兹：首先——

施特劳斯：是的，从那里开始。

莱恩兹［读文本］：

> 对我们关于美德的问题也用同样的方式，既然我们既不知道它是什么，也不知道它可能是什么类型的东西，那么我们最好利用一个假定来考虑它可教还是不可教，这样：美德在精神属性上得是什么种类的东西，才能是可教或不可教的？首先，如果它是某种和知识不相似或相似的东西，它可教与否——或者，正如我们刚刚说到的，可记忆（remberable）与否？

施特劳斯："可回忆的"（recollectable）。

莱恩兹［读文本］：

> "我们不要争论名称的选择吧。"（87b2 – c1）

施特劳斯：你们看，换言之，这只是文字上的差异，这个关于回忆的学说就以这种方式被抛弃了。但我们已经看到，美德不可能仅仅作为正确意见。正确意见背后，某处，一定有知识，否则，正确的意见本身就没法被辨识出来。我们在最后找到的那个说法，表面上［可以看到的］——只有在正确意见的基础上美德才有可能——只是针对美诺说的，美诺无法学习，因而也不能真正理解更高类型的知识。因此，《美诺》的总体教诲似乎是，关联着知识然而却不等同于知识的美德是可能的。美德即知识，正如人们熟知苏格拉底常说的那样。但这意味着什么呢？首先，正如贯穿这部对话所明确的，美德不会是全周期知识，而是某种知识，epistēmē tis。我们还可以说，美德是正确类型的知识（the right kind of knowledge），最高的知识（the highest kind），因为我们所有人都知道许多种类的知识，[311]而看不出这些知识与美德有任何关联。那么最高类型的知识是什么呢？让我们来读一下另外两段，75c8。

莱恩兹：第281页。

施特劳斯：75c8。是的。好的，从这里开始。

莱恩兹［读文本］：

> 来自我这儿的真实；如果我的提问者是一个好辩（eristic）和爱争那种类型的教师，我应该对他说：我已经发表了我的声明，如果这是错的，你的工作就是进行检查和反驳。但如果，像你和我这种情况，我们是朋友，而且选择一起讨论，我就得用更适合辩证法的某种温和的语气来作答。（I should have to reply in some milder tone more suited to dialectic.）

施特劳斯："以更辩证的方式"（in more dialectical manner）。是吧？

莱恩兹［读文本］：

> 更辩证的方式，我想，不仅在于回答那些真实的东西，而且还要利用被提问者承认他知晓的那些观点。（75c8 – d7）

施特劳斯：是的，让我们停在这儿吧。因此，这是对何为最高类型知识的一个暗示：辩证法（dialectics），这里与辩论术（eristics）相对。好辩者（eristician）是一个想要赢得争论的人。辩证者（dialectician）则没有这种要赢的欲望——这就是柏拉图意义的辩证法；他是温和的，他是融通的，不仅回答真实，而且是通过提问者个人承认所知的那样一些东西来回答。他会考虑另一个人同意和承认的是什么。这是一个暗示。另一个暗示我们稍后会发现；我们没必要读那个了。你们还记得对话曾给出过颜色的两种定义吧。《美诺》偏爱的一种被称为肃剧的（tragic）。但苏格拉底更喜欢另一种。

现在，特别是基于克莱因的疏证，我们可以说，这种辩证法总之是相对于数学以及包括物理学在内的所有其他科学来理解的。所讨论的这个知识并非专业技术性知识，即便我们用所有 technai ［技艺］中的最高者来定位也是如此。它不是专门的知识，而是全面综合的（comprehensive）知识。全面指的是关注整体，而不是整体的任何一部分，无论这部分多么重要，而技艺，实用技艺，则处理所有部分善的东西——健康啊诸如此类。一定有某个诸技艺之技艺（some art of arts），这个技艺处理整体的人类善，因此能够在各种特殊技艺的要求之间设定优先次序的问题——而整体的人类善就是幸福（happiness）。最高的知识是这种知识，即能够让整个人转变，或者能够通过让人关切整体（这在《王制》中有相当篇幅的展开，但总是隐含的）而带来这种转变的知识，因而，相对于各式各样想象的幸福，它的目标是真正的幸福。但并不是所有人都具备这种关注整体的能力，不是所有的人都有能力成为哲人。因此需要有一种次级美德，需要一种二手美德，而这种美德将建立在［312］未经省察的意见的（unexamined opinions）基础上。你们还记得苏格拉底在《申辩》中表达的，反对未经省察的生活（the unexamined life），而这就是大多数人所过的生活：他们的生活就建立在未经省察的意见之上。我们所有人的生活在或大或小程度上都基于记忆。于是我们就到达这个区别，作为《美诺》的神经，克莱因对记忆（memory）和回忆（recollection）二者的区别作了如此强有力的阐述。

我们从经验中就知道记忆，但回忆究竟意味着什么，尤其是如果它被赋予了如此不寻常的意义？它表示什么现象？我将试试暂时性地回答这个问题。柏拉图的预设绝不是一个普遍认可的东西，但也有很多柏拉图之外的人认可它，因此你们一定听说过。世界上有一种叫做经验主义（empiricism）的东西，如果你从字面上理解，那么它说的是我们所有的知识都源于经验，而这意味着主要来自感官经验（sense experience）。有英国经验主义（British empiricism），毫无疑问你听说过这一哲学现象。现在对其提出的反对意见是回到亚里士多德那里，引用这句古老的格言：在理智中没有任何东西是不曾在感官中存在过的。所以我们对狗的想法建立在对狗的各种各样感官经验之类的基础上。而反对意见是这样的。在理智中没有任何东西不曾在感官中存在过的——除了理智本身。例如，像矛盾律（the principle of contradiction）这样的小东西，是不能从感官经验中导出的，因为经验只能告诉我们严格来说那些迄今为止被观察过的东西；而迄今为止，我们已经观察到，人们之间的确彼此矛盾，也自相矛盾，而且有时并没有因此受到什么伤害。相反，有时他们甚至会因此得到很大的帮助，如果他们以一种明断的方式去做的话。所以经验［关于矛盾律］不会告诉我们任何东西。而矛盾律说的是，任何违反这一原则的命题，无论何时，无论在过去还是将来的任何时候，无论是在中国还是在加利福尼亚，还是两者间的任何地方，都是站不住脚的命题。因此，当我们试图理解柏拉图的回忆学说时，像这一类的东西我们必须考虑。在所有经验之前都有一种使经验成为可能的基本意识（fundamental awareness）。对经验而言，说这不是一条狗，［或］这是一张桌子而不是一条狗，没有矛盾原则是不可能的。是吧？如果有人说，不，它是一条狗，那你怎么坚持自己的说法？你迟早会用到矛盾律。

　　在所有经验之前都有一种使经验成为可能的基本意识。这种基本意识是休眠的、潜在的。有多少从未听说过矛盾律的人，当面对矛盾律时他们还是看出了矛盾律？当有人说，我没有偷这个东西，然后，［就像我们在加州看到的商店行窃案一样］①，这同一个人第二天又说，我确实干了这事，但我病了——此时，即便从未听说过矛盾律的人也能看出这个人自相矛盾，因而从中得出某些结论。所以，基础意识是休眠的、潜在的，它的实现需要外部刺激。但刺激只是刺激，它并不产生那种意识。人的灵魂在其自身中、出于自然、因其为人类灵魂，就具有这种真理。人的心灵与万物之间，人的心灵与整体之间，有一种自然的和谐（natural harmony）。这是对柏拉

---

　　①　施特劳斯有可能指的是女演员拉玛尔（Hedy Lamarr）的案件，她因1966年1月在加利福尼亚的一家梅百货公司的商店行窃而被捕。

图意义上的回忆的一种更为一般性的表述。

[313] 现在，用一句亚里士多德的话来说，灵魂某种意义上就是万物。他这样说的意思是，人类灵魂，因其原则上能够把握万物——或者换言之，人类理智所能把握的东西没有可指定的限制。人类心智天生能够如其所是地把握所有事物，或者用一个简单的表述，人类心智天生能够认识真理。根据这种观点，真理就是心智之于事物的恰当等式。如果我们心中对一个东西的想法与这个东西一致，那么我们就有了真理。假定我们关心——比如说，语言。对于语言是什么，我们有一些想法、一些意见，而我们所努力追求的是让我们头脑中的意见与事物一致，在这种情况下就是与语言一致。一旦我们达到这一点，就可以说我们知道真实了。例如，猫和狗之间的区别就是一个心智发现的区别，而非心智作出的区别。常识在任何时候当然都同意这区别，但这并不能完全解决问题。这里源于人类的、人造的东西只有"猫""狗"这些词，你可以用 chien① 或 cane② 或其他任何你想用的词，从一种语言到另一种语言当然无限可变。但它们因此也只是词而已。猫这个东西不受影响，猫狗间的区别本身也不是人制造的。人与整体有一种亲缘关系，也就是说，与整体的根据（the ground of the whole），即那使整体之为整体者（what makes the whole the whole）有亲缘关系。整体的根据使得人在整体中所占据的位置成为可理解的。人的独特尊严，即在于人是一种独特专选的存在（singularly privileged being），与此同时又不是最高存在，因为他的专选地位并非他的作为，而是被给予的，我们可以说这就是古典哲学的基础，不仅仅是古典哲学，因为这当然也是圣经的看法。上帝创造人，在圣经的语境中，这意味着只有人是根据上帝的形像造的。当亚里士多德说最高的根据——神（god）——是 nous、是理智（intellect）时，人至少是唯一有心智能力的尘世生物（earthly being）。

---

① 法语的"狗"。
② 意大利语的"狗"。

这并不是古典时代所表述的关于这些高级事物的唯一观点。还有另外一种，对我们来说最容易接触到的就是在原子论（atomism）中，特别是在伊壁鸠鲁主义（Epicureanism）中——因为碰巧从伊壁鸠鲁学园（Epicurean school）走出了一位伟大的诗人，名叫卢克莱修（Lucretius），他的那首诗在整个西方传统中为原子论的不朽贡献良多（Lucretius, *De rerum natura*）。根据诗中的观点，一切事物的根据都是原子（atoms）和虚空（void）。它们解释了人为什么形成，为什么在已经形成或将要形成的无穷多个世界中，接连不断地、同时性地，总会有人存在。顺便提一下，伊壁鸠鲁宇宙论（Epicurean cosmology）跟亚里士多德或柏拉图的宇宙论一样，都是地心说的（geocentric）。人是整体的一部分，这是必然的，就像在柏拉图、亚里士多德那里和在圣经中一样。但是在什么意义上呢？原子和虚空并非为了成为可知而产生出人，以便有一种存在能够认识原子和虚空。它们不会为了达到一个结果而产生任何东西。伊壁鸠鲁派或原子论者理所当然地认为，人类理智可以理解一切事物，至少原则上是这样，因为原子和虚空是一切事物的根据，人类心灵和原子之间没有任何亲缘关系。而［314］卢克莱修让这一点非常简单明了，他把原子、把不可见的原子称为 caeca，这个词在拉丁语中首先意为"瞎的"（blind），但他的意思还不只是"不可见"。他想要显示诸根据之根据（the ground of grounds）与人之间的根本区别，尤其是与他眼中人身上最可尊重的东西——理智的根本区别。看的理智（The seeing intellect）在看时与诸根据的根据没有任何的亲缘关系。

现在，因为现代科学，这些东西在某种程度上已经变得微不足道；现代科学当然无论如何不是伊壁鸠鲁派的，17 世纪所谓的粒子哲学（corpuscular philosophy）成为科学内部的一个主要部分。让我们考虑一下我们今天最熟悉的主张，即现代自然科学的主张是什么。根据［现代科学］，至少有可能人类只存在于这个星球上。在大多数时候、在大多数地方，这个世界都没有人，而世界并没有在此基础上就不再是一个世界——事实上，它是唯一的世界。人的存在完全是一种偶然，而伊壁鸠鲁学说中并不完全如此。现代科学就起源而言与现代哲学是一个东西。因此，我们必须考虑现代哲学对古典哲学的批判，特别是对古典观点的批判，根据古典观点，人的心灵与整体之间有一种自然的和谐。我讲了一个很长的故事，用一种只剩骨架的方式，但我相信我所说的这些没有误导人。这个古典的观点不但在公元 1600 年左右，也在 1966 年被拒斥。现在，这被认为是一种温厚的（good-natured）或一厢情愿的假设而遭到拒斥。你们会喜欢这个观点吧，不会吗？在其最高层面，这个［现代的］论证可以重述如下：整体可能是某个恶魔的作品，意在欺骗我们。那就是让我们以为我们的心灵和这个整体之间有一种美好和谐。或者，如笛卡尔所说——当然是他创造了这个恶魔的故事——世界也许是某个恶魔用来欺骗我们的作品；或者说，一回事：整体也许是盲目的必然性的产物，全然不在乎其自身及其产物到底会不会成为被认知的。有些生物碰巧由其他生物进化而来，在数百万年的漫长发展过程中，他们无意中发现像科学这样一种东西也许是可能的。人的心灵与整体之间毋宁说有一种自然的不和谐。培根（Bacon）的《新工具》（the *Novum Organum*）是这种观点的一个很好的来源，但根本上笛卡尔也是同样的。在这种境况下知识还能是什么呢？知识只是人类试图让整体可以理解的结果，通过理智工具，通过人类理智自由创造的概念来转换整体，这是可理解性的唯一来源。

我将以另一种方式向你们展示反对柏拉图和其他古典哲人的论点。真理传统上被理解为心智对事物的适配（adequation）。现在要问的是：这没有预设事物不会由于成为被认知者而受到影响或改变吗？这里有一个东西，目的（the aim），目标（the target）。［施特劳斯写在黑板上］这里当然预设了通过认知它仍保持不变，否则这将完全是一个西绪弗斯式徒劳无功的过程（Sisyphean process）。如果我们的认知会修改它，那么我们必须总是从零开始，这么说吧，总是从头干起；而我们永远也不能……那么，预设事物不会因为成为被认知者而受到影响或改变。但是我们怎么可能知道这一点呢？我们必须能够去比较成为被认知者之前的事物与已被认识的事物，这显然荒谬，因为被认知前的事物根据定义是未知的。这个推理

[315] 并不能证明我们的知识会影响事物；这只是证明我们无法知道我们的知识是否会影响事物。我们无法知道事物间的这种区别，事物（狗狗猫猫）的秩序，或用一个词来说，事物的意义，是否有其属人的源头（of human origin）。

为了解决这个问题，这个你们很自然想要解决的问题，就得超出我们所能做，无限深挖下去。现在我就只说这么多了。现代思想在高层次上所采取的最新形式，归功于德国哲学家海德格尔，其特点在于，主张诸根据的根据，不像柏拉图的理型、亚里士多德的宇宙、圣经中的上帝或者甚至伊壁鸠鲁的原子或牛顿的自然法则那样，是某种永久或永恒的东西。没有任何东西，至少没有任何重要的东西，是永久或永恒的。这不过是所有思想都是彻底历史性的（radically historical）的这种主张的背面；我们将不得不讨论这个重大问题，我们甚至不可能在这里开始讨论。希望明年我能再开一个关于尼采的研讨课，届时我将讨论这个问题。换言之，我现在所做的旨在提醒你们一个事实，那就是，即便我们理解了整个柏拉图对话，也还是有一些非常严重的问题我们现在无法解决，因为在现代出现了另一种经历了很多变化的思维方式。就仿佛有一种苏丹们的相互屠戮（a kind of mutual slaughter of the sultans）。但不管怎么说，总有人活下来，然后我们就关心最新的、眼下的这位苏丹，这么说吧。此外还有许多其他的原因。我想我至少应该提醒你们这一点。

希望我已经讲清楚了，特别是我在这个探讨开始时所说的，回忆学说肯定隐含着人类理智、人类心灵与整体之间这种自然的亲缘关系，而基于现代哲学，这是非常成问题的东西。因此，我知道我有了面对更多问题的机会，而不是满足。然而，那也正是我的目的。但我完全愿意致力于——首先，我现在要转向一个有点滑稽的主题，就像一种 divertissement［消遣］。［笑声］但是，如果有人想提出一些我可以用较短时间回答的问题，我会回答的。马尔宾先生？

马尔宾：在您进入……重要的一步，说那里有一个含意或者至少一个表面的含意，暗示美德作为知识是不可能的，说这篇对话更深层的含意是知识是可能的，并且，它是——在这篇对话中，您是在这个对话中什么地方得出这个结论的，或者如何得出的？

施特劳斯：是的，这是一个非常合理的问题，我认为我应该能够回答，尽管我不能回答另一个问题。这本书的结尾是什么？

马尔宾：……

施特劳斯：苏格拉底给美诺的建议，并且苏格拉底毫不怀疑，如果美诺能说服安虞托斯更加温和，那会有益于雅典人。那么，这里是有一些知识的，不是吗？对苏格拉底来说，一些与美德相关的知识［316］是可获得的。还不算上苏格拉底早前说过的那些话：无论我对回忆、不朽以及这类事物的把握有多小，我都会用言语和行动、用言辞（logos）和行动来为之奋斗，通过学习和努力让我们变得更好。换言之，苏格拉底有知识。这是否完美的知识说来话长，但是他有知识，足以满足他在生活中所关心的所有实际目的、关于美德的知识，而不仅仅关乎也许被称为正确意见的东西——对于这些东西，人们永远也看不出它们为什么是正确的，因而没法将其与错误意见区分开。

马尔宾：在这段对话中是否有迹象表明，除了这些意见外，还有一些苏格拉底深信的东西——也许——但有些东西可能是正确的，也可能不正确？我相信在其他对话中，也许他更直截了当地说过那就是知识，但在这篇对话中似乎没有这样的陈述。他只是说"我确信学习会让你变得更好"；但如果知识不可能，那么他的确信就只是涉及他的感觉或一种意见——

施特劳斯：但是，你也必须考虑这个推理的基础。根据这一点，为什么美德不可能？证据是什么？美德必定是可教的，但却没有美德教师。可考虑的唯有两种人，即贤人和智术师。但这当然没有穷尽所有的可能；也许还有另一种教师。也许苏格拉底就是这样一位教师，他确实不会通过长篇大论，但他通过交谈和提问来教学生。

布鲁尔：我理解对我们来说研究海德格尔和研究柏拉图一样重要的常识性原因，但是我——

施特劳斯：如果没有对柏拉图和亚里士多德有一些理解的话，就很难理解海德格尔，因为后者是对更早思想的转化，一种有意识的转化，因而你得在某种程度上了解被转化的东西。你也可以像海德格尔经常做的那样，从当代问题入手、上升，可以这么说；但这样你就会进入一个维度，在这里如果你没有学习过被庸俗地称为哲学史的东西的话，就会再也找不到你的路。请讲。

学生：我想问一个只是一般性的问题，您能不能以任何方式简要说一下我们研究，例如海德格尔和……的必要性——

施特劳斯：噢，你不是非得研究。拿你今天面对的任何东西来说，比如实证主义最普通的形式，或者你拥有的任何东西，甚至不是——我的意思是，拿实际上的实证主义，不是哲学教授的，而是物理学家、生物学家等等，或者社会科学家之类的实证主义，别忘了，他们说哲学是胡扯。你不得不面对这个。我的意思是，毕竟，面对这个是一种非常健康的经历。我的意思是，这可能并不总是令人愉快，但就像体操训练并不总是令人愉快却特别有益于健康一样，这种事情也是如此。然后你就会不由自主地从几乎随处可见的这种观点最粗糙、最肤浅的表述进入更精巧复杂的形式中。例如，你会发现 [317] 波普尔（Karl Popper）的某些说法①比那个领域中其他人的说法更有条理，然后你甚至会发现那个领域里也许还有比波普尔更好的人。最终，我相信你会不由得说（这是我的猜测），这整个方法根本上并不充分。然后，我想，你环顾四周（这不是我的预测，而是我的希望，如果我可以这么说的话），会发现海德格尔就是那个比当今在世的任何人都深入透彻思考过这些问题的人，他意识到现代性的困境，却又根本上还在被现代传统加剧了的信念中继续。请讲。

巴特沃斯：如果我没理解错您意思的话，您说现代观点的标志在于，或部分在于这种学说，即我们对事物的认识会影响事物。那么这如何与海德格尔的观点联系在一起呢？海德格尔的观点是，没

---

① 波普尔（Karl Popper, 1902—1994），他最有名的著作有：*The Open Society and Its Enemies*（1945）和 *Of The Poverty of Historicism*（1936）和 *The Logic of Scientific Discovery*（1959）。

有永恒的诸根据之根据或诸原则之根据这类东西。

施特劳斯：很简单。让我看看我能否就这么简单地表述出来。好的，你可以大体如下这样说。［施特劳斯在黑板上写字］旧的观点，被彻底地钉上了十字架，就这么说吧。这是主体（subject）——这当然是用现代语言来说的——主体，而这是客体（object）。主体对客体根本没有影响。这种复制学说——今天还真正主张这种观点的，我的意思是，除了亚里士多德主义者外，就只有那些马克思主义者了。但那是以一种如此粗糙的方式，［正如你们看到的］当你读到列宁之类的反帝国主义批判或其他任何东西。知识复制内在于其自身者。现在这种智巧性在于：难道主体瞥一眼客体不会改变物体吗？嗯，在某些领域我们都知道这个。有一部很长的文学作品，关于某个被爱、被悲伤或者被不管什么深深感动的人会怎么样，而当他不带感情地看待这些时，他的爱人又会怎么样？嗯。等等等等。［笑声］现在我只给你们举一个最粗糙的例子。主体不会修改客体吗？更严肃地说，这当然构成了马克思主义观点的基础，马克思主义的观点认为，认识是人与其环境之间的一种交换；通过这种交换，环境被改变了，客体在此交换之后将不再与从前一样。因而就开始了一个主体改变客体且反之亦然的过程——从哪儿开始没有任何区别——这就是所谓的辩证进程（dialectical process），它只有在最后的状态中，在一切可能的矛盾都已解决的最后状态中才能结束。这就是知识。现在关于——

巴特沃斯：……看看这如何——这对现代境况是独特的——会与对现代境况来说也是独特的海德格尔及其对永恒原则的否定相协调……

施特劳斯：嗯，我们知道的东西有什么是永恒的或永久的？如果你无视今天被大多数人所拒绝的对上帝存在的论证，那还剩下什么？运动的永恒性？熵（entropy）怎么样？所以这是一个黯淡的问题，是否有任何东西，我们能在当今知识的基础上，宣称它是永恒的？当然不是人类。

［318］巴特沃斯：世界本身。

施特劳斯：前面的话同样适用于世界。如果有熵这样的东西，如果我们可以取其字面意，就会有一种状态，在这个状态下不再有任何变化的可能。你只需要查阅一下海德格尔的第一部作品，《存在与时间》（*Sein und Zeit*），就会明白他做的事，明白关于永恒，特别是关于永恒思想在德国观念论（German idealism）中所采取的形式，他是怎么说的。毫无疑问。是的。但我想说，这是第一次——海德格尔是第一个彻底思考过这意味着什么的哲学家，即不可能求助于任何永恒事物，这意味着什么？

巴特沃斯：可是，如果您从客体受主体影响开始，有必要涉及这个吗？

施特劳斯：当然，现代哲学的著名开端，即笛卡尔的《沉思录》（*Meditations*），以极其智巧的形式保存在德国观念论中，但还以更为智巧和复杂的形式保存在所谓的存在主义中。到这个程度都是真的，但它会把我们引得太远。

学生：我对伊壁鸠鲁主义很好奇，为什么它不是一个本质上的现代立场。这很复杂，但是如果——

施特劳斯：顺便说一下，伊壁鸠鲁主义恢复了——带着相当多改变，恢复了德谟克利特和琉基珀斯（Leucippus）的学说；他们即使不比苏格拉底更早，起码也是和苏格拉底同时代的。所以这是一个非常古老的观点，你知道吗？……

同一名学生：您说过，对于伊壁鸠鲁主义者来说，作为世界的一部分，世界总是有人存在。而诸根据的根据则是原子和虚空。

施特劳斯：是的。

同一名学生：我不太确定为什么人必定是世界的一部分和怎么……这之间是什么关系？

施特劳斯：你可以说他们太天真了。他们都不能想象，一个世界，一个宇宙，一些点缀，一些美丽的东西，没有人类在其中，竟然也是可能的。我想我们通常的感觉会告诉我们，如果有一个世界，比如一个行星或一个星系，没有任何人类，我们会说它是个荒漠：即便它在种种方面都很繁盛，只要没有人类，它还是个荒漠。这是一个著名的人类中心主义的 naiveté［天真］，我们都有这种天真，而我们必须考查这是否不仅仅是天真。我给你举个简单的例子。这一现代学说在其原初形式中隐含着洛克所说的主要性质和次要性质之间的区别。① 你知道这种区别吗？比如，蓝——蓝色，［或者］尖锐的声音。这些品质绝不是内在于客体的，而完全是主观的。伊壁鸠鲁派认为这些所谓的次要性质是客观的性质，只是与原子的大小、体积和其他性质相比，它们不是主要的。换言之，当这些原子碰撞时，它们就［319］导致颜色、声音……在这方面，他们远没有现代自然科学那么激进。

同一名学生：他们意识到这种观点吗——除非宇宙被一种神圣心智所统治，否则就无法被理解？

施特劳斯：哦，上帝啊，没有！如果我在这里用"上帝"，请原谅……伊壁鸠鲁派形式上并非无神论者，但就其认为神与宇宙的生成或毁灭没有任何关系这种意义上来说，他们确实是无神论者。

同一名学生：但是他们意识到这个观点是——

施特劳斯：不，他们简单认为这是理所当然的。他们缺乏对人的地位的反思，而在这方面，可以说，现代哲学，甚至是更高类型的现代唯物主义哲学，比伊壁鸠鲁主义更智巧，因为他们会考虑这个问题。这样说下去会把我们引得太远太远。但有一件事是清楚的。当你阅读伊壁鸠鲁，或特别是阅读卢克莱修的作品时，会有这样一种印象，即比起古典时期的任何作品，他们更接近现代的感觉方式。但有一件事你们永远不要忘记，而这对我们现在来说尤其重要：伊壁鸠鲁派传统和伊壁鸠鲁学说与政治毫无关系。而他们在现代世界的兄弟们都非常政治化。你们知道这一点吧？

学生：是的，霍布斯。

施特劳斯：是的，还有很多，一整条线；这当然非常有趣，在

---

① John Locke, *An Essay Concerning Human Understanding*, book 2, chapter 8.

古代，唯物主义是非政治的，而在现代，从一开始，它过去是并且现在还是一种非常强大的政治运动的基础。在这方面，可以想象伊壁鸠鲁派并不像他们的现代追随者那样天真。这说来话长，但考虑现代唯物主义和伊壁鸠鲁主义之间的亲缘性以及相似之处，这肯定有助于更好地理解我们的现代世界。你知道，人们有时会把事情想得过于简单，就只想到亚里士多德和他著名的有限宇宙（finite universe），然后就是 16、17 世纪的伟大开端，无限空间（infinite spaces）。但是，无限空间就是伊壁鸠鲁派和原子论者那里的虚空。所以必须考虑到这一点。请讲。

　　学生：如果认为太远了，您不必回答下面这个问题：如果不可能在古典哲人与现代哲人之间作出裁决，那不就几乎等于向现代哲人让步吗？

　　施特劳斯：我没明白你的意思。

　　同一名学生：换句话说，用一个诗性的比喻，假如我们不能证明我们不在一个黑暗的二维空间（plane），这里混乱的军队趁着夜色发生冲突，那我们就确实不在这样一个空间？

　　施特劳斯：这能证明什么呢？

　　[320] 同一名学生：现代的观点可能是正确的。

　　施特劳斯：呃，你得用一种非比喻的说法来取代你美丽的比喻，而且如果你指的是现代人的危机，那么仍然有一个问题，即这是否只是现代人的危机而非人类本身的危机。会不会也可能这样，一旦你接受了某些在 17 世纪早期被接受并且取得了巨大成功的原则，这有可能是一个错误的选择？而我们是其晚近的继承者。不能那么简单地解决问题。当然，有些人相信，我们现在有电脑，更不用说望远镜和显微镜，仅仅这个事实就解决了关于古代人和现代人的所有问题，但这些人并不是非常深思熟虑，你知道吧？因为这些东西并非简单地就是好东西，就像我们从《美诺》中学到的那样；这些东西必须在审慎的支配下才是好的，因而——我们是否和前现代的人一样或者比前现代人更加审慎，这是一个说来话长的问题。在《格列佛游记》（Gulliver's Travels）第三部分，你会发现一个简单的介绍，关于现代科学中的审慎，① 那当然是一种讽刺，自然咯；但讽刺未必完全是误导性的。好的。

那么现在我要转入一个更愉快的主题，以便更切近对柏拉图回忆学说的讨论。我们在色诺芬那里发现了较低层次上对这一主题的讨论。一般来说，色诺芬讨论所有问题都在比柏拉图更低的层次上。他没有像柏拉图把眼界抬得那么高，但这并不意味着——像许多人以为的那样——色诺芬很蠢，是那种不懂这些精妙之事的退休军官；他确实是个好军人，但与此同时也是一个非常保守的政治家——你们看，某些组合似乎是永恒的。［笑声］但我确信色诺芬是一个非常聪明的人，他在较低层次上所呈现的苏格拉底教诲，归因于一种刻意的选择，这也是色诺芬作品中那种独特、滑稽特点的原因。正如你们知道的，柏拉图有很多喜剧，色诺芬那里也有很多喜剧，但却是一种不同类型的喜剧。

色诺芬提到的回忆（recollection）出现在《治家者》这篇对话中，但并没有使用"回忆"这个词。这是色诺芬所写的唯一一部，可以说，只在苏格拉底和一个管理家庭事务的家主间的对话。你们还记得高尔吉亚和普罗塔戈拉感兴趣的伟大技艺吧。但这里发生的讨论当然不是跟智术师，而是和一个技艺实践者，一位非常受人尊敬的雅典贤人，名叫伊斯库马库斯（Ischomachos）；中间发生了非常有趣的事，我们在这里没有时间讨论，其有趣的事情不仅仅是有趣，还包含着重要的教训。但我只说一点。在苏格拉底的要求下，伊斯库马库斯描述了一个贤人的生活方式，即他伊斯库马库斯从早到晚都在做什么；这里非常清楚，苏格拉底不是一个完美的贤人，因为他的［321］生活方式与之全然不同，于是苏格拉底表达了想要学习伊斯库马库斯技艺的愿望。这种技艺当然不是伊斯库马库斯的贤人

---

① 施特劳斯有可能指的是格列佛（Gulliver）造访勒皮他岛（the island of Laputa），当地居民忙于测量、确定数量和实验，但几乎没有实际效果。例如，他们对测量的狂热让他们将象限应用于裁缝的技艺，但带来的结果只是不合身的衣服。Jonathan Swift, *Gulliver's Travels*（1726）.

范儿，而是农业，因为他是一个身为农场主的贤人。现在我会给你们读上几段。所以他想知道——

> 为什么啊苏格拉底［伊斯库马库斯说］，务农学起来并不难，不像其他技艺，学生必须学到筋疲力尽，才能靠自己的工作谋生［就像木匠之类的——施特劳斯］。有些事情你可以通过观察干活的人来理解（understand）［或学习（learn）——施特劳斯］［所以你不需要学习，只要观察，比如说，如何锄地——施特劳斯］，其他事情只要有人告诉你就行，好到如果你愿意，你都可以教别人的程度。［如果你通过观察别人锄地而学会了如何锄地，你显然可以很容易地把这种知识传授给其他人——施特劳斯］并且我相信［伊斯库马库斯说——施特劳斯］你啊，苏格拉底，在没有意识到这些知识的情况下，自己就知道很多关于农作的知识。（《治家者》15.10 – 11）①

是的。再给你们读几段。我想我会从这里开始。苏格拉底刚解释了如何清理玉米。

> 好吧，苏格拉底［伊斯库马库斯说——施特劳斯］，看来你能够教人清理玉米最快的方法。
>
> ［**苏格拉底：**］我真没意识到我懂这些东西［笑声］；所以，我思考这个有一段时间了，就是我的知识是否可以扩展到炼金、吹箫和画画。因为从来没人教过我这些东西，正如从来没人教过我务农一样，但我看过人们从事这些技艺，就像我见过人们农作一样。（《治家者》18.9）

再来几段，然后我就结束。

> ［**苏格拉底：**］但是橄榄树——我们怎么种植橄榄树呢，伊

---

① *Oeconomicus*。施特劳斯读的是洛布古典丛书，The Loeb Classical Library edition，translated by E. C. Marchant and O. J. Todd（1923）。

斯库马库斯？

[伊斯库库马库斯：] 你完全知道，只是想再引我说出来。因为我肯定，你看到过（see）有人给橄榄树挖较深的洞（总有人在路边干这个）；你也见过所有正在生长的嫩枝都附着于树桩；并且你见过所有植物的顶端有泥土包着，而植株在地面上的部分是包起来的。

是的 [苏格拉底说——施特劳斯]，这我全都见过（see）。[当然，"看见"（seeing）在这里的字面意思，就是当你路过时在路边上看到——施特劳斯]

你看到过！那还有什么不明白的？难道你不知道怎么把陶罐放在土上吗，苏格拉底？

[苏格拉底：] 当然，你说的那些没什么是我不知道的，伊斯库马库斯。但我又开始寻思，是什么会让我对你前一段时间问我的问题回答"不"，当时你就是简单地问我懂不懂种庄稼。因为我想，对种庄稼的正确方法，我应该没什么可说的。但是现在你开始具体问我时，[322] 你跟我说，我的回答完全符合一个像你本人这样因技艺如此闻名的农夫的观点。难道提问也是一种教吗，伊斯库马库斯？（《治家者》19.13–15）

这是色诺芬最接近回忆教学法的东西。

学生：对不起，请问这个引用的是哪部分？

施特劳斯：请再说一遍？

同一名学生：有卷数或者章节数吗？

施特劳斯：哦。嗯，从第15章开始的整个部分。15章到最后，或者15到20。现在再来一段吧。

[苏格拉底：] "不过，果树种植是农业的另一个分支吧？"伊斯库马库斯继续说。

的确如此，伊斯库马库斯回答说。

那么，播种的事儿我全都懂，然而种植的事儿我怎么会一点都不知道呢？

[*伊斯库马库斯：*] 什么呀！你不懂吗？

[*苏格拉底：*] 我怎么可能懂呢，当我不知道该种在什么样的土壤里，也不知道要挖多深的坑，也不知道挖多宽，也不知道填土要把植物埋进多少，也不知道该怎样栽在地里才能长得最好？

[*伊斯库马库斯：*] 那么来吧，学习你不知道的东西。我相信你一定见过他们为栽种挖的那种坑。

是的，够常见的。

你曾经见到超过三尺深的坑吗？

没有，当然没有［笑声］——不会超过两尺半。

那么，你曾经看到超过三尺宽的坑吗？

当然没有，不超过两尺。（《治家者》19. 1 – 3）

　　所以苏格拉底只用通过看看就知道每件事了。这是色诺芬式的对回忆学说的讽刺漫画，该学说认为仅仅通过提问就可以获得知识，因为知识存在于灵魂中。换言之，虽然没有用"回忆"（recollection）这个词，但苏格拉底记得他所看到的东西，而伊斯库马库斯把这些东西从他那里拽出来了。

　　那么，这幅我给了你们一份样本的关于回忆的讽刺漫画，和《美诺》中奴隶那段情节所呈现的回忆之间有什么区别呢？这是对你们提出的一个问题。［苏格拉底］看到过这些东西，因而他能回答问题；奴隶看到了这些东西，因而他能回答问题。有什么区别吗？

　　学生：很显然，有一点区别在于，苏格拉底是从他日常生活中的个人经验看到的这些东西，但是奴隶从来没有……见过几何事物——

　　［323］施特劳斯：是的，但我认为我们可以再稍微精确那么一点点。苏格拉底是在此世看到这些事的，而奴隶则是在其出生前看到那些东西的。苏格拉底没有在其出生前看过这些东西；这里没有这样声称。这千真万确。还有另外一点。奴隶被问及数学的东西，

而这里没有数学方面的问题，除了偶尔提到的数字（三尺，两尺，等等），但肯定不是数学问题。因此，这表明柏拉图的回忆学说（Platonic doctrine of recollection）与回忆一般意义上的记忆（memory）和记得（remembering）无关。这一点并不普遍为人所知，这个故事在《治家者》中，因此我想我应该让你们注意这点。

现在我们得转到克莱因的题外话了，这段话从 108 页开始。你们可以看到，这篇题外话非常长，得从 108 页一直读到 172 页，而我们不可能讨论所有内容。但这里有很多东西非常需要我们去考虑。我相信，如果一个人不同时研究其他相关的柏拉图对话——例如《斐多》和《王制》——会有相当多的东西无法理解，因此我必须做个选择。我先给你们读一点，在 108 页和 109 页。

> 这个演示［对这个奴隶的演示——施特劳斯］意在——给美诺也给我们——展示，恰当地讲，不存在学，也不存在教，而顶着"学"之名的东西应称作"回忆"。我们能同意这一名称变化吗？在我们给予或者保留我们的赞同之前，我们不得不仔细检查，不仅检查 anamnesis［回忆——施特劳斯］一词就其本身而言含义是什么，而且最重要的是，检查为什么每当这个词在柏拉图对话中和"学习"联系在一起时，似乎就密不可分地和一个神话框架捆在一起。（Klein, 108）

因而，他将讨论各种各样的柏拉图对话。但接着他在 109 页开始讨论亚里士多德的《论记忆和回忆》（*On Memory and Recollection*）这篇论文，并清楚表明，在亚里士多德的论著中，它是所谓《自然论短篇》（*Parva Naturalia*）这部小型自然科学著作的一部分，它在某种程度上有一个巨大的优势，即它完全是非神话的——我的意思是，它处理的是普通的回忆；当然它也完全是非戏剧性的，因而不需要像我们阅读对话时所需要的那种警觉。现在让我们来看看。我只给你们一个非常简短而不充分的总结。"记忆关乎过去发生的事情。"很显然。但那是关于我们过去经历的事吗？我们没有对 Nephertite 这天那天做了什么的记忆，你们知道吗？显然没有，因为如果我们要通过深挖才能找出它，那就不是记忆，因为我们没有经历过。在 109 页底下：

　　记得某样事物，意味着拥有关于该物的某种或多或少持存的影像，就像其在过去发生、出现时那样，好比一幅画（zōgraphēma，450a32）① 或 ［324］ 印章指环 ［这是亚里士多德的表述——施特劳斯］ 盖下的戳印（tupos）（比较 450a32 和 b16）。按照《王制》卷六、卷七中的术语，回忆的能力带来一个特殊的影像制作（eikasia）实例。亚里士多德尽管没有使用这个词，却动用了这一章中大约四分之一的篇幅来描述、讨论其含义（450b12ff.）。拥有关于某事物的记忆，相当于将"印记"（—a fantasma—）感知为不再在场之事物的影像（ōseikōn）（451b7 – 9）。（Klein，109 – 110）

与记忆相比，回忆是对以前已有事物的有考虑的重新捕捉。因此，在回忆中，我们意识到我们已经忘记了考虑中的东西：哦，我完全忘了，现在我回想起来。然而，就记忆而言，我们要么拥有，要么丧失。当我们有记忆时，我们当然没有意识到遗忘。比方说，如果你想起一个你认识的去世很久的人，当你想到他以及回想起他的时候，那一刻你没有关于你已经忘了他的意识。但是，当我们失去这些印记时，我们也意识不到我们忘记了它们；它们就是逝去了。最后一点，在第 111 页：

　　还要特别注意② ［亚里士多德——施特劳斯］ 不把学习与回忆相等同。甚至学习或第二次重新发现某事物，即重 - 获（re-acquiring）"失去的"知识，也不一定就意指回忆（451b7 – 9），因为回忆行为的特征是与之相伴的这样一种意识，即正在

---

　　① 施特劳斯读的时候省略了克莱因文中的希腊词和斯特凡努斯码（Stephanus numbers）。［译按］整个这段话，我补上了施特劳斯省略的、克莱因原文中附带的希腊词和斯特凡努斯码。

　　② 克莱因加上了"也"。

被回忆的、包括之前"已知"的东西，已然被遗忘，而这样的
意识在学习的情况中是没有的。(Klein，111)①

换言之，有第二次学习的情况，这种情况仍然没有回忆，因为
我们已经完全忘掉了，我们是第二次进行学习。那不是回忆。

现在［对于］克莱因在第110页上方所说的——记得是一种特
殊的eikasia，希腊词是这样。eikasia意味着将影像视为影像的能力。
这并不那么容易，这需要一些时间（在儿童身上，你们可以清楚地
看到他们将影像视为影像需要多长时间），影像制作也是如此，因为
你不可能在不知道你正在制作的是一个影像的情况下制作影像。记
忆和影像制作之间的这种联系使克莱因［325］开始讨论《王制》
中最为著名的片段之一，即卷六中的分线喻，其中影像制作扮演了
非常重要的角色。

我不知道现在是否值得花时间开始讨论那个段落，因为我确定
我没法完成。提出一些被推迟讨论的要点可能更明智。伯纳姆先生？

伯纳姆：我想问问这个希腊词。这是一种把影像识别为影像的
能力，因此，我看到一棵树——

施特劳斯：不仅仅是识别——好吧；广义的识别，是的。

伯纳姆：但也是制作影像？

施特劳斯：是的。在我们的词汇中，词义扩大很常见，并非莫
名其妙。这个词可能主要指影像制作，但也有把影像识别为影像的
含义。当然，这两件事是一体的。你不可能在不知道它是影像的情
况下制作影像。是的，像这样把影像认识为影像是任何影像制作得
以可能的基础。

伯纳姆：这似乎不一定适用。我的意思是，您知道——

施特劳斯：不，我认为这只是一个希腊语用法的事实。这并非
不可理解，是吧，这种用法？

伯纳姆：影像制作暗含着将影像识别为影像，此第一环节不是

---

①　斜体［译文中标为楷体的部分——译按］的强调是原文就有的。

我追究的东西，我只是想知道，您怎么能说在泳池里识别一个物体的倒影有可能是——

施特劳斯：不，我提到这个只是想作为把影像认识为影像的例子，影像制作不是在它之前。当你看到你的水中倒影时，你把那个影像看作是你的影像，而这个影像不是由你或其他任何人制造的。我没看出这有什么问题。

伯纳姆：嗯，这个词是——显然，结论是这个词简直模棱两可——

施特劳斯：不，我认为，在这里不要使用任何诸如"我们在亚洲的形象"这类隐喻性的意思——你知道，就像你在日报上读到的那样——只是取其字面上的意思，然后明断地进到不那么字面的意义——明断地上升到不那么字面的意义。布鲁尔先生？

布鲁尔：回忆寻求恢复什么？恢复记忆吗，还是——？

施特劳斯：当然。还可能是什么呢？你有的一些东西——想想一个人会回想起那些死者，那些和他特别亲近的人。人们可以说，永远［326］不会忘记那些人，永远记得他们，但是人们会忘记相当多的事情，这就是一个回忆的问题。这就是这个区别的一个例子。但亚里士多德在其论文中所说的当然绝非柏拉图式的回忆，而只是我们所有人都能知道的那种回忆现象，重点在于，记忆（memory）与追寻（seeking）之间没有必然的联系，但回忆（recollection）和追寻之间有一种重要的联系。我们能够去追寻以恢复我们忘掉的东西。巴特沃斯先生？

巴特沃斯：上次研讨课最后，您谈到了审慎和知识，审慎导向实践智慧，导向——嗯，不是知识，而是引导人获得幸福，真正的属人幸福。我认为您想要说的是，单单审慎不会引导你获得幸福，不然的话，对柏拉图来说，审慎就得被知识修正。

施特劳斯：嗯。好吧，我尝试来解释一下。让我们假定审慎的目标是幸福，但并不是每一种关于幸福的看法都明智，因此必须区分什么是真正的幸福、什么只是想象的幸福。你们在法拉比（Farabi)的书中读到过这种翻来覆去得让人厌烦的（ad nauseam）区别。① 我们怎样［以及在何种基础上］才能以一种坚实的方式对真正的幸福和想象的幸福作出区分呢？如果你把这个问题翻转一下，我们在《王制》中遇到的是同样的问题：在不知道灵魂完美包含哪些部分的情况下，我们能说各种各样的美德是什么吗？其间的共同点在于：所有认识，所有更广泛意义上的知识，最终不都基于理论性知识吗？当然，有不少人是审慎的而没有理论知识，可他们无法为自己的审慎辩护。可以这样表述这个问题：从法理上讲（De jure），审慎是自主的。在某些条件下，不是在所有情况下，审慎会在人里面增长。有些人在任何情况下都不会变得审慎，我们大家一定都见过这样的人。人们审慎的程度也不同。也没有专门的机构来让人们成长为审慎的——我的意思是，即便今天，大学里也没有审慎系［笑声］，只有什么系——我该怎么说呢——有助于审慎的辅佐技艺（ministerial arts which administer to prudence）。可是现在，有些非常奇怪的事情发生了。有一些审慎的政治家——我们希望如此，时不时会审慎——这些人根据他们所了解的情况和对未来可选方案的清醒估计，管理着国家这艘大船。但是，然后又来了一些具有一种历史哲学的人，也就是说，这些人在最简单的意义上声称他们知道未来的潮流必定会朝哪个方向发展。这就是审慎面临的危险。在这种情况下你们会怎么做呢？真正的审慎之人也许是无助的。他也许不能说太多，就像丘吉尔时不时对罗斯福说的那样："胡说。"② 但这不是一个论证。因此，一定会有人（men），一个人（aman）或一群人（a body of men），考虑那种威胁审慎的历史哲学。这不是说得通吗？因此，审慎尽管在法理上（de jure）至高无上，事实上（de facto）却需要理论知识的支撑，因为［327］对历史哲学的批评

---

① 例如，见 Al-Farabi, *The Enumeration of the Sciences* and *The Attainment of Happiness*, in *Medieval Political Philosophy*, ed. Ralph Lernerand Muhsin Mahdi（Ithaca：Cornell University Press，1963/72）。

② 我们没能找出这则轶事的出处。

显然是一种理论事业的工作，而不是审慎的工作。

巴特沃斯：那是否意味着您会说，理论者的幸福与审慎者的幸福在质上没有区别——

施特劳斯：不，审慎着意于通向幸福，因而其本身并不是幸福。我的意思是，在最低层面上，"审慎"这个词的通俗意义仅仅是指许多人理解的审慎——一个审慎的家伙，他在股票市场以及这类事情上玩得很转，在这里幸福意味着有钱——那么审慎当然是通往财富的一条道路，而不是财富［本身］。在最高层次上也同样如此：审慎作为通往哲学洞见（philosophic insight）的一条道路，本身并不是哲学洞见。好的。但这在柏拉图那里则更为复杂。

第十五讲　施特劳斯对克莱因最后的批评

1966 年 5 月 17 日

[330] 施特劳斯：［此处没有录上］——记忆和回忆的题外话，第一部分，我们上次进行了简要的讨论，涉及亚里士多德的论文《论记忆和回忆》，现在我们将转向克莱因对《王制》中分线喻（this divided line）的讨论。让我们来看看，第 110 页。"按照《王制》卷六、卷七中的术语，回忆的能力①带来一个特殊的 eikasia ［影像制作］的实例。"eikasia 是影像的制作。是的。我认为这就是我们所需要的全部。这种 eikasia ［影像制作］，在《王制》的分线喻中得以阐明。

　　克莱因对《美诺》的疏证在揭示苏格拉底对美诺灵魂的揭示时达到了顶点。克莱因对美诺灵魂的揭示主要基于《美诺》，但正如我们看到的，也基于色诺芬在《上行记》中给出的对美诺的描述——你们知道，《上行记》中所描述的美诺是一个希腊军官之类的人物。然而，使用《上行记》中所提供这一最惊人的关于美诺恶行的文献，不能排除一种反对意见，即色诺芬在小亚细亚所认识和描述的美诺，比我们在柏拉图对话中看到那个美诺年纪大一些。毕竟，由于美诺并不是个很老的人，在与苏格拉底的会面和与色诺芬的会面之间，美诺有可能经历了变化——也许是变坏了，所以这个恶人到了小亚细亚才现形。就先于任何调查前我们的所知而言，他的变坏有可能

---

① 克莱因加了个 thus。

是他与苏格拉底交谈的结果；或者，如果这样听起来太令人震惊，也有可能是他与安虞托斯交谈的结果，而这个交谈又跟他与苏格拉底的交谈有关。

克莱因对美诺灵魂的解释，他对美诺灵魂的揭示，其次是基于涉及回忆——anamnesis——和记忆以及相关主题的所有其他柏拉图对话，因而这段很长的题外话对于他的《美诺》解读来说非常重要。这一点本该在今天课程一开始时就说的。原谅我。

你们还记得分线喻吗？苏格拉底对格劳孔说［施特劳斯写在黑板上］：你应该画一条线，将其分为两个部分，然后应该再分一次，每一部分应以相同的比例划分。那么让我们这样做吧。这清楚吧？这样就变成了 A 比 B 等于 C 比 D，是吧？这是可理解的，并且这是看得到的。可理解意味着理智能懂且只有理智能懂。这部分是专门的可理解性的部分，noēton，在拉丁语中叫做 intellectus。这被叫做 dianoia，拉丁语是 ratio。然后这里是感官感觉，这里是 eikasia 即影像制作。重点在于理智（intellect）之于理性思考（reason）——dianoia，就等于感官感觉之于影像。这就是卷六末尾提出的简单比例。

奇怪的是，柏拉图把这个范围称为感官感觉的范围——他也把这个领域称为 pistis 的领域，我们可以把这个词翻译为"信任"（trust）或"信赖"（reliance），［331］一个显然很奇怪的名称，但很容易理解——如果考虑到我们都很熟悉的事实，即我们通常最信任感官感觉到的东西，信任我们所看到的以及也许还有我们所触摸到的东西。

这里的要点如下。这种影像制作和影像理解（image-understanding）依赖于感官感觉。就举柏拉图那里所提到的影像的简单例证。我们在水中、在湖泊或池塘中看到自己的影像。这始终是某种事物的影像，理解这个事物的正确途径当然不在于池塘，而是去看事物本身。影像没有感官感觉部分那么真、那么真实。重复一下，eikasia 是一种将影像视为影像的能力，因而也是影像制作的能力。如果我们不能首先把影像看作影像，我们就不能制作影像。这种影像制作虽然是四种能力中最低等的，但在一个重要意义上却优于感官知觉，因为尽管感官知觉是人类和兽类共有的，但影像制作和将影像视为影像是人类独有的。如果你们观察过镜子前的小狗，就会看到对于狗来说，把影像看成影像有多困难。

现在我们来看理性思考（reason），即 dianoia，这种能力体现于日常活动是比较，是注意相似和不相似，因此也就注意同和异，以及把一个整体分成几个部分，等等。我给你们读一下克莱因书中的一段话，在 117 页的最上面："我们的思维活动，苏格拉底在此处（524c7）以其属名称之为——noēsis，可以履行这一任务。"我们的视觉本身若没有理性思考的帮助，似乎不能作出这种区分。[关于我们的思维活动，克莱因继续说]：

> 思维之所以能这样做，是因为其基本功能恰在于辨别和关联，也就是说，在于计算或数数。因为，在计算活动中，我们既区分又合并我们所计算的事物。因此，可以正确地说，计算活动（logismos）构成了任何理性思考（reason）（即 dianoia）①活动的基础。

（Klein，117）这个公式以其来自霍布斯的《论物体》（De Corpore）广为人知，根据这个公式，思考就是计算。此即对柏拉图所意指者的后世反应。在某种意义上，计算是核心，它持续运行在我们对感性世界全部理解中。

数学家特别使用可见事物作为数学事物的影像，但在几何中是画图（figures）。而即使是在数数的情况下，你也要计算。这一点克莱因在其早期对希腊算术（Greek logistics）的研究中已经很漂亮地说清楚了。对希腊人来说，数，arithmos，总是有"……之数"（numbers of）的意思，而非绝对的数字：羊的数量，狗的数量，星星的数量。在最高情况下，也可能有纯粹单位的数。换言之，绵羊总是互相区别，或者狗，或者不管你们想到什么，但在一个与另一个没有区别的地方你也可以只计单位数，而这些就是我们所说的数

---

① 克莱因只给出了希腊文：dianoia。

字。但由于后来的发展，我们已经忘掉［这些是"……之数"］。在柏拉图和希腊思想中，这种认识，这种数是"……之数"的意识仍然存在。我知道只有在德语中还有可能做此区分，还有这样的词存在。你们也许有人知道些德语：anzahl［332］区别于 zahl。这两个词在英语中都用"数"来翻译的，但 anzahl 总是指"……之anzahl"，事物之 anzahl。这对数（arithmos）的希腊含义至关重要。

所以数学家们用可见事物作为数学事物的影像，当然，数学事物就其本身而言是不可见的。我的意思是，从来没有人见过数学意义上的一条线，或一个圆，或一个立方体，或任何你们可以想到的东西。数学只是我们日常理性所采用的最技术性的形式。因此，日常理性不仅仅是数学理解，但数学理解是最高形式，是我们日常思维的顶峰。正如克莱因在书中第 119 页所说的，我们的思维"禁不住将一切可见之物解释为具备'影像'的特性"。我认为这是一个非常重要的陈述，在某种程度上它就是贯穿柏拉图主义的漫长历史（Platonism）的核心。一切可见者都是某种不可见事物的影像。理性把不可见事物用于理解可见或可感知事物，但并没有把这些不可见事物作为其主题。以法律理性为例，这是一种理性。它不足以回答这个问题：法是什么？这超出其范围。"数学是什么？"这个问题也不可能有一个数学上的答案，"生物学是什么？"这个问题也不可能有一个生物学上的答案。这些都是一种超越范围的问题。辩证法则以这些东西为主题，因此辩证法不再与理性的对象有关，特别是数字和几何图形，而是与柏拉图称为理型（ideas）的东西有关。第124 页："在可理解部分中，① 较低分线的特点在于其对较高分线的依赖以及与较高分线的关系。"［施特劳斯写在黑板上］就像影像，比如在水中或在玻璃中的影像依赖于可见、可感的事物一样，数学家的对象——图形、数字等等也是思想的一种影像，无论这些理型是什么，这里不作讨论。理性与智力的关系类似于影像制作与感官知觉的关系。正如影像制作依赖于可感事物，理性的对象依赖于可

---

① 克莱因加了个 too。

理解部分。理性的对象，比如说数学的对象，就像理型的影子、影像。

那么，辩证法的对象——让我们用这个简单的词，理型——之于数学对象的优越性，在《美诺》中苏格拉底谈及两种定义的那个章节某种程度上暗示过。你们记得吗？这两种定义——在 76d4 中，苏格拉底对美诺问过的问题给出了这个颜色的定义。你找到那个章节了吗？

学生：是的。

施特劳斯：一种流射（An effluence）——

学生：好的。

［读文本］：

　　［苏格拉底：］所以现在，像品达（Pindar）说的，"设想我的意思"：颜色是一种与视觉和感觉相称的形状的流射。

　　［美诺：］苏格拉底，你的回答在我看来表述得太棒了。

　　［333］［苏格拉底：］是的，因为我希望你会觉得它的术语很熟悉；同时，我想你已经观察到它能让你说出声音和气味是什么，以及许多诸如此类的其他事物。

　　［美诺：］当然啦。（76c4 – e2）

　　［苏格拉底：］这是一个高度诗性风格的（in the high poetic style）答案，美诺——

施特劳斯："肃剧性的"（Tragic），"肃剧性的"。

学生［读文本］：

　　以一种高度肃剧性的风格，美诺，因而与那种关于形状的答案相比，这个更讨你喜欢。

　　［美诺：］是的，是这样。

　　［苏格拉底：］但是，阿勒克西德摩斯的儿子，我倾向于认为这两个答案中，一个比另一个更好；我相信你也会更喜欢那个，如果你不像你昨天说的那样得在秘仪发生之前离开——

施特劳斯：就让我们停在这儿吧。那么颜色的第一个定义——准确说是什么呢？我现在都忘了。

学生：第一个定义。"我把那固体终结……叫做形状——"

施特劳斯：不，不。是在哪儿？是在 75b 或者那前后一点吗？"形状是唯一总是伴随着颜色的存在。"① 也可以是另一种反过来的表达：没有无颜色的形状；没有无形状的颜色。这个颜色的定义比最后一个更好，就是他后来给出的那个数学的定义。好。克莱因在这里提出的主要观点，据我所知，以前从未有人以这种方式提出过，那就是数学事物与理型的关系，就像可感事物的影像与事物本身的关系一样。好。那么我们就到这吧。

克莱因稍后一点又开始讲柏拉图的《斐多》，他花了相当长的篇幅进行讨论，在第 128 页底下。当然啦，《斐多》，我相信你们很多人都记得，是苏格拉底死在狱中那天的对话。[克莱因正在讨论] 相等事物（equal things）的概念："该序列的各项无法在可见领域的限度内得到领会：'相等的事物'通过我们的感官感知，'相等本身'或'相等性'（isotēs）则不然。只可能有关于后者的 *知识*（epistēmē），得到这种知识凭靠的是我们的各种感官，这些感官'出自'（ek）我们对相等的可见事物的感知，此外别无他途（mē allothen，75a5 – 7）。"（Klein，128 – 129）我们看到相等的事物，但是我们怎么知道它们相等呢？我们如果没有一种先在的关于相等的知识，就不能把它们认作是相等的。关于这种相等的知识怎么回事呢？这是不可感的，因为以我们的感官我们从来没有看见事物绝对相等；这是纯智力的，智性的。让我们读一下克莱因后续说了什么，在第 129 页。这就是 [334] 智性知识和感性知识（intellectual and sensible knowledge）之间的根本区别，它决定了柏拉图和亚里士多德还有其他很多人的成败。但是对我们解读《美诺》来说，最直接的问题在于：

————————

① 原文是：Figure, let us say, is the only existing thing that is found always following colour [我们可以说，形状是唯一存在的被发现总是伴随颜色的东西]。

这种对知识的获得［也就是说，对相等之为相等这种知识的获得——施特劳斯］何以称为“回忆”（recollection）？在《斐多》中，对这个问题的答案取决于我们意识到，表面上相等的可见事物的相等性是不充分的相等性，受“不相等性”沾染了：我们意识到，两种在可见层面相等的事物并不完全相等，因为它们有时在一个人面前显得相等，在另一个人面前却显得不相等，尽管这些事物中的每一个都保持不变。为了能承认这一不充分性，［在此例中指不充分的相等性——施特劳斯］论证的展开意味着我们必须预先知道（proeidenai，74e3，9）完美的相等性，这永远不可能在可见事物中觅得。而我们所回忆的，这种先在但却已遗忘的知识［因为我们之前从未想到它——施特劳斯］，在感知可见的相等事物时，我们意识到，其相等性仅仅是完美的相等性、“相等本身”的近似物、摹本、“影像”。（Klein，129）

既然这种知识，比如说，这一关于相等的知识——既然对我们所观察到的这种非常可疑的相等的所有承认都以这种知识为前提，那么，我们必定是在出生前就已获得这东西，但在出生时却失去了，然而借着感官知觉我们又恢复了它，但如果不求助于相等本身，我们却不能解释感官知觉。《斐多》中的回忆学说，就像《美诺》中的一样（在《斐多》中比在《美诺》中展开得更多）与灵魂不朽相关联。同样，《斐德若》（Phaedrus）中对回忆的呈现也是如此，但那里，那里有某种困难。现在我翻到第152页，这里克莱因谈到了《斐德若》。你们还记得《斐德若》吧，关于爱欲讲辞（erotic speeches）的那篇对话？对话发生在雅典城外，在苏格拉底和斐德若之间展开。只有这么两个人物。

由此，学习再次等同于回忆（recollecting）。然而，我们推断，学习在于复苏，可以说，复苏留在我们灵魂“里面”的记忆（memory）上的印记，这些印记在我们的天外（hyperouranostopos）之旅［我们在出生前就到过那里，并一直围绕着那

里旅行——施特劳斯] 后多半（250a1 - b1）已经"遗忘"。这
样一来，在《斐德若》中，不仅回忆活动，而且记忆也获得了神
话维度。"哲人"灵魂凭其记忆（mnēmē，249c5 - 6；参252e5 -
253a5，亦参254b5）接近——尽其所能地接近——至高之境，即
神圣之境。在自己的颂诗中，苏格拉底看似（参250c7 - 8）有
些申辩式地更多赞美记忆，而非回忆［在《斐德若》中——施
特劳斯］。（Klein，152）

[335] 为什么是这样呢？答案在前面就给出了，在克莱因前面
一段的评论中。

在一个远离了"秘仪颂诗"（参265b6 - c1）之"神圣
疯狂"（256b6）却仍与"埃及式的"关于发明写作的传说
相连的语境中，圣王塔穆斯（Thamus）被用来批评该发明
［发明写作——施特劳斯］。写作远非有助于记忆和工艺
（mnēmēs te... kai sophias pharmakon，274e6）的东西，写作
会加快从事学习（ton mathontōn）之人的遗忘，方式是让他
们疏于使用自己的记忆（mnēmēs ameletēsiai）［意即，依赖
写作——施特劳斯］：对写下的东西的依赖会让他们从外在、
从并非他们所有的印记（hyp' allotriōn typōn）去得出回忆，
而不是靠自己、从"内在"进行回忆。写作无助于记忆：写
作只能使那些"知道的人"想起成文之言所讲的东西
（275a5，d1；278a1）。成文之言可以恰当地称作这样一种
活生生的（zōn kai empsychos）、真实的（gnēsios）言辞的一
种影像（eidōlon ti），这样一种"用知识写在学习者灵魂中的"
（ho met'epistēmēs graphetai en tēi tou manthanontos psychēi）言辞
的一种影像，而检查和教授（anakrisis kai didachē）何者为真
（276a；277e9，比较276c9）的过程还要继续。（Klein，152）

我不知道去读其他对话中提到回忆的所有段落是不是非常有用。
看看第157页的标题——"其他对话中对 anamnēsis（回忆）主题的

回避，尤其在《泰阿泰德》中"。在第 168 页，克莱因谈到《泰阿泰德》时说：

> 可想而知①，关于学习与遗忘的更彻底的探究，会进一步阐明学习与遗忘的"居间"位置，从而进一步阐明"遗忘"与"不知道"状态的关系。

显然，不知道并不一定是健忘。"但是，这种探究无处可寻。无论如何，这种探究等于论证性地检查 anamnēsis［回忆］主题本身。"柏拉图在若干对话中提出了 anamnēsis 这个主题，但它没有经过论证性的检查。"难道我们没有被导向这样一个结论：我们不得不对学习是回忆这一说法保留意见？"——也就是说，在柏拉图自己的基础上。当然，我们不能完全避免这种情况。确实，［336］尽管没有对 anamnēsis［回忆］主题的论证性讨论，但柏拉图对话为我们提供了这样一种讨论的材料。而这种讨论也许是可能的。换言之，难道不可能用非神话的语言，而不用勾画回忆主题的那种语言，来陈述苏格拉底热诚为之奋斗的东西吗？

让我们看看克莱因怎么继续：

> 但是，这样一种结论难道没有错过最为重要的一点？难道这个论题本身并不必然排除关于其有效性的教诲性论证？难道这不是苏格拉底忍住而没有把这方面的更多东西告诉（telling）美诺的原因？美诺问过而我们现在正在问的是：我们如何确定该论题所主张的东西为真？（Klein，168）

换言之，正如克莱因在接下来展开的那样，每一篇关于最高和整体的最全面的讲辞都是不充分的，因而，一个论证永远不足以解决它。最高和整体超越了每一个讲辞，无论是论证性的讲辞（argumentative speech，logos）还是神话性的讲辞（mythical speech，myth-

---

① 克莱因加了个 then。

os）。那么什么是神话（mythos）呢？这就是我们现在要转入的问题。

我要提醒你们注意这种联系，回忆论题就是一个神话性的论题。在柏拉图那里神话性论题是什么意思？在第 169 页。"有这样一种倾向，即将某篇柏拉图对话中的某个神话，尤其苏格拉底所讲的神话解读为一种比其他任何言说方式都更有力的说服手段，它较少（因此不仅仅）诉诸我们的理解，是传达不可传达者的独一无二的途径。"在同一页稍后，下一段：

> 难道那种神话不是崇高的意见，具有最令人印象深刻、难以忘怀之境界的属人意见（human doxasmata）？对于我们生活其中或凭之而活的所有意见，难道它们不是充当了一种照得不够亮的或者太亮的背景？
>
> 应该得到强调的是，神话不会凭其自身成立。这正是神话的弱点与力量。下述情况并非纯属偶然或仅属某个特定的历史发展阶段：在所有时代、所有土地上，我们都可以发现，神话转化为或体现在或上演于仪式、庆典、习俗、制度、演出、肃剧之中，除非我们同这些有利害关系且参与其中，这些无法存在。反过来，人类破碎、沉默的行动（actions）也在神话中找到了属于自己的语言。（Klein，169）

克莱因这里打算做的是揭示两种二分法（dichotomies）之间的联系。第一个是［施特劳斯在黑板上写］……logos, ergos。言和行。这个区分很容易理解，并且显然极其重要，你很容易在一个人言行不一这种情况中看到这一点，我们所有人都有可能在不同程度上出现这种情况。现在另一个［施特劳斯在黑板上写］是 logos 和 mythos 的二分，比如说，一个论证性讲辞和一个向我们展示形象（image）的讲辞。他用"形象化"（imagery）［来指］一些看起来很有道理但不可能字面上真实的东西。克莱因主张这两种事物之间有一种联系，神话和行为或者行动间有一种特别紧密的联系，［337］因而神话主要诉诸，可以说，主要诉诸我们的行动，而不是我们的 logos。

克莱因在我刚才读的第 169 页这段话里说，所有时代、所有土地上都有神话；也许今天大多数社会科学家都承认这一点，尽管有些人说意识形态的终结（end of ideology）已经到来——而这有可能也意味着神话的终结（end of myth），因为 logos 和 mythos 之间的区别继续存在于我们现时代科学和意识形态间的区别中。要么我得把这说清楚？理性知识：科学。而意识形态是不理性的，不管它可能是什么。我们如此熟悉的科学和意识形态之间的区别，就是柏拉图那里 logos 和 mythos 之间的区别的后裔。

但这个表述意味着什么呢？在所有时代、所有土地上，都有神话？那在我们时代、在这片土地上的神话是什么呢？毕竟，如果我们这里已没有神话的踪影，这个一般性的陈述就变得很可疑了。克莱因有可能指的是体现在基督教和犹太教仪式中的圣经神学吗？如果他走得这么远，那么就得说：这种对圣经宗教的理解，难道不是以对圣经传统的论证性检查为前提吗，然后这种检查又会证明这一断言的合理性？

让我们继续吧。后续部分，第 169 – 170 页，克莱因谈及《斐德若》开头的一段话（229c4 – 230a6），在那里，

> 苏格拉底不理会这种企图，即试图将其［神话的——施特劳斯］单独内容还原为某种"自然的"且被完全不成比例地放大了的微不足道的事件，他把这认为是一种"粗鄙的智慧"（agroikos tis sophia, e3）。苏格拉底说，无论如何，的确很难以一种相似的方式，按照"有可能"（probable）① （kata to eikos, e2）［貌似（plausible）——施特劳斯］"直接对应"（epanorthousthai, d6）神话中的怪物，比如坎陶（Centaurs）、喀迈拉（Chimaera）、戈耳工（Gorgons）、佩加索斯（Pegasus）。② 他，

----

① 施特劳斯显然认为 plausible［貌似］是更好的译法。

② ［译按］这些都是希腊神话中的怪物。坎陶是半人半马的怪物；喀迈拉是狮头羊身蛇尾的喷火怪物；戈耳工是蛇发女妖；佩加索斯是双翼飞马。

苏格拉底，没时间花在玩这种猜谜游戏上：他全神贯注于令他魂牵梦绕的任务，即"认识自己"，查明自己到底是比提丰（Typhon）① 还复杂、膨胀、凶猛的野兽，还是更为温和、单纯、由命运赐予了某种崇高而静穆的本性的生物。

　　苏格拉底对关于神话故事的那种"粗鄙的智慧"不感兴趣，却相当明显地对那些故事本身及其所关联的一切感兴趣。（Klein，169－170）

首先，拒绝这种"粗鄙的智慧"是什么意思？你们听过这类奇怪的故事，比如坎陶的故事。你能做的一件事是说：得了吧，[338] 从来就没有什么半人半马的怪物，荒谬；这种人和马的混合就事物本性而言是不可能的。关于所谓的理性主义批判，苏格拉底在此说他不感兴趣，它是粗鄙的。把这些半人半马怪物的故事作为看待自己的一种方式则要好得多：我是像人马怪那样荒谬的存在，还是，也许像人马怪那么精彩的存在？可以说，这些故事在道德上的应用，要比对其真实存在的不可能性，更别说对其荒谬性的理论性认识，重要得多、得多、得多。但是，当然，不用说，在特定条件下，这些问题可能会变得非常重要。或者再举一个例子，例如其他一些古典哲人讨论过的例子：军事活动中月食的故事。士兵恐慌了，将军知道自然的解释，可是，为了国家的利益，难道他不得用这种"粗鄙的智慧"来制止恐慌吗？克莱因这段评述并不能解决这里的这类问题。

　　难道神话［同一页稍后——施特劳斯］在苏格拉底的理解中不是一面巨大的明亮的镜子，把反射的光投在人类生活的状态和境况上？难道神话中的怪兽不总是灵魂本身的影像？尽管反射之光的最终来源隐而不显，但是，"认识自己"除此之外还意味着，在镜中看自己以及自己的行动，那些熟悉而多半可怕的神话用这些镜子环绕着我们。（Klein，170）

---

　　① ［译按］提丰：希腊神话中的泰坦巨怪。长着一百个蛇头，浑身覆有羽毛并生有一对翅膀，口吐蛇信，双眼喷火。

　　既然如此，神话的重要性就并不在于其理论上的真伪。它们当然不是理论真实。但在这里，它们可以而且必然具有重大的道德作用。[继续到同一页最底下]：

　　　神话往往为我们的行动提供某种衡量标准。柏拉图对话开始衡量这样的衡量标准［换言之，有许多神话不足以用作这种衡量标准——施特劳斯］。试图为该任务找到（find）码尺，试图找到反射之光的来源，都意味着从事哲学。与虚假码尺的有害效果作斗争（combat），与那些镜子制造的扭曲作斗争，就要求创制、讲述新神话。神话讲述（Myth-telling）实际上是一切修辞技艺的典范：它旨在发动人的灵魂中的某种努力，引发行动。正是在行动中，人的德性及其反面得以显现自身。一个新神话，一个苏格拉底－柏拉图式的神话（a Socratic-Platonic myth），将总是谈及灵魂（Soul），将总是关切未被扭曲的整全（Whole）。但是，它的真实性不应在其言词中找。（Klein，170－171）

　　哪里会找到它的真实性呢？只有在我们的反应中，在神话所引出的我们的行动中。因此，苏格拉底－柏拉图式的神话是一种更高阶的神话，一种新型神话。苏格拉底－柏拉图式的神话是有意识的灵魂画像，而非别的什么东西的画像，但大多是可怕的。克莱因对《美诺》中所述故事说的那些话，没有把这个说得足够清楚。你们还记得《美诺》里讲过的那个故事吧：那里有罪孽，净化，从中得出的结论是，人要最虔敬地生活。你们还记得那个故事吗？然后，直到苏格拉底说完这个之后，他才得出进一步的结论：灵魂是不朽的，因此回忆是可能的；也因此，学习是可能的。［克莱因］唯一的例子，就［339］我所见，取自柏拉图的《斐多》，在那里，按照他振振有词的说法，苏格拉底被表现得像一个新忒修斯（Theseus），他从那些真正的米诺陶（Minotaurs）① 手中解救了七对雅典少年——

━━━━━━━━━━

　　① ［译按］米诺陶（Minotaur）：希腊神话中的牛首人身的怪物。

童男和童女。① 你们还记得《斐多》开头所讲的故事吗？［古时候］雅典人每年都要送七个童男童女去克里特岛，交给那头可怕的兽——米诺斯（Minos）的公牛，米诺陶。然后忒修斯杀死了米诺陶。雅典人每年都庆祝这个节日，而这就是苏格拉底死刑被推迟的原因。那是一段神圣的节期，其间不会处死犯人。根据克莱因的解释，发生在《斐多》中的则是真实的神话，也就是说，一个新的忒修斯，一个新的雅典奠基者，如何杀死了真正的米诺陶，而真正的米诺陶就是死亡。很明显，米诺陶是死亡的形象，但自然是一个可怕的死亡之像，那死亡就像一个外在于人、等着人、走近人的存在。所有这些在《斐多》描述苏格拉底之死时都有展现。这是克莱因在整本书中讨论的唯一一个例子，据我所知，他并没有用到任何《美诺》中的神话来证实他对神话的看法。当然，在柏拉图书中还有另一个跟死亡很像的形象，这个形象非常重要，得到了明确处理的，而死亡只是被心照不宣地描述为这样一种外在于人而人与其相关的存在。这另一个存在就是爱若斯（Eros），它特别在《会饮》中得到了明确详细的处理。据说爱若斯是一个 daimon ［精灵］，一种介于人与诸神之间的存在——并非神。我认为很重要的一点是，把爱若斯作为一个独立存在处理是明确的，而对死神的处理只是隐含的。

《斐多》尤其比其他任何一篇柏拉图对话都更为详细地谈论到回忆，而我们必须考虑克莱因指出的事实，即在《斐多》中，回忆学说并不像《美诺》中那样呈现为神话的形式。严格来说，回忆学说当然没被呈现为神话［即便在《美诺》中］，因为书中并没有把它称为神话，但可以说，仅提到神圣之人的传统这一点就是柏拉图告诉我们某个学说是神话的方式。但《斐多》中没有出现任何这样的内容。在《斐多》中，回忆被呈现为某种可证明的东西。这是相当自然的，因为这里对回忆的处理，就像在《美诺》中一样，是关于灵魂不朽的讨论的一部分。《斐多》的要点在于苏格拉底对灵魂不朽

---

① 施特劳斯这里提到的克莱因对《斐多》的评论在其疏证的第 126 页。

的论证。当然，不能忽视语境：朋友们对苏格拉底即将到来的死亡感到非常悲伤，而苏格拉底对自己即将到来的死亡并不悲伤。那里有一个看似悖谬的情形：即将赴死之人还得就已经迫近自己的死亡安慰继续活着的人们。有可能——这肯定是克莱因所想的——苏格拉底认为《斐多》给出的关于灵魂不朽的论证无效。让我们假设克莱因是对的。这会让灵魂不朽的学说成为神话吗？不。只会让它成为一种显白的教诲（exoteric teaching），这是一种非常不同于神话的东西。《斐多》中明确的神话——有一个——出现在对话最后，且有一个非常不同的主题。因此，我们将不得不提出一个克莱因从未提出的问题：意在对我们的行动产生积极影响的显白教诲，它与神话之间是什么关系？

[340] 用一种稍微不同的方式来说：如果苏格拉底－柏拉图式的神话是灵魂（soul）的形象（这说得通），以灵魂为他们的目标，这就意味着，与更古老的神话相比，他们没有把诸神（the gods）作为他们的目标。这是一个独特之处。但是为什么？在柏拉图和苏格拉底看来，诸神是何种存在？在这个问题得到恰当阐述之前，更不用说得到回答之前，克莱因所提出的柏拉图神话的整个学说还缺乏根基，姑且不说还得有其他判断标准。

现在我们来看克莱因关于神话的说法的实际结果。请讲。

学生：您能展开谈一下神话与显白教诲之间的区别吗？

施特劳斯：显白教诲不是一个形象。我的意思是，没有神话式的存在——如果你说灵魂不朽，你没有使用形象。例如，当柏拉图讨论天意（providence）或对善恶的赏罚时，比如在《法义》卷二中，那里的讨论中没有提及任何神话性的东西。因此，他提出了这个学说是否正确的问题，而他实际上没有回答，但毫无疑问这些都不是神话。好吧，从整个问题的开头开始，柏拉图那里有神话，这毫无疑问。但如果我们想非常周密，那我们就不得不说，我们只能从那些其神话性明确被称为神话性的段落开始。这难道不是最简单安全的步骤吗？但这当然还不够。只举一个例子，苏格拉底在《高尔吉亚》结尾对卡利克勒斯讲述的那个故事被明确地叫做 logos［故事]，而不是神话而我认为没人愿意接受这一点。而在《美诺》中，我们读到的关于回忆的这一小段也没被称为神话。

学生：我这样理解对不对？那就是，对于神话和显白教诲来说，由此产生的行动均是很重要的部分，而问题就在于行动的施行者是否在字面上相信它：在神话中，他们不会字面性地相信神话，而在显白教诲中，他们则被劝导相信该教诲？

施特劳斯：不，让我这么说吧。一个明确的柏拉图神话会被理解到其并非字面真实。但是，比如说，在诸神赏善罚恶的教诲中，就没有这种限定；显然不会有如此限定，否则它就会丧失所有的效果。

学生：哦，就像厄尔神话（the myth of Er），它被称为神话，那么——

施特劳斯：这不是字面的真实，并且意不在此。但如果你说有神圣赏罚，[而又承认]这只是一种说法、一种形象，[那么]你就使其丧失了实际效果。所以我们可以说，有些断言可以对我们的行动产生影响，尽管不可否认那并非字面上的真实；然而在显白教诲中，情况正好相反。这并不是柏拉图在什么地方明确作出的区分。但是，既然"神话"这个词的整体使用意味着［341］阐释者逾越了柏拉图书中人物的明确说法，那就有同等的理由作此区分。巴特沃斯先生？

巴特沃斯：这样说对克莱因公平吗，即他之所以没有提出神话与显白教诲间的区别问题，原因在于按照他的导言，在柏拉图那里就没有像显白教诲这种东西的提示？

施特劳斯：噢，他没说这个。

巴特沃斯：通过提出这个问题——

施特劳斯：不，除了以自己的名义，他几乎不说任何东西。[不过，]他引用了施莱尔马赫。施莱尔马赫在其柏拉图译本的总导言中之所说，也许是关于这个主题最好的陈述，至少在现代是。但施莱尔马赫本人在其单篇柏拉图对话的序言中是否忠实于总导言的说法，则非常成问题——换言之，他可能没有完全理解他在总导言中说的话。你们知道，这种情况甚至发生在学生中，而不仅仅发生在像施莱尔马赫这样的名人中。[笑声]施莱尔马赫是如下这样说的。施莱尔马赫反对一种非常粗糙的观念，一种古代晚期的传统观点之类的东西，即存在一种隐微教诲（esoteric teaching），其意是一种从对话之外的来源得知的秘密教诲——如果真有的话。而施莱尔马赫说的却是如下这样。并没有什么从对话之外发现的柏拉图教诲，意思就是所谓隐微教诲只能是来自深刻理解对话本身，而不是因为你有什么法宝或者你得到了什么代代相传的东西。为了清楚，我说得夸张了一点。

施莱尔马赫并不否认——他说有表皮（skin）①（这是他的比喻），也有血肉，意思是血肉在表皮下面，如果你只看到表皮、只知道表皮，那你知道得微乎其微。这当然是正确的，也不仅对柏拉图来说是这样，但也许在柏拉图那里这种情况特别明显。

巴特沃斯：那么，当您谈到显白教诲时，您会说这是表皮还是别的什么东西呢？

施特劳斯：是的，这是施莱尔马赫没有完全说清楚的一点。嗯，施莱尔马赫有一个在他之前就有的一个非常低级和无趣的解释——从18世纪晚期就有了，我们就说18世纪下半叶吧——其中仍然保留着一些东西，一些具有更古来源的观点，但以一种非常低级的方式。施莱尔马赫这样说道：这个秘密教诲应该是什么样的呢？对于18世纪以及更早时代的任何一个人，他们会想到的第一件事是，苏格拉底如何看待雅典城邦所崇拜的诸神？然后施莱尔马赫说，所有阅读柏拉图的小孩子都能看出苏格拉底不接受这些神。不会是每个孩子，但我会说，每个深思熟虑的读者都能看出这一点。然后，同样是施莱尔马赫，在其《苏格拉底的申辩》德译本导言中［342］却说，对苏格拉底的指控是没有根据的，因为苏格拉底信仰城邦诸

---

① "mit einer angewachsenen Haut überkleidet"（clothed with an adhesive skin）. Friedrich Schleiermacher, *Platons Werke*, 2nd edition（Berlin, 1817）, part 1, vol. 1, *Einleitung*, 20.

神，这算是一个再明显不过的矛盾。① 换言之，如果施莱尔马赫一开始说的是真的，也就是苏格拉底不信城邦诸神，那么苏格拉底就的确犯了被指控的罪。于是当然，你就得面对这个黑格尔面对过而施莱尔马赫没有面对过的难题，即苏格拉底在法律上确实有罪，但他的理由高于雅典法律所支持的理由。② 换言之，人类思想发展的一个更高阶段在苏格拉底的思想中表现出来。

巴特沃斯：但我剩下的问题是，您批评克莱因没有提出柏拉图的显白教诲与其神话教诲之间的区别，而我们这学期读这篇对话时，一直是根据克莱因的这种介绍来读的，他想让我们将其设立为一种阅读柏拉图的方式，就此而言，我认为我们不能直接说：这是柏拉图的显白教诲。

施特劳斯：噢，不，这从来不是一件那么简单的事。我一直在他的基础上进行论证，也就是说，他不把《斐多》的论证看作是灵魂不朽的证明。我的意思是，这可以说是一个不好的证明，但克莱因声称的是它并不意在成为一个证明。他没有详细阐述，但我很容易明白他是什么意思。苏格拉底试图安慰身边将继续活下去的人们，而一段安慰之语不一定是真话。我只是在这个基础上进行论证。不，在克莱因的书中，关于真正的神话的讨论非常不充分。我相信他会第一个承认这一点。我认为这成了《美诺》解释的严重缺陷，原因就在于《美诺》神话的解释和虔敬之为虔敬问题之间的联系，而我不止一次提到过这个问题。你们读这一段，这个神话，洛布版第301页，乍一看其中推荐了两种选择。第一种是虔敬地生活，尽可能虔敬；第二种，投身于学习——当然不仅仅是数学研究，而是我们现在所说的哲学。那么完全有可能说哲学就是真正的虔敬，就像那之后不止一个人说过的那样，但这肯定需要论证，而不能想当然。为

---

① Schleiermacher, *Platons Werke* (1918), part 1, vol. 2, *Des Socrates Verteidigung*, *Einleitung*, 185.

② G. W. F. Hegel, *Lectures on the History of Philosophy* (notes from lectures delivered from 1819–1831).

什么不能有些非常简单的人，他们不能在"哲学思考"（philoso-phize）这个词的任何意义上进行哲学思考，［却仍然可能会］是虔敬的呢？

这显然关联着有各种各样的美德这个问题，至少有两种：一种与知识相伴，另一种与正确意见相伴。你们记得吧，就是在对话结尾处，那里克莱因的解释也不充分。但我之所以不得不讨论他在那里的解释，只是因为我急于看到克莱因的这些观察或理论在《美诺》这个问题上的应用。第 172 页："学习的行动传达学习的真相。"换言之，学习可能与否？答案是：学习。如果你确实学习了，你就知道学习是可能的。而隐含了学习的可能性的回忆主题，［343］通过我们学习的事实得以"证明"，我们也在其感召下去努力学习。［克莱因继续道：］

> 学习的可能性这一问题的答案，不是某种"知识论"（the-ory of knowledge）或"认识论"（epistemology），而在于学习的这份努力（effort）①。答案在于行动（ergon），在于学习的 meletē（the effort，努力尝试），而这转而会导向求知的习惯（hexis，habit）。苏格拉底一再劝告美诺和小奴隶，要 peirō，"尝试一下……"，意义不就在此吗？神话末尾有个条件从句，说的是鼓起勇气、不懈探究的必要性，还有，苏格拉底最后一次敦促美诺和他一起探究人的德性时也再次强调了同一要点，其重心不都在此吗？摆在美诺面前的是这样一个机会：凭自己的行动"验证"该神话［而不是凭借论证——施特劳斯］——与此相应，我们亦然。
>
> 我们得看看，对美诺学习方式的展示，是否会证实我们一直在试图学到的关于"回忆"——以及记忆——的东西。（Klein，172）②

---

① 克莱因只给出了希腊术语，但施特劳斯加上了这个翻译。
② 省略号是原文所有。

实际上，与后续部分有关，这引出了我们之前不得不提出的问题：美诺是个什么样的人？克莱因的评论中紧接着解释了奴隶那段情节以及苏格拉底和美诺关于此场景的对话。让我们翻到第 186 页。我们不得不得出结论：美诺没有能力去学习；这就是克莱因［从这次谈话中］得出的主要教训。

> 我们不得不得出结论：美诺的灵魂缺乏使学习和学习的努力成为可能的维度。美诺记忆的"错乱"，在于他的记忆没有得到灵魂"第三重维度"的支持。没有记忆，任何学习都无法发生，但是除非使记忆关联于某种学习，否则没有记忆能够恰当地发挥其功能。美诺的灵魂只不过是"记忆"，这是一种孤立、自主的记忆，就像覆盖着无数混杂字符的纸页或卷轴，就像某种二维的或影子般的存在物：这种记忆是意见的存储库，但无法变成知识的存储库。它根本没有"深度"和"坚实性"。柏拉图有一个给这类灵魂的名字，即"小"或"萎缩"的灵魂——a psycharion。（Klein，186）

psycharion 这个词在《泰阿泰德》中出现过一次，然后在《王制》的一段中也出现过一次，其他地方都没出现过；克莱因从这个词得出结论，而这个词在《美诺》中当然也没出现过。好吧，［他在 188 页讨论了这个词的出现］，尤其是在《王制》中的出现——那种卑劣的聪明人（panourgia）。

> ［344］"卑劣，然而聪明"的灵魂滥用思虑之德（the excellence of thoughtfulness），用它服务于邪恶的目的，并且越是如此，其目光越敏锐。而这里，psycharion［小灵魂——施特劳斯］这个名称再次系于这种残废的灵魂类型（519a3）。美诺的灵魂看起来正是这些残废萎缩的灵魂的原型。美诺所能进行的任何深思熟虑的判断，都是其 panourgia［卑劣的聪明］的一部分。［为达目的不惜手段——施特劳斯］

但是在这里，在《王制》的这一段中，当然没有任何地方提及记忆（Klein，188）。

克莱因所指出且我们已不止一次提到的这一点就是，得到恰当和深刻理解的美诺之恶，与他只是一个记忆性的人相一致，可以说，他是个没有回忆的人，也就是说他没有学习的能力和意愿，只是依赖意见。就这篇对话而言，这是一个严重而实际的结论。但它遭遇反对是必然的。大多数人，实际上我们所有人，大多数时候都是记忆性的人。美诺拥有什么样的记忆？克莱因说那是一种特别强大的记忆力。这没有证据；美诺有一定的记忆力，但没有证据表明其记忆力特别强大。他也说过错乱的记忆。但是错乱到什么程度呢？我们记得，美诺很容易记得正义以外的东西，只有当苏格拉底迫使他记住正义时，他才会记起正义。你们记得这个吧。记忆——依赖记忆而没有回忆——与罪恶之间的关联，克莱因说得并不清楚。189页："anamnēsis［回忆］一词所引起的重复，在整部对话中自始至终与其他某个人话语的口头重复相对照——作为高尔吉亚学生的美诺相当熟练地沉溺于后一种重复"——以及后续部分。

但这也导致了与文本资料的冲突。毕竟，美诺对高尔吉亚关于美德可教性的意见有怀疑。高尔吉亚说美德不可教。严格意义上的智术师，尤其是普罗塔戈拉，说美德可教，而美诺不知道［他们谁正确］。这解释了他为什么要接近苏格拉底。被克莱因忽略的这整个复杂体系，都属于同一语境，并且是克莱茵解释上的同一缺陷。美诺的回答是否如克莱因所说，只是对其他某个人话语的口头重复，这很难说。毕竟，美诺确信美德在于能够去统治，而不是正义之类的东西。这可不仅仅是口头上的重复。此外，对话中关于完全没有学习能力的问题由如下事实来呈现：小奴隶，一个可怜的男孩，也有能力学习——而美诺不是已经学会了小奴隶在我们眼前正学着的东西，即这些简单的几何事物吗？难道美诺比起，比如说苏格拉底的老朋友克里同，更没学习能力吗？或者说比卡利克勒斯更没学习能力？在进行这项调查之前，我很迟疑能不能说美诺是个因为没有学习能力而特别突出的人。我不认为凭其没学习能力这一点可以解释美诺的罪恶。他当然没有意愿学习，但大多数人也是如此，只有与他们所谓的物质利益密切相关，他们才会愿意去做各种各样的事。

［345］让我翻到克莱因在第 200 页说的话，第二段："几乎不可能不得出这样的结论：帖撒利亚人美诺昭彰的恶行只不过是其现在被揭示出来的 amathi［不学］的外在显现"——即他没有能力去学习。但是，没有能力学习并不会在所有情况下都导向大恶。或者，如果没有能力学习就其本身而言总是会导向大恶，那么在大多数情况下，这种发展会受到某些特定因素的抑制或阻碍，可在美诺的情况下这些因素都缺失了，例如，好的教养（美诺在帖撒利亚这个臭名昭著的无法无天之地长大）和与贤人们交往（而美诺是与高尔吉斯交往）。这当然同样重要。201 页：

> 美诺这一实例表明，无知并非"真空"：为美诺之恶提供"色彩"并"填充"其无知的，是在其"表面"记忆上堆积的所有意见（doxai）。（Klein，201）

"表面"——没有深度，因此是"表面的"。但是，美诺的记忆是有选择性的。他忘记了正义。而最后，201 页，克莱因提出了这个问题：

> 既然我们现在已经对美诺之所是有所感知，我们便能够讲出美诺究竟是"美、富有、出身高贵还是恰恰相反"。美诺的身体可能显得很美，美诺灵魂的缺陷却使其丑陋。正如《蒂迈欧》（Timaeus）详细解释的那样（87c – 88b），灵魂与身体之间的应有关系（symmetria）是最重要的，一个过于堂皇的身体却承载着细小而虚弱的理智（dianoia），就会剥夺"整个生命"（holon to zōion）的全部之美，使从属于灵魂的东西呆滞（kōphon）、学得慢（dusmathes）、健忘（amnēmon）［等等——施特劳斯］。（Klein，201 – 202）

是的，但这是《蒂迈欧》说的。我们可以把这个用到美诺身上吗？美诺有邪恶的心灵并且健忘吗？我相信之前说的是，他是个精明的家伙，并非心智孱弱。这样不行。那么我们得重新考虑美诺是个大恶人的断言。这个说法是基于色诺芬的《上行》和某几篇柏拉图对话，这几篇对话并没有涉及美诺，而是处理一般的罪恶或邪恶问题。关于美诺是一个什么样的家伙这个问题，如果他不是柏拉图笔下的人物，我们对他就不会有丝毫兴趣——这个问题的关联性很清楚，因为《美诺》是唯一一篇关于美德的对话，而且是和一个名声异常败坏的人的对话。所以，我们如果想理解《美诺》，就必须了解这个名声异常败坏之人是个什么样的人。我们在对话中的所见所闻在多大程度上证实了他的名声？美诺老是遗忘正义，这确实是个非常糟糕的迹象。用我们的话来表达就是：如果某个人总是忘记其职责所在，我们就［346］知道他是个什么样的人了。但是一提到正义，美诺立马承认正义当然是一种美德，也就是说，是好东西。这与格劳孔和卡利克勒斯这些人对正义的攻击形成鲜明对照，格劳孔和卡利克勒斯这些根本上高贵的人物，恰恰因为是高贵的，所以才会正经八百儿地陈述反对正义的情况。一个道德低下的人不会攻击正义，原因很简单，因为身边有尽可能多潜在的可能受骗者将符合他的利益。在这篇对话中，美诺暴露出一种明显的邪恶倾向，这是毫无疑问的。但这种倾向与后来我们在色诺芬笔下找到的现实并不是一回事。那个现实——美诺作为一个难以置信的邪恶之徒——是其倾向不可避免的结果或结局吗，还是他与苏格拉底和安虞托斯的对话在某种程度上要为该倾向变为现实来负责？在后一种情况下，对话中的美诺还不是一个大恶人，而这是必须要考虑的。

苏格拉底做了什么？我没问安虞托斯做了什么，因为那仅仅是猜测。但是苏格拉底做了什么事，可以用来说明那种倾向变成现实的原因呢？苏格拉底摧毁了备受尊敬者的权威。只要想想伯里克勒斯——没有人会在理智状况下把他说成是大恶人。不仅如此，苏格拉底还质疑了其他人对于美德的意见，而这些意见是美诺曾经接受的。但苏格拉底质疑这些东西不是因为它们对正义保持沉默，或者不仅仅是因为它们对正义保持沉默，而是因为它们是意见，更有甚者，那是别人的意见：我们这么说吧，是传统意见（traditional opinions）。因此，苏格拉底实际上也质疑了作为传统意见的那些高贵或体面的传统意见。他又在一定程度上抵消了这一点，因他半心半意地否认了美德伴随知识的可能性，并断言美德最终只能建立在正确意见，因而特别是建立在正确的传统意见的基础上。因此，如果我们恰当地注意这个事实，如果我们审视对话中的情形，就完全可以理解，安虞托斯——而且不仅仅是安虞托斯——会觉得苏格拉底败坏了美诺，就像他被控败坏了一众青年那样。

柏拉图为这篇关于美德的对话选择了一个只遵循坏传统的对话者，从而掩盖了苏格拉底质疑所有传统这一事实。为了知道美诺是否是个大恶人，就得知道邪恶（villainy）、罪恶（vice）是什么，并且因此首先要知道美德是什么。当然，我们还未得到答案，因而我们可以说，我们还不能做出判断。那样就走得太远了。美德似乎与mathēsis［数学］，与学习相关。从"学习"这个词的严格意义上来说，美诺没有能力学习，因而我们可以说他是一个恶人。不过，还得再说，许多人严格意义上来说也没有能力学习，可他们没有成为大恶人。是的，但是美诺聪明，而大多数不能也不愿学习的人不聪明。可是一个像忒米斯托克勒斯这样的人肯定比美诺聪明得多，他也把希腊人出卖给了波斯国王，因此美诺只是一个小号的忒米斯托克勒斯吗？根据克莱因的说法，美诺是一个记忆性的人（memory man），但大多数人都是记忆性的人。然而，许多人也记得好的意见，就只是意见。一般来说，记忆本身并没有偏向正义意见而非不正义意见的原则，但这并不妨碍许多人记住正义意见并根据这些意见行事。美诺也许不能学习，我认为可以这样说，我们可以这样假设；但结果证明他被苏格拉底说服了。因此，美诺要好于安虞托斯，安虞托斯［347］从来听不进苏格拉底的话；难道不能说，并非美诺，而是安虞托斯才是大恶人吗？美诺最终听进了苏格拉底的话：我们在最后那部分看到他非常温顺。安虞托斯从来听不进。要么安虞托斯可能是个没美诺那么坏的恶人？这是个很难证明的意见。

对话结束于指向美诺可能的善举（good deed），我们必须将其与安虞托斯的卑劣行径（black deed），即其毁灭苏格拉底的卑劣行径相对照。从我们在色诺芬处及其他地方所听闻的情况，安虞托斯肯定有很卑下的动机。然而，安虞托斯是代表法律行事的，法律说必须尊重城邦诸神，而这是美诺出于某种原因完全不关心的东西。这就引出了一个重大的问题，即就指控而言，苏格拉底有罪还是无辜。如果苏格拉底在法律意义上是有罪的，我们就不能简单谴责安虞托斯，尽管他居心不良，因为法律必须得到维护。

《美诺》中暗示了关于城邦诸神的整个问题，但仅仅是暗示。例如，在我们提到的关于回忆的段落中，在尽可能虔敬地生活与学习之间的区别中，我们可以这样说：能够避免罪恶的有两条路。一条路是虔敬，另一条路是哲学。因此，美诺之所以成大恶人，是因为除了不能将自己的一生奉献给哲学，他也不能以遵从传统和传统诸神的方式生活。

这个问题我们先讲到这里，下次我将结束这个讨论，并就对话整体作全面评述，然后我们也许还会有一些时间自由讨论。

第十六讲 关于整篇对话的总体评述

没有日期

[350] 施特劳斯：我建议先完成上次课开始的关于美诺之恶的讨论，然后对这篇对话做一个简短的概述，再然后我们将不设任何限制，自由讨论。我从这一点开始。要么美诺不是唯一的恶棍，因为安虞托斯比他更坏——这可以给出强有力的理由——要么美诺就是唯一的恶棍，也就是说，比安虞托斯更坏。然后，相对于跟知识相关或基于知识的美德。将有另一种选项，那就是虔敬（piety）。我要提醒你们注意虔敬与安虞托斯之间的联系，不管这人动机有多坏。他指控苏格拉底不虔敬，不敬城邦所敬的诸神，可见，不管安虞托斯的动机有多坏，他是维护虔敬的。在这方面我要提醒你们注意回忆神话，在神话中，虔敬的生活和致力于学习的生活一起被提到，而这两者间的关系完全是模糊的，因此大可以说这就是两种不同的生活方式。

这部分章节和对话结尾之间有一个联系：都提到了神圣之人（the divine men），之所以被称为神圣之人，是因为他们之为有德是凭正确意见而非凭知识，他们是通过神圣分配（divine allotment）而不是通过自己的任何优长获此专选。最后很清楚的是，有一种并不伴随知识的美德，因而，美诺学习的无能，对于知识的无能，并不能充分解释其邪恶，因为你也可以凭虔敬避免成为一个坏人。现在我们可以把同样的困难表述如下：不能学，不愿学，希腊语是 am-athia，这被克莱因简化为缺乏深度——他把这个希腊词翻译为"一个萎缩的灵魂"（a shrunken soul），缺乏第三个维度。如果每一种正派（decency）都是由于某种深度，某种洞识（insight）——洞识也写作带有连字符的形式：in-sight［内视］，内省（introspection）——那么这种缺乏确实是对邪恶的充分解释。这是一种可能性。然而，克莱因并没有表明这一点。那么，如何能用柏拉图式的语言来描述对这种深度的理解呢？我想答案毫无疑问是：对美的爱（love of the beautiful），对高贵的爱（love of the noble）。换言之，我们可以理解为什么有些人可能并没有致力于学习和理解，却还是有高贵之气（noble aspirations），且是某种程度的高贵之人：因为他们内在有这种对美的热爱。很显然，美诺缺乏这种对美的爱。当他在其第三个定义中提出"美"时，苏格拉底立即用"善"（good）代替了"高贵"（noble）或"美"（beautiful）——kalon，而美诺甚至没有意识到这种变化，他对"高贵"之为"高贵"的兴趣少得可怜。同样可以肯定的是，安虞托斯也缺乏这种高贵之爱。

一个恶棍与一个普通坏蛋相比，区别是什么？也许有人希望自己因为所做的坏事受人倾慕，那他是相信通常所说的恶实际上是美德。因此，他也会倾慕别人的恶。不管怎样，从这个意义上来说，他还是关心美德的。美诺无疑也在这种意义上关心美德，他犹豫是否要在美德可教性这一问题上追随高尔吉亚这一事实表明了这一点；而这也解释了他为什么会接近苏格拉底：因为他想从苏格拉底那里找出美德［351］是否可教的答案，也就是说，是高尔吉亚对还是普罗塔戈拉对。不过，美诺只会忘记正义，而不会攻击正义，仅从这个事实就可以看出他的小心眼（pettiness）。到这里为止，我都与克莱因一致。

我们上次课开始的讨论，结论就是这些，现在给这篇对话作个简短的概述。首先让我们再次提醒自己，《美诺》的主题与我们此时此地的当下关切有联系。作为社会科学研究者，我们一定非常关注事实和价值之间的区分，因而特别关注价值或价值判断的状况。因此，《美诺》从头到尾都在提问和讨论的"美德是什么"这个问题，是指导我们一切价值判断的原则问题。我的意思是，如果你把无限多的、各种各样的价值判断还原为简单的原则，你始终会回到这个问题：人类的卓越是什么？美德是什么？我不想详述这一点了。我认为我们应该始终记住这个。

现在让我转向《美诺》，不追求任何深度，而是从明显的特征开始。那么，当我们打开这本书时，我们注意到的第一件事是，《美诺》是一部展示出来的或者说戏剧式的对话（performed or dramatic dialogue）。看起来像一出戏剧。一开始就给出了人物的名字。它不是一部叙述出来的对话（narrated dialogue），比如《普罗塔戈拉》就是一部叙述性的对话，《王制》也是一部叙述性的对话。那么表演式对话和叙述式对话之间的区别有什么意义呢？在一部表演式对话中，所有人物，包括苏格拉底，都像在舞台上。他们并不直接对你说话（在更深意义上，他们是对你说话的，但不是在最字面的意义上），而当苏格拉底叙述他有过的交谈时，他是说给叙述的对象听的，因而也是对我们说的。例如，在《王制》中，当他描述忒拉绪马科斯的某些行为或感受（actions or sufferings）时，比方说，忒拉绪马科斯脸红了，苏格拉底明确表示这并非出于羞耻感，而是因为天气太热了。显然，这绝不可能发生在戏剧式对话中，因为这是极大的侮辱，而苏格拉底不是个粗鲁的人。现在，我们把这应用到《美诺》上：苏格拉底不可能告诉我们他如何看待美诺以及美诺采取的招式，甚至不能告诉我们他苏格拉底本人为什么要采取某个步骤，而如果是在一部叙述式对话中，他就可以做这些事。他不能告诉我们这场谈话的史前史。对话可能突然开始，因为这是一部表演式的对话而非叙述式的对话。那样的话，苏格拉底将不得不说一些关于他怎么遇到美诺之类的，也许还得说一些话，大意就是表明美诺并未带着任何挑衅向苏格拉底提出了这个问题。

《美诺》的第二个最明显的特征，在于它是一部强制性的（compulsory）而非自愿的（voluntary）对话。强制的对话即强加给苏格拉底的对话；自愿的对话则是苏格拉底主动寻求的对话。《美诺》显然是强加给苏格拉底的。苏格拉底并没有寻求与美诺展开一场关于美德的交谈。我相信这是有意味的。《美诺》是唯一一部关于美德的对话，对象是一个特别声名狼藉的人。然而，他的坏是以这样一种方式，即他的坏或者恶与他寻求和苏格拉底交谈可以兼容——他的特殊类型的坏。比如说，安虞托斯也坏，但他的坏绝不会促使他寻求与苏格拉底进行交谈。

[352] 那么，美诺的坏或恶还是怎么样的呢？对话中对此所作的解释提到了帖撒利亚，这个城邦以无法无天闻名，对话还提到了高尔吉亚。毕竟，按照一般的看法——绝非毫无根据的看法——也包括我们从《高尔吉亚》中得知的情况，高尔吉亚这人并不特别关心正义。他关心的是造就能干的演说家，聪明的演说家，但要说正义，那不关他的事。所以美诺的教养不是很好。但是美诺的天性怎么样呢？克莱因在谈及萎缩的灵魂，谈及第三维度的缺失时提到了这个问题。天性以及特定天性的重要性在《美诺》中被淡化了，奴隶那段情节更是最极端地淡化了这一点。奴隶那段情节似乎表明，每个人都可以学习，只要他有一丁点好的意愿，而这个小奴隶之所以有这种不管他愿意不愿意的好意愿，是因为他的主人吩咐他要有好意愿。因此，如果学习对于美德如此关键，我们可以说每个人都能获得真正的美德。美德的多样性，特别是真正美德与庸俗美德的区别，被隐藏了。庸俗美德，这种只是基于意见的美德，直到最后才被明确说出来，而那是在一个前提下做到的，即基于知识的美德——真正的美德——不可能。

那么，美诺接近苏格拉底的动机是什么呢？美诺是高尔吉亚的追随者，正如苏格拉底着重强调的，但美诺不确定高尔吉亚关于美德可教性的说法是否正确。你们也许还记得，高尔吉亚说美德不可教，而狭义意义上的智术师则认为美德可教，并声称他们就是美德的教师。尽管美诺是高尔吉亚的追随者，可他并不确定在这一最重要的点上自己是否应该追随高尔吉亚，而这对于他转向另一个有名气的人，比如苏格拉底，是一个充分的动机，他要看看自己是不是就不能在高尔吉亚和那些严格意义上的智术师们中间充当一个仲裁者。

对话一开始，苏格拉底几乎马上就提出了这个问题：美德是什么？我们必须先知道美德是什么，然后才能说其是否可教。美诺给出了三个答案，三个不同的答案，但这些答案全都有一个共同的情况。美诺无法找出所有种类的美德皆由之而成其为美德的那个单一的美德。这在第一个答案中很明显，那里美诺列举了 n 种美德——男子的美德、女子的美德、奴隶的美德，等等，却没有给出一个简单答案，关于美德是什么的单一答案。第二个和第三个答案只谈到一种美德，但它不适用于例证之外的其他人。例如，美德是统治的能力，众所周知，这是儿童和奴隶所不具备的一种能力；类似的情况也适用于第三个答案。对第二个答案——根据这个答案，美德在于统治的能力——的讨论进而引出对"是什么"问题，即对定义问题的两种回答的冗长思考。这个我们已经相当详细地讨论过了。第三个答案，美诺的最终答案，导致了美诺的崩溃——他的瘫痪。他的第一反应是非常人性化的反应：他对苏格拉底很生气。他威胁苏格拉底。但是，既然苏格拉底驯服了他，他便给出一个理由来证明其瘫痪的合理性，一个与其自爱（self love）相容的理由——当然不是说他不能回答，而是这问题没法回答——这个理由就是懒惰说辞（argos logos）：学习是不可能的。我们不能寻求我们不知道的东西。苏格拉底用他的神圣讲辞（holy logos）作为回应，根据这个逻辑，学习是可能的，因为学习是回忆。苏格拉底 [353] 通过展示奴隶的学习"证明了"学习是回忆这个事实。这里苏格拉底没有告诉奴隶任何东西；他只是问他问题。但是，通过适当的提问程序，小奴隶从他自己，从隐藏在他内在的宝藏中，得出了答案。这个学习可能性的证明是为了让美诺能拿出一个正确的答案，至少是一个站得住脚的答案，一个对美德是什么这个问题有正当理由的答案。但是美诺并没有得出这样的答案。他说他想先知道美德是否可教，而关于什么是美德，那就，就算了吧。

美诺对奴隶那幕的反应并非完全不合理。事实上，某种程度上奴隶那段情节证明了其合理性。首先，在奴隶那段情节中，我们看到一个问题在"是什么？"这个问题没有被回答，甚至没有被提出的情况下就得到了解决。比方说，一个三角形或者别的什么东西是什么？其次，同样重要的是，小奴隶成功回答了问题，他在苏格拉底的引导下得出了答案，因而，美诺可以公正地说：你对我这个自由人为什么不像对那个小奴隶一样帮忙呢？因此，苏格拉底愿意以后面这种方式来讨论这个问题：如果美德是可教的，那必须是什么样的东西？答案是：那就得是知识或类似知识，否则就不可能是可教的。问题在于：这有可能吗？通过论证得出一个肯定的答案，其导向的结论是美德或其核心是审慎，phronēsis。所以我们现在知道，在某种意义上，美德是一种知识。但其可教吗？困难在于，如果美德可教，那就得有美德的教师。从这里开始，就有安虞托斯的戏了，安虞托斯理所当然地认为每位雅典贤人肯定都可以是美德教师，尤其是那里提到伯里克勒斯、忒米斯托克勒斯这些著名人物。然而，讨论的结果是，没有美德的教师，因此美德不可教，并且因此美德并非一种知识。如果有美德，那么美德必定不是与知识——epistēmē、科学——联系在一起，而是与意见联系在一起：当然，应该与正确的意见或者说真意见联系在一起，这种真意见不是通过任何努力或学习，而是通过神圣分配归于人的。但是，如果不是以一种与知识相伴的美德为背景，这种与正确意见相伴的美德可能吗？这个问题在几近结尾时被提及，因而暗示我们不能再回避——［正如我们在整部对话中所做的那样］——回答这个问题：什么是美德？

　　因此，这个问题，即"什么是美德？"，是《美诺》的主题，在《美诺》中却没有明确回答。我们做了一个尝试，从《美诺》暂时转向柏拉图的《王制》，这是一部比《美诺》长得多的对话，但我们看到，在《王制》中，什么是美德的问题也没有得到充分回答。原因在于，美德意味着某种像灵魂的正确秩序这样的东西，因此，了解美德要以对灵魂天性、对灵魂部分及其秩序的知识为前提。《王制》并没有充分提供这一知识。然而，《美诺》中对这个问题没有暗示一个答案吗？没有提出，更没有证明。美德或其核心是审慎，phronesis。phronesis是某种不同于epistēmē，即不同于知识或科学的东西，而这两种知识形式之间的区别，一方是实践智慧或审慎，另一方是科学或知识，这一区分在亚里士多德《尼各马可伦理学》卷六中非常明确，[354] 人们必然会求助于此，正如克莱因那样。没有理由一开始就怀疑这是柏拉图也接受的区别。亚里士多德那里明确指出，一个人可以是具有实践智慧的人；一个人可能并非有知识、有理论知识的人却仍是审慎的。他举的例子是伯里克勒斯和阿那克萨戈拉（Anaxagoras）之间的区别，前者是作为实践智慧的代表而具有伟大审慎的人，后者则是作为知识或科学的代表的哲人。

让我们以如下方式重述一下这个问题。有智慧（wisdom）这样一种东西，这种东西比科学（science）更全面，它尤其指向整全原则（the principles of the whole），不管这些原则可能是什么。但实践智慧，审慎，并不这么关心整全原则。它关心人类之善（the human good），关心幸福（happiness）。而这，我们可以说，就是《美诺》讨论的背景。但是在《美诺》中，审慎与智慧或知识之间的区别经常被模糊掉。我们已经注意到这一点。而这一定是有原因的。我们可以说，幸福在于理解或寻求对整全的理解，在于进行哲学思考，而审慎，或最高意义上的实践智慧，就是对哲学思考所需条件有过周全的考虑。以苏格拉底的生活作为简单的例子。他与克桑提佩的婚姻与他哲学上关注的东西无关，但既然哲学思考是他毕生致力之事，那么在他的哲学思考与他和克桑提佩结婚之间一定有某种联系；并且，这事他是这么说的（我记得是在一次宴饮场合），他之所以娶她，是因为他知道自己不得不和人类生活在一起，如果他娶了所有女人中最难相处的那个，并且能够控制她，那么他就能够和所有人相处，并且能够控制他们（色诺芬，《会饮》，2. 10.）。这是对审慎与智慧之间严肃关系的一种喜剧形式的说法。

但这里有这样一个困难。审慎指向幸福，而幸福却在于进行哲学思考——在于智慧，在于知识。幸福是什么呢？必须区分真正的幸福和想象中的幸福。例如，守财奴想象中的幸福，只要囤积财宝就是完美幸福，他主观感觉到的幸福可能比任何人都巨大，然而他却生活在一个傻子乐园里。所以、真正的幸福应该是某种类似人的完善、灵魂的完善这样的东西。但为了证实这一点，那就需要灵魂的知识，即智慧，epistēmē。然而，这会意味着审慎是以智慧为其基础的。没有理论知识，关心幸福的审慎就不能确信它所关注的目的——幸福。但是，如果像柏拉图似乎假设的那样，智慧，充分的理解，对人来说不可能，那似乎就可以推断出审慎也不可能，因为审慎是以对灵魂本性的知识为前提的。与此相应，临死时的苏格拉底，在他去世那天，在《斐多》中，当描述哲人的一生时，他说他们一直在努力追寻、渴求审慎，这意味着他们没有拥有审慎（参《斐多》67e4 - 68a3）。phronēsis，审慎，是关于人类之善的知识，因此是部分的知识，因为人类之善只是所有可能主题的一部分。关于部分的知识不可避免是片面的知识，是不充分的知识，但是，如果整体不是由那些也是整体的部分组成的话，即使这种片面的知识也不［355］可能存在。人类生命，包括其目的——幸福，某种程度上是一个整体。Polis［城邦］是这样一个整体。人所能得到的幸福是这样一个整体。但所有这些局部的整体，似乎都对整体具有开放性，因而也就有了我刚才试图加以限制的这些困难。所以，尽管在《美诺》中提出了一个对实际目的来说足够好的答案，但仍然保留着一些根本的晦暗。或者换个说法，在《美诺》中，特别是在后一部分经常出现的模棱两可和模糊掉的区别，反映了一个严重的困难。现在我就到此为止，然后开始我们的讨论。我相信这可能对你们有一些实际的用处，但这个我无法解释。

学生：……克桑提佩对于审慎和智慧之间的区别。

施特劳斯：是的。智慧——你知道的，sapientia［智慧］，区别于 prudence［审慎］。

学生：我突然想，我不明白，如果苏格拉底的目标是搞哲学，干嘛为了审慎而和一个搞哲学的障碍结婚呢？我搞不懂。

施特劳斯：是的。不，这是一个很好的问题。尼采在他的《论道德的谱系》（*Genealogy of Morals*）第三部分讨论了这个问题，那里他列举了这些没有结婚的哲学家。① 我的意思是，在古典时代，他们都是没结婚的，可以这么说，只有苏格拉底是个例外。尼采说：

---

① Friedrich Nietzsche, *On the Genealogy of Morals*, part 3, section 7.

那么，苏格拉底为什么结婚呢？答案是：他是反讽性地结婚。［笑声］是的，尼采给出了一个合理的观点。我相信这个问题很难回答。我不认为我就能有答案。但是看看这个：如果我们不管克桑提佩的话，乍一看，苏格拉底在所有伟大哲人中间有何特别之处？他与其他所有伟大哲人的区别是些什么？

学生：没有写作任何东西。

施特劳斯：对不起，你说什么？请再说一遍。

学生：没有写作任何东西。

施特劳斯：完全正确。他没有写作。那么，他不写作和他结婚这两者有关系吗？

学生：他完全没时间。

施特劳斯：是的，你想到的是那些没拿到硕士学位就老早结婚的人，他们永远不可能完成硕士论文。［笑声］但这不是苏格拉底那时的情况。那么会是什么情况呢？好吧，这里我们有一些柏拉图提供的证据，就在柏拉图的《会饮》中，不过那里叙述得如此概略，以至于我们不得不把苏格拉底一生都套进去。人的关切，人对幸福的这种唯一关切，在那里表现为欲求永远拥有善。永远。人要达成这一点，有三种方式。与《会饮》中所呈现的顺序相反，我从最高的方式开始。最高的方式是认识真理。如果你认识到真理，［356］永恒的真理，那么你就和永恒连接在一起，就在那种程度上永远拥有善。次高的方式是不朽的荣誉，或者人们所说的不朽的荣誉，能使人永生。第三种，也是最低的方式，就是后代，孩子，人也借此让自己长存。

如果现在假设（恰当地，我认为）除了通过婚姻就不可能生育，那么似乎柏拉图和苏格拉底两人自己就把这个问题分成了两派。柏拉图写作，但没结婚；苏格拉底结婚了，但没写作。当然，必须明智地理解这一点，正如我相信你们会这样理解的，可这又是一个反讽性的说法。但可以肯定的是，苏格拉底一定是把这一点作为行动的坚定原则：他不会写作。就我记忆所及，在柏拉图或色诺芬的作品中，只有一个苏格拉底写作的例子：在色诺芬的《回忆录》4.4，一场与希琵阿斯（Hippias）关于正义的讨论中。在那里，他们讨论了正义和不正义的各种情形，为了搞清楚，他们把正义的行动画成两栏，然后［苏格拉底］在一栏的顶端写上个"J"，意思是正义，另一栏顶端是个"I"，代表不正义。这是我所记得的唯一的写作行动，你们看，他甚至没有写出那两个词。而不写作的更深层更严肃的原因，柏拉图在《斐德若》中作了阐述，每个人都能从那里读到（《斐德若》257d4－279c8）。因此，可以说，更一般地来说，使自己不朽的最高的、唯一真实的形式是学习、理解。当然，这不再意味着作为个体的人，因为理解者之为理解者，不是 X 先生或 Y 先生，［而是］他内在的心智。既然这对人、对一种必死的存在来说并不足够，那么还有两种替代选择对其敞开：写作，这么说吧；还有生育。既然写作对于理解来说如此危险，正如柏拉图在《斐德若》中所阐述的那样，因此苏格拉底更倾向于结婚这件没那么危险的事。此外，当然，这也被认为是对于城邦的直接责任。城邦不要求公民写作；这种情况只发生在我们这个时代［笑声］，在我们这个时代，巨大的城邦要求要么发表东西要么毁灭（publish or perish），但那不是古代的做法。

学生：您能对《斐多》最后那部分①略加评论吗？那里苏格拉底开始写下或翻译了伊索寓言（Aesop's Fables）之类的东西？

施特劳斯：他写了那些东西吗？不对，如果我记得的话，他只是把它们转写为诗句。但是我现在我记不清了，我应该查一下。你的意思是伊索的诗？

学生：我忘了；我知道他打算做些跟伊索有关的什么事，但是——

施特劳斯：我现在知道得不太确切，但我相信他没写这些东西。他只是要把伊索的东西转换成诗句，以此来听从那个指示他应该练

---

① 这个学生应该说"第一部分"，因为这个段落出现在离开头很近的地方，60c8ff。洛布译本使用了"写作"（write）这个词，但这带有严重的误导性，因为苏格拉底只用了动词 poieō 及其派生的词来描述他自己的活动。

习音乐的梦，他曾相信通过搞哲学他一辈子都在做这事，但眼下在死亡的门槛前他想加倍确认，并且他说也许这是字面上的意思，所以最后两周他将在监狱里成为一个诗人。他所做的当然不是去[357]写肃剧，也不是去写喜剧，而是把伊索寓言改写成诗。是的。好吧，我们必须听从命令。请讲。

学生：就告诉读者一些东西而言，您今天评论了这部对话最后那一恶化的原因，在那里事情变得更加混乱了。但您能详细阐述一下最后面对美诺时苏格拉底对他放任自流的戏剧性原因吗？

施特劳斯：你的意思是达到一种高峰之后，接下来他似乎在暗示另一种美德——我们不需要 epistēmē，我们不需要知识；正确意见足矣。

同一名学生：接下来，甚至更后来，关于正确意见，在他证明了知识比正确意见更好之后，他说：好吧，让我们忘了这个吧。

施特劳斯：嗯，一般性的原因是什么？相信我在概述中说了。

同一名学生：但关于美诺，您陈述了这给予我们关于中心的黑暗的教海。但在与美诺的戏剧关系中是怎样的呢？

施特劳斯：嗯，你可以说，既然严格来说美诺是不可教的——我的意思是，他和小奴隶一样可教，因为他学过一些几何（我们知道这个，而且从他与苏格拉底的交流中也可以看出），但在最高意义上，他不可教。因而，现在问题在于：我们可怜的美诺该怎么办？难道不该有一种美德开放给那些严格来说不能学的人吗？必须回答那个［问题］。在一定程度上，这足够好了，但是接下来，苏格拉底进一步展开并且说道：是的，这种基于正确意见的美德是由神圣分配给予人们的。也就是说，你不能做任何事情来得到它，于是就出现了我们前面讨论过的困难：未获专选的人该怎么办？美诺肯定属于未获专选之人，而这确实导致了非常严重的困难，这个我们当时也讨论了。一种解释是，美诺这种情况无可救药，他只合被消灭；既然不能因为有些人是天生的骗子，这么说吧，或者是天生的杀人犯或叛徒就把他们消灭——原因我不必向你们解释，那就只能等到他们犯下卑鄙罪行之时。事实恰好如此：当美诺在小亚细亚背叛了他的希腊同

胞时，波斯国王，这位正义的守护者，以一种特别残忍但完全罪有
应得的方式处死了他。至少传闻如此；我只能重复一遍。请讲。

学生：我关心的是诸神在这篇对话及整个结构中的位置。在我看
来，有三个地方苏格拉底提到了诸神；有一个地方非常简略，他对美
诺说他们有分歧，他说：如果你等到借着入教仪式进入这些秘仪，
那么我想你就会同意我。他也许只是说，"如果我能和你谈那么久"，
但也许他是在说，那些秘仪中有一些好的东西可以帮你走出来。

[358] 施特劳斯：是的，是的，但是我会说，更明显的意思是，
美诺应该经历的是进入哲学的入门，但这个他不会……

同一名学生：那么他所谈到的秘仪，您认为可能是哲学吗？

施特劳斯：是的，但你看在阿里斯托芬的《云》里——你知道，
那是对苏格拉底的一种喜剧性表现。那里表现了苏格拉底引导学生
崇拜他的诸神——尤其是云神——所以在那里这也是背景。但在最
高的意义上，我认为这意味着进入哲学的入会仪式。

同一名学生：其他两个地方当然是对话的高潮，在那里他展示
了祭司和女祭司告诉他的神话，他说。

施特劳斯：是的。

同一名学生：接下来在最后，他把美德呈现为诸神（gods）的
恩赐。但由于某种原因，在我们的文化中，至少在很长一段时间里，
人们认为我们所拥有那些最高的东西是上帝（God）的恩赐。然而，
苏格拉底似乎认为，这种上帝的恩赐不管怎么说是比较低的，也就
是说，它只是基于意见——

施特劳斯：是的，这是一个严重的问题，那就是安虞托斯之
所以在这里的原因之一。苏格拉底信仰雅典城邦所敬拜的诸神
吗？……为了回答这个问题，首先得读一下苏格拉底面对指控的自
辩词，你知道的，这是最正式的档案，还有色诺芬在《回忆》开头
的相应记录。我希望我能在秋季学期讲讲这些内容。① 现在，如果

---

① 1966 年秋天，施特劳斯讲授了一门关于柏拉图《申辩》和《克里同》
的课程，在最后两次研讨中也处理了色诺芬的作品。

我可以作一个断言——仅仅是断言，我现在还无法证明——我会说，苏格拉底并不相信雅典城邦所崇拜的诸神，他甚至都没有试图证明他确实相信这些神。在柏拉图的《申辩》中，他只是表明了美勒托斯的自相矛盾。美勒托斯在指控中说：苏格拉底不相信城邦所敬拜的诸神，而是引入或引进了其他新的神祇。但苏格拉底问这个大傻瓜美勒托斯：你的意思是说我不相信这个城邦所崇拜的诸神，还是说我不相信任何神灵？当然，为了让指控更为严重，美勒托斯就说，你不相信任何神灵。然后苏格拉底说：你看，你说我引入了新的神灵（divinities）——这在希腊语中是 daimonion 这个词。那么，daimon，与本来的神相对的精灵（demon）是什么？答案是，那是由诸神所产生的存在，但［它本身］不是神；也就是说，例如，它通过神人交合而产生。如果我相信 daimonia，他们是神的后代，正如你在这个指控中所承认的，那么我就是信仰诸神的。这就是对指控关键部分的整个反驳。在色诺芬那里，情况大同小异。因此，那是什么呢？现在请重复一下你的问题。

［359］同一名学生：我的问题本质上是关于诸神的地位，以及苏格拉底关于诸神的信仰是什么，因为这些在这篇对话中起了很大作用，还有——

施特劳斯：这取决于诸神是什么。如果你的意思是指宙斯、赫拉等等诸神，我想可以说苏格拉底并不相信这些神。在柏拉图的《蒂迈欧》中（这部对话中苏格拉底不是发言者，蒂迈欧才是发言者）做过一个区分，一种是随自己的选择显示自身的诸神——就是宙斯及其他众神；另一种是有规律地、周期性地，可以说是以一种有序的方式显示自己的众神。而这些就是诸天体，或者不如说灵魂驱动着诸天体。苏格拉底和柏拉图肯定认可这种意义上的诸神。当然，这并没有以任何方式解决问题，因为在《蒂迈欧》本身中，世界被呈现为由 demiourgos——宇宙工匠所创造；这让各个时代的人们普遍想起圣经里的创造，尽管这里的创造当然不是圣经中那种从无到有的创造。但接下来问题在于：对宇宙之由这样一位神圣工匠所制作、制造、创造的呈现，在多大程度上意味着这是字面上真实的教诲，而非似是而非的神话——就像蒂迈欧自己所称的那样？这些都是说来话长的问题。但在这一点上，如果我们将自己局限于《美诺》，就是清楚的。《美诺》还提出过一个替代方案。在回忆那部分章节，在那个神话中——正如通常所称的那样，从回忆主题或不朽性命题中得出两个结论：a）尽可能虔敬地生活；b）把你的生命投入到学习、理解中去。二者之间的关系在这部分章节中绝对没有说清楚。它们有可能最终是完全相同的，也可能是排他的，相互排斥的，就我们所知。对话最后提供了更清晰的说法，那里苏格拉底引入了两种美德，一种基于知识，另一种基于正确意见，基于正确意见的一种被追溯到神圣分配。二者在这里似乎是相互排斥的，至少在这个意义上：与知识相伴随的美德在等级上要高于仅与意见相伴随的美德，无论意见多么正确。

我的意思是，这些东西都说来话长。你们一定不要忘记，从相当早的时代开始，在柏拉图之后几个世纪——这以一种不同的方式，同样适用于亚里士多德——这些东西就被以圣经的眼光来解读了。我的意思是，一直以来的理解都认为——只要读读奥古斯丁（Augustine）——他们是异教徒。但柏拉图尤其可能被理解为——正如一位希腊教父所理解的那样，是一位 paidagogos，一位朝向基督的教师（pedagogue），也就是最接近基督教教义的哲学家。同样，犹太教徒也这样做，这样去解读、去理解这些伟大的哲学家，至少柏拉图和亚里士多德被看作圣经的亲族。但是，这当然并非毫无根据；我的意思是，这里有些东西是正确的。但是，如果与此同时不能意识到耶路撒冷和雅典之间的根本差异，那它就直接变成不正确了，因为能实现这样一种和解的通常形式是说，有一个自然或理性的领域，然后有一个更高的超自然或超理性的领域。是吧？这个更高领域就是启示（revelation）的领域。但这与柏拉图和亚里士多德相容吗？这是一种反对柏拉图和亚里士多德的，对柏拉图和亚里士多德的纠正，其本身无可非议，但这肯定不再是——换一种说法，不再是哲学，不是那种像希腊人发展出来的自主哲学，而是神学。根据圣经传统，哲学充其量只是神学的婢女，在其领域内有某自主性的婢女，但她需要补充，决定性的［360］补充。哲学家们则拒绝这一点，拒绝哲学服从于神学，他们当然会说：恰恰相反，神学必须服从于哲学。甚至在启蒙运动末期，在康德进行了这些重要讨论之后很久，还有人说：根据当时大学的组织结构，哲学系被称为较低级的系，而神学、医学和法学［系］是较高级的系——但是，当然尤其是与神学有关的。康德提及哲学是神学的婢女这一说法时所说的话会向你们表明这个问题的微妙之处：她是个婢女，好吧，但问题在于她是在后面托着晚礼服呢——或者你怎么称呼那东西？

学生：裙裾。

施特劳斯：裙裾——神学的裙裾，跟在她后面，还是说她是举着蜡烛走在前面。① 我认为这个争论直到今天还存在，并且只要有思考的生物存在，这就会一直存在。请讲。

学生：我理解您的结论是，即便审慎只是对部分的知识，但除非我可能对其自身也是整体的这些部分有一些知识，否则我们就不可能有审慎，这也意味着，除非我们有对整体的知识，否则永远不能有对任何部分的知识。

施特劳斯：这样吧，以苏格拉底为例，我们不仅在《美诺》中看到他，还在其他各处看到他。苏格拉底毫不怀疑人类的最高追求是哲学思考，这就是对什么构成人类幸福这个问题的答案。我的意思是，很清楚，你还需要其他善，比如健康等等，并且你不能忍饥挨饿。但这些只是辅助事物，是从属性的，因此，等级序列——这是个关键问题——对他来说是确定的。现在来充分理解苏格拉底以其方式，归纳性地证明了的这一事实——例如，他环顾四周，举出最伟大的政治家的例子；你们看，在这篇对话中，他关于忒米斯托克勒斯和其他人所说的话，是用最粗鲁、最挑衅的方式说的。但他

---

① ［译按］施特劳斯此处所引康德原话为："人们或许也可以承认神学学科那种骄傲的要求，即哲学学科是它的婢女（这里毕竟还总是有这样的问题：这个婢女究竟是在这位仁慈的夫人前面举着火炬，还是在她后面提着拖裙），只要人们不把哲学学科赶走或者让它闭嘴。"见《康德著作全集·第7卷·学科之争》，李秋零译，中国人民大学出版社，2008年7月第1版，页24。

看着他们并说道，这里毫无任何挑衅之意：这些人全都设定了某种前提和假设，他们最高贵的行动就是建立在这些前提和假设的基础之上，但是，他们真的理解吗？这些前提是他们整个高贵、应受赞扬的行动的立足点和落脚点，他们是否对这些前提给予了充分的考虑？

换言之，任何其他的追求都缺乏对自我认识的关注，缺乏对自我理解的关注，而这正是哲学——真正的哲学——所具有的，当然，同样的情况也适用于诗人们。你们知道吗？我的意思是，诗人们，对柏拉图来说，诗人们是比政治家严肃得多的问题。我的意思是，毕竟，难道荷马不是非常明智的人吗？然而柏拉图又一次以非常挑衅的用语断言，诗人们都是非常低劣的人，即便是荷马：《王制》卷十，这你记得。不过，为了弄清楚他的意思，必须正确表述。要详述诗为什么是比哲学更低的智慧这一柏拉图学说，那会引得太远，但我相信其中部分也在于这点：诗人所拥有的智慧与人类生活、人类灵魂有关，而非与人类灵魂只是其中一部分的那种整全相关，因此，无论可能多么深刻，诗还是有根本性的不足。

[361] 同一名学生：关于这点我想到的，有两个问题。其一是，智慧并不真是智慧；充其量，就是合理的意见或真实的意见。这对吗？城邦所具有的对于人类行动的智慧充其量也非智慧，而只是真实的意见。

施特劳斯：［确实，就］polis［城邦］而言就是这样。确实如此。柏拉图在洞穴比喻一开始就挑明了这一点。你知道，洞穴外有一种矮墙，将洞穴与外部世界隔开，洞穴中人看到的是人为之物（artifacts），是人为东西的影子，由看不见的人举着从短墙旁经过，因为只有那些人举着的人为之物是可见的。这就是 polis［城邦］的情况。polis［城邦］依存于意见和人为之物。倒不是说意见就只是人为的；没有什么意见是不以真理为基础的，没有什么意见不是真理的碎片。但是这个片段被绝对化了，以至于它与其他片段的关联被任意切断了，［就是这］使其成为一种人为的东西。

同一名学生：问题的另一部分是，这如何适用于今天呢，既然我们已没有 polis［城邦］或任何东西可以呈现出这样一种连贯的模型或影像？

施特劳斯：但问题在于：难道我们今天就没有权威意见了吗？

同一名学生：权威但片面的意见。

施特劳斯：是的，嗯，这是"权威"中已经隐含的意思。好吧。这个柏拉图，而且不仅是柏拉图，所提出的关键问题是这样的：没有权威意见，社会就不可能。今天颇有些人说已经不存在权威意见了，他们说意识形态的终结（the end of ideology）已经到来。但并没有，比如说，最高法院的判决具有如此巨大的影响，难道它们不是以某种方式互相支撑，形成了一张权威意见之网吗？当然，理论上讲，有这种可能性，一种非常有趣的可能性，即支配一个社会的权威意见只是对儿童或其他不成熟的人而言的权威意见，他们可能是社会的大多数，但他们本身会被那些有理解力且有特定准备的人研究——［难道没有这种可能性，即这些意见］或许就是真理吗？至少，当权威意见等同于理性命令时，这样的社会将会是理性社会，这不可想象吗？然而，柏拉图否认，而我认为正是通过他那看似最完美的理想国尚且需要高贵的谎言这一事实，柏拉图否认了这种理性社会的可能性。

我们今天关心的是这个：最受尊敬，最令人敬畏的权威，理智的权威，是社会科学。我不说自然科学或数学，是因为它们并不声称要处理这些问题。当然，那些翻译莎士比亚或别的英国诗人作品的英语系，也不可能声称他们要处理这个严肃的主题。那么，我们社会科学的路线是什么呢？你们都知道的：权威意见将是价值判断。因为其他的判断都不关心价值——我指的是那些仅仅是事实陈述的东西，它们实际上非常有用，但［362］它们并没有就好坏、正义非正义给出指导。价值判断是非理性的、情感性的，等等。因此那就意味着，换言之，柏拉图以另一种方式说对了：你不可能有一个理性社会。有些人可能会说，一个理性社会是这样一个社会：在这个社会中，对于那些达成政府或选民追求目标所需要的方法，由社会科学来指导政府。但这当然是一种非常有限的理性，因为目的的合理性，价值的合理性，超越了人类理性的控制。我认为两者间最显著的区别就是，不仅当今社会科学，而且包括现代政治哲学全部在内，都相信一个理性社会的可能性，而柏拉图和亚里士多德，我们可以说，他们不相信。柏拉图绝对不会相信这一点。而在这方面，当然，神学和柏拉图有共识，只是在柏拉图那里没有启示的位置。但是，基于启示的社会根据其界定就不会是理性社会。请讲。

学生：关于启示这个问题，难道不可以提出如下质疑吗：苏格拉底不断提及那个告诉他该做什么的 daimon［精灵］，以及他在《克里同》中讲述的故事，故事说到别去阻止那人，因为 daimon［精灵］告诉他不要那么做，［还有］精灵总是告诉他不要去做某件事，这难道不是对启示的恭敬或者承认吗？

施特劳斯：好吧，又是一个说来话长的问题，这个 daimonion［精灵］，经常是这样理解的。当我还是学生的时候，我经常听到这种观点，说这个精灵（daimonion）就像我们所说的良知（conscience），你们知道的，就是往这个方向理解。我不认为这站得住脚。但我们肯定没法以《美诺》为基础来解决这个问题，《美诺》中从未提及过这个精灵（daimonion）。我之前说过，在我看来，涉及这个精灵（daimonion）最具启发性的柏拉图对话是《忒阿格斯》（*Theages*），但几乎所有我的同侪都会嘲笑我，因为如今这篇对话已经被确定是个伪篇。我相信这些理由很苍白，但我们能做什么呢？不过我认为，其他对话也会导出相似的结果。《王制》中有一段话我觉得非常显眼，当他们讨论婚姻的时候（你们知道他们在《王制》中是怎么对待婚姻的；那差不多就像马和狗的配种繁殖，你们知道的，是出于严格优生学观点进行组合的），苏格拉底当时就此说道，最有用的婚姻，意即关乎后代、关乎城邦的婚姻，对我们来说就是神圣和圣洁的婚姻（《王制》458c6 – 459e3）。神圣和圣洁被有用取代了。这是非常重要的柏拉图表述。

亚里士多德在《政治学》一开始的说法，关于 polis［城邦］之自然特性的证据（你们知道的，就在一开始）也意指城邦是自然的，不是神圣的。荷马说到特洛伊时称之为神圣的特洛伊。在今天所有的课本中，你们都会发现 polis［城邦］同时是国家和教会。我想你们在高中就学过这个了。这是不恰当的表述，但当然其中也有一个真实的成分。polis［城邦］是某种神圣的东西，因而有 polis［城邦］诸神，又有 polis［城邦］对诸神的官方崇拜。亚里士多德说 polis［城邦］是自然的，他的意思也是说城邦不是神圣的；而所有神圣者，他认为处于从属地位的那种，都从属于 polis［城邦］的自然。在《政治学》的另一段文字中，亚里士多德谈到每个城邦必须履行的职能，他［363］列举了这些职能——比如说，你得有土地耕种者，得有工匠，最后还得有政府和法官；接下来当他列举到第五项时，他说：第五，也是第一，对诸神的崇拜（《政治学》卷七，1328b2 以下）。这是很有揭示意义的。根据诸神崇拜内在固有的主张，它当然注定是第一位的或最高的，可根据亚里士多德的判断，诸神崇拜就不是第一位的了，而是众多城邦事物中的一个。同样这个问题，可以举另一个迹象为例，正如我们从柏拉图和诗人们那里看到的，公认的美德之一当然是虔敬，通过献祭和祈祷来崇拜诸神，尤其是祈祷。在亚里士多德的《伦理学》中，所有的美德都被讨论过，除了虔敬。在他看来，那就不是一种美德，原因在于——我的意思是，说得非常简单——对诸神的真正崇拜应该是对他们的认识，而不是祈祷和献祭。不，不，我认为不应该隐匿这一深刻的差异，必须面对这一深刻差异。德赖（Dry）先生先说，然后是伯纳姆先生。

德赖：我的问题是，谁是恶棍和什么是最好的生活这两者之间的联系。这种联系是因为其中一个人挑战或有可能威胁到一种生活方式，而另一个人不会挑战或威胁这种生活方式吗？也就是说，美诺是对城邦生活方式的挑战，因为他不是一个正义的人，但安虞托斯，他是对苏格拉底的生活方式的挑战。他很虔敬，但以这种虔敬的名义他可以挑战苏格拉底，挑战苏格拉底就是挑战哲人的生活。

施特劳斯：你说的相当一部分我听懂了，但不是全部，所以我不理解你问题的意图。

德赖：我想弄明白谁是恶棍和什么是最好的生活这之间有什么

联系。联系在于一个人原则上对某人构成威胁，而另一个人不构成威胁吗？

施特劳斯：哦，我明白了。是的，我明白了。我指出过这一点，我们不能在不考虑安虞托斯的情况下确定美诺是不是个大恶人的问题，而从某个角度来看安虞托斯肯定比美诺还糟糕。我的意思是，苏格拉底可能永远也不会对安虞托斯说：去试试说服美诺做个好人吧。但他可能说，也确实对美诺说了：试试去说服安虞托斯吧。但我说了，这并不能完全解决问题，因为无论安虞托斯迫害苏格拉底的动机可能有多卑劣，他总是在捍卫一条法律，事实上远不止一条法律。而在美诺这边，就没有这种值得尊敬的东西。我的意思是，美诺无论可能做什么，都是以促进自己的私心为目的。安虞托斯也可能关心这个问题，但不管愿不愿意，可以这么说吧，他都必定成为雅典传统秩序的捍卫者。我没有回答你的问题，因为我不太理解。

德赖：在此基础上，我看不出这两个问题间的联系，因为那么一来看起来就无所谓哪种生活最高，在某种程度上，就因为安虞托斯会坚守城邦法律，他值得说道的地方还比美诺多一点。换句话说，如果有联系，我想看看在哪种情况下一个人的生命可能是最好的——

[364] 施特劳斯：不，没那么简单。不，让我们假设裁决是明确支持哲学生活、支持致力于学习的生活，那么美诺，作为能被苏格拉底说服的人，就略高于安虞托斯。但如果是支持虔敬，对虔敬生活的需要堪比对哲学生活的需要，那么情况就会相反。伯纳姆先生？

伯纳姆：我的问题类似。我想知道，您认为安虞托斯有可能代表城邦生活的一个顶峰吗？

施特劳斯：不。

伯纳姆：我的意思是，一方面他看上去既不是特别虔敬，也没有和哲学有任何联系，或者——

施特劳斯：哦，肯定不。不，不，他是个相当卑鄙的家伙，我认为他甚至没有一代之前克里昂（Cleon）所具有的那种魅力——克里昂毕竟在菲卢斯（Philus）做了这件非凡的事，你们知道的。安虞托斯，我认为他是个相当可怜的政治家，他只是因为对苏格拉底的迫害才获得了不朽的名声或者说恶名。

伯纳姆：好吧，那么，您能说说哲学之外另一种严肃的选择在这篇对话没有得到发展——虔敬作为一种严肃的——？

施特劳斯：嗯，我会说，从柏拉图的观点来看，除了哲学，没有其他选择。我的意思是，唯一的问题是你能在多大程度上把哲学本身描述为真正的虔敬。这是一种可能性。这是个问题。但是［哲学本身］与献祭和祈祷没有任何关系，除非你把《斐德若》结尾那种非正统的祈祷作为其属于哲学的证据。你想说什么吗？

扎克特（Ms. Zuckert）：施特劳斯先生，美诺缺乏幽默感和这篇对话有什么关系？

施特劳斯：嗯，你知道，幽默感当然是一个地道的英语词，尽管人们谈到希腊人时经常会用到这个词，但这是危险的。我说的是美诺从来不笑。那么在柏拉图那里笑意味着什么，这问题说来话长。例如，格劳孔爱笑，而阿德曼托斯，如果我记得不错的话，他从来不笑，你知道吗？克里同当然也从来不笑。笑本身是一种动物性快乐的表征。因此，克法洛斯会笑，这非常重要。是的。笑还可能与一种内在自由有某些关系。它可能与美有关，与对美的爱有关。我想的是什么呢——回到《美诺》：美诺是一个关心怎么变得有权有势的人。也许他汲汲于此。而这样的人，用我们的话来说，是没有幽默感的。我们每天都能看到这种情况。他们可以开玩笑，特别是如果开玩笑对他们有利时，但那是他的一种钻营。这是个尝试性的解释。但是你们一定别忘了，这次研讨课，我自始至终一直在一个巨大的丛林中找我的路，摸索我的路，我在其中注意到这个事实：美诺不笑。这也许并不重要。也许［365］得有完整的统计数据，关于谁在什么时候笑了——这我没有——那样才可能回答吧。

再举一个这些细微事情中很容易被忽视的例子：关于发誓，我没有柏拉图对话的完整统计，但至少色诺芬的苏格拉底作品和一些柏拉图对话中的发誓，我有比较大的把握来谈。但我注意到这个事实［美诺从来不笑］，是因为我认为在柏拉图式的对话中，注意到什么东西不在总是很重要。你们知道著名的战略原则：打他们不在的地方。没有什么和有什么一样重要。你必须知道重要之事的存在或缺席。不出意外，我注意到了 nomos［习俗、律法］及其所有派生词在《美诺》中都付之阙如，除非我有什么疏漏；我尚不能断言。当然，那会是特征性的，因为在我从这个角度来查阅的相关对话中，nomos［习俗、律法］及其派生词确有出现。是的，还可以有一个问题。

学生：我在想同样的问题。nomos［习俗、律法］——您提到其所有派生词在《美诺》中都没出现过。我在想——

施特劳斯：我的意思包括 nomizo，可以翻译成"我相信"。当然，我指的不一定是其宗教意义。另外两个词，oimai 和 hegeomai①总是出现，但 nomizo 从未出现过。请讲。

同一名学生：但在我看来，对话的最后一部分确实大量涉及审慎，并且那里也有一次提及虔敬，还有法律经常——

施特劳斯：较后部分没有提到虔敬。你们还记得吧，当苏格拉底给安虞托斯介绍美诺，当他列举美诺所关心的美德的诸部分时，他提到了拜父母，敬父母，但没有提到崇拜诸神。

同一名学生：您说过每一部柏拉图对话都抽掉了某种对主题问题来说非常重要的事物。

施特劳斯：是的，这是我的经验。

同一名学生：那么我很好奇，我们会怎样来解释，在与一个无德之人进行的关于美德的讨论中，抽掉了 nomos 这件事，因为对他而言法律必须引导他——

施特劳斯：是的，但我讨论过这个问题，并且我说到的一个简单解释是，世界上所有的事物中，法律将是最后可能约束美诺的东西。你知道，我的意思是那是外在于他的。当然，如果他服从于一个严厉的统治者，那么他有可能守规矩，但是以法律通常的迟缓程序，不可能阻止美诺。这确实是我认为人们必须考虑的事实；这总的来说有多重要，那是另一回事。但是你一定不要高估——我这也

---

① to suppose［相信］和 to consider［认为］，两者都是 nomizo 的同义词。

是对扎克特女士说的——你们一定不要高估 [366] 我的理解。我也
还得进行不少摸索。甚至你提到的这个规则，柏拉图总是会抽掉某
个东西，这是我在一些对话的基础上证实过的。那是一个我还没有
概念的时期，但是，比如说，大约二十年前或十五年前，当我读到
《游叙弗伦》这篇关于虔敬的对话时，我在某个地方注意到一件非常
奇怪的事，"灵魂"这个词从来没有出现在《游叙弗伦》中。我的
意思是柏拉图似乎在强调这一点，即他避免使用"灵魂"这个词。
于是我仔细检查了整篇对话，发现这个词从未出现，然后我想到：
如果灵魂得到适当考虑的话，那里所呈现的整个虔敬问题看起来会
不一样吗？在我看来是这样，接下来我在其他一些对话中也观察到
这一点。但是你不能一开始读柏拉图对话就说："我要看看里面缺了
什么。"[笑声] 你也许不得不面对一份包含了上百个事项的清单，
你也许总会看那上百个事项，然后便忘了清单上都有些什么。你知
道吧。你得有确定不疑的理由才能去怀疑他抽掉了什么。以及所有
与 nomos [律法] 相关的东西，与明显抽掉对那些未获专选之人的
美德的照料是一样的。未获专选之人的美德是通过法律来实现的，
或者至少没有无需法律帮助的。我们已经读过柏拉图的《王制》卷
四中的一些段落，我给你们读过，这样的情况出现在那里。抽掉未
获专选之人的美德，这对《美诺》来说确实非常重要；这引出了这
样一个结论：只有两种美德是可能的，那就是认知者（the knowers）
的美德（在这篇对话中这是否可能还悬而未决），或者神圣者（the
divine men）的美德。那我们呢？我们该怎么办？我的意思是，那里
甚至没有建议我们应该模仿神圣者或者应该服从他们。我们被完全
无视了。这是件异乎寻常的事情，而我认为这提供了理解这篇对话
的重大线索。就此而言，我坚持认为这很重要。但我要求你们，至
少你们中懂希腊字母的人，去仔细核对，仔细复核我是否忽略了用
到 nomos [律法] 或任何其派生词的地方。

　　现在，我们得结束今天的研讨课了，我希望一周后看到你们身
体健康、精神抖擞地迎接考试。

　　课程结束。

北京市版权局著作权合同登记号：图字 01 – 2024 – 5996 号

图书在版编目（CIP）数据

苏格拉底面对美诺：柏拉图《美诺》讲疏：1966/（美）施特劳斯
（Leo Strauss）讲疏；陈明珠译；（美）魏因伯格（Jerry Weinberger）整理.
北京：华夏出版社有限公司，2025. – –（西方传统：经典与解释）.
ISBN 978 – 7 – 5222 – 0830 – 5

Ⅰ. B502. 232
中国国家版本馆 CIP 数据核字第 2025W9J135 号

苏格拉底面对美诺——柏拉图《美诺》讲疏（1966）

讲　　疏　　〔美〕施特劳斯
整　　理　　〔美〕魏因伯格
译　　者　　陈明珠
责任编辑　　李安琴
责任印制　　刘　洋
出版发行　　华夏出版社有限公司
经　　销　　新华书店
印　　装　　北京汇林印务有限公司
版　　次　　2025 年 8 月北京第 1 版
　　　　　　2025 年 8 月北京第 1 次印刷
开　　本　　710×1000　1/16
印　　张　　32. 25
字　　数　　446 千字
定　　价　　128. 00 元

华夏出版社有限公司　　地址：北京市东直门外香河园北里 4 号　　　　邮编：100028
　　　　　　　　　　　　网址：www. hxph. com. cn　　　　电话：(010) 64663331（转）
若发现本版图书有印装质量问题，请与我社营销中心联系调换。

施特劳斯讲学录

已出书目

追求高贵的修辞术：柏拉图《高尔吉亚》讲疏（1957年）

论柏拉图的《会饮》（1959年）

西塞罗的政治哲学（1959年）

斯宾诺莎的政治哲学：《神学－政治论》与《政治论》讲疏（1959年）

尼采如何克服历史主义：尼采《扎拉图斯特拉如是说》讲疏（1959年）

卢梭导读（1962年）

修辞、政治与哲学：柏拉图《高尔吉亚》讲疏（1963年）

苏格拉底与居鲁士：色诺芬导读（1963年）

维柯讲疏（1963年）

修辞术与城邦：亚里士多德《修辞术》讲疏（1964年）

古典政治哲学引论：亚里士多德《政治学》讲疏（1965年）

从德性到自由：孟德斯鸠《论法的精神》讲疏（1965/1966年）

苏格拉底面对美诺：柏拉图《美诺》讲疏（1966年）

女人、阉奴与政制：孟德斯鸠《波斯人信札》讲疏（1966年）

尼采的沉重之思（1967年）

哲人的自然与道德：尼采《善恶的彼岸》讲疏（1971/1972年）

即将出版

从形而上学到历史哲学：康德讲疏（1958年）

马克思的政治哲学（1960年）

自然正当与历史（1962年）

政治哲学：回应实证主义和历史主义的挑战（1965年）